fv Fehnland-Verlag

Schall, Ute: Domitian. Der römische Kaiser und seine Zeit. Hamburg, Fehnland Verlag 2021

1. überarbeitete Neuauflage
ISBN: 978-3-96971-001-2

Dieses Buch ist auch als eBook erhältlich und kann über den Handel oder den Verlag bezogen werden.
ePub-eBook: ISBN 978-3-86282-073-3

Lektorat: Marlene Schmidt/Claudia Müllerchen, acabus Verlag
Umschlaggestaltung: © ds, acabus Verlag
Umschlagmotiv: © Piotr Przeszlo - Fotolia.com; Büste Domitian: mit freundlicher Genehmigung der NY Carlsberg Glyptotek, Copenhagen

Bibliografische Information der Deutschen Nationalbibliothek: Die Deutsche Nationalbibliothek verzeichnet diese Publikation in der Deutschen Nationalbibliografie; detaillierte bibliografische Daten sind im Internet über https://dnb.d-nb.de abrufbar.

Der Fehnland Verlag ist ein Imprint der Bedey & Thoms Media GmbH, Hermannstal 119k, 22119 Hamburg.

---

https://www.fehnland-verlag.de
Gedruckt in Deutschland

Ute Schall

DOMITIAN

DER RÖMISCHE KAISER UND SEINE ZEIT

fv Fehnland-Verlag

Inhaltverzeichnis

Kindheit und Jugend

Wer war jener Mann, römischer Kaiser von 81 bis 96 n. Chr., den selbst die strenge Wissenschaft in einem Atemzug mit den größten Despoten der Weltgeschichte nennt, der gemeinhin mit Caligula und Nero in eine Reihe gestellt wird und der sich, folgen wir den antiken Quellen, schon zu Lebzeiten als „Herr und Gott“ anreden ließ?

Sein vollständiger Name war Titus Flavius Domitianus. Er war der letzte aus dem Geschlecht der Flavier, jener neuen, gleichsam aus dem Nichts aufgetauchten Dynastie, die in Rom das unrühmliche Dreikaiserjahr 69 n. Chr. beendet und dem Reich im ausgehenden ersten Jahrhundert christlicher Zeitrechnung (die damals freilich noch nicht so genannt wurde, da die alten Götter noch herrschten) drei Herrscher geschenkt und das in seinen Grundfesten erschütterte *Imperium Romanum* gefestigt hatte: Vespasian und dessen Söhne Titus und Domitian.

Nur 27 Jahre blieben sie auf dem Thron, und es hieß, Vespasian habe für Ordnung und Geld gesorgt, Titus für Menschlichkeit und Spiele und der jüngste, Domitian, für Gerechtigkeit und Majestät.

„Vespasian war ein Bauer, der als Bauer starb, Titus ein Soldat, der als Menschenfreund verschied, und Domitian ein Kaiser, der ermordet wurde.“[1]

Titus Flavius Domitianus, dem vorliegende Lebensgeschichte überwiegend gewidmet ist, wurde am 24. Oktober des Jahres 51 n. Chr. – die Römer schrieben das Jahr 803 *ab urbe condita* (seit Gründung der Stadt) – in Rom geboren, und zwar „im sechsten Stadtbezirk in einem Haus in der Granatapfelstraße, das er später in den Tempel der Flavischen Familie umwandelte“[2].

Der Dichter Martial, der zu Domitians Regierungszeit in Rom seine berühmten Epigramme schrieb und Triumphe feierte, drückte es im Dienste der Majestät poetischer aus:

> „Dieser Boden hier, der jetzt ganz zutage liegt,
> bedeckt mit Marmor und mit Gold,
> hat einst die Kindheit unseres Herrschers erlebt

glücklich zu preisen, o!, da er von so erhabenem Geschrei
ertönte und die krabbelnden Händchen eines
solchen Kindes sehen und stützen durfte:
hier hatte das verehrungswürdige Haus gestanden,
das dem Erdkreis
eine (ebenso große) Gottheit geschenkt hat
wie (einst) Rhodos und Kreta dem bestirnten Himmel …“[3]

Doch ob poetisch oder prosaisch: Es ist überliefert, dass sich in der Nähe der *alta semita,* der Hauptstraße des Quirinals, dort, wo heute die Kirche S. Carlino liegt, ein *templum gentis Flaviae*, ein Tempel des Flavischen Geschlechts, befand. Er soll später sogar die sterblichen Überreste der flavischen Kaiser aufgenommen haben.[4]

Domitians Vater hieß Titus Flavius Vespasianus, seine Mutter Flavia Domitilla. Die Familie war arm und von dunkler Abstammung und sie konnte auf keine ruhmreichen Ahnen zurückblicken. Nicht einer der flavischen Vorfahren hatte die Würde des Konsulats erlangt, jenes neben dem Principat noch immer höchsten Staatsamts, das sich jährlich wechselnd zwei Männer aus Roms vornehmsten Kreisen teilten. Doch gehörte auch zu Beginn der neuen Zeitrechnung in Rom nur der zum inneren Kreis der Nobilität, der mindestens einen Konsul zu seinen Ahnen zählte. Aber es war nicht mehr ausgeschlossen, dass auch einem *homo novus* der Sprung in jene bislang eifersüchtig abgeschirmte Gesellschaftsschicht gelang, die, wenigstens zum Schein, noch immer alle Macht in Händen hielt.

Wenn das von Augustus eingeführte Principat, die Herrschaft des Ersten unter Gleichen, auch längst zum absoluten Machtinstrument ausgeartet war, so war und blieb die Würde eines Konsuls als höchste Auszeichnung, die Rom nach der kaiserlichen zu vergeben hatte, allezeit heiß begehrt.

Doch blickten auch die Flavier auf eine lange Familientradition zurück, die aber nicht unbedingt zu übermäßigem Stolz und erst recht nicht zu hochtrabenden Hoffnungen berechtigte. Die Angehörigen dieser *gens* stammten aus dem Sabinerland und hatten sich als Soldaten oder Beamte um das Reich verdient gemacht.

Mehr als 100 Jahre zuvor hatte Titus Flavius Petro, der Großvater des nachmaligen Kaisers Vespasian, als Centurio, Führer einer Hundertschaft, oder freiwilliger Veteran im Heer des Pompeius gedient, das im Bürgerkrieg 48 v. Chr. bei Pharsalos von den Truppen Caesars vernichtend geschlagen worden war. Petro war der Schlacht unbeschadet entkommen, nach Hause zurückgekehrt, begnadigt und aus der Armee entlassen worden, woraufhin er seinen Lebensunterhalt aus den Einzügen bei Versteigerungen bestritt.

Sein Sohn, der den Beinamen Sabinus trug, war Steuereintreiber in Vorderasien, „wo noch lange Statuen zu sehen waren, die, ihm zu Ehren von den Städten errichtet, die griechische Inschrift trugen: ‚Dem redlichen Zollbeamten‘ “[5]. Offensichtlich erhob er das Hafengeld, das in Höhe eines Betrages von 2,5 v. H. des Wertes der Ladung zu entrichten war.

Später soll Sabinus, Vespasians Vater, bei den Helvetiern als Bankier gelebt haben und auch dort gestorben sein.

Es ging übrigens das Gerücht, Petros Vater sei dem leicht anrüchigen Broterwerb der Vermietung von Tagelöhnern nachgegangen, die alljährlich zur Feldarbeit von Umbrien ins Sabinerland kamen. Doch konnte der antike Biograf Suetonius Tranquillus, Sekretär unter Kaiser Hadrian (117–138 n. Chr.), – sein Werk über die ersten zwölf römischen Kaiser ist eine der Hauptquellen zur Erforschung der flavischen Zeit – hierfür keinerlei Beleg finden.

Titus Flavius Sabinus hatte zwei Söhne. Der ältere, der römischer Tradition gemäß wie sein Vater Sabinus hieß, war Präfekt von Rom. Der jüngere, Vespasian, bestieg 69 n. Chr. nach einer Verkettung für ihn glücklicher Umstände den Thron der Caesaren.

Kaiser Vespasians Mutter Vespasia Polla stammte aus weitaus angesehenerem Geschlecht, das im umbrischen Nursia beheimatet war. Ihr Vater, Vespasius Pollio, war drei Mal Militärtribun und Lagerkommandant, sein Sohn Senator im Range eines Prätors. An der Straße, die von Nursia nach Spoleto, der 241 v. Chr. zur Kolonie erhobenen Stadt Spoletium im südlichen Umbrien, führte, gab es im Altertum einen Ort namens Vespasiae. Dort bewahrten mehrere Denkmäler das Andenken der Vespasier und zeugten von Alter und Berühmtheit der Familie. In Spoleto selbst sind noch heute Reste eines Hauses von Vespasia Polla erhalten.[6]

Wie sich Titus Flavius Sabinus und Vespasia Polla fanden, ob ihre Ehe nach den Gepflogenheiten der Zeit von den Eltern arrangiert worden war, ist nicht bekannt. Das Ehepaar lebte in dem bescheidenen Dorf Falacrinae oberhalb von Reate im Sabinerland, wo ihr jüngerer Sohn Vespasian am 17. November 9 n. Chr., fünf Jahre vor Augustus' Tod, das Licht der Welt erblickte. Seine Erziehung übernahm Tertulla, die Großmutter väterlicherseits, auf ihrem Landgut. „Das ist der Grund, weshalb er auch als Kaiser häufig diesen Ort, wo seine Wiege stand, besuchte und das Landhaus in seinem ursprünglichen Zustand beließ, damit er den gewohnten Anblick immer wiederfände."[7]

War die alte Dame ihrer Schwiegertochter bei der Kindererziehung zur Hand gegangen? Lebten die Eltern zu dieser Zeit bereits in Helvetien und zogen es vor, das Kind in seiner vertrauten Umgebung und in der Wärme Italiens zu lassen? Wir wissen es nicht. Fest steht nur, dass Vespasia Polla ihren Gatten überlebte, der ihr die beiden Söhne hinterließ.

Teuer waren Kaiser Vespasian nicht nur die Stätten seiner Kindheit und Jugend. Auch das Andenken seiner Großmutter hielt er zeitlebens in Ehren. So pflegte er beispielsweise an Festtagen und bei Feiern stets aus dem silbernen Becher zu trinken, den sie ihm vererbt hatte.

Bereits in jungen Jahren scheint der nachmalige Kaiser Vespasian, dessen Bescheidenheit später beinahe sprichwörtlich war, keinen großen Wert auf besondere Ehrungen gelegt zu haben, zumal nicht auf solche, die er sich nicht im wahrsten Sinne des Wortes verdient hatte. So weigerte er sich über längere Zeit, beim Anlegen der Männertoga auch den breiten Purpurstreifen anzunehmen, den sein Bruder schon lange stolz trug. Längst war diese Auszeichnung, früher ein Privileg des städtischen Senatsadels, auch auf die Söhne angesehener Ritter ausgedehnt worden, und als solcher dürfte der „redliche Zollbeamte" Titus Flavius Sabinus durchaus gegolten haben. Vespasians Mutter, eine offensichtlich kluge und äußerst diplomatische Frau, gelang es schließlich, auch ihren jüngeren Sohn zur Annahme zu überreden – nicht durch Bitten oder Befehle, von deren Aussichtslosigkeit sie sicherlich überzeugt war, sondern durch spöttische Bemerkungen, in denen sie Vespasian als Lakaien seines Bruders bezeichnete.

Anders als sein Vater schlug Vespasian die militärische, später die politische Laufbahn ein, die in der Regel durch erstere bedingt war. Er wurde Militärtribun bei den Kämpfen in Thrakien und erhielt als Quästor die Provinzen Creta und Cyrene. Mit der Quästur, der niedersten Stufe im *cursus honorum*, waren Sitz und Stimme im Senat verbunden.

Dann bewarb er sich um das Amt des Ädilen und später erfolgreich um die Prätur. Vespasian hatte den immer noch schwierigen Durchbruch der eifersüchtig gehüteten Gesellschaftshierarchie geschafft. Vielleicht war ihm dabei ja sein gutes Einvernehmen mit Kaiser Caligula (37–41 n. Chr.) zu Hilfe gekommen, dem er bei jeder ihm günstigen Gelegenheit schmeichelte.

Dieser hatte ihn sogar einer Einladung zum Gastmahl gewürdigt, wofür sich Vespasian vor dem Senat beim Kaiser bedankte. Es war sein Glück, dass Caligula 41 n. Chr. einer Palastrevolte zum Opfer fiel. So blieb keine Zeit, die Harmonie der beiden Männer zu trüben.

Der hoffnungsvolle Aufsteiger, der trotz Ehrgeiz und Erfolg immer bescheiden bleiben und sich seiner verhältnismäßig einfachen Herkunft nie schämen sollte, heiratete in jungen Jahren Flavia Domitilla, die eine bewegte Lebensgeschichte hinter sich hatte. Sie hat für einen ehrgeizigen jungen Mann sicherlich nicht als besondere Partie gegolten. Es muss sich also um eine damals seltene Liebesheirat gehandelt haben.

Domitilla war die frühere Geliebte des römischen Ritters Statilius Capella aus Sabrata in Nordafrika, die nicht einmal das römische, sondern nur das latinische Bürgerrecht besaß. Erst später wurde sie, vielleicht wegen der Aussicht auf Einheirat in die flavische Familie, von einem frei geborenen Römer als Tochter anerkannt, was ihren Status erheblich aufwertete. Dennoch muss die Ehe glücklich gewesen sein, Nachteiliges ist jedenfalls nicht bekannt. Domitilla schenkte ihrem Gatten drei Kinder, Titus, Domitianus und die Tochter Domitilla. Sie und ihre Mutter starben, noch ehe Vespasian Kaiser geworden war.

Folgen wir dem antiken Biografen Suetonius Tranquillus, so hatte sich Vespasian die Herrschaft seines Geschlechts schon früh in Zeichen angekündigt, die zu den größten Hoffnungen berechtigten: Auf seinen Ländereien wuchs eine alte, dem Kriegsgott Mars geweihte Eiche. Bei jeder der drei Geburten spross ihr ein neuer Ast: Der erste war zwar schwach und verdorrte bald, was auf das Schicksal des von Domitilla geborenen Mädchens hindeutete. Tochter Domitilla wurde nicht einmal ein Jahr alt. Der zweite Ast, der bei Titus' Geburt trieb, war lang und stark und ließ künftiges Glück ahnen. Der dritte gar glich in seinem Umfang einem ganzen Baum. Kein Römer jener Zeit, der in diesen Zeichen der Natur keine günstigen Omina gesehen hätte!

Vespasians Vater Sabinus muss die Geburt seiner Enkel noch erlebt haben. Er zog nämlich noch einen Eingeweidebeschauer zu Rate – auch das ganz im Einklang mit den Gepflogenheiten der Zeit –, der ebenfalls ein günstiges Schicksal für die Flavier voraussagte. In überschwänglicher Freude teilte Flavius Sabinus daraufhin seiner greisen Mutter mit, ihr sei ein Nachkomme geboren worden, der einst das höchste römische Staatsamt erringen werde. Aber sie lachte ihn nur laut aus und gab ihrer Verwunderung darüber Ausdruck, dass sie selbst als alte Frau noch über einen klaren Verstand verfüge, während ihr soviel jüngerer Sohn den seinen offenbar bereits verloren habe.

Vespasian heiratete nach Domitillas Tod nicht mehr. Er wollte möglicherweise seinen Söhnen eine Stiefmutter und weitere Geschwister ersparen, um die Erbschaftsverhältnisse nicht zu verwirren. Aber er nahm seine frühere Mätresse Caenis, Freigelassene und Schreiberin Antonias, der Mutter des Kaisers Claudius, ins Haus, wo diese, nachdem Vespasian auf den Thron gelangt war, fast die Stellung einer rechtmäßigen Gattin einnahm.

Als Domitian 51 n. Chr. unter der Herrschaft des Kaisers Claudius zur Welt kam, erhielt sein Vater „das Consulat, das er während der letzten zwei Monate des betreffenden Jahres ausübte“[8]. Er war also nur *consul suffectus* (wegen des Wegfalls eines der Amtsinhaber so genannter nachgewählter Konsul), der nach der ungeschriebenen Verfassung Roms viel weniger als der *consul ordinarius* galt. Die Ernennung war dennoch erstaunlich, und ohne einflussreiche kaiserliche Ratgeber wäre Vespasian wohl nie so hoch gestiegen.

So war er auf Empfehlung des Narcissus, des Freigelassenen am claudischen Hof, der alle Fäden zog und dem Kaiser Claudius blind vertraute, als Legionskommandant nach Germanien und von dort in den Jahren 43 bis 44 n. Chr. nach Britannien geschickt worden, wo er an 30 größeren Schlachten teilgenommen und neben zwei Volksstämmen etwa 20 Städte unterworfen hatte. Für seine Verdienste billigte man ihm zu Hause nicht nur die Triumphalzeichen zu, sondern man bedachte ihn auch mit zwei Priesterstellen und dem Konsulat, was wahrscheinlich mehr war, als er erwartet hatte. Dann zog er sich für einige Jahre von der politischen Bühne zurück. Er hatte wohl Angst vor Neros Mutter Agrippina, die auf ihren jugendlichen Sohn größten Einfluss ausübte und Vespasian als Freund ihres Gegenspielers Narcissus auch über dessen Tod hinaus hasste.

Erst nach dem Tod der Kaiserinmutter, die 59 n. Chr. auf Veranlassung ihres Sohnes ermordet worden war, kehrte Vespasian in die Öffentlichkeit zurück. Nero schickte ihn als Prokonsul in die nordafrikanische Provinz Cyrene, die etwa dem heutigen Libyen entsprach. Anders als die meisten anderen Statthalter missbrauchte er dieses Amt aber nicht dazu, sich zu bereichern und seine Finanzen zu gesunden. Seine Uneigennützigkeit erwarb ihm allseitige Achtung. Dafür waren seine eigenen finanziellen Mittel derart zusammengeschrumpft, dass er nach der Rückkehr nach Rom alle seine Güter seinem Bruder verpfänden und sich selbst als Maultierhändler durchschlagen musste. Dies brachte ihm beim Volk prompt den Spitznamen „Maultiertreiber“ ein, was ihn jedoch nicht besonders gestört zu haben scheint. Erst 66 n. Chr., als er im Gefolge Kaiser Neros nach Griechenland reiste, war seine Unglückssträhne überwunden, wenn er sich dort auch vorübergehend den Unmut der kaiserlichen Majestät zuzog.

Vespasian war ein Mann des Krieges und anders als seine Söhne den schönen Künsten nicht sonderlich zugetan. Kein Wunder also, dass ihn in Griechenland Neros Gesangskunst nicht erreichte. Der junge Kaiser aber war zu keinem anderen Zweck über das adriatische Meer gereist, als sich in der Heimat der Musen als Künstler mit Lyra und Stimme Anerkennung zu verschaffen.

Der General brachte dafür wenig Verständnis auf. Wenn er an den kaiserlichen Auftritten in verschiedenen Theatern überhaupt teilnahm, so schlief er meistens ein, was Nero verständlicherweise aufs tiefste beleidigte. Er fiel schließlich in Ungnade und wurde nicht nur aus der näheren Umgebung des Kaisers entfernt, sondern auch von den öffentlichen Empfängen bei Hofe ausgeschlossen. Dass ihn Nero nicht ganz verbannte oder gar wegen Majestätsbeleidigung anklagen und hinrichten ließ, mag darauf hinweisen, dass sich der Kaiser als Künstler wohl selbst nicht ganz ernst nahm.

Um dem Zorn des Tyrannen nicht gänzlich zu verfallen, zog sich Vespasian in eine kleine abgelegene Stadt zurück und tat das Klügste, was man in seiner Lage tun konnte: Er wartete ab.

Im nahen Osten waren in der Grenzprovinz Judäa schwere Unruhen ausgebrochen, die das Eingreifen eines erfahrenen und energischen Oberbefehlshabers über die römischen Truppen erforderten. Hartnäckig hatte sich in diesem Teil des Römischen Reiches der Glaube behauptet, das Schicksal habe einen aus Judäa gebürtigen Mann dazu ausersehen, die Weltherrschaft zu erlangen, eine Voraussage, die die Juden mit ihren Jahrhunderte alten Messiaserwartungen verknüpften. Sie begehrten gegen das römische Joch auf und versuchten, es abzuschütteln.

Anfangs nahm die römische Führungsschicht die Unruhen wenig ernst. Judäa war nur ein unbedeutender Fleck auf der riesigen Landkarte des Römerreichs, und es lag vom Zentrum der Macht zu weit entfernt, als dass man es als bedrohliche Gefahr betrachtet hätte. Aber die Unzufriedenheit der Juden wuchs; sie begehrten auf, und nicht zuletzt wegen des Ungeschicks der römischen Statthalter – man hatte es für überflüssig gehalten, wirklich fähige Männer in den entlegenen Winkel zu schicken – drohte bald ein Flächenbrand, der dem Bestand des Römertums hätte gefährlich werden können.

Im fernen Griechenland versuchte Kaiser Nero, sich von den schlimmen Nachrichten die Stimmung nicht verderben zu lassen und seine Bestürzung gelassen zu überspielen. Aber er war tief beunruhigt und überlegte, wem er den aufgebrachten Osten anvertrauen könnte, um die Juden zu bestrafen und sich deren Nachbarvölkern zu versichern, die vom Bazillus des Aufruhrs schon angesteckt waren. Da schien ihm nur Vespasian, der im Kriegsdienst aufgewachsen und ergraut war, geeignet, die schwierige Aufgabe zu übernehmen. Ihm sollte sein älterer Sohn Titus zur Seite stehen.

Eine Tatsache mochte Neros Entscheidung begünstigt haben: Ein erfahrener Heerführer, der über zwei Legionen und mehrere Hilfstruppen verfügte, stellte immer auch einen potentiellen Thronrivalen dar, eine Gefahr, die ihm bei dem aus einfachen Verhältnissen stammenden Vespasian ausgeschlossen zu sein schien.

Roms Krieg gegen die Juden war dann ein sich lange hinziehender Konflikt, dessen Beendigung noch vom Kampf um den Caesarenthron in Rom selbst hinausgezögert wurde und aus dem schließlich die Flavier als Sieger hervorgehen sollten.

Als Vespasian den Oberbefehl im römisch-jüdischen Krieg übernahm, war sein jüngerer Sohn Domitian gerade 15 Jahre alt, befand sich also in einem Lebensabschnitt, in dem ein junger Römer die *toga virilis,* die Männertoga, anlegte und damit in den Kreis der Erwachsenen aufgenommen wurde.

Der Übergang ins Erwachsenenalter war mit strengen rituellen Bräuchen verbunden. Das Ablegen der purpurverbrämten Knabentoga und das Anlegen der Männertoga war ein festliches Ereignis, der Höhepunkt im Leben eines jungen Römers, vergleichbar mit Erstkommunion oder Konfirmation im christlichen Brauchtum. Verwandte und Freunde waren eingeladen. Zur Weihe des Tages wurde den häuslichen Schutzgöttern, den Laren, geopfert. Dann begleiteten die Gäste den *iuvenis*, den jungen Erwachsenen, in feierlicher Prozession auf das Forum. Der Zug wurde vom Vater oder vom Vormund angeführt. Aber erst, wenn der Jüngling dort in die Liste der kriegsfähigen Männer eingetragen war, war die Mündigkeitserklärung vollzogen. Der neue Bürger durfte von da an drei Namen führen, in unserem Fall Titus Flavius Domitianus.

Es ist anzunehmen, dass die traditionsbewussten Flavier auf die strenge Einhaltung dieser alten Bräuche geachtet haben.

Mündigkeitserklärungen wurden in der Regel am Festtag der *Liberalia* (17. März) unter der erwachenden Frühlingssonne vollzogen. Mochten sie einflussreichen Patriziersöhnen Tür und Tor für eine glänzende Zukunft öffnen, bei Domitian deutete noch nichts auf eine glückliche Fügung des Schicksals hin.

Über Kindheit und Jugend unseres Protagonisten ist wenig bekannt. Suetonius Tranquillus spricht von beschämender Armut, in der Domitian diesen Lebensabschnitt angeblich verbracht hat, aber er beruft sich auch hierbei auf das Zeugnis anderer und übernimmt dafür keine Gewähr.[9]

Fest steht, dass Domitians Vater, nachdem er als Statthalter aus der Provinz Africa heimgekehrt war, über keinerlei Geldmittel verfügte. Das wenige, das der Familie zur Verfügung stand, wurde auf Titus' sorgfältige Erziehung und Ausbildung verwendet, des zehn Jahre älteren, glänzend begabten Bruders Domitians. Für den jüngeren, kaum weniger begabten Flaviersohn blieb nichts übrig, worüber er sich gelegentlich bitter beklagte.

Wie wuchs Domitian heran? Wie gestaltete sich vor allem seine Erziehung? Wie so oft schweigen hierüber die antiken Quellen, und wir können nur von der allgemeinen Praxis auf den besonderen Fall schließen.

Die römischen *nobiles* verpflichteten für ihre Sprösslinge Privatlehrer, unter denen Männer aus Griechenland, der Schatztruhe aller römischen Erfahrungen, besonders beliebt waren. Es ist aber kaum anzunehmen, dass die finanziellen Mittel der Flavier, deren Familienoberhaupt den Unterhalt aus Viehhandel bestritt, ausreichten, einen oder gar mehrere Hauslehrer zu beschäftigen. Doch gab es zu damaliger Zeit öffentliche Schulen mit ausgezeichnetem Ruf, freilich noch keine geräumigen Schulhäuser. Der Unterricht fand in kleinen Räumen statt, wenn es die Witterung zuließ, sogar im Freien. Solche öffentlichen Lehranstalten, die *ludi*, waren in der Regel für Minderbemittelte eingerichtet. Aber sie waren so stark frequentiert, dass man in Rom kaum Analphabeten fand.

Der Lehrer, der das Grundwissen zu vermitteln hatte, hieß *grammaticus*. Bei ihm wurde vor allem die richtige Aussprache der lateinischen Sprache geübt, die der Römer als schwierig empfand.

Das Schreiben lernten die Kinder, Jungen und Mädchen gleichermaßen, auf kleinen Holztäfelchen, die mit farbigem Wachs überzogen waren. In dieses wurden mit spitzen Griffeln Buchstaben und Worte geritzt. Mit dem spachtelförmigen Ende des Werkzeugs konnte man das Geschriebene wieder glätten.

Ein fundiertes Wissen um das Griechentum galt allen römischen Rittern und Patriziern als Bildungspflicht. (Frauen war diese höhere Ausbildung in der Regel verwehrt.) Zunächst wurde die griechische Sprache gelernt, erst anhand lateinischer Übersetzungen, dann an Originaltexten. Homers Odyssee diente dabei als bevorzugtes Lehr- und Lernmittel. Die Kenntnis der Sprache war Voraussetzung für die Beschäftigung mit griechischer Philosophie und Literatur. Und sie war notwendig für einen Aufenthalt in Griechenland selbst, wohin jeder gebildete Römer wenigstens einmal im Leben reisen sollte.

Nicht im Römertum hatten Gelehrsamkeit und die Lehre der Weisheit ihre Geburtsstätte. Das Natur- und Bauernvolk der Römer war von Anfang an der Scholle und dem Schwert verbunden, ordnete seit jeher menschliches Zusammenleben nach Recht und Gesetz. Trotzdem oder gerade deshalb bewunderten die Römer das Griechentum. Die Stoa, die von Zenon 300 v. Chr. in Athen ins Leben gerufene Lehre von Bescheidenheit und Askese, reifte in Rom zu letzter Vollendung. Das Volk der Waffen schmückte seinen grauen Alltag mit Gedichten und stellte sich mit Vergils *Aeneis* kühn neben Homers heroische Epen. Große Historienschreiber wie Tacitus oder der Jüngere Plinius, die beide unter Domitians Regierung lebten und wirkten, sollten bleibenden Ruhm erringen.

Aber der Römer kannte durchaus die Grenzen seiner Begabung. Er wusste um die nüchterne Schlichtheit seines Wesens. Denn er hatte längst erfahren und bitter erfahren, dass er Griechenland zwar mit dem Schwert bezwungen hatte, seiner Kunst und Kultur jedoch nur mit der sprach- und machtlosen Bewunderung des Staunenden gegenüberstehen konnte. Und er hatte in weiser Voraussicht diese Kunst nicht zerstört, sie vielmehr übernommen, „in verzückter Andacht gehegt und als heiliges Erbe weitergegeben an die kommenden Jahrhunderte".[10] So blieb durch die Vermittlerrolle Roms vieles erhalten, was in den Wirren der Zeiten vielleicht für immer verloren gegangen wäre, wenn das Erhaltene auch eine gröbere und härtere Form aufweist.

Griechisches Kulturgut glich einer unerschöpflichen Quelle. In ihm lagen die Wurzeln der zivilisierten Menschheit, jedenfalls, was bis dahin greifbar war. Nichts gab es im gegenwärtigen Rom, was es nicht schon einmal dort gegeben hätte. Alles, was in Rom geschah, das Gute wie das Böse, Tugend und Laster, Mäßigung und Ausschweifung, hatte im Griechischen seine großen Vorläufer. So sprach der durchschnittlich gebildete Römer schon seit Generationen Latein und Griechisch fließend nebeneinander. Und Quintilian, der große Philologe der flavischen Ära, trat sogar dafür ein, dass Griechisch in den Schulen bevorzugt gelehrt werden müsse, da die Kinder die lateinische Muttersprache ohnehin von zu Hause mitbrächten.

Latein und Griechisch waren also die Kommunikationsmittel der zivilisierten Welt. Hinter deren Grenzen lebten die unverständlich sprechenden Barbaren, die es immer wieder von den Segnungen der mediterranen Stadtkultur, was immer man im Zentrum der Macht darunter verstehen mochte, zu überzeugen galt.

Domitian hatte trotz seiner bescheidenen Mittel zweifellos eine umfassende Bildung erworben. So verfasste er schon als junger Mensch Gedichte. Als Thronanwärter förderte er Wissenschaft, Literatur und Kunst. Auch die unter seiner Schirmherrschaft als Kaiser errichteten Bauten, seine umsichtige Reichsverwaltung und sein Gerechtigkeitssinn lassen zumindest in den ersten Jahren seiner Herrschaft einen regen, wenn auch vielleicht nicht überragenden Geist erkennen.

Lag die geistige Erziehung des Kindes in der Regel bei der Mutter oder besonderen Erziehern, so hatte der Vater für die körperliche Ertüchtigung seines männlichen Nachwuchses zu sorgen. Hierfür stand allen Römern das Marsfeld kostenlos zur Verfügung. Dort konnte man sich im Diskuswerfen, Laufen und Springen, im Ringen, Reiten und Schwimmen üben.

Es ist anzunehmen, dass sich Vater Vespasian auch an diese Gepflogenheiten, die alter Vätersitte entsprachen, hielt.

Die politische Lage bis 68 n. Chr.

Im Rom des Jahres 51 n. Chr., zu der Zeit von Domitians Geburt, saß der vorletzte Vertreter der julisch-claudischen Dynastie auf dem Thron, der als Kaiser Claudius in die Geschichte einging.

Tiberius Claudius Drusus Nero Germanicus, wie sein offizieller Name lautete, galt lange als körperlich und geistig zurückgeblieben, da ihn besonders in seiner Kindheit und Jugend hartnäckige Krankheiten quälten, die seine Entwicklung behinderten. Folgen wir den antiken Quellen, sprach selbst seine Mutter, die jüngere Antonia, von ihm als von einem Menschen, den die Natur nur begonnen, aber nicht vollendet habe, „und wenn sie jemand für besonders dumm hielt, sagte sie, er sei blöder als ihr Sohn Claudius“[1].

So hatte er vor allem als Kind keinen leichten Stand. Die ganze Familie schämte sich seiner und verbarg ihn lange vor den Blicken einer neugierigen Welt. Als man ihn jedoch nicht länger im Palast verstecken konnte, da die ersten öffentlichen Ämter seiner harrten – er war immerhin Mitglied des Kaiserhauses –, stellte sich bald heraus, dass Claudius so zurückgeblieben gar nicht war. Er, der im privaten Kreis wegen seines Stotterns zu einer vernünftigen Konversation nicht fähig zu sein schien, zeichnete sich draußen durch fundierte Reden und sicheres Auftreten aus, was besonders seinen Großonkel, Kaiser Augustus, in Erstaunen versetzte. Sollte man sich in diesem Menschen etwa getäuscht haben? Schlummerten in ihm vielleicht sogar Begabungen, die man bislang nur noch nicht entdeckt hatte?

In jedem Fall hätte niemand vorauszusagen gewagt, dass der vermeintlich behinderte Claudius den Thron der Caesaren besteigen und dort keineswegs zu den schlechtesten Reichsverwaltern gehören würde.

Als Claudius 10 v. Chr. geboren wurde, herrschte Kaiser Augustus. Als er 23 Jahre alt war, folgte jenem dessen Stief- und Adoptivsohn Tiberius auf den Thron (14–37 n. Chr.). Und im Jahr 37 n. Chr. fiel die Regentschaft schließlich Gaius Caligula zu, Claudius' jungem Neffen, der sich bald zu einem Tyrannen schlimmster Prägung entwickelte und vor allem potentielle Thronrivalen mit abgrundtiefem Hass verfolgte.

In dieser für ihn hoch gefährlichen Zeit besann sich Claudius wieder der Rolle des schwachsinnigen Trottels, die er zum Selbstschutz am Hofe des Verwandten so überzeugend zu spielen wusste, dass ihn dieser weitgehend unbehelligt ließ.

Als dann Caligula 41 n. Chr. einer Palastrevolte zum Opfer fiel, gelangte Claudius durch eine Reihe für ihn glücklicher Umstände auf den Thron. An seiner Inthronisierung maßgeblich beteiligt war Agrippa I., König der Juden, der sich gerade zu einem Freundschafts- und Staatsbesuch in Rom aufhielt. Ihm gelang es, den zögernden Claudius, der sich nach dem Attentat auf seinen Neffen im Palast hinter einem Vorhang versteckt hatte, um von den revoltierenden Prätorianern nicht entdeckt zu werden und das Schicksal Caligulas zu teilen, zur Annahme der Kaiserkrone zu überreden.

Einmal zu Amt und Würden gelangt, fand Claudius bald zu seiner schon früher gelegentlich unter Beweis gestellten Selbstsicherheit zurück. Bescheidenheit und würdiges Benehmen sicherten ihm die Volksgunst, die er allerdings durch manche Ungeschicklichkeit ebenso rasch wieder verlor.

Wie seine beiden Vorgänger Tiberius und Caligula regierte er anfangs umsichtig und gerecht, ließ sich aber bald durch Einflüsterungen schlechter Ratgeber beeinflussen. Weniger als die seines Neffen artete jedoch seine Tyrannis aus, vielleicht, weil er es vorzog, sich nach und nach von den Regierungsgeschäften zurückzuziehen und das Schicksal Roms und der Römer anderen zu überlassen.

Seine große Leidenschaft waren Frauen, deren berüchtigste Vertreterinnen er als Ehefrauen in sein Bett holte: Die leidenschaftliche Messalina, die ihm zwei Kinder, Britannicus und Octavia, gebar und der der Volksmund einen unmoralischen Lebenswandel nachsagte. Angeblich verdingte sie sich als Prostituierte in Roms Lupanaren und war dort als Liebesdienerin äußerst begehrt. Und die ehrgeizige Agrippina, seine Nichte, von der man außer einer übertriebenen Strebsamkeit nichts Nachteiliges zu berichten wusste. Doch soll sie immerhin ihren zweiten Gatten, Gaius Crispus, vergiftet haben, um sich seines unermesslichen Vermögens zu bemächtigen.

Agrippinas fast krankhafter Ehrgeiz war es dann auch, dem ihr kaiserlicher Gemahl und schließlich sie selbst zum Opfer fielen. Sie brauchte seinen Platz für Nero, ihren in die Ehe mitgebrachten nichtswürdigen Sohn.

Allzu bereitwillig überließ Claudius, wie gesagt, das Regieren anderen, seiner Frau Agrippina und den beiden Freigelassenen Pallas und Narcissus, um sich ganz seiner wahren Neigung und vermeintlichen Bestimmung, der Geschichtsschreibung, zu widmen. Der Ältere Plinius zitierte ihn sogar mehrmals in dieser Hinsicht als Autorität.

In der Tat scheinen seine historischen Kenntnisse und Betrachtungen überragend gewesen zu sein. Er verfasste Geschichtswerke über Etrurien, Karthago und Rom (Letzteres begann mit den Wirren nach Caesars Ermordung), die einen regen Geist erkennen lassen. Seine Bildung entsprach dem Ideal der Zeit. So beherrschte er Latein und Griechisch fließend nebeneinander. Aber womit, wenn nicht mit Geschichte, Literatur und Kunst, hätte er, den man stets von allen Staatsgeschäften fern gehalten und nie auf seine Rolle als Kaiser vorbereitet hatte, sich auch beschäftigen sollen?

Er starb 54 n. Chr. im Alter von 63 Jahren wahrscheinlich an Gift, das ihm seine vierte Gattin, Agrippina, in einem Pilzgericht – er liebte Pilze über alles – hatte verabreichen lassen. Sein Stiefsohn Nero bemerkte später, Pilze müssten eine Götterspeise sein, da sie Claudius zum Gott befördert hätten …

Nicht Britannicus, sein leiblicher Sohn, sondern Nero, den er auf Agrippinas Drängen an Sohnes statt angenommen hatte, folgte ihm auf den Thron. Er war jung, zu jung, um die wachsende Last eines sich noch immer vergrößernden Reiches tragen zu können, und er war zu verwöhnt, um zu begreifen, dass es einem Herrscher gut ansteht, sich zu bescheiden und sich mehr um das allgemeine als um das eigene Wohl zu kümmern. Nach den albtraumhaften Erfahrungen mit Tiberius und Caligula ging Rom und besonders seine oberste Schicht erneut einer Schreckensherrschaft entgegen.

Wie bei den genannten Vorgängern ließ sich Neros Regierungspolitik zunächst gewaltfrei an. Er war von keinem Geringeren als dem Philosophen Seneca, unter dem in Rom die Lehre der Stoa zu letzter Vollendung reifte, erzogen worden, und Nero zeigte sich besonders von dem Aufsatz *De clementia* seines berühmten Lehrers angetan. So äußerte er angeblich, als er einmal das Todesurteil eines Verbrechers bestätigen musste: „Oh, hätte ich doch nie schreiben gelernt!"

Doch leider hatte die Philosophie nie zu seinen bevorzugten Lernfächern gehört. Seine Mutter erachtete sie für einen künftigen Kaiser als überflüssig, ja verderblich, und verpflichtete Seneca, sich insofern gegenüber seinem Schüler zurückzuhalten. Überhaupt hatte die Kaiserin in der Erziehung ihres Sohnes versagt, obwohl sie dessen negative Eigenschaften erkannt haben musste. Wurde der Junge von Seneca getadelt, lief er zur Mutter, die ihn in übertriebener, ja blinder Liebe in Schutz nahm. Sein eigener Vater, Gnaeus Domitius Ahenobarbus, hatte anlässlich der Glückwünsche zur Geburt des einzigen Kindes, das er mit Agrippina hatte, geäußert: „Unmöglich kann von mir und der ein gutes Früchtchen stammen."[2] Eine prophetische Voraussage, die sich nur allzu bald bewahrheiten sollte.

Doch noch war es nicht soweit. Zunächst erkannte Nero, dass er wegen seiner Unreife der ihm zugefallenen Aufgabe noch nicht gewachsen war. So war er dankbar, dass ihm seine Mutter die Regierungsverantwortung weitgehend abnahm. Sie empfing Gesandtschaften und ließ auf die kaiserlichen Münzen neben dem Bildnis ihres Sohnes das eigene prägen. Vieles erinnerte an die Zeit nach Augustus' Tod, als dessen Witwe Livia Drusilla glaubte, in den Staatsgeschäften mitmischen zu müssen, wenn auch ihr Sohn, Kaiser Tiberius, ein über 50-jähriger reifer Mann mit langjähriger Regierungserfahrung war. „Die Lage Roms schien sich nun zu wiederholen: Der an die Spitze der Staatsführung gelangte Adoptivsohn, daneben die Mutter, deren Einfluss allerdings, da der jetzige Herrscher, ein 17-jähriger Jüngling, Wachs in den Händen einer dominierenden Frau war, ein ganz anderes Gewicht bekam als seinerzeit unter Livia"[3]. Agrippina trug übrigens, seit ihr Gatte Claudius sein Stiefkind Nero an Sohnes statt angenommen hatte, den Titel Augusta, und war damit nach Livia die zweite Frau der römischen Geschichte, der dieser zuteil geworden war.

„Umgewandelt war von nun an der Staat", stellt der Geschichtsschreiber Tacitus fest, „und alles war einer Frau hörig, die nicht mutwillig wie Messalina mit Rom ihr Spiel trieb. Stark und gleichsam männlich war die Knechtschaft. Nach außen hin gab sie sich streng, häufig auch hochmütig; in ihrem Privatleben aber verstieß sie nur dann gegen Sitte und Moral, wenn es dem Erhalt ihrer Herrschaft diente."[4]

Schon lange duldete die römische Gesellschaft, dass Frauen auf die Politik ihrer Männer einwirkten, verwehrte ihnen aber noch immer beharrlich, in der Öffentlichkeit in Erscheinung zu treten. Wäre es ausschließlich nach Agrippina gegangen, hätte sich auch das geändert. So erschien eines Tages eine Gesandtschaft aus Armenien, der eine Audienz beim Kaiser gewährt wurde. Schon schickte sich die hohe Frau an, sich neben ihrem Sohn niederzulassen. Die Zeugen dieser Szene hielten den Atem an. Selbstbewusst näherte sich die Kaiserin „dem Tribunal, und niemand wagte, sie aufzuhalten, als Seneca geistesgegenwärtig Nero einen Wink gab, dass er seiner Mutter entgegengehen müsse. Die Sitzung wurde aufgehoben, der Skandal vermieden, aber dieser Zwischenfall war das Vorspiel einer langen Krise ..."[5] Es verwundert kaum, dass das Verhältnis von Mutter zu Sohn und umgekehrt daraufhin merklich abkühlte.

Aber da war noch ein weiterer Thronanwärter, Britannicus, der leibliche Sohn des verblichenen Fürsten, dessen bloße Gegenwart dem jungen Nero ein Dorn im Auge war. Ihn benutzte Agrippina als Druckmittel, was ihrem Sohn nicht entging und dessen Entschluss, sich von dem lästigen Nebenbuhler zu befreien, beschleunigte. Gehorchte das „Früchtchen" nicht, ließ die gestrenge Mutter durchblicken, werde sie es ebenso schnell stürzen, wie sie es erhoben habe, und an seiner statt den wahren Erben auf den Thron setzen, eben jenen ungeliebten Sohn des Kaisers Claudius, Britannicus. Ausführlich schildert Sueton, wie Nero den unglücklichen Stiefbruder – angeblich aus Eifersucht auf dessen schöne Stimme – bei einem Gastmahl vergiftete und bei strömendem Regen ohne jegliche Feierlichkeit beisetzen ließ. Der Giftmord wurde vom gerissenen Kaiserlein übrigens als epileptischer Anfall mit tödlichem Ausgang „betrauert".

Nero glaubte, seiner Stellung noch weitere Opfer schuldig zu sein. Unter dem Einfluss seiner Geliebten und späteren Gattin, der römischen Adligen Poppaea Sabina, die es sich in den Kopf gesetzt hatte, selbst Kaiserin zu werden, beschloss er, sich der lästigen Mutter zu entledigen. Aber wie sollte sie beseitigt werden, ohne dass die Tat Verdacht erregte? Etwa durch Gift an der Tafel des Sohnes? War nicht schon Britannicus auf diese Weise ums Leben gekommen, und hätte dort ein wie zufällig erscheinender Tod der Augusta nicht erst recht für Gerede gesorgt? Im Übrigen war bekannt, dass die äußerst kluge und vorsichtige Frau seit Jahren durch die Einnahme von Gegengiften vor jedem Giftanschlag gefeit war. Ein Versuch wäre also wenig Erfolg versprechend gewesen. Würde man sich für den Tod durch das Schwert entscheiden? Fände sich aber überhaupt jemand, der zur Ausführung des Attentats bereit war? Agrippina war immerhin die Tochter des überaus beliebten Feldherrn Germanicus, dessen Andenken in Rom noch sehr lebendig war.

Nero war nahe daran, seinen Plan aufzugeben, und hätte ihn nicht Poppaea Sabina immer wieder gehänselt und ihn ein Muttersöhnchen genannt, hätte er von seinem Vorhaben wahrscheinlich ganz abgelassen. Ein Mündel nannte sie ihn zudem scherzhaft, einen, der nicht nur keine Herrschaft, sondern nicht einmal die Freiheit besäße, sich von seiner ungeliebten Octavia, Kaiser Claudius' Tochter, scheiden zu lassen, um sie, die Königin seines Herzens, zu heiraten. „Missfällt dir etwa meine Gestalt oder der Ruhm meiner Ahnen? … Oder liegt es daran, dass deine Mutter nur eine Schwiegertochter zu ertragen vermag, die gegen ihren Sohn arbeitet?" Lieber wolle sie weit weg von Rom leben, wo sie „des Imperators Schmach doch nur zu hören und nicht tagtäglich mit ansehen müsse". Ihre Vorwürfe verstand sie durch Tränen geschickt zu untermauern, und es trat keiner gegen ihre Hetze auf, „da … niemand glaubte, Neros Hass gegen" Agrippina „werde sich bis zum Mord steigern"[6].

So wurde endlich ein Anschlag auf die Mutter verübt, die sich demonstrativ hinter ihre Schwiegertochter Octavia gestellt hatte. Nero hatte dazu Anicetus, den Flottenbefehlshaber von Misenum, einen üblen Freigelassenen, in seinen Plan eingeweiht und mit der Ausführung des Vorhabens beauftragt. Dieser schlug vor, Agrippina auf hoher See zu ermorden, weil dort kein Unfall unmöglich sei und niemand auf den

Gedanken käme, einem Verbrechen zuzuschreiben, was die Naturgewalten verschuldet hätten. Sollte dennoch je ein Verdacht aufkommen, könnte Nero ja, um seine Sohnesliebe zu bekunden, der verunglückten Mutter einen Tempel und Altäre weihen. Er wolle ein Schiff bauen, das durch eine besondere Vorrichtung mitten auf dem Meer auseinander bräche und die Nichtsahnende in die Tiefe zöge.

Unter dem Vorwand, sich mit ihr nach manchen Unstimmigkeiten versöhnen zu wollen, lud der Kaiser die Mutter nach Baiae, dem bekannten Nobelbadeort der römischen Aristokratie am Golf von Neapel, zu einem opulenten Abendessen ein. Agrippina überwand ihr anfängliches Misstrauen und folgte der Einladung, obwohl ihre Spitzel sie gewarnt hatten.

Das Essen zog sich in die Länge. Als die Nacht hereingebrochen war, verabschiedete sie sich von ihrem Sohn, bestieg das für sie bereitgestellte Schiff, das sie nach Hause bringen sollte, mit wenigen Vertrauten. Die Nacht war sternenklar, und an Bord herrschte große Ausgelassenheit wegen der gelungenen Versöhnung,

Man hatte erst eine kurze Strecke zurückgelegt, als auf ein verabredetes Zeichen hin das mit Blei beschwerte Vordeck krachend einstürzte. Wie durch ein Wunder wurde die Kaiserin von den Seitenwänden ihres Ruhebetts geschützt und erlitt nur leichte Verletzungen. Todesmutig schwamm die tapfere Frau ans Ufer, wo Fischer sie aus dem Wasser zogen und in ihr nahe gelegenes Landhaus brachten.

Natürlich hatte sie erkannt, welchem plumpen Schauspiel sie aufgesessen war. Ein Schiffsunglück in unmittelbarer Nähe der Küste bei völliger Windstille und ohne dass Felsen oder andere Schiffe beteiligt gewesen wären! Da mochten Dümmere an Zufall glauben. Doch Agrippina war zu klug zu zeigen, dass sie die Situation durchschaute. Sie könnte sich, so dachte sie, am besten vor einem weiteren Anschlag schützen, wenn sie die Unwissende spielte. So ließ sie ihrem Sohn durch einen Boten ausrichten, er solle trotz des Schreckens, den ihm ihr Unfall verursacht habe, seinen Besuch bei ihr verschieben. Denn sie bedürfe jetzt dringend der Ruhe. Dann verband sie ihre Wunden, stärkte sich mit einem Heilmittel und wartete ab.

Mehr Angst als seine Mutter, die ihrem Tod tapfer entgegensah, hatte der nichtswürdige Sohn. Er kannte sie gut. Sie konnte keinen Augenblick daran zweifeln, wem dieser „Unfall“ zuzuschreiben war. „Gleich wird sie kommen und sich furchtbar rächen“, jammerte er. Er ließ seine Erzieher, darunter Seneca, rufen. Bis heute weiß die Wissenschaft nicht, ob dieser in Neros Mordplan wirklich eingeweiht gewesen war. Roms bedeutendster Freund der Weisheit schlug angeblich vor, Anicetus möge befohlen werden zu vollenden, was er begonnen habe.

„Wenn du gekommen bist, um mich zu besuchen“, schleuderte die furchtlose Frau ihrem Mörder entgegen, „dann melde, ich habe mich erholt. Bist du aber gekommen, um mich zu töten, dann weigere ich mich zu glauben, mein Sohn habe den Muttermord befohlen.“

Es bedurfte, so heißt es, vieler Hiebe, ehe Agrippina tot war. Übrigens hatten sie einst die Astrologen, von ihr über Neros Schicksal befragt, gewarnt: „Er wird Kaiser sein und seine Mutter umbringen.“ Darauf soll sie erwidert haben: „Mag er mich töten, wenn er nur herrscht!“[7]

Wenn ihn auch schwere Gewissensbisse plagten, ließ Nero seiner Sinnlichkeit jetzt freien Lauf, unkontrolliert von der strengen Agrippina. Der „Orest der Kaiserzeit“ gestand oft, dass er vom Schatten seiner Mutter und den Geißeln und brennenden Fackeln der Furien umgetrieben werde. Er soll sogar versucht haben, durch ein von Magiern vollzogenes Opfer Agrippinas Geist heraufzubeschwören und zu versöhnen. Es war vergeblich. An der Lebenden hatte er gelitten. Die Tote wurde er nicht los.

Neros Herrschaft artete bald völlig aus. Verkleidet suchte er Bordelle auf, besuchte mit seinen Spießgesellen üble Spelunken, plünderte Läden und belästigte Frauen. Ein Senator, der sich gegen den vermummten Kaiser erfolgreich wehrte, wurde gezwungen, Hand an sich zu legen. Seneca versuchte, seinen Schützling von Begierde und Ausschweifung abzulenken und führte ihm Acte, eine ehemalige Sklavin, zu, die ihn wohl als einzige Frau wirklich liebte. Doch bald wurde er ihrer Zärtlichkeit überdrüssig und wandte sich ganz der raffinierten Poppaea Sabina zu, die in den kommenden Jahren sein Leben und Handeln beherrschte.

Als nächste in der Reihe von Neros „Feinden“ trat die erst 22-jährige Octavia 62 n. Chr. die vorzeitige Reise in den düsteren Hades an. Schweigend hatte sie die Ausschweifungen ihres Gatten ertragen, geschützt von ihrer Schwiegermutter, die sich mit allen Mitteln gegen eine Scheidung ihres Sohnes von seiner Frau wehrte. Jetzt, da diese tot war, war die junge Frau ganz auf sich allein gestellt – und sie war verloren. Zunächst wegen Unfruchtbarkeit, dann paradoxerweise wegen Ehebruchs, Abtreibung einer Leibesfrucht und Hochverrats angeklagt, wurde sie in der Tradition des julisch-claudischen Kaiserhauses, das mit allen unliebsamen Frauen so verfahren war, auf die Insel Pandateria weit vor der Küste Neapels verbannt, wohin ihr Nero auf Poppaeas Betreiben hin bald ihre Mörder nachschickte. Sie öffneten ihr, die um ihr junges Leben flehte, gewaltsam die Adern und verbrühten sie, da das Blut nicht fließen wollte, in einem kochenden Bad. Poppaea brachten sie das abgeschlagene Haupt, das diese mit Genugtuung betrachtete, nicht ahnend, dass auch ihre Tage gezählt waren.

Die Ermordung dieser Unschuldigen war keineswegs Neros letzte Schandtat. Er, der sich gern als großer Künstler aufspielte und als Gott ansah, ärgerte sich über die schmutzige Stadt, die er beherrschte und die seine Sinne beleidigte. Er verachtete die grauen Paläste, die er geerbt hatte. Er beklagte sich über ein Rom, das ohne jeden Plan gewachsen war, und beschloss, die Stadt ein zweites Mal zu gründen und in Neropolis umzubenennen.

Am 18. Juli 64 brach im *Circus Maximus* ein Feuer aus, das sich rasch ausbreitete und tagelang in der Stadt wütete. Zu zwei Dritteln wurde sie dem Erdboden gleich gemacht. Wohnhäuser, Tempel, Kunstwerke, unermesslich war der materielle Schaden, den die Flammen anrichteten, abgesehen von den Tausenden von Menschen, die verbrannten, erstickten, obdachlos, von herabstürzenden Trümmern erschlagen oder in den überfüllten Straßen zu Tode gequetscht wurden. Die Geschichtsschreiber Tacitus, Sueton und Cassius Dio beschuldigen Nero übereinstimmend der Brandstiftung und ständigen Erneuerung des Feuers.[8] Er habe Rom neu aufbauen lassen wollen und vom Dach des Hauses des Maecenas, wohin er sich in Sicherheit gebracht habe, sein Werk bewundert und, sich selbst auf der Leier begleitend, Verse über die Zerstörung Trojas geschmiedet. Der Kaiser tat alles, um von sich abzulenken: Er öffnete seine Gärten und alle öffentlichen Gebäude für die Obdachlosen, ließ auf dem Marsfeld Zeltstädte errichten und in der Umgebung Roms Lebensmittel requirieren.

Den schlimmen Verdacht wurde er dennoch nicht los. Da suchte er nach einem Sündenbock und fand ihn „in jenen, die, dem Volk wegen ihrer Schandtaten verhasst, Christianer genannt werden …“[9]. Sie verfolgte er nun mit all den Grausamkeiten, die einem absolutistischen Herrscher der damaligen Zeit zur Verfügung standen, und leitete damit die Reihe blutigster Christenverfolgungen ein, aus denen nach etwas mehr als 300 Jahren die Anhänger dieser neuen Lehre paradoxerweise als Sieger hervorgehen sollten.

Mit großer Freude machte sich Nero an den Wiederaufbau seiner Wirkungsstätte, die er ganz nach seinen künstlerischen Vorstellungen gestaltete. Jede andere Stadt des gewaltigen Römerreichs wurde gezwungen, ihr Scherflein beizutragen. Prächtig erhob sich Rom gleich einem Phönix aus der Asche, und jedermann war bald überzeugt, dass es gesünder, reicher und schöner wieder auferstanden war.

Das prachtvollste Gebäude wurde allerdings Neros „Goldenes Haus“, eine Villa mit weitläufiger Parklandschaft am Fuße des Esquilin, deren Reste noch heute einen Eindruck der vergangenen Herrlichkeit vermitteln. Die Anlage bedeckte ein Gebiet, das einst viele tausend Arme bewohnt hatten, die der Kaiser kurzerhand enteignet hatte. Der Umfang und die prächtige Ausstattung des Palastes rissen Nero zu wahren Begeisterungsstürmen hin. „Endlich beginne ich zu leben wie ein Mensch“[10], soll er bei seinem Einzug geäußert haben. Dem imposanten Anwesen war allerdings keine lange Lebensdauer bestimmt. Schon Vespasian gab das Areal gewissermaßen dem Volk zurück. Er ließ es weitgehend einebnen und an seiner Stelle das gewaltige *Amphitheatrum Flavium*, heute als „Colosseum“ bekannt, errichten. Dieses sollte sich zum Symbol des alten Rom schlechthin entwickeln.

Auch Poppaea Sabina starb eines gewaltsamen Todes. Gerechterweise muss man sagen, dass Nero, der sie durch einen Tritt in den Unterleib ins Jenseits beförderte, ihren Tod nicht gewollt hatte. Verspätet war der Kaiser von einem Rennen nach Hause zurückgekehrt und von seiner schwangeren Frau angeblich mit heftigen Vorwürfen empfangen worden. Nero, bislang kinderlos – eine von Poppaea geborene Tochter war noch als Säugling gestorben – war tief betroffen. Er hatte sich sehnlichst einen Erben gewünscht. Er ließ den kostbaren Leichnam einbalsamieren und bestellte ein prunkvolles Leichenbegängnis. Kurze Zeit später traf er einen jungen Mann, der Poppaea Sabina zum Verwechseln ähnlich sah. Er wurde kastriert und Nero in offizieller Zeremonie angetraut. Daraufhin ging ein Witz durch Rom: „Ach, hätte doch Neros Vater auch nur eine solche Frau umarmt!“[11]

Das Jahr 65 brachte eine weit verbreitete Verschwörung zu Tage, in die auch Seneca und der Dichter Lucan verwickelt gewesen sein sollen. Neros Rache war so grausam, dass bald das Gerücht aufkam, er habe gelobt, den gesamten Senatorenstand auszurotten. Lucan, Seneca und Petronius, der „Schiedsrichter des guten Geschmacks“, die alle zu den engsten Vertrauten der kaiserlichen Majestät gehörten, erhielten den Selbstmordbefehl. In ruhiger Gelassenheit öffneten sie sich die Pulsadern. Viele andere wurden hingerichtet oder verbannt. Der römische Widerstand gegen Nero war dadurch aber nicht gebrochen.

66 n. Chr. reiste der Kaiser, wie bereits erwähnt, nach Griechenland, um an den Olympischen Spielen teilzunehmen und die Griechen, die allein er seiner und seiner Kunst für würdig erachtete, mit seinem Gesang zu verwöhnen. Er musste seinen Aufenthalt schon 67 jäh beenden, nachdem Berichte von Aufständen und neuen Verschwörungen zu ihm gedrungen waren. Stolz zeigte er in Rom seine 1808 Trophäen, die er in Griechenland gewonnen hatte.

Im März 68 verkündete der gallische Statthalter Iulius Vindex die Unabhängigkeit Galliens. Als Nero auf dessen Kopf 2.500.000 Sesterzen aussetzte, verkündete Vindex unbeeindruckt: „Wer mir den Kopf des Nero bringt, bekommt den meinigen dafür.“[12] Im April traf die Nachricht ein, Galba, der Befehlshaber der in Spanien stationierten Truppen, habe sich mit Vindex verbündet und marschiere auf Rom. Nero floh, ausgerüstet mit einem Dolch, zu den Servilischen Gärten an der Straße nach Ostia. Keiner seiner Prätorianer hatte sich bereiterklärt, ihn zu begleiten. Auf Empfehlung eines seiner Freigelassenen begab er sich in dessen Landhaus an der *Via Salaria*, wo er sich im Keller, in eine verschmutzte Tunika gekleidet, verbarg. Dort erreichte ihn die Nachricht, der Senat habe ihn zum Staatsfeind erklärt und angeordnet, ihn „nach der Vorfahren Brauch" zu bestrafen. Er wollte wissen, was das bedeute, und erfuhr, dass man den Verurteilten nackt in eine Gabel spanne und dann mit Ruten zu Tode peitsche. Entsetzt wollte sich Nero daraufhin den mitgebrachten Dolch ins Herz stoßen. Er prüfte die Spitze und fand sie unangenehm scharf. Aller Mut verließ ihn. *„Qualis artifex pereo"*[13], jammerte er. „Welch ein Künstler geht mit mir zu Grunde!" Er beschloss, das Sterben noch eine Weile zu verschieben. Am nächsten Morgen gab es aber kein Entrinnen mehr. Er hörte Pferdegetrampel. Die Häscher des Senats hatten ihn aufgespürt. Zaghaft stieß er sich den Dolch in den Hals. Der Freigelassene führte ihm die zitternde Hand.

Seine verschmähte Geliebte Acte begrub seine Asche in den Grabgewölben der Familie der Domitier.[14]

Ein guter Teil des Volkes freute sich über seinen Tod. Aber viele, besonders die armen Leute, die mit seiner Herrschaft zufrieden waren, hatte er sie doch weitgehend unbehelligt gelassen, trauerten um ihn und waren geneigt, den Gerüchten zu glauben, die behaupteten, er sei gar nicht tot, sondern erkämpfe sich gerade seine Rückkehr nach Rom. Als er aber nicht mehr kam, fanden sie sich allmählich mit seinem Hinscheiden ab und streuten noch lange Blumen auf sein Grab.

Solcher Art waren die äußeren Verhältnisse, unter denen Domitian aufwuchs. Ob die flavische Familie von Neros Schandtaten, vor allem vom Stadtbrand Roms, betroffen war, ist nicht bekannt. Dass sie beschämend arm war, wurde bereits erwähnt. Allerdings dürfte sich ihre finanzielle Lage gebessert haben, als Vespasian wieder Truppenführer wurde.

Trifft Suetons Behauptung zu, der junge Domitian sei dem ehemaligen Prätor Clodius Pollio und vielleicht auch seinem späteren Nachfolger Nerva sexuell gefällig gewesen?[15] Wollte er mit dem Verkauf seines Körpers vielleicht sogar das Familienbudget aufbessern? Wir wissen es nicht. Jedenfalls versichert der antike Biograf Suetonius, Pollio habe hin und wieder einen von Domitian eigenhändig geschriebenen Brief gezeigt, in dem jener dem Prätor eine Nacht versprach. Da aber gerade dieser antike Geschichtsschreiber für den Klatschcharakter seiner Überlieferung bekannt ist und nachweislich versucht hat, durch pikante Geschichtchen seinen grauen Berichten ein wenig Farbe zu verleihen, sollte diese Behauptung nicht überbewertet werden.

Es gibt ansonsten keine Anzeichen dafür, dass Domitian unter Neros Herrschaft aus der Rolle fiel. Sein Leben scheint vielmehr eintönig dahingeflossen zu sein, bis es mit Neros Ende eine jähe Wende erfuhr.

Gefährliche Jahre

„Dazu herrschte eine allgemeine Verwirrung infolge von Neros Tod. Diese Gelegenheit verlockte viele, die Oberherrschaft anzustreben, und die Soldaten waren begierig nach Veränderungen, die ihnen etwas einbrächten.“[1] Mit dieser Bemerkung weist der jüdische Geschichtsschreiber Flavius Josephus, von dem später noch ausführlich die Rede sein soll, auf Unruhen in Rom selbst hin, aus denen schließlich Titus Flavius Vespasianus als Sieger hervorgehen sollte.

Im ausgehenden siebenten Jahrzehnt der neuen Zeitrechnung wurden aber nicht nur der Osten des Reiches, namentlich Judäa, und die Hauptstadt selbst von Unruhen erschüttert. Auch im Westen brodelte es, versuchten unterworfene und längst romanisiert geglaubte Volksstämme, durch Neros launige Herrschaft und die Querelen in Palästina ermutigt, das römische Joch abzuschütteln. Die Zeit war gefährlich. Das ganze *Imperium Romanum*, in vielen Jahrhunderten mühsam und mit gewaltigen Verlusten zusammenerobert, drohte auseinander zu brechen.

Schon im Frühjahr 68 hatte sich die Gallia Lugdunensis mit der Hauptstadt Lyon, bislang ein Paradebeispiel gelungener römischer Provinzialverwaltung, von Rom losgesagt, aber die Legionen des von der Reichsgrenze herbeigeeilten Legaten L. Verginius Rufus hatten die Lage rasch unter Kontrolle gebracht.

Die Lugdunensis blieb kein Einzelfall. Ihrem Beispiel folgten die Bataver, ein Germanenstamm, der am Niederrhein, im heutigen Holland, siedelte. Ein bunt zusammengewürfelter Heereshaufen rechtsrheinischer Germanen, darunter Chatten, Usipeter und Mattiaker, überschritt den Mittelrhein und belagerte das Kastell von Mainz, Mogontiacum, einen der wichtigsten römischen Stützpunkte auf germanischem Boden und Sitz der Legio XXII Primigenia Pia Fidelis. Nur mit Mühe gelang es dem Legaten Vocula, die Ordnung einigermaßen wiederherzustellen und die römische Herrschaft in dieser Ecke des Weltreichs für eine Weile zu sichern.

Da traf Rom ein weiteres Unglück, das im ganzen Reich als göttliches Zeichen angesehen wurde: Im Dezember 69 – Nero war bereits tot – brannte bei Ausschreitungen das Capitol mit dem berühmten Iupitertempel ab, dem symbolischen Mittelpunkt des Weltreichs, dessen Ende nun viele kommen sahen.

Durch diese vermeintliche Botschaft ermuntert, schlossen sich nun auch die gallischen Stämme der Treverer und Lingonen den Aufständen an mit dem Ziel, sich von Rom zu lösen und ein eigenständiges *Imperium Galliarum* zu errichten.

Zum Glück für das Weltreich bestieg – nach den Interimskaisern Galba, Otho und Vitellius – Titus Flavius Vespasianus den Thron der Caesaren, und der tatkräftige Feldherr, bald unangefochtener Alleinherrscher, hatte zuverlässige Leute, die den stadtrömischen Bürgerkrieg rasch beendeten. Dies war sicherlich auch einer der Gründe dafür, dass sich noch keineswegs alle Gallier erhoben hatten, da sie Vespasians Schlagkraft fürchteten. Die, die bereits den Aufstand probten, konnten unmöglich wissen, dass die Römer über schier unermessliche Reserven verfügten. Auch waren die Aufrührer nicht in der Lage, ihre Handlungen zu koordinieren und errungene Siege auszunutzen.

Nachdem der Bürgerkrieg beendet war, hatte Rom also freie Hand, mit der gefährlichen Situation am Rhein fertig zu werden. Im Frühjahr 70 marschierten aus Italien fünf Legionen ab, drei kamen aus Spanien, und auch in Britannien setzte sich eine Legion Richtung Süden in Bewegung. Der Aufstand brach rasch zusammen. Bis zum Herbst 70 hatte Rom die Lage wieder in der Hand. Die siegreichen römischen Feldherren waren klug genug, über die geschlagenen Völker kein Strafgericht zu verhängen.

Bereits im Juni 68 hatte der von Nero mit dem Oberbefehl über die römischen Truppen in Judäa betraute Vespasian fast das ganze Land mit Ausnahme Jerusalems und einiger Festungen bezwungen. Als er von Neros Selbstmord hörte, brach er den Feldzug ab. Nach außen hin erkannte er jeden der drei neuen Kaiser an. Insgeheim aber traf er Vorbereitungen, den Thron der Caesaren für sich zu gewinnen. Er sicherte sich die Unterstützung des Mucianus, des Statthalters von Syrien, und Tiberius Alexanders, des Präfekten von Ägypten, eines einflussreichen jüdischen Renegaten. Mucianus betraute er später mit der Leitung der Staatsgeschäfte in Rom, ehe er selbst im Herbst 70 n. Chr. dort erschien.

Bereits im Juli 69 riefen ihn die in Ägypten, Syrien und Judäa stationierten Legionen zum Kaiser aus. „Die Donaugarnisonen folgten nach, und man entwarf Pläne für den Angriff auf Italien. Während Vespasian selbst in Ägypten blieb, um Rom die Getreidezufuhr abzuschneiden, sollte Mucianus das Hauptheer nach Westen führen."[2]

Der Bürgerkrieg des kommenden Jahres forderte dann auch in Vespasians Familie ein prominentes Opfer. Sein Bruder Sabinus, Stadtpräfekt von Rom, suchte während der blutigen Auseinandersetzungen zwischen den Anhängern von Vitellius und denen der aufstrebenden Flavier am 18. Dezember 69 auf dem Capitol Zuflucht, wurde aber von Vitellius' Leuten aufgespürt und kam um. Man hatte ihn in Ketten vor Vitellius geführt, der ihn mit durchaus nicht feindseliger Miene empfing. Aber der blutgierige Pöbel nötigte dem noch amtierenden Kaiser Sabinus' Hinrichtung ab. Man schleppte den zerschundenen Leichnam, dem man den Kopf abgeschlagen hatte, auf die Gemonische Treppe, den Ort öffentlicher Leichenschändung.

Domitian, Sabinus' Neffe, der mit ihm geflohen war, brachte, „als ... der Tempel in Flammen stand", die Nacht heimlich beim Tempelhüter zu. „Am nächsten Morgen verkleidete er sich als Isispriester, mischte sich unter die Opferdiener verschiedener Religionen und begab sich mit nur einem Begleiter zur Mutter eines Schulkameraden auf das andere Tiberufer, wo er sich so gut verborgen hielt, dass er von den Häschern, die seinen Spuren gefolgt waren, nicht ausfindig gemacht werden konnte."[3] Er verließ sein Versteck erst, nachdem feststand, dass sein Vater Kaiser geworden war, wurde als Caesar begrüßt und übernahm das Amt des Stadtprätors mit konsularischer Gewalt. Er war jedoch nur nominelles Staatsoberhaupt, da Mucianus inzwischen im Auftrag seines Vaters die Staatsgeschäfte führte. Dennoch hätte er sich trotz seiner Jugend an seine Stellung gewöhnen können. „Nachdem er Kaiser geworden war, sorgte Domitian dafür, dass seine Taten aus jener Zeit durch Reliefs und die Hofdichtung verherrlicht wurden."[4] Die Hütte des Tempelhüters ließ er niederreißen und „baute Jupiter dem Erretter eine kleine Kapelle nebst einem Altar, der auf dem Marmor seine Begegnisse darstellte; nachher, als er zur Regierung gelangt war, weihte er Jupiter dem Hüter einen ungeheuren Tempel und sein eigenes Bild im Schoße des

Gottes“[5]. Seine frühe Karriere endete jäh, als Vespasian vom jüdischen Kriegsschauplatz nach Rom zurückkehrte. Offensichtlich wurde Domitian von da an zu keiner vernünftigen Beschäftigung mehr herangezogen. Sein Vater und danach sein kaiserlicher Bruder übertrugen ihm eine Reihe bedeutungsloser Ehrenämter. Er blieb bis zum Jahr 81, als er nach dem frühen Tod seines Bruders Titus selbst den Thron bestieg, stummer Beobachter, wenn er auch mit großem Interesse und wachem Verstand das Staatsgeschehen verfolgte. Die Zügel der Macht schon ganz allein in Händen haltend, habe er sie, sagt der zeitgenössische Dichter Martial, dennoch wieder abgeben müssen und sei in einer Welt, die schon einmal ihm gehört habe, nach Vespasian und Titus nur mehr der Dritte gewesen.[6]

Vespasian überließ Titus, seinem älteren Sohn, der mit ihm zur Befriedung Judäas ausgesandt worden war, die Beendigung des jüdischen Krieges und machte sich auf den Heimweg. Ihm muss bewusst gewesen sein, dass Titus die Angelegenheiten im Osten in seinem Sinn fortführen und zur Zufriedenheit Roms beenden würde. Dass sein Sieg ein so vollkommener wäre, konnte der Vater aber kaum voraussehen. Titus’ überwältigender Triumph stellte den jüngeren Flaviersohn nun endgültig in den Schatten des politischen Geschehens.

Fast ein ganzes Jahr lang hatten die Römer den Juden eine unfreiwillige Ruhepause gewährt, da Vespasian mit der Sicherung seiner eigenen Stellung beschäftigt war. Die Juden nutzten diese kampffreie Zeit allerdings schlecht. Statt ihre noch vorhandenen Kräfte zu schonen und zu erneuern, begannen sie wieder, sich wie früher gegenseitig zu bekämpfen. Es kam in Jerusalem zu innerstädtischen Auseinandersetzungen zwischen Gemäßigten und Anhängern der radikalen Zelotenpartei, die Angehörige des Stadtadels gefangen nahmen und den Einfluss der Hohepriesterschaft zu unterwandern versuchten. Sie ersetzten den amtierenden Hohepriester durch einen Mann niederen Standes, der nicht nur ungebildet, sondern auch mit der Pflicht des obersten religiösen Würdenträgers der Juden nicht vertraut war. Damit brachen sie mit der romfreundlichen Tradition und schafften die angestammten Vorrechte jener Familien ab, die bislang die Amtsträger gestellt hatten – eine ungeheure Provokation der römischen Schutzmacht, die entsprechend reagierte.

Aber nicht nur sie war brüskiert. Das Volk empörte sich über das Sakrileg, und der älteste Hohepriester, Ananos, heizte die Stimmung gegen die Aufrührer in geschickter Rede noch an. Der jüdische Geschichtsschreiber Flavius Josephus bezeichnet ihn als einen höchst verständigen Mann, „der vielleicht auch die Stadt gerettet haben würde, wenn er den Händen der Mörder entkommen wäre"[7]. Das Schicksal war den Juden aber nicht so gnädig.

Voll Erbitterung stürzten sich die rivalisierenden Parteien aufeinander, und es bewahrheitete sich einmal mehr das Sprichwort vom sich freuenden Dritten, der zwei streitende Gegner beobachtet. So war Titus' Sieg weniger der römischen Überlegenheit zuzuschreiben als der jüdischen Uneinigkeit.

Der Übermacht der Gemäßigten weichend, zogen sich die Zeloten bald in das Innere des Tempels zurück, wohl wissend, dass Ananos kaum wagen würde, die heiligen Pforten zu sprengen. Tatsächlich hielt es dieser für gesetzeswidrig, seine Anhänger ohne die vorgeschriebenen Reinigungsriten in den göttlichen Bezirk zu führen. Er wählte deshalb 6.000 Mann aus, die er als Wachen vor den Hallen aufstellte, um seine Gegner am Entkommen zu hindern. Ein Verräter in Ananos' Reihen, ein Mann namens Johannes, der aus Gischala geflohen war und den Hohepriester selbst bei den geheimsten Unterredungen begleitet hatte, hinterbrachte den Eingeschlossenen auf dem Tempelberg, dass Ananos das Volk überredet hätte, Gesandte zu Vespasian zu schicken, damit er heranrücke und sich der Stadt bemächtige. Wollte man ihr Leben nicht aufs Spiel setzten, sei auswärtige Hilfe vonnöten.

Die Zeloten suchten daraufhin bei den Idumäern um Unterstützung nach, einem ungestümen, zügellosen Volk, das für seine stetige Kampfbereitschaft bekannt war.

Bald rückten 20.000 Mann an und belagerten Jerusalem. Im Schutze der Dunkelheit und eines heftigen Unwetters gelang es einigen Zeloten, die Belagerer in die Stadt zu schleusen. Dort befreiten diese zunächst deren eingeschlossene Gesinnungsgenossen, nachdem sie die Wachen überwältigt hatten. Geschrei drang vom Tempelberg in die Stadt, aber niemand wagte, sich den militanten Eindringlingen entgegenzuwerfen. Viele Menschen fanden bei den nächtlichen Kämpfen den Tod. Am nächsten Morgen zählte man nicht weniger als 8.500 Leichen. Auch Ananos wurde kurze Zeit später erschlagen. „Ich irre nicht“, bemerkt Flavius Josephus, „wenn ich sage: Mit dem Tod des Ananos nahm der Untergang der Stadt seinen Anfang, und von dem Tag an, da die Juden ihren Hohepriester, den Mann, der ihnen den Weg zur Rettung gewiesen, mitten in der Stadt hingemordet sahen, war ihre Mauer zerstört, der jüdische Staat vernichtet.“[8]

Beim Abschlachten ihrer Glaubensgenossen erwiesen sich die Zeloten als so gewalttätig, dass sich viele der auswärtigen Krieger angewidert abwandten und nach Hause zurückkehrten.

Aus der Ferne beobachtete Vespasian geduldig die innerjüdischen Schlächtereien getreu dem römischen Grundsatz: *Divide et impera* – teile und herrsche! Auch diesmal sollte sich der Leitspruch der römischen Expansionspolitik als für Rom nützlich erweisen.

Kaum hatten sich die Idumäer vom blutgetränkten Jerusalem abgewandt, zogen die Zeloten die übelsten Register ihrer Grausamkeit. „Alle menschlichen Rechte wurden mit Füßen getreten, die göttlichen verhöhnt, die Weissagungen der Propheten als betrügerisches Geschwätz verlacht.“[9] Erbarmungslos wurde gefoltert, erschlagen, verbrannt. Es gab Warnungen gottesfürchtiger Männer, die Stadt werde eingenommen werden und das Allerheiligste in Flammen aufgehen, sollte der Aufruhr fortgesetzt und das Heiligtum von den eigenen Händen befleckt werden.

Waren die Zeloten auch nicht unempfänglich für diese makabren Vorhersagen, so trugen sie doch selbst zu deren Erfüllung bei.

Johannes’ Führungsanspruch traf auf den Eleazars, des Anführers der Zeloten. Dazu kam eine dritte Kraft, die der Nationalisten unter einem Mann namens Simon, dem Sohn des Giora. Auch er wollte nach Ananos’ Tod den Oberbefehl über Jerusalem erlangen, wenngleich er um die Ansprüche von Johannes und Eleazar wusste.

Er sammelte ein Heer und erschien im Frühjahr 69 vor den Toren der jüdischen Hauptstadt. Dort hatten seine beiden Rivalen inzwischen ein solches Schreckensregiment errichtet, dass der Bevölkerung im Vergleich dazu jedes andere Übel gering erschien. Man hoffte auf Simon und hieß ihn willkommen. Kaum aber hatte er sich in der Stadt etabliert, unterschied er sich in nichts mehr von seinen Gegnern.

Das Volk wurde nun unbarmherzig zwischen den widerstrebenden Interessen zerrieben. Nicht nur zahllose Menschen verloren ihr Leben. Bei den Auseinandersetzungen gingen, als in der Umgebung des Tempelbergs alles eingeäschert war, auch Getreidevorräte in Flammen auf, die für eine jahrelange Belagerung ausgereicht hätten – eine Tatsache, die kurze Zeit später den Römern den Kampf um Jerusalem erheblich erleichtern sollte.

Derart waren die Verhältnisse in Judäa, als Vespasian im Sommer 69 zum Kaiser ausgerufen wurde: Nordost-Judäa und Idumäa hatte der Feldherr ohne große Schwierigkeiten für Rom zurückerobert. Jetzt befanden sich nur noch die Festungen Herodion, Machaerus und Masada in aufständischer Hand, dazu einige Höhlen über dem Toten Meer, die für Rom jedoch wenig gefährlich waren, und Jerusalem, dessen Schicksal noch einmal aufgeschoben wurde.

Der neue römische Kaiser begab sich mit seinem Sohn Titus nach Berytos (Beirut), um Kriegsrat zu halten. Er schenkte (Flavius) Josephus die Freiheit, da sich dessen Prophezeiung, Vespasian werde die Herrscherwürde erlangen, erfüllt hatte. Die römischen Streitkräfte waren inzwischen auf vier Legionen angewachsen, als die XII. Legion Fulminata aus Syrien dazugestoßen war. Vespasian schickte sich an, den jüdischen Kriegsschauplatz zu verlassen, und Titus rückte mit seiner gewaltigen Streitmacht gegen die Hauptstadt Israels vor, deren Tage nun gezählt waren.

Nur vorübergehend vermochte die drückende feindliche Übermacht die rivalisierenden jüdischen Parteien zu einen. Bald widmeten sie sich wieder ihrem inneren Zwist. Titus' Bemühen, unter Flavius Josephus' Vermittlung Friedensbedingungen auszuhandeln, schlugen fehl.

Als erster blieb, eher zufällig, Eleazar auf der Strecke. Als die römischen Sturmböcke in Stellung gebracht wurden, erkannte Johannes, der Not gehorchend, Simons Führerschaft, die diesem durch ein Volksbegehren längst übertragen worden war, an und erklärte sich bereit, mit ihm zur Verteidigung der Stadt zusammenzuarbeiten. Es war zu spät.

Immer wieder versucht Flavius Josephus, seinen Freund Titus von der Schuld an der Zerstörung Jerusalems rein zu waschen, wie überhaupt Vespasians älterer Sohn in der Geschichtsschreibung in äußerst günstigem Licht erscheint, möglicherweise, weil seine Herrschaft nur von kurzer Dauer war. Der jüngere Domitian hingegen wird als Bösewicht schlechthin dargestellt.

Bis heute ist allerdings umstritten, welche Rolle Titus im Kampf um Jerusalem und vor allem bei der Zerstörung des Tempels tatsächlich spielte. Hat er nichts sehnlicher gewünscht, als Stadt und Heiligtum zu erhalten? Machte er deshalb den Belagerten ein weiteres Friedensangebot, das seine jüdischen Gegner aber als Zeichen der Schwäche auslegten und ablehnten? Flavius Josephus behauptet es. Er war Titus verpflichtet, da er ihm sein Leben verdankte. Aber er war auch Jude und der einzige Augenzeuge, der der Nachwelt über das Geschehen und den Fall Jerusalems berichtete.

Auch andere Historiker gestehen Titus, „dem Glück und der Wonne des Menschengeschlechts", eine für einen Römer geradezu unwahrscheinliche Milde zu.[10]

Er habe es, sagen wieder andere, darüber hinaus eilig gehabt, von dem für ihn öden Judäa nach Rom zurückzukehren, das er als einfacher Privatmann verlassen hatte und als Sohn des Kaisers wiedersehen sollte und das einem Sterblichen noch immer den höchsten Lebensgenuss bot. Ein schneller Friedensschluss wäre ihm deshalb willkommen gewesen. Und noch etwas spricht für Titus' Absicht, Jerusalem zu schonen: Er war zu Berenike, der Schwester Agrippas II., des Königs von Chalcis, in heftiger Leidenschaft entbrannt, und er wusste, wie sehr das Herz seiner Geliebten an der heiligen Stadt hing.

Wenn er tatsächlich an Schonung gedacht hatte, nahmen die Ereignisse bald ihren eigenen Lauf. Letzte Vermittlungsversuche des Flavius Josephus, der als Jude die Juden in ihrer Muttersprache, dem Aramäischen, zur Einsicht beschwor, bewirkten bei den sturen und verbohrten Einheimischen nichts. Das wohlwollende Bemühen erntete nur Spott und Hohn.

Die Anführer der Jerusalemer Bürgerschaft hatten jeden, der den Römern nachzugeben riet, mit dem Tod bedroht.

Ohnehin hielt dieser in der belagerten Stadt reiche Ernte. Die Hungersnot war so groß wie die Wut der Herrschenden, die jeden Winkel nach Essbarem durchforschten, sich nahmen, was sie brauchen konnten und dabei vor keiner Art von Gewalt zurückschreckten. Keine Stadt, so klagt der historische Zeitzeuge, habe je Ähnliches auszuhalten gehabt, und kein Geschlecht sei, solange die Welt besteht, erfinderischer in den Werken der Bosheit gewesen.[11]

Titus verlor langsam die Geduld und gab Jerusalem zum Sturm frei. Gespenstisch muteten Stadt und Umgebung mittlerweile an. Sie hatten ihr Aussehen völlig verändert. Zum Bau der Wälle hatten die Römer ringsum alles kahl geschlagen. Die Gegend, „die zuvor mit Bäumen und Parks geschmückt war, lag jetzt allenthalben verwüstet und des Holzes beraubt. Kein Fremder, der das alte Judäa und die herrlichen Vorstädte Jerusalems gesehen, hatte beim Anblick der damaligen Verödung seine Tränen und Seufzer über das Ausmaß der Veränderung zurückhalten können“[12]. Selbst für die Römer kann das Ziel ihrer Begierde nicht mehr allzu verlockend gewesen sein.

Am tragischsten freilich war der letzte Akt im dramatischen Schauspiel des Untergangs einer Stadt, die seit über 1.000 Jahren zu den eindrucksvollsten Siedlungsplätzen der Welt gehört hatte.

Nachdem die Mauern gestürmt waren, ging der herodianische Tempel, ein Wunderwerk architektonischer Baukunst, der erst kürzlich fertiggestellt worden war, in Flammen auf. Vielleicht waren Titus und seine Berater tatsächlich übereingekommen, das prächtige Bauwerk um seiner Schönheit und Einzigartigkeit willen zu schonen. Die Dinge entzogen sich jedoch bald jeder Kontrolle und nahmen ihren eigenen Lauf.

Der römische Feldherr ließ die Umfassungsmauer des Tempelareals niederbrennen und befahl, das Heiligtum zu erobern, aber nicht zu zerstören, wenn auch viele aus dem Beraterstab die Auffassung vertreten hatten, es werde, unversehrt, immer ein Herd des Widerstandes bleiben.

Aber ein römischer Soldat ergriff ein brennendes Holzscheit und schleuderte es, ohne viel nachzudenken, durch das goldene Tempeltor. In Windeseile ging das trockene Holz der Hallen in Flammen auf, und niemandem gelang es, das alles verheerende Feuer unter Kontrolle zu bringen.

Titus, entsetzt, aber dabei doch von der vielen Römern eigenen Neugierde getrieben, drang ins Allerheiligste vor, ohne auf nennenswerten Widerstand zu stoßen. Im letzten Augenblick gelang es den Römern, den Tempelschatz in Sicherheit zu bringen, goldene Möbel, Trompeten, den Tisch mit den Schaubroten und den siebenarmigen Leuchter, die berühmte und symbolträchtige Menorah.

Domitian war beim Untergang Jerusalems zwar nicht anwesend – er hielt sich, zur Untätigkeit gezwungen, in Rom auf. Aber er erfuhr von den schrecklichen Geschehnissen durch den jüdischen Geschichtsschreiber Flavius Josephus, der im Gefolge des Titus nach Rom gekommen und zum Freund der kaiserlichen Familie aufgestiegen war, und von seinem Bruder selbst, der ja diesen Vernichtungsfeldzug gegen die Juden geführt hatte. Jahre später, nach Titus' frühem Tod, hielt Domitian die wohl düsterste Stunde des Judentums in einem imposanten Bauwerk fest: An der Innenseite des Titus-Bogens, den er dem Andenken seines siegreichen Bruders widmete, stellt ein Relief die für Judäa so demütigenden Ereignisse des Jahres 70 n. Chr. dar. Es heißt übrigens, kein frommer Jude sei je freiwillig durch diesen Bogen hindurchgegangen.

Bald nach der Zerstörung Jerusalems kehrte Titus im Sommer des Jahres 71 n. Chr. als Triumphator nach Rom zurück. Einen Teil seiner Rache an den Juden hatte er sich für eine besondere Gelegenheit aufbewahrt: Als er in Caesarea den Geburtstag Domitians feierte, opferte er dem Bruder zu Ehren zahlreiche Kriegsgefangene – von 2.500 Menschen ist die Rede – in „Spielen“ mit wilden Tieren, durch Verbrennen oder in Zweikämpfen.

Ein Gefangener kam allerdings nicht nur mit dem Leben davon. Er sollte in Rom und in der alten Welt noch zu besonderen Ehren gelangen. Es war der bereits öfter genannte Flavius Josephus. Er war Priester und Historiker und hatte Vespasian, wie erwähnt, die Kaiserwürde vorausgesagt, was ihm das Leben rettete.

Ein jüdischer Seher und der Aufstieg eines neuen Geschlechts

Drehen wir das Rad der Geschichte noch einmal einige Monate zurück, um die für die Entwicklung Roms und der flavischen Dynastie so bedeutsamen Ereignisse des Jahres 69 n. Chr., das nach dem bereits erwähnten Aussterben des julisch-claudischen Kaiserhauses einen neuen Abschnitt der Geschichte der alten Welt einleitete, näher zu beleuchten. Vespasian ist noch nicht zum Kaiser ausgerufen worden. Die Verhältnisse des Römischen Reiches sind verworren und kosten den loyalen Feldherrn im entlegenen Osten manche schlaflose Nacht.

Erschreckende Nachrichten sind zu ihm nach Judäa gedrungen. Galba, ein Mann edler Abstammung, aber ein gichtiger Greis, hat das Ruder der Staatsführung an sich gerissen, doch seine Herrschaft währt, wie zu erwarten gewesen war, nur ein halbes Jahr. Man sagt ihm die üblichen Laster nach, aber nicht sie trugen die Schuld daran, dass er die Bühne des Weltgeschehens so schnell wieder verließ. Strenge und eine bis zum Geiz gesteigerte Sparsamkeit empörten Soldaten und Plebs und galten in jener Epoche als todeswürdiges Verbrechen. Kein Wunder also, dass seine Tage von Anfang an gezählt waren. Mitte Januar 69 begegnete man am Eingang zum *Forum Romanum* dem alten Mann, „der seinen Kopf zur Sänfte herausstreckte und keine Gelegenheit mehr fand, ihn wieder zurückzuziehen“[1].

Otho, ein bankrotter Senator, folgte ihm auf den Thron. Er hatte seine Gläubiger wissen lassen, er könne seine Schulden nur zurückzahlen, wenn er Kaiser würde. So hatten sie ein verständliches Interesse daran, ihm diesen Wunsch zu erfüllen. Man brachte ihm Galbas abgeschlagenes Haupt. Da er dieses an den blutverschmierten Haaren nicht fassen konnte, hielt er es mit dem Daumen im Mund fest. Die Prätorianer schlugen sich auf Othos Seite, und er trat eine glücklose, nur 95 Tage währende und mit den üblichen Lastern ausgefüllte Herrschaft an. Am 96. Tag steckte er zwei scharfe Dolche unter sein Kopfkissen, mit denen er sich am nächsten Morgen umbrachte. Denn General Vitellius, ein Vielfraß und unbändiger Schlemmer, rückte mit seinen kampfkräftigen Legionen, aus Germanien kommend, in Italien ein – seine Männer hatten inzwischen auch ihn zum Kaiser ausgerufen – und traf bei Cremona auf die Legionäre Vespasians, die ihrerseits den tapferen Feldherrn des jüdischen Krieges zum Herrscher erkoren hatten.

In einer der blutigsten und grausamsten Schlachten des gesamten Altertums schlugen Vespasians Sympathisanten die seines Gegners vernichtend. Vitellius nahm die Niederlage gelassen hin. Er ließ sich noch einmal ein Schlemmermahl zubereiten, dessen Verzehr einen Tag und eine Nacht dauerte, und hörte erst auf zu essen, als Vespasians Truppen bereits in die Stadt eingedrungen waren.

Glauben wir Tacitus, begleitete das Volk die Kämpfe der verfeindeten Truppen unbeteiligt, aber mit größtem Interesse und verfolgte Vitellius' Abstieg vom Palatin nicht ohne eine gewisse Rührung[2], wenn seine Huldigung auch dem Sieger galt.

Der von seiner Tafel aufgeschreckte Vitellius wurde durch geschickte Martern langsam zu Tode gequält. Seine Leiche wurde in den Tiber geworfen. Mucian befahl, auch Vitellius' einzigen Sohn zu töten. Er wollte mit dieser Hinrichtung, wie er bemerkte, künftigen Auseinandersetzungen vorbeugen. Bis heute ist unklar, ob Mucian hier auf eigene Faust oder in Absprache mit Vespasian handelte.

Vespasian war klug genug, nach außen hin loyal zu den drei in so kurzen Abständen aufeinander folgenden Kaisern zu halten und seine Soldaten auf sie vereidigen zu lassen. Er mochte die Auffassung vertreten, dass ein schlechter Princeps noch immer besser als gar keiner war. Und wären nicht merkwürdige Dinge geschehen, und hätte ihn nicht C. Lucius Mucianus immer wieder ermuntert, er wäre wohl nie auf den Gedanken gekommen, seine Hand nach dem höchsten römischen Staatsamt auszustrecken, denn er war ein besonnener und eher vorsichtiger Mann, der kühne Abenteuer nicht schätzte. Zudem war er sich stets seiner einfachen Herkunft bewusst geblieben.

Was hat ihn veranlasst, von seiner Politik des geduldigen Abwartens abzurücken? Und wer war jener Mucianus, der Statthalter Syriens, der Vespasian so gut zuredete?

Er entstammte einem unbekannten Zweig einer ansonsten berühmten Familie, der *gens Licinia*, aber er war, wir wissen nicht wie, zu einigem Vermögen gelangt. Von ihm machte er, den Gepflogenheiten seiner Alters- und Standesgenossen entsprechend, verschwenderischen Gebrauch und handelte sich damit den Tadel des Kaisers Claudius ein. Nero, dem er wesensverwandt gewesen zu sein scheint, machte ihn Ende der fünfziger Jahre zum Statthalter Lykiens und Pamphyliens, einer nicht eben bedeutenden kleinen Provinz in der heutigen Südtürkei. Mucian bewährte sich, erlangte das Konsulat und wurde schließlich zum Statthalter der Provinz Syrien ernannt, eine Schlüsselstellung und ein besonderer Vertrauensbeweis Neros, der an ihm offensichtlich Gefallen gefunden hatte.

Als Vespasian in den Osten gekommen war, um gegen die aufständischen Juden vorzugehen, begegnete ihm Mucian zunächst äußerst kühl und reserviert. Möglicherweise hatte er selbst auf den Oberbefehl im Krieg gegen die Juden gehofft. Doch der junge Titus, der bald die Sympathie des Statthalters gewann, vermittelte und brachte die beiden Männer zusammen. Dem politisch begabten Sohn Vespasians, der Aufmerksame schon jetzt alle Tugenden eines künftigen Herrschers ahnen ließ, war nicht entgangen, dass Mucian ein wichtiger Bundesgenosse in diesem gefährlich gewordenen Teil der römischen Welt war. Das Land, über das er gebot, verfügte über nahezu unerschöpfliche Hilfsquellen, und es beherbergte vier Legionen, deren Unterstützung den bevorstehenden Krieg entscheiden mochte. Zudem war Mucian ein Vertrauter Neros – wie sonst wäre er zu derartiger Höhe gelangt? – der sich im höfischen Intrigenspiel bestens auskannte und überall einflussreiche Freunde besaß. Dabei blieb er stets distanziert, ein außenstehender Beobachter, der die Dinge vielleicht deshalb nüchtern und realistisch sah.

Vespasian und er hatten sich im Bewusstsein gegenseitiger Abhängigkeit kennen und schätzen gelernt, freundeten sich an und bildeten mit dem Rückhalt der von ihnen befehligten Legionen bald einen Machtblock, der weit über die Grenzen Palästinas hinausreichte. Zu ihrem Glück waren die Hauptstadt und der Westen des Reiches mit anderen Sorgen beschäftigt, und man bemerkte dort nicht, welche geballte Kraft sich da im Vorderen Orient gebildet hatte.

Der Geschichtsschreiber Tacitus, der sich hier auf zeitgenössische Quellen beruft, zeichnet Mucian als schillernde Persönlichkeit, einen Mann mit zwei Gesichtern und dem sicheren Gespür für das politisch Richtige und Machbare.

Später, nachdem er sich aus der Politik zurückgezogen hatte, ging er unter dem Schutz der flavischen Herrscher seiner wahren Leidenschaft nach, dem Studium von Kultur und Geschichte, über die er sogar einige Bücher verfasste. An Stoff mangelte es ihm nicht. Er hatte sich während seiner Statthalterschaft mit der Lokaltradition vieler Städte beschäftigt, Material gesammelt und Tagebuch geführt und konnte seine Arbeit jetzt auswerten. Möglicherweise war er sogar mit dem Älteren Plinius bekannt, der so manches, was Mucian erzählt hatte, in seine *Naturalis historia* aufnahm. Plinius nennt ihn *ter* Konsul. Das weist darauf hin, dass sich Mucian erst nach seinem dritten Konsulat (72 n. Chr.) der Schriftstellerei widmete. Leider ist von seinem umfangreichen Werk, darunter eine Sammlung historischer Dokumente aus der Zeit der römischen Republik, nicht viel übrig geblieben. Nur die *mirabilia*, Wundergeschichten, geben Auskunft darüber, dass Mucian ein interessierter und interessanter Mann war.

Weshalb beanspruchte er als solcher das Amt des Princeps nicht für sich und unterstützte einen Freund, dem er sich dann für den Rest seines Lebens unterordnen musste? Wir wissen es nicht. Möglich wäre, dass er schon damals beabsichtigte, irgendwann von der politischen Bühne abzutreten und sich nur noch seinen Neigungen zu widmen. Denkbar wäre auch, dass ihm der Ausgang einer Auseinandersetzung zwischen den Heeren Syriens und Palästinas ungewiss schien und seine Kräfte selbst dann, wenn er gewonnen hätte, doch kaum ausgereicht hätten, sie zur Erringung der Kaiserwürde in die Waagschale zu werfen. Wahrscheinlich aber war seine Sympathie für die Flavier inzwischen so groß, dass es ihm am vernünftigsten erschien, sich rückhaltlos für ihren Aufstieg einzusetzen, zumal er selbst nach einer Bemerkung, die ihm Tacitus in den Mund legt, keinen Sohn hatte, dem er Thron und Titel hätte weitergeben können.

„... mich stelle ich über Vitellius“, sagte er zu Vespasian, „dich über mich. Dein Haus hat einen Namen durch Triumph, zwei Jünglinge, von denen einer schon der Herrschaft fähig und durch die ersten Jahre seines Dienstes auch bei den germanischen Heeren berühmt" ist. „Töricht wäre es, dem die Herrschaft nicht zu überlassen, dessen Sohn ich adoptieren würde, wenn ich selbst herrschte ... Und nicht größeres Vertrauen setze ich auf deine Wachsamkeit, Sparsamkeit und Weisheit als auf des Vitellius Stumpfsinn, Unverstand und Grausamkeit."[3] Vespasian vergaß seinem Freund die Unterstützung nie.

Immerhin soll sich, wenn wir Tacitus glauben können, Mucian einmal im Senat gerühmt haben, er habe das Imperium, das sich bereits in seiner Hand befunden habe, Vespasian geschenkt.[4] Doch wahrscheinlich wusste er, dass dies nicht richtig war. Das Reich bedurfte der Leitung eines starken Mannes, da, wie bereits angesprochen, in Germanien und Gallien Unruhen ausgebrochen waren. Und wer hätte sich da als Führer besser geeignet als jener geschickte Feldherr, der das aufsässige Judäa mit viel List und wenigen Opfern auf römischer Seite in so grausamer Schnelligkeit bezwungen hatte?

Noch bevor der Winter des Jahres 68 heraufgezogen war, schickte der künftige Kaiser seinen Sohn Titus auf den Weg nach Rom. König Iulius Agrippa II. von Chalcis im Libanon begleitete ihn. Es galt nicht nur, dem neuen Princeps, Galba, seine Reverenz zu erweisen, sondern auch, die Kandidatur für das Prätoramt vorzubereiten, wozu die ungeschriebene römische Verfassung die persönliche Anwesenheit des Bewerbers in der Hauptstadt vorsah.

Galba war ein Greis, und er hatte keine Kinder. War da die Hoffnung verwegen, er werde vielleicht Gefallen an dem jungen Flavierspross finden? Aber das Schicksal hatte es anders bestimmt.

In Korinth erreichte den jungen Reisenden die Nachricht von Galbas Tod, Othos Thronbesteigung und auch der gleichzeitigen Wahl des Vitellius zum Kaiser. So beschloss er, die Reise vorerst nicht fortzusetzen. Nur ein Narr konnte glauben, Otho werde seinen Platz kampflos räumen und Rom ohne Blutvergießen einem anderen überlassen. Für einen Aufenthalt in der Hauptstadt wäre jetzt der ungünstigste Zeitpunkt gewesen. Es war zweifellos besser, man wartete ab.

Ganz allmählich begannen sich die Flavier an den Gedanken der bevorstehenden Kaiserwürde für ihr Geschlecht zu gewöhnen. Es war Titus nicht entgangen, dass Mucian eine Kandidatur Vespasians ins Auge gefasst hatte. Er machte kehrt und besuchte auf Cypern in Paphos den berühmten Tempel der Aphrodite. Dort eröffnete ihm ein weiser Priester die Zukunft. Von da an glaubte er an sein Glück.

Die vereinigten Heere von Syrien und Palästina, nicht weniger als sieben Legionen, dazu die beiden in Ägypten stationierten, stellten ein gewaltiges Machtpotential dar, das bei der Ernennung der drei Kaiser Galba, Otho und Vitellius nicht um seine Meinung gefragt worden war. Im Grunde spielte es für den Osten keine große Rolle, wer in Rom das Sagen hatte. Aber das Handwerk des Soldaten ist der Krieg, und der wird umso sehnlicher herbeigewünscht, wenn Aussicht auf reiche Beute besteht. Konnte sich Vespasian auf seine Leute verlassen? Hatte nicht die Geschichte immer wieder gezeigt, dass bislang jeder Führer, der sich in den Bürgerkriegen auf die Kräfte des Orients gestützt hatte, verloren war? Tacitus weist in diesem Zusammenhang darauf hin und erinnert an Pompeius Magnus, Cassius, Brutus und nicht zuletzt an Marcus Antonius.[5] Ob Vespasian mit dem Eingreifen zögerte, weil er der Verlässlichkeit seiner Heere in diesem Punkt nicht traute, ist nicht bekannt. Krieg gegen barbarische Völker zu führen, war eine Sache, Römerblut zu vergießen, eine andere.

Die allgemeine Verwirrung steigerte sich noch, als just in jenen Tagen im Osten ein Mann auftrat, der vorgab, Kaiser Nero zu sein. Er sei, so hieß es, wie jener Künstler und dabei von frappierender Ähnlichkeit mit dem verstorbenen Herrscher, dessen Andenken bei vielen, besonders den einfachen Leuten, noch sehr lebendig war. Tatsächlich war es dem Mann, einem entlaufenen Sklaven oder Freigelassenen, gelungen, Bewaffnete um sich zu sammeln. Er ging vor der Insel Kynthos, einer der westlichen Kykladen, vor Anker. Der Centurio Sisenna, ein altgedienter Soldat, hatte sich ihm angeschlossen. Aber er zweifelte bald an der Echtheit des wieder auferstandenen Nero und suchte das Weite. Erst dem Statthalter der Provinz Galatia – Pamphylien gelang es, den Mann dingfest zu machen.

Es blieb übrigens nicht der einzige Zwischenfall dieser Art. Es kam – und ging – noch mancher Nero.

Weshalb sich die Parther, Roms Erbfeinde, in dieser unruhigen Zeit wartend zurückhielten, ist nicht bekannt. Vielleicht fürchteten sie die berühmten Feldherrn von Syrien und Judäa, die über eine solch beachtliche Streitmacht verfügten. Sie griffen auch in die Auseinandersetzungen zwischen Juden und Römern nicht ein, obwohl zu Israel rege Handelsbeziehungen bestanden, die noch auf die Zeit nach der Babylonischen Gefangenschaft zurückgingen. Nicht alle Juden hatten damals Persien verlassen, um in die angestammte Heimat zurückzukehren. Zu Ansehen und Wohlstand gelangt, hatten es viele vorgezogen zu bleiben, sodass die jüdische Gemeinde in Parthien eine der bedeutendsten der Diaspora war.

Wie groß der Respekt des parthischen Großkönigs Vologaeses war, nachdem man Vespasian zum Kaiser gekürt hatte, zeigt die Tatsache, dass er diesem aus freien Stücken 40.000 Bogenschützen zur Durchsetzung seiner Ansprüche anbot. Vespasian lehnte dankend ab. Er zog es wohl vor, sich nicht in die Abhängigkeit eines Volkes zu begeben, dessen Führer Rom Jahrhunderte lang bis aufs Blut bekämpft hatten. Zudem waren die innerrömischen Auseinandersetzungen zu diesem Zeitpunkt offensichtlich bereits beendet.

Da in Italien keine Ruhe einkehren wollte, sahen sich Mucian und Vespasian schließlich doch zum Eingreifen gezwungen. Aber wie sollten sie vorgehen? Vespasians Heer, das gegen die aufständischen Juden eingesetzt werden musste, abzuziehen, wäre in der gegenwärtigen Situation unverantwortlich gewesen. Es hätte zudem viele Monate gedauert, das riesige Truppenkontingent oder auch nur einen Teil davon in den Westen zu schaffen. Man hätte – mangels einer größeren Flotte – dafür den Landweg wählen müssen. So entschloss sich Vespasian zu einer Maßnahme, die zwar nicht vornehm war, da sie die Falschen traf, sich in der Vergangenheit aber als äußerst wirksam erwiesen hatte. Er unterband die Getreideversorgung aus Ägypten und der Provinz Africa, wozu er, wie bereits erwähnt, die Unterstützung Tiberius Alexanders und des Befehlshabers der Legio III Augusta, eines Mannes namens Valerius Festus, gewann.

Von Festus ist wenig bekannt. Tiberius Alexander, wie ihn die literarischen Quellen nennen, war ein Mann mit sicherem politischen Gespür und einer fast unheimlich anmutenden Voraussicht. Er war wie sein

Onkel, Philo von Alexandria, der hervorragende Gelehrte, von Geburt Jude, kümmerte sich aber um den Glauben seiner Väter nicht. Wie die Gebildeten vieler Nationen fühlte auch er sich zum Griechentum hingezogen und besaß das noch immer begehrte römische Bürgerrecht, ein Privileg, dessen sich nur wenige Juden rühmen konnten.

Das Ende Neros war für ihn nicht überraschend gekommen. Er hatte es wie so vieles, was die politische Entwicklung betraf, vorausgesehen und bereits zu Galba Kontakt aufgenommen, als sich dieser noch in Spanien befand. Rom hätte sich keinen loyaleren Sachwalter in Ägypten vorstellen können. Selbst einen Aufstand seiner Glaubensgenossen im Land am Nil schlug er mit brutalsten Mitteln nieder. Und er verstand es, sich stets rechtzeitig auf die Seite der politischen Gewinner zu schlagen.

Schon früh hatte er sich auch Vespasian genähert. Tacitus weiß von einem Briefwechsel der beiden Männer zu berichten.[6] Als Vespasian Kaiser war und Titus seinen Triumph über das bezwungene Judäa feierte, wurde auch eine Statue des ägyptischen Präfekten im Triumphzug mitgeführt, ein Hinweis auf die Rolle, die dieser für Vespasians Thronbesteigung und Titus' Sieg gespielt hatte.

Es kam der 1. Juli 69, der sich für das flavische Geschlecht als Schicksalstag erweisen sollte. Tiberius Alexander hielt vor Nikopolis, unweit von Alexandria, eine Ansprache an seine Truppen und entfaltete dabei ein Schreiben Vespasians. Darin erklärte dieser, die Kaiserwürde anzunehmen, wenn man sie ihm denn antrüge. Soldaten und Volk brachen in Jubel aus, Vespasian war als Kaiser bestätigt und vergaß dem Freund den großen Dienst nie.

Eindrucksvoll berichtet ein 1939 in Kairo veröffentlichtes Papyrusdokument von den Ereignissen jener weit zurückliegenden Zeit. Darauf erscheinen die Namen Tiberius Alexanders und Vespasians. Es wird berichtet, dass sich das Volk im Hippodrom von Alexandria versammelt habe, um Kaiser Vespasian zu akklamieren, dem *soter* (Retter) und *euergetes* (Wohltäter der Menschheit), der sogar als Sohn des Gottes Amun bezeichnet wird.

Ist sich die Wissenschaft auch nicht schlüssig, ob sich der Bericht auf die Kaiserproklamation oder, was wahrscheinlicher ist, einen bald darauf erfolgten Besuch Vespasians in der damaligen Hauptstadt Ägyptens bezieht, so ist das Zeitdokument doch von unschätzbarem historischen Wert. Übrigens sollen auch die Bewohner Antiochias in Scharen zusammengeströmt sein, um dem neuen Herrn der Welt zu huldigen.[7]

Bereits mehrfach wurde Flavius Josephus erwähnt, der jüdische Geschichtsschreiber, der nach der Unterwerfung Judäas unter der Herrschaft der Flavier am Hof in Rom das Leben eines Gelehrten führte und unter anderem seine berühmten „Jüdischen Altertümer" sowie „Die Geschichte des Jüdischen Krieges" schrieb, bis heute die wichtigsten Quellen zum Verständnis des Judentums in der Antike, wenn Flavius Josephus auch von vielen Juden bis auf den heutigen Tag als Verräter an der jüdischen Sache und willfähriger Romgünstling geschmäht wird.

Wie kam ein Jude, der sich in verantwortlicher Position befand, nach Rom? Und weshalb überlebte ausgerechnet er, der den Widerstand gegen die Römer maßgeblich geleitet hatte, das große Sterben, das in Judäa in den letzten Jahren des siebten Jahrzehnts der neuen Zeitrechnung eine halbe Nation dahinraffte?

Josephus' Geschichte – den Beinamen Flavius nahm er erst später an – gehört zu den wahrscheinlich merkwürdigsten der alten Welt. Für uns Nachgeborene kann sie als einzigartiger Glücksfall gewertet werden.

Flavius Josephus, „des Mattathias Sohn, aus Jerusalem gebürtiger Hebräer und Priester"[8], mütterlicherseits aus der Königsfamilie der Hasmonäer stammend, kämpfte in vorderster Front gegen Rom und erlebte die blutigen Auseinandersetzungen als Augenzeuge mit. So entstand sein umfangreiches Werk nicht in der Stube des Gelehrten und nicht aus der Sicht eines unbeteiligten Zuschauers. Dies verleiht seiner Überlieferung ein hohes Maß an Authentizität.

Zu Beginn der Unruhen teilten die Verantwortlichen in Jerusalem das Land in sechs Distrikte ein, die jeweils einem Befehlshaber unterstellt waren. Die Auswahl dieser Männer erfolgte nach strengen Kriterien. Nur die Zuverlässigsten und Besten wurden in die Verantwortung genommen. In Galiläa war es ein 30-jähriger Priester, Pharisäer, der die Römer kannte und selbst schon in Rom gewesen war, wo ihn keine Geringere als

Poppaea Sabina, die exzentrische Gattin Kaiser Neros, fasziniert von der jüdischen Kultur, empfangen hatte. Es war dies eben jener Flavius Josephus, der sich mit seinen Aufzeichnungen der Ereignisse für Jahrhunderte einen Namen machen sollte.

Obwohl er über keinerlei Kriegserfahrung verfügte und als Soldat nie ausgebildet worden war, muten seine Vorbereitungen erstaunlich professionell an.

Er ordnete zunächst die inneren Angelegenheiten des ihm anvertrauten Landesteils, befestigte Städte und Plätze, hob ein Heer von angeblich 60.000 Fußsoldaten, 350 Reitern und 4.500 Söldnern aus. Allein seine Leibwache sollen 600 Männer gebildet haben. Doch geht Flavius Josephus, der selbst davon berichtet, mit Zahlen oft recht großzügig um, sodass seine Angaben mit Vorsicht zu gebrauchen sind.

Eine starke Leibwache war sicherlich nötig, denn er hatte viele und mächtige Feinde. Einer von ihnen war Johannes von Gischala, der versuchte, das Volk gegen seinen Führer aufzuhetzen, und diesem sogar nach dem Leben trachtete. Da seine Bemühungen erfolglos blieben, verlegte er sich auf Intrigen. Heimlich schickte er Boten nach Jerusalem, die Josephus bei der Staatsführung wegen der Stärke seiner Truppen verdächtig machen sollten. Tatsächlich sandte man 2.500 Schwerbewaffnete gegen den vermeintlichen Verräter aus. Aber diesem gelang es, die Anführer der Elitetruppen in seine Gewalt zu bringen und unversehrt nach Jerusalem zurückzuschicken. Der mit seinen Verdächtigungen gescheiterte Johannes zog sich daraufhin nach Gischala zurück, von wo er vor kurzem geflohen war.

Wiederholt hatte sich auch die Stadt Tiberias von Josephus losgesagt, war zuletzt aber doch zur Besinnung gekommen. Er hatte sie seinen Anhängern zur Plünderung freigegeben, die Beute aber bald darauf ihren Eigentümern zurückerstattet, eine Maßnahme zur Warnung und ein Verhalten, über das sich ganz Israel wunderte.

Josephus' Leute scheinen indes nicht allzu mutig gewesen zu sein. Er lagerte mit einer jüdischen Einheit in der Nähe der Stadt Sepphoris. Als sie hörten, dass der Krieg nahe, stoben die Soldaten auseinander, ohne auch nur einen einzigen Römer gesehen zu haben. Josephus beklagte den Mangel an Moral und zog sich mit denen, die bei ihm ausgeharrt hatten, nach Tiberias zurück. Er hatte erkannt, dass er mit den wenigen todesmutigen Männern gegen die römische Übermacht nichts würde ausrichten können. Jerusalem und das Land der Väter, von Jahwe selbst den Juden einst verheißen, waren verloren. Es gab für seine Glaubensbrüder keine Rettung mehr. Und doch war es nach seiner Ansicht besser, für das Vaterland ehrenhaft zu sterben, als es zu verraten.

In seiner Not bat er die Verantwortlichen in der Hauptstadt, sich mit den Römern zu vergleichen. Sei man hingegen zum Krieg fest entschlossen, benötige er ein neues Heer.

Derweil hatte Vespasian erfahren, dass sich die meisten Aufständischen des Lagers von Sepphoris nach Jotapata geflüchtet hatten. Ein Kundschafter meldete, auch Josephus sei in dieser Stadt eingetroffen. Vespasian vernahm die Worte des Fremden wie die Kunde eines seltenen Glücks. War es nicht eine Fügung der Götter, dass ihm von seinen Feinden ausgerechnet jener in die Falle gegangen war, dem der Ruf besonderer Klugheit und großen Einfallsreichtums vorauseilte? Er befahl, die Stadt sofort mit 1.000 Reitern zu umzingeln, damit der jüdische Anführer nicht heimlich entweichen könne. Er selbst schlug vor Jotapata die Zelte auf und begann mit der Belagerung.

Josephus erkannte, dass sich seine Zufluchtsstätte nicht lange würde halten können. In der Tat endete schon bald der ungleiche Kampf. Die obsiegenden Römer töteten nahezu alle Männer. Frauen und Kinder wurden in die Sklaverei verkauft. Es gab nur wenige, die sich vorübergehend retten konnten, und nur einen, der das große Schlachten überlebte – der Anführer Josephus.

Er war „wie unter göttlichem Beistand“[9] durch die Reihe der Feinde geschlichen und in eine tiefe Zisterne gesprungen, die sich am Grund zu einer von oben nicht sichtbaren Höhle weitete. Dort hatten sich auch einige andere Leute versteckt. Sie verbargen sich tagsüber; nachts stiegen sie hinauf, um einen Fluchtweg ausfindig zu machen, fanden aber alles von den Römern streng bewacht. Das Versteck wurde verraten – von einer Frau, die sich ebenfalls darin verborgen hatte. Vespasian schickte zwei Tribunen, die Josephus freies Geleit anbieten und ihn zum Verlassen der Höhle bewegen sollten. Aber dieser misstraute allen Beteuerungen, sooft sie auch wiederholt werden mochten, und dachte daran, was ihn für seine Taten an Strafen erwartete. So bedurfte es großer Mühe und vieler guter Worte, bis er sich endlich überreden ließ.

Er erinnerte sich nächtlicher Träume, „in denen ihm Gott das bevorstehende Unglück der Juden und das künftige Geschick der römischen Imperatoren offenbart hatte. Josephus verstand es, Träume auszulegen und auch die Verkündigungen zu erklären, die die Gottheit zweideutig gelassen hatte, da er als Priester und Priestersohn mit den Weissagungen der heiligen Bücher wohl vertraut war“[10]. Seine Gabe und die Tatsache, dass er sich ihrer just in diesem Augenblick bewusst wurde, retteten ihm nun das Leben. „Weil du beschlossen hast“, rief er den Gott seiner Väter an, „das Volk der Juden, das du geschaffen, zu beugen, weil alles Glück zu den Römern gewandert ist und du meine Seele erwählt hast, die Zukunft zu offenbaren, so biete ich den Römern die Hand und bleibe am Leben. Dich aber rufe ich zum Zeugen an, dass ich nicht als Verräter, sondern als dein Diener zu ihnen übergehe.“[11] Seine Leidensgenossen in der unterirdischen Höhle versuchten vergeblich, ihn mit Wort und Schwert vom Überlaufen abzubringen. Schließlich kam man überein, gemeinsam zu sterben. Das Los sollte entscheiden, wer wen niederzustoßen hatte.

Ein glücklicher Zufall oder göttliche Fügung wollten es, dass Josephus am Leben blieb. Man führte ihn gefangen zu Vespasian, der befahl, den gefährlichsten Juden in Gewahrsam zu nehmen und nach Rom zu Kaiser Nero zu bringen, der ihn gebührend bestrafen mochte.

Nicht nur eine Menge Römer drängten sich heran, um den berühmten Feldherrn zu sehen und Mitleid mit ihm zu empfinden. Er hatte auch einen einflussreichen Fürsprecher in Vespasians nächster Umgebung gefunden. Seine Jugend und der Wechsel seines Geschicks hatten Titus so sehr gerührt, dass er bei seinem Vater um Gnade für den vornehmen Häftling bat.

Josephus war von Vespasians Absicht, ihn von Kaiser Nero aburteilen zu lassen, entsetzt. Er bat den römischen Oberbefehlshaber um ein Gespräch unter vier Augen. Nur Titus und zwei enge Freunde nahmen an der folgenden Unterredung teil.

„Wozu willst du mich Nero schicken?“, wandte sich der Gefangene an Vespasian. „Werden etwa seine Nachfolger, die noch vor dir auf den Thron kommen, ihn lange behaupten? Du, Vespasian, wirst Caesar und Alleinherrscher sein. Du und auch dieser, dein Sohn … Du wirst nicht nur mein Gebieter sein, sondern Herr über die Erde, das Meer und das ganze Menschengeschlecht.“[12]

Vespasian glaubte zunächst, der für seine Schläue bekannte Jude habe sich erneut einer List bedient, um seine Haut zu retten. Er stellte über die Glaubwürdigkeit des Hellsehers Nachforschungen an und erfuhr, dass dieser auch andere Ereignisse, etwa den Fall Jotapatas und die eigene Gefangennahme, zuverlässig vorausgesagt hatte. Auch erinnerte er sich anderer Vorzeichen, die ihm die künftige Herrscherwürde angedeutet hatten. So hatte sich einst „eine Zypresse auf dem Gut seiner Familie, die, ohne dass ein Gewitter getobt hätte, entwurzelt zu Boden gestürzt war“, wieder aufgerichtet. „In Griechenland aber träumte er, sein und seiner Familie Glück werde beginnen, wenn Nero ein Zahn gezogen würde. Da geschah es, dass am folgenden Tag ein Arzt ins Zimmer trat und Vespasian einen Zahn zeigte, den er eben dem Kaiser gezogen hatte.“[13]

Auch aus Rom wurde Seltsames berichtet. Nero sei, so erzählte man, im Traum aufgefordert worden, den Wagen des Iupiter Optimus Maximus, des höchsten römischen Staatsgottes, aus seinem Heiligtum zu holen und ins Haus Vespasians zu führen. Und während einer von Galba abgehaltenen Volksversammlung hätte sich eine Statue Gaius Iulius Caesars von selbst nach Osten gewendet. Vor Beginn der Schlacht von Cremona sollen zwei Adler gegeneinander gekämpft haben. Nachdem der eine besiegt war, sei ein dritter von Osten her gekommen und habe den Sieger verjagt. Am sichersten war wohl eine Prophezeiung des Basilides, eines Priesters in einem Tempel auf dem Karmelgebirge, das sich von Samaria in nordwestlicher Richtung zum Mittelmeer hin erstreckt. Von Glück und Segen für die Familie der Flavier wusste der Gottesmann zu berichten. Was auch immer Vespasian in die Hand nähme, es würde gelingen. Worte, die zwar einige Zeit zurücklagen, die der künftige Kaiser aber keineswegs vergessen hatte.

Allmählich begann sich Vesapasin an den Gedanken einer Thronbesteigung zu gewöhnen. Den jüdischen Wahrsager beschenkte er mit einem vornehmen Gewand und anderen kostbaren Dingen. Er behandelte ihn fortan freundlich, schenkte ihm aber noch nicht die Freiheit.

In Jerusalem hieß es indes, auch der Feldherr Josephus sei bei der Einnahme Jotapatas ums Leben gekommen. Diese Nachricht erfüllte die Stadt mit tiefer Trauer. Fast jede Familie hatte unter den Gefallenen ein oder mehrere Opfer zu beklagen. Um Josephus aber weinte eine ganze Nation.

Als man jedoch erfuhr, dass dieser lebe und von den Römern behandelt werde, wie es ein Kriegsgefangener eigentlich nicht hoffen durfte, wurde der Groll der Juden gegen den „Verräter“ ebenso groß wie es zuvor die Sympathie für den Totgeglaubten gewesen war. Schon im Alter von 27 Jahren, sagte man, sei dieser „Römling“ verdorben worden, als er mit Rom und dessen Kultur unmittelbar in Berührung gekommen war. „Der Glanz des Neronischen Hofes, das Treiben der Weltstadt und die Riesenhaftigkeit der Staatsinstitutionen blendeten ihn“ angeblich „so sehr, dass er die römische Macht für die Ewigkeit gebaut und von der göttlichen Vorsehung besonders begünstigt glaubte.“[14]

Es war dem jüdischen Priestersohn nicht vergönnt, den Ort des Schreckens, seine Heimat, gemeinsam mit Vespasian zu verlassen, der im Sommer des Jahres 70, ein Jahr nach der Kaiserproklamation, Richtung Italien aufbrach. Flavius Josephus musste ausharren und die Demütigung seiner Landsleute und den Fall des weltberühmten Tempels miterleben, ehe er gemeinsam mit Titus, mit dem ihn inzwischen eine innige Freundschaft verband, der Stätte des Grauens für immer den Rücken kehren durfte, um für seine Zeitgenossen und alle kommenden Geschlechter Zeugnis davon abzulegen, was Menschen ihresgleichen anzutun vermögen.

Im Zusammenhang mit der „Eroberung“ des Throns der Caesaren für Vespasian trat ein Mann in Erscheinung, der zu den schillerndsten Persönlichkeiten jener daran nicht armen Epoche gehörte. Sein Name war Antonius Primus. Er war rechtskräftig wegen einer Testamentsfälschung verurteilt worden. Aber diese Tatsache behinderte seine militärische Karriere nicht. Galba hatte ihn sogar zum Legaten der Legio VII Galbiana ernannt. Da er sich von Otho nichts erhoffte, schlug er sich auf die Seite Vespasians. In Vertretung von dessen Interessen ging er im Eifer des Gefechts oft eigenmächtig vor, was ihm der spätere Kaiser, der ihm stets kühl begegnete, trotz Primus' Erfolgen offensichtlich übel nahm.

So hatte sich Primus, mit seiner Legion von Illyrien kommend, ohne Weisung mit den von ihm befehligten Truppen zwischen Cremona und Mantua bei Bedriacum dem Heer des Vitellius gestellt und dieses vernichtend geschlagen. Glauben wir dem Geschichtsschreiber Cassius Dio, häuften sich die Erschlagenen zu Bergen. Die Zahl der Toten wird auf 50.000 beziffert.[15] Unbeschreibliche Szenen sollen sich abgespielt haben. In Cremona herrschte Weltuntergangsstimmung. Nicht weniger als 40.000 Bewaffnete drangen in die Stadt ein, plünderten, mordeten, brandschatzten und zerstörten alle Tempel. Wer in Gefangenschaft geriet, wurde erbarmungslos abgeschlachtet. Vespasian ermunterte später die wenigen Überlebenden, ihre Stadt wieder aufzubauen.[16]

Antonius Primus focht dies alles wenig an. Die von ihm befehligten Truppen hatten starke Verluste erlitten. Zu seinem Glück war inzwischen die Legio XI Claudiana aus Dalmatien nach Oberitalien gelangt. An ihrer Spitze rückte der Feldherr weiter Richtung Rom vor, um die Reste von Vitellius' Streitmacht zu stellen. Diese hatten jedoch keine Lust mehr, den aussichtslos gewordenen Kampf fortzusetzen, und kapitulierten am 16./17. Dezember 69. Als Primus bis zu den Saxa Rubra in der Nähe von Rom vorgedrungen war, erfuhr er vom Tod des Stadtpräfekten Flavius Sabinus. Nach schweren Straßenkämpfen gegen die Vitellianer brachte er die Stadt in seine Gewalt. Dies geschah am 20. Dezember. Der Krieg in Italien war damit beendet. Übrigens sollen auch in Rom 50.000 Menschen umgekommen sein.

Einen Tag nach Primus' vollkommenem Sieg traf Mucian in Rom ein, der im Auftrag Vespasians sofort das Kommando übernahm. In aller Eile wurden Antonius Primus vom Senat die Triumphalinsignien zuerkannt. Es war die einzige Anerkennung, die ihm für seine Verdienste zuteil wurde. Er war der Mohr, der seine Schuldigkeit getan hatte. Er durfte gehen.

Er reiste nach Ägypten, um Vespasian zu treffen, der ihn jedoch, wie gesagt, äußerst reserviert empfing. Vom Ruhm seines italischen Feldzugs zehrend, hat Primus noch bis in die letzten Jahre von Domitians Herrschaft gelebt. Politische oder militärische Bedeutung aber hat er nicht mehr erlangt. Nur der Dichter Martial hat ihm einige Epigramme gewidmet, ein Zeichen dafür, dass Primus bis zu seinem Lebensende zu den prominenten Persönlichkeiten Roms gehörte.

Der Übervater

1937 wurde in Rom auf dem Gelände des antiken Marsfelds unter der Cancelleria Apostolica ein interessantes Relief gefunden. Die Wissenschaft nimmt an, dass es von Kaiser Domitian selbst in Auftrag gegeben wurde, um ein für ihn schicksalhaftes Ereignis für immer festzuhalten: Die Ankunft seines Vaters, des Kaisers, im Oktober 70 n. Chr. in der Hauptstadt des Römerreiches.

Geduldig wartend hatte Vespasian den Winter 69/70 in Ägypten verbracht. Kein Römer, der auch nur über ein wenig Verstand verfügte, vertraute sich in der unwirtlichen Jahreszeit den Launen der unberechenbaren Natur an, wenn es nicht um Tod oder Leben ging.

Nicht, dass es dem neuen Kaiser am Nil langweilig geworden wäre, hatte er doch bisher noch keine Gelegenheit gefunden, sich mit den Angelegenheiten des Landes, einer der wichtigsten Provinzen des Römischen Reiches, vertraut zu machen. Die Bevölkerung Ägyptens genoss es, einen leibhaftigen Kaiser beherbergen zu dürfen, träumte sie doch noch immer vom verflossenen Glanz der Pharaonen. Kein Wunder, dass man sich über Vespasian bald die seltsamsten Dinge erzählte. Einem Blinden habe er mit seinem Speichel das Augenlicht wiedergegeben, einen Handlahmen durch Berührung mit der Ferse mitten in der Menge, die sich um den Hilfe Suchenden gebildet hatte, von seinem Leiden befreit. Übereinstimmend berichten Suetonius Tranquillus[1] und Tacitus[2] von Wunderheilungen, derer sich Augenzeugen noch zu der Zeit Kaiser Trajans (98–117 n. Chr.) begeistert erinnerten, „wo Lüge keinen Gewinn mehr“ brachte.[3] In beiden Fällen soll angeblich Serapis selbst, der alte ägyptische Heilgott, die Kranken zu Vespasian geschickt haben.

Sind solche Spontanheilungen wissenschaftlich haltbar? Die Zeit war offensichtlich für unerklärliche Vorgänge äußerst empfänglich, und vielen Großen des Altertums wurden übernatürliche Kräfte nachgesagt. Man denke hier nur an die Erzählungen der Evangelisten Matthäus und Lukas über die Wunder, die Jesus an Kranken bewirkte, oder an die Legenden, die sich um den alternden Augustus rankten. Auch das griechische Epidaurus, das bedeutendste Gesundheitszentrum der alten Welt, erzielte mit medizinisch nicht erklärbaren Methoden erstaunliche Heilerfolge. Wahrscheinlich kam es mehr auf den Glauben der Menschen an, der ja bekanntlich sogar Berge versetzt.

Was immer man von den Wunderdingen auch halten mag: Für Vespasian bedeuteten die Erzählungen darüber viel. Verbreitete sich doch mit ihnen der Ruf, auf dem neuen Kaiser Roms ruhe der Segen der Götter. Der Himmel selbst habe diesen Mann auserwählt, um der Menschheit Frieden und Ordnung zurückzubringen. Und da ihm Serapis die Kranken zugeführt hatte, galt Vespasian fortan nicht nur als Nachfolger der Pharaonen. Er war das lebendige Abbild des Gottes auf Erden, Kaiser nicht nur mit Hilfe und Zustimmung seiner Soldaten, sondern auch durch göttliche Legitimation, ein höchst virtuoses Mittel der politischen Propaganda, das seinen drei Vorgängern nicht zur Verfügung gestanden hatte.

Obwohl Vespasian wusste, dass in Rom noch längst nicht alles in geordneten Bahnen verlief und seine Anwesenheit dort dringend erforderlich gewesen wäre, ließ er sich mit der Rückkehr Zeit. Sein jüngerer Sohn Domitian wird nichts dagegen gehabt haben, sonnte er sich derweil wenn nicht im Ruhm des Herrschenden, so doch dessen, der das gewaltigste Reich der Welt repräsentierte. Erst als die Häfen längst geöffnet waren, stach der ältere Flavier im Sommer 70 auf einem Handelsschiff in See. Rhodos und die Insel Korkyra lagen auf seinem Weg. Er überquerte die Adria und betrat endlich nach jahrelanger Abwesenheit den Boden Italiens. Der Herbst hatte bereits seine Vorboten geschickt. Mucian, sein ergebener Sachwalter, erwartete ihn in Brundisium, dem heutigen Brindisi.

Domitian, damals 19 Jahre alt, oblag es als *praetor urbanus*, oberster Beamter der Stadt, dem Heimkehrer entgegenzureiten, um ihn offiziell willkommen zu heißen. Nicht nur als Sohn, auch als Stadtoberhaupt, hätte der Jüngere vor dem Älteren, dem Vater und neuen Herrn der Welt, die Hand zum Gruß erheben müssen. Ob es so war, wissen wir nicht. Domitian ließ es jedenfalls auf dem gefundenen Relief anders darstellen. Der neue Kaiser ist es, der sich dem stolzen Jüngling grüßend nähert. Man empfindet die Szene fast als geheime Huldigung an Domitian.

Die Darstellung auf dem unvergänglichen Stein bestätigt den Bericht, den der Kaiserbiograf Suetonius Tranquillus, Sekretär Kaiser Hadrians

(117–138 n. Chr.), überliefert hat: „Als er (Domitian) dann zur Herrschaft gelangt war, hatte er die Stirn, vor dem Senat zu prahlen, er sei es gewesen, der seinem Vater wie seinem Bruder den Thron gegeben" habe.[4]

Domitians jugendliche Überheblichkeit mag ein Grund dafür gewesen sein, dass sich sein Vater entschloss, ihn – anders als seinen Bruder Titus – nicht an der Regierungsverantwortung teilhaben zu lassen.

In der Tat unterschieden sich die Auffassungen von Vater und Sohn vom Principat als der Herrschaft des Ersten unter Gleichen beträchtlich. Aus niederer Gesellschaftsschicht stammend, die zu keinerlei Hoffnungen berechtigte, hatte sich Vespasian von der Pike an empor gedient, die ihm zugefallene Kaiserwürde stets als besondere Fügung des Schicksals und hohe Verantwortung betrachtet und sich nicht selten, wie wir noch sehen werden, über jene gewundert, die ihm Amt und Stellung neideten, weil sie nach seiner Meinung nicht wussten, welche Bürde diese mit sich brachten. Einfach und bescheiden brauchte sich der neue Princeps nicht zu geben. Er war es von Natur aus und stand damit ganz in der Tradition der Flavier, die sich immer zu diesen Eigenschaften bekannt hatten.

Ganz anders Domitian. Er liebte Vergnügen und Ausschweifung, und man kann diese Vorlieben sicherlich nicht nur mit seiner Jugend entschuldigen und auf gleichgeartete Altersgenossen verweisen. Alles Gute, das selbstredend auch er zumindest zu Beginn seiner Herrschaft stiftete, überschatteten doch sein Stolz, seine Überheblichkeit und das Bewusstsein seiner einzigartigen Stellung. Man gewinnt fast den Eindruck, als habe er durch die stetige Zurschaustellung der Bedeutung seines Amtes Defizite seiner Jugendzeit zu kompensieren und Komplexe auszugleichen versucht.

Nicht nur wegen seiner Jugend fehlte ihm, der 69 n. Chr. im Alter von 18 Jahren Stadtprätor wurde, für seine hohe und verantwortungsvolle Stellung der nötige Ernst. Auch seine Veranlagung hinderte den Jugendlichen daran, ein wirklich guter und umsichtiger Sachwalter römischer Interessen zu sein, und so war es geradezu ein Glück, dass ihm Mucian zur Seite stand, an seiner statt alle wichtigen die Stadt und das Reich betreffenden Entscheidungen traf. Vespasian mag auch hier seine Anordnungen mit Bedacht getroffen haben.

Von Domitians Wirken in Rom während der Abwesenheit seines Vaters ist nicht allzu viel bekannt. Doch waren durchaus vernünftige Entscheidungen unter seinen Erlassen. So hat er beispielsweise dem Senat den Einblick in die Listen der Denunzianten verweigert und ihn auf die Ankunft seines Vaters vertröstet. In Übereinstimmung mit seinem Mentor Mucian war er der Auffassung, das neue Principat solle nicht gleich mit blutigen Verfolgungen beginnen. Er befürwortete auch die Wiederherstellung der Ehre Galbas – und ignorierte damit geschickt die kurzen Regierungszeiten von Otho und Vitellius. Der Senat wurde angehalten, die Verhältnisse in Rom neu zu ordnen, den Wortlaut von Gesetzen auf Tafeln festzuhalten und die Fasten, den römischen Kalender, von den Auswüchsen der neronischen Zeit zu reinigen. Tacitus berichtet, Nero habe „durch Schmeichelei … die Jahrbücher entstellt“. Da auch die Staatsfinanzen aus dem Gleichgewicht geraten waren, musste „den öffentlichen Ausgaben Maß“ gesetzt werden.[5] Mit edler Haltung trug der junge Caesar den versammelten Vätern seine Anliegen vor, kurz und gemäßigt, wobei er häufig errötete. Da man seinen wahren Charakter noch nicht kannte, wurde dies als Zeichen besonderer Bescheidenheit ausgelegt, einer Eigenschaft, die als eine der Kardinaltugenden für Roms Herrschende galt.

Suetonius weiß allerdings von solch redlichem Bemühen nichts. Nach ihm nutzte Domitian „seine hohe Stellung zur Ausübung schrankenloser Willkür, sodass man schon damals einen Vorgeschmack auf die Zukunft bekam“[6]. Er verführte, so hören wir, eine große Zahl verheirateter Frauen. Eine, Domitia Longina, nahm er sogar ihrem Gatten Aelius Lamia weg, um sie zu seiner Ehefrau zu machen. Und an einem einzigen Tag verteilte er in Rom und in den Provinzen über 20 Ämter, sodass sich sein Vater angeblich wunderte, dass er nicht auch ihm einen Nachfolger schickte.

Glich Domitian einem Meister an Verschwendung, so war sein Vater ein Genie der Sparsamkeit. Er zeigte sich besonders erfinderisch in der Erschließung neuer Steuerquellen. Was hätte er auch tun sollen angesichts einer durch Neros Lebensstil, Bürgerkrieg und den Krieg gegen die Juden verursachten leeren Staatskasse? Seinen eisernen Willen zu sparen bekamen schon die Alexandriner zu spüren, die auf reiche Geschenke gehofft hatten, dann aber enttäuscht erfahren mussten, dass Vespasian eher nahm als gab. Mit Schmähworten wurde daraufhin der eben erst gefeierte Kaiser bedacht. Seine anfängliche Popularität schwand.

Wenigstens die Stadtrömer wollte er vorerst von seinen Sparmaßnahmen verschonen. Die römischen Getreidespeicher waren leer. Und obwohl die Schifffahrt jahreszeitlich bedingt noch nicht eröffnet war, befahl er der alexandrinischen Kornflotte auszulaufen. Es wäre äußerst unklug gewesen, seine Herrschaft mit einer Hungersnot in Rom zu beginnen. Von Alexandria aus befahl er auch, die auf dem Capitol im Bürgerkrieg abgebrannten Gebäude wiederherzustellen.

Was immer er aber anordnete oder unterlassen wissen wollte, es war durch die *lex de imperio Vespasiani* legitimiert, ein Gesetz, das am 22. Dezember 69 erlassen worden war. In ihm wurden Vespasian die Machtbefugnisse übertragen, die vor ihm schon Augustus, Tiberius und Claudius besessen hatten. Er durfte Verträge abschließen, mit wem auch immer er wollte, ein Privileg, das früher nach der *mos maiorum*, der alten Vätersitte, dem Senat und Volk von Rom vorbehalten gewesen war. Ihm stand das Recht zu, den Senat einzuberufen, Anträge zu stellen, solche zurückzuweisen und abstimmen zu lassen. Befehle des Princeps standen Senatsbeschlüssen gleich. Seine Empfehlungen für die Vergabe der öffentlichen Ämter waren bindend. Und es war ihm gestattet, das *pomerium*, die geheiligte Stadtgrenze, zu erweitern. Eine letzte Bestimmung gleicht schließlich einer Art Generalvollmacht. Er durfte „alles tun, was er im Bereich des staatlichen Lebens und der öffentlichen und privaten Angelegenheiten zu tun für notwendig“[7] erachtete.

Von seinem Ernennungstag an, dem 1. Juli 69, sollten diese Bestimmungen Gültigkeit besitzen. Wie kaum ein anderes Gesetz verlieh die *lex de imperio Vespasiani* Einblick in die dem Kaiser verliehenen Privilegien, die ihm erlaubten, zum Wohl von Volk und Senat von Rom nahezu uneingeschränkt zu handeln.

Nicht nur die Bewohner der westlichen Provinzen, deren Romanisierung längst als abgeschlossen und gelungen galt, probten unmittelbar vor Vespasians Thronbesteigung, durch die innerrömischen Wirren ermutigt, den Aufstand. In der Provinz Africa waren sich gar zwei Römer in die Haare geraten, der Prokonsul L. Calpurnius Piso, ein Mann aus altaristokratischer römischer Familie, und Valerius Festus, der die dort stehende Legio III Augusta befehligte. Er war mit Vitellius verwandt, hatte sich aber nicht auf dessen Seite geschlagen. Der Konflikt endete mit der Ermordung Pisos, die Festus geschickt verkaufte: Er habe damit einen offenen Konflikt in Africa vermeiden wollen. Vespasian nahm es dankbar zur Kenntnis.

Die Auseinandersetzungen im östlichen Teil des Reiches gipfelten schließlich im Krieg der Juden gegen die Römer, den Titus, wie berichtet, 70 n. Chr. mit der Zerstörung des von König Herodes erbauten Tempels und der Stadt Jerusalem niederschlug.

Nicht nur die Juden hatten nach Beendigung dieses ungleichen Kampfes zahllose Opfer zu beklagen. Auch die siegverwöhnten Römer hatten Rückschläge hinnehmen und Federn lassen müssen. Mit bewundernswertem Mut hatten sich ihnen die Juden entgegengestellt, ihr aus der Verzweiflung geborener Widerstand war hartnäckig gewesen. Umso glänzender erschien der römische Triumph, umso härter mussten die für die Aufstände Verantwortlichen bestraft werden. Die noch junge Dynastie der Flavier war es ihrem Ansehen schuldig, keinen zu schonen. So wurden die ersten Hinrichtungen jüdischer Rädelsführer bereits in Israel vorgenommen. Andere Gefangene wurden für Rom aufgespart, wo sie im Triumphzug vorgeführt und anschließend erdrosselt wurden. Es hätte Titus, dem man später große Milde nachsagte *(clementia Titi)*, sicherlich gut angestanden, sich schon jetzt großzügig zu zeigen. Aber er fürchtete wohl, man würde ihm dies als Schwäche auslegen und ihn öffentlich dafür tadeln. Also war das Schicksal der jüdischen Anführer und Kriegsgefangenen besiegelt. Letztere schickte man, sofern es sich um gesunde und kräftige junge Männer handelte, entweder zur Schwerstarbeit in die Bergwerke Ägyptens, oder man wies sie einzelnen Städten als Gladiatoren für die blutigen Spiele in der Arena zu. In beiden Fällen tendierten die Überlebenschancen gegen Null. Es muss übrigens eine große Zahl von Kriegsgefangenen gegeben haben. Flavius Josephus zufolge gerieten 97.000 Menschen in Gefangenschaft, mehr als eine Million kamen angeblich um. Er behauptet, Jerusalem habe zur Zeit der Belagerung durch Titus mehr als 2.700.000 Einwohner gezählt. Doch wie immer neigt der antike Historiker sicherlich auch hier zu maßloser Übertreibung, und andere Geschichtsschreiber, so etwa Eusebius von Caesarea und der heilige Hieronymus, haben die Zahlen ungeprüft übernommen.

Wurde bereits darauf hingewiesen, dass Titus befahl, die eingenommene Stadt dem Erdboden gleich zu machen? Nur die unter dem Römerfreund Herodes erbauten Festungstürme Phasael, Hippikus und Mariamne blieben stehen. Sie sollten kommenden Geschlechtern von der Macht und Stärke der einstigen Hauptstadt des Judenreichs zeugen und den Ruhm der Sieger noch erhöhen.

Mit der Zerstörung Jerusalems und des Tempels endete eine Epoche der jüdischen Geschichte, da damit das geistige Zentrum des Judentums weggefallen war. Nie mehr sollte im Altertum das Passahfest, bei dem sich alljährlich Tausende von Gläubigen aus aller Welt trafen, in Jerusalem gefeiert werden.

Aber auch die wachsende Gemeinde der Christen beklagte den Verlust der Stätten, an denen Jesus gewirkt hatte und wo er gestorben war. Dass er den Untergang der Stadt vorausgesagt hatte, war ein Grund mehr, ihn als Sohn Gottes zu verehren. Die Steuer von zwei Drachmen jährlich, die jeder Jude bisher an den Tempel zu entrichten gehabt hatte, war überflüssig geworden, denn das Heiligtum existierte nicht mehr. Sie wurde den Besiegten jedoch nicht erlassen, sondern als Judensteuer fortan für den Tempel des Iupiter Capitolinus eingezogen, eine lukrative Einnahmequelle für den römischen Staat, der diese Gelder als Kriegsentschädigung betrachtete, eine zusätzliche Demütigung, ja ein Sakrileg für die Juden, die damit nach ihrem Glauben einen Götzen unterstützten.

Titus blieb nichts mehr zu tun, als seine verdienten Soldaten und Offiziere in der üblichen Weise zu dekorieren und die Glückwünsche der Nachbarn Judäas entgegenzunehmen. Selbst der Partherkönig schenkte dem Judenbezwinger einen goldenen Kranz, der ihm in Zeugma am Euphrat übergeben wurde. Von dort kehrte der glorreiche Sieger noch einmal an den Schauplatz seines Triumphes zurück. Traurigkeit befiel ihn ob des Anblicks der trostlosen Trümmerstätte. Aber er schob alle Schuld an der Zerstörung den uneinsichtigen Juden zu. Dann reiste er nach Alexandria, wo man ihn mit hohen Ehrenbezeugungen empfing.

Ist es wahr, dass sich der Sieger von Judäa mit dem Gedanken trug, die Herrschaft über die östlichen Reichsteile an sich zu reißen? Es gab Gerüchte, aber beweisen lässt sich bis auf den heutigen Tag nichts. Der Eindruck, Titus habe von seinem Vater abfallen und sich zum König des Orients machen wollen, gründete vielleicht in den Bitten, ja Drohungen seiner Soldaten, die ihn nach der Einnahme Jerusalems, die übrigens am Geburtstag seiner Tochter erfolgte, freudig als Imperator begrüßten, er möge entweder im Osten bleiben oder sie mitnehmen. „Dieser Verdacht erhärtete sich noch, als er auf dem Weg nach Alexandria anlässlich der Weihe eines Apisstiers in Memphis ein Diadem trug, was allerdings nur der Sitte und dem Ritus dieser alten Religion entsprach.“[8]

Sollte Titus je die Erlangung der Königswürde in Erwägung gezogen haben, verwarf er diese Überlegung rasch wieder. Das Verhältnis zu seinem Vater war das denkbar beste, und es stand nicht zu erwarten, dass sich daran etwas ändern würde. Wem, wenn nicht ihm, sollte dereinst der Thron zufallen, die Herrschaft über die ganze zivilisierte Welt, hinter deren Grenzen nach römischer Auffassung Barbaren lebten, die es noch zu bezähmen und von den Segnungen der mediterranen Stadtkultur zu überzeugen galt?

Wie sein Vater knapp zwei Jahre zuvor machte auch er sich von Ägypten aus auf den Heimweg. Er unterbrach seine Reise in Argos, um sich dort mit dem angesehenen Propheten und Wundertäter Apollonios von Tyana zu treffen, dem man die Gabe eines zweiten Gesichts nachsagte. Es ging wahrscheinlich um Titus' politische Zukunft, aber Genaueres ist nicht bekannt. Auch Rhegium, das heutige Reggio di Calabria, wo Augustus' unglückliche Tochter Julia die letzten Jahre ihrer Verbannung verbracht hatte, wurde angefahren, ebenso Puteoli, heute Pozzuoli, in der Nähe von Neapel. Aber nirgends hielt er sich lange auf.

In größter Eile reiste er weiter nach Rom, „wo er seinen überraschten Vater, gleichsam um die Grundlosigkeit der gegen ihn angestrengten Gerüchte zu beweisen, mit den Worten begrüßte: ‚Hier bin ich, Vater, hier bin ich‘ “[9].

Vespasian war über die Rückkehr seines Sohnes hoch erfreut und auch darüber, dass an den angeblichen Umsturzplänen nichts Wahres war.

Um das gute Einvernehmen zu demonstrieren und Titus auf die schwere Aufgabe seiner eigenen Regentschaft vorzubereiten, ließ ihn Vespasian fortan an der Regierung teilhaben, und der Sohn war dem Vater bald eine unentbehrliche Stütze. Vespasian war mit seinen 60 Jahren kein junger Mann mehr, wenn er sich auch einer blühenden Gesundheit erfreute, zu deren Erhaltung er „nichts anderes tat, als sich … im Ballspielsaal des Bades eine bestimmte Zahl von Malen selbst zu frottieren und jeden Monat einen Fasttag einzulegen“[10]. Aber er wusste wohl, dass er das Durchschnittsalter eines Römers längst überschritten hatte und auch auf ihn allmählich der Tod lauerte.

Auch wenn sich Vespasian auf seine bescheidenen Wurzeln besann und er an Prunk und öffentlicher Selbstdarstellung keinen Gefallen fand, so war es doch unerlässlich, den Sieg über Judäa, das Rom in jahrelange Kämpfe verwickelt und einen hohen Blutzoll gefordert hatte und noch immer nicht endgültig befriedet war – auf der Felsenfestung Masada hatten sich die letzten Aufständischen verschanzt – gebührend zu feiern. Gern bewilligte der dankbare Senat Vater und Sohn je einen Triumph, noch immer die höchste Auszeichnung, die Rom einem Feldherrn zu vergeben hatte, der sich rühmen konnte, mindestens 5.000 auswärtige Feinde getötet zu haben. Die Freude über die Eroberung und Zerstörung Jerusalems ließ alle finanziellen Probleme gering erscheinen. Und nach den langen und entbehrungsreichen Jahren der Wirren war eine derartige Großveranstaltung durchaus geeignet, ein neues Zeitalter des Friedens und der Ordnung einzuläuten.

Um die Staatskasse nicht mehr als nötig zu belasten, einigte man sich auf ein gemeinsames Fest, bei dem Titus seinem Vater den Vorrang ließ. Im Juni des Jahres 71 wälzte sich der gewaltige Triumphzug über die *Via Sacra* hinauf zum Capitol, und die ganze Stadt war auf den Beinen. Selten zuvor wurde den in dieser Beziehung ohnehin verwöhnten Römern ein großartigeres Schauspiel geboten.

„Es ist unmöglich“, kommentiert Flavius Josephus das beeindruckende Geschehen, „die Menge der hierbei gezeigten Sehenswürdigkeiten und die in jeder Hinsicht überwältigende Pracht der Kunstwerke, Luxusgegenstände und Naturseltenheiten gebührend zu schildern. Silber, Gold und

Elfenbein sah man … wie einen Strom daherfließen. Gewänder, aus dem seltenen Purpur gewebt oder nach Art der babylonischen Kunst mit Bildwerken aufs Feinste durchstickt, schimmernde Edelsteine, in goldenen Kronen und anderen Fassungen gefügt, wurden in solchen Mengen vorbeigetragen, dass es irrig schien, so etwas für selten zu halten …“[11] Herausragende Schätze waren die Gegenstände des Tempelkults, der siebenarmige Leuchter, die Menorah, der Tisch mit den goldenen Schaubroten, die Trompeten und eine Abschrift des Gesetzes. Die Menschen waren von der Fülle des Beuteguts überwältigt. Die wenigsten Römer waren über die Stadtgrenzen hinausgekommen, denn die Lebensbedingungen des einfachen Volkes standen in krassem Gegensatz zu denen der Aristokraten und des Geldadels. Außer Rom kannten sie nichts.

Ziel des Festzugs war der Iupitertempel auf dem Capitol.

Bevor jedoch der Triumphator und sein Gefolge das Heiligtum betreten durften, hatte ein Bote den Tod des feindlichen Heerführers zu melden. So verlangten es Sitte und Brauch. Der Hauptfeind „war Simon, des Gioras Sohn, der mit anderen Gefangenen im Triumph mitgeführt worden war … Man warf ihm einen Strick um und zerrte ihn auf einen Platz über der Versammlungsstätte, und schon während dies geschah, wurde er von denen gegeißelt, die ihn dorthin brachten. Das ist der Ort, an dem nach römischem Gesetz die zum Tode Verurteilten hingerichtet wurden … Als sein Tod gemeldet wurde, erhob sich ein allgemeines Jubelgeschrei, danach begannen die Opfer, die unter den vorgeschriebenen Gebeten glücklich zu Ende geführt wurden“[12].

Vespasian befahl, den Tempel des Janus, dessen Tore in Kriegszeiten offen standen, zu schließen.

Frieden sollte wieder herrschen in Italien.

Noch zu Vespasians Zeiten sollten einige Monumente die Erinnerung an den Sieg über die Juden festhalten. Das Friedensforum gehörte dazu, das lange weitgehend unter der Via dei Fori Imperiali, der unter Mussolini angelegten Prachtstraße der Kaiserforen, begraben lag, aber neuerdings teilweise ausgegraben wird. Gleich 71 n. Chr. ließ es Vespasian als *templum pacis* zu Ehren der Friedensgöttin errichten und darin die goldenen Schaustücke aus dem Judentempel ausstellen, auf die er besonders stolz war. Das *Amphitheatrum Flavium*, von dem noch ausführlich die Rede sein wird, heute als Colosseum bekannt, die aufwändigste Vernügungs- und Hinrichtungsstätte Roms, wurde aus der Beute des jüdischen Kriegs finanziert. Und auch der Titusbogen, von Domitian, wie erwähnt, seinem so früh verstorbenen Bruder errichtet, erweist sich bis heute als lebendiges Bilderbuch der Geschichte. Von einem weiteren Bogen, der dem Kaisersohn im *Circus Maximus* erbaut wurde, haben sich keine Spuren erhalten. Es existiert nur die Abschrift einer Inschrift, die Titus rühmt, der Jerusalem bezwungen und dem Erdboden gleichgemacht habe, „eine Stadt, die niemals zuvor von einem Herrscher oder einem Volk bezwungen worden sei“[13]. Ein billiges Lob, das die Eroberungen durch Nebukadnezar, Antiochos IV. Epiphanes und Pompeius Magnus ignoriert.

Münzen, die einzigen Massenmedien jener Zeit, hielten die Ereignisse fest. *Iudaea capta*, selten *Iudaea devicta*, stand auf ihnen geschrieben, und eine Jüdin, die niedergeschlagen unter einer Palme sitzt, während auf der anderen Seite ein Gefangener mit auf dem Rücken gebundenen Händen oder ein sich auf seine Lanze stützender Soldat stehen, symbolisiert die besiegte Provinz.

Die Gesetzestafeln und der Purpurvorhang des Tempels wurden im kaiserlichen Palast aufbewahrt. Sie sollten auf ewige Zeiten von den Taten des flavischen Geschlechts künden.

Das war das Rom des Jahres 71, wo Domitian allmählich begann, Geschmack am Leben eines Kaisersohns zu finden.

Es wurde bereits darauf hingewiesen, dass zu der Zeit, als man sich in Rom dem Rausch des Triumphfestes hingab, der Krieg in Judäa noch nicht beendet war. Noch drei Festungen befanden sich in der Hand der Aufständischen, alle drei mit dem Namen des Königs Herodes eng verbunden. Es waren dies Machaerus in Peräa, Herodion, südöstlich von Bethlehem gelegen – dort hatte Herodes seine letzte Ruhestätte gefunden – und schließlich Masada am Westufer des Toten Meeres.

Herodes' Baumeister hatten Großartiges geleistet. Auf hohen Felsen gelegen und mit dicken Mauern bewehrt, waren die Burgen kaum einnehmbar. Dazu wurden sie von entschlossenen Kämpfern verteidigt, Masada etwa von den Sicariern, den Dolchmännern, einer besonders fanatischen Sekte, die den Römern ewige Feindschaft geschworen hatte und den Tod nicht fürchtete.

Als Titus nach der Einnahme und Zerstörung Jerusalems abzog, hatte er die Kraft der letzten Freiheitskämpfer offensichtlich unterschätzt. Es zog ihn nach Hause, und er wollte sich nicht mit der Belagerung jener Felsenfestungen aufhalten, deren Fall für ihn nur eine Frage der Zeit war. Waren sie nicht vom Umland und damit von auswärtiger Hilfe abgeschnitten, auf die sie doch dringend angewiesen gewesen wären? Mussten nicht ihre Lebensmittelvorräte bald zu Ende gehen, wenn kein Nachschub kam, und der Durst die Belagerten zur Aufgabe zwingen?

Titus hatte Recht, soweit es die Burgen von Machaerus und Herodion betraf, die den Römern in der Tat ohne große Mühe in die Hände fielen. Hier führte der Feldherr Sextus Lucilius Bassus das Kommando, ein offenbar besonnener Mann, der den Bewohnern von Machaerus sogar freien Abzug gewährte, nachdem sie die römischen Kapitulationsbedingungen angenommen hatten. Ob er aus humanistischer Einsicht handelte oder die römischen Kräfte für Masada, das letzte Bollwerk des Widerstandes, schonen wollte, ist nicht bekannt.

Anders erging es in der Tat der Wüstenfeste Masada über dem Toten Meer, wo der Fanatismus einen grausigen Sieg davontrug.

Bassus' Laufbahn endete jäh, als ihn noch vor Vollendung seiner Aufgabe, wahrscheinlich im Winter 72/73 n. Chr., der Tod ereilte. Lucius

Flavius Silva nahm seinen Platz ein und erlangte mit der Eroberung Masadas, mit der Flavius Josephus seinen Bericht über den Jüdischen Krieg schließt, eine traurige Berühmtheit.

Die etwa 1.000 Rebellen, die sich in dieser letzten Bastion des jüdischen Widerstandes verschanzt hatten, hatten offensichtlich genügend Zeit gehabt, sich mit Proviant zu versorgen. Das ausgeklügelte Wasserversorgungssystem in den Zisternen war geradezu prädestiniert, einer langen Belagerung Stand zu halten. Dazu kam ein gut bestücktes Waffenarsenal, das noch auf den großen Herodes zurückging.

Im Frühjahr 73 richtete Silva sein Hauptquartier im Nordwesten des Felsmassivs ein und versperrte alle Fluchtwege. Niemand sollte entkommen können. Er vertrat die Ansicht, der Angriff müsse rasch erfolgen. Ihm war bewusst, dass Rom diesmal auf keine freiwillige Übergabe hoffen konnte. Zu fanatisch waren die aufständischen Verteidiger. Andererseits mochte eine lange Belagerung auch die Römer in eine verhängnisvolle Lage bringen. Wasser und Nahrung für die vielen Soldaten mussten über weite Entfernungen Kräfte zehrend herangeschafft werden. Und spätestens ab Mai würde die beginnende Sommerhitze die Lage in der Wüste nahezu unerträglich machen.

Die Verteidiger hatten wohl erwartet, Silva würde versuchen, den Berg über den gefährlichen und gefürchteten Schlangenpfad im Osten oder über die im Süden gelegenen Felsenklippen zu erklimmen. Doch die Römer hatten inzwischen eine andere Methode entwickelt. Sie warfen Erdwälle auf, um die Artillerie in die Höhe der Befestigungsanlagen zu bringen. Dies war nur im Westen möglich, wo sich an den Schluchten eine steile Anhöhe, der so genannte „Weiße Felsen“, erhob. Mit Hilfe eines gewaltigen Rammbocks brachten sie die Mauern zum Einsturz. Eine zweite, aus Holz und Erde gefügte Befestigung, wurde durch Feuer zerstört.

Eleazar, der jüdische Festungskommandant, mag die Aussichtslosigkeit weiterer Verteidigung erkannt haben, als er das letzte Bollwerk des jüdischen Freiheitsdrangs der Vernichtung nahe sah. Doch er dachte nicht daran, aufzugeben. Vielmehr stellte er sich vor, wie die wütenden Sieger die Männer erschlagen und die schutzlosen Frauen und Kinder behandeln würden. Langsam reifte sein Entschluss, dass sie alle, um den Römern zuvorzukommen, freiwillig in den Tod gehen müssten und so in dieser für das Judentum so schicksalhaften Stunde als die wahren Sieger hervorgehen würden.

Mit wohl gesetzten Worten und schrecklichen Bildern beschwor er seine Mitstreiter, Hand an ihre Familienmitglieder und schließlich an sich selbst zu legen. Die Römer, so versicherte er, fürchteten nichts mehr, als dass sich auch nur ein einziger Jude vor dem Fall der Festung das Leben nehme. „Eilen wir daher“, rief er aus, „ihnen statt der erhofften Freude über unsere Gefangennahme das Erschrecken über unseren Tod und das Staunen über unsere Kühnheit zu hinterlassen.“[1]

Glauben wir der Überlieferung, ging Eleazars Rechnung auf. 960 Menschen sollen umgekommen sein. Als die Römer die Festungsbauten betraten, fanden sie die vielen Leichen. Sie freuten sich aber nicht über den Untergang ihrer Feinde, sondern bewunderten deren Entschlusskraft und die unerschütterliche Todesverachtung.

Es ist nicht bekannt, woher Flavius Josephus, der im Gefolge des Titus nach Rom gekommen und nicht Augenzeuge des Geschehens um Masada geworden war, sein Wissen bezog. Zweifel an der Wahrheit seiner Darstellung bleiben. Wollte er mit der Schilderung vom freiwilligen Untergang der letzten Verfechter des Judentums etwa die Römer davon freisprechen, Frauen und Kinder auf barbarische Weise ermordet zu haben? Sind die Verteidiger der Festung von den Römern abgeschlachtet und ist die Tat als Selbstmord getarnt worden? Was wirklich geschah, wird wohl nie mehr zu ergründen sein. Die Geschichte jedoch, die Flavius Josephus seinen Zeitgenossen zum Besten gab und die sich auf wunderbare Weise bis auf den heutigen Tag gehalten hat, hat immer wieder die Phantasie der Nachgeborenen angeregt.

Vespasian, der, wie bereits berichtet, die ersten Jahre des Jüdischen Kriegs hautnah miterlebt hatte, machte sich auch zu Hause in Rom Gedanken über das besiegte Judäa, das er als kaiserliches Eigentum betrachtete. Schon Bassus hatte er aufgetragen, das Land der Juden zu verpachten. So erhielten 800 Kriegsveteranen unweit von Jerusalem Ländereien, eine Maßnahme, die der römischen Herrschaft Rückhalt geben sollte. Der kaiserliche Statthalter bezog seinen Amtssitz in Caesarea am Meer, wo schon seine Vorgänger residiert hatten. Die ihm unterstehende Legio X Fretensis nahm in Jerusalem und dessen Umgebung Quartier. Für Ruhe und Ordnung war damit gesorgt.

In der Hauptstadt des Weltreichs konnte man 73 n. Chr. allmählich zur Tagesordnung übergehen.

Ahnte man dort zu jenem Zeitpunkt, dass sich die geschlagenen und gedemütigten Juden mit der ihnen eigenen Tat- und Überlebenskraft wieder aufraffen und zumindest einen Teil ihres Selbstvertrauens zurückgewinnen sollten? Sie waren zwar geschlagen, aber sie waren nicht besiegt. Die jüdische Religion lernte zu überleben, auch ohne den Tempel, den bisherigen Mittelpunkt ihres Kults. „Im tiefsten Herzen glaubte jeder Jude, der Tag der Rückkehr nach Jerusalem sei nicht mehr fern, der Tempel werde wieder aufgebaut, und der Messias werde erscheinen, um sein Volk zu erlösen.“[2]

Obwohl Titus „selbst keineswegs beabsichtigte, mit der Zerstörung Jerusalems den Christen einen Gefallen zu tun, rühmte die christliche Überlieferung seine Zerstörung der Stadt als Vergeltungswerk an den Juden dafür, dass sie Christus umgebracht hatten. Dagegen betrachteten die Verfasser des Talmuds den frühen Tod des Titus (81 n. Chr.) als gerechte Strafe des Himmels“[3].

Vespasian stand indes in Rom vor der schwersten Herausforderung seines Lebens. Es galt, das Imperium neu aufzubauen. Nach allgemeiner Auffassung und antikem Verständnis war er ein alter Mann, aber zumindest um den Fortbestand seiner Dynastie musste er sich keine Gedanken machen. Titus hatte die 30 gerade überschritten, sein Jüngerer war noch nicht einmal 20 Jahre alt.

Als Bauer im Bürgergewande erschien manchem der neue Kaiser, eine vierschrötige Gestalt, ein allem Luxus abholder Mann, der die Sparsamkeit zur größten Tugend erhob. Er war es, wie erwähnt, gewohnt, sich zu bescheiden, und erwartete, dass seine Untertanen es ihm gleich taten. So unterschied sich sein Principat grundlegend von dem seiner Vorgänger, den Vertretern des julisch-claudischen Kaiserhauses, unter denen sich Caligula (37–41 n. Chr.) und Nero besonders unangenehm hervorgetan hatten. Er gab sich bürgerlich; jegliches Aufsehen um seine Person lehnte er ab. Am Tage des Triumphes bemerkte er, müde und gelangweilt von der Dauer des Festzugs, es geschähe ihm Recht. Er müsse eben dafür büßen, in seinem Alter noch einen Triumph erbeten zu haben, als ob er diesen seinen Vorfahren schuldig sei oder je für sich erhofft hätte.[4]

Die Zeiten waren schlecht für jene Schmeichler, die sich bemühten, den Stammbaum der Flavier aufwertend auf Hercules zurückzuführen. Vespasian interessierten ihre Ausführungen nicht. Sie sollten erst wieder unter Domitian zu Brot und Ehre gelangen.

Auch auf Ämter, Würden und Titel gab er für seine Person nichts. So weigerte er sich lange, den Ehrennamen „Vater des Vaterlandes" (*pater patriae*) anzunehmen, den doch schon Augustus als höchste und ihm liebste Auszeichnung betrachtet hatte. Witz und Schlagfertigkeit wurden ihm nachgesagt, erstaunlich bei einem Mann, der den Großteil seines Lebens im rauen Feldlager zugebracht hatte. So bat ihn eines Tages der ehemalige Konsul Mestrius Florus um die Vergünstigung, einen Reisewagen benutzen zu dürfen, und nannte diesen in korrektem Latein *plaustra*, statt sich des längst üblichen umgangssprachlichen *plostra* zu bedienen. Da begrüßte ihn der Kaiser bei der nächsten Morgenaudienz nicht als Florus, sondern als Flaurus und hatte damit die Lacher auf seiner Seite. Und als eines Tages eine Abordnung meldete, der Senat habe beschlossen, ihm eine Kolossalstatue zu errichten, „da war er ganz Ohr, streckte die hohle Hand aus und sagte, die Basis sei schon fertig"[5]. Sein Humor hat ihn übrigens bis an sein Lebensende nicht verlassen. Als sich ihm in untrüglichen Vorzeichen der nahe Tod ankündigte – die Pforten des Mausoleums des Augustus waren von selbst aufgesprungen und am Himmel erschien ein Komet, was nach allgemeiner Auffassung Tod und Unglück bedeutete – lenkte er geschickt von seiner Person ab. Vom weit verbreiteten Aberglauben hielt er nichts. Das mit dem Mausoleum, sagte er, beziehe sich auf die uralte Iunia Calvina, die letzte noch lebende Verwandte des ersten Princeps Augustus, und der Komet weise auf den Partherkönig, der bekanntlich langes Haar zu tragen pflege. Und bei den ersten Anzeichen seiner tödlichen Krankheit rief er, eingedenk der Apotheose einiger seiner Vorgänger, aus: „O weh, ich glaube, ich werde jetzt ein Gott!"

Wer immer sich mit der Kunst des Sternedeutens befasste, galt ihm als Scharlatan, und es kümmerte ihn nicht, dass er mit dieser Ansicht ziemlich allein stand.

Auch mit der Überheblichkeit manches Philosophen hielt er sich nicht lange auf. So nannte er den Zyniker Demetrius, einen bissigen Mann, der ihm auf einer Reise begegnet war und es nicht einmal für nötig befunden hatte, aufzustehen und den Kaiser zu grüßen, im Gegenteil, in unverschämter Weise noch knurrte, einen „Hund“, was der wortgetreuen Übersetzung aus dem Griechischen entsprach, „Hündischer“. Schon des Öfteren hatte Demetrius Vespasian mit beleidigenden Worten zu treffen versucht, aber dieser weigerte sich hartnäckig, ihn zu bestrafen. „Wenn du auch nichts unterlässt“, hielt er ihm vielmehr vor, „in der Hoffnung, dass ich dich hinrichte, so wisse, einen bellenden Hund werde ich nicht töten.“[6] Auch andere Freunde der Weisheit schätzte er nicht besonders. So wurde der Philosoph Musonius, der bereits unter Nero das Brot der Fremde gekostet hatte, von ihm erneut in die Verbannung geschickt.

Überhaupt konnten ihm Beleidigungen nicht viel anhaben. Er zahlte sie gern mit gleicher Münze heim, ohne seinen Gegnern wirklich etwas nachzutragen. Man hatte ihm beispielsweise unter Nero einmal den Zutritt zum Hof untersagt, worauf er zaghaft fragte, wohin er denn nun gehen solle. „Zum Teufel!“, hatte ihm der Kammerherr des Kaisers geantwortet. Nachdem sich das Blatt zu Gunsten Vespasians gewendet hatte, bat jener den neuen Kaiser um Verzeihung. Aber er erhielt nur die Antwort, die er seinerzeit dem General gegeben hatte: Er möge sich zum Teufel scheren.

Der antike Kaiserbiograf Suetonius Tranquillus berichtet von einem einzigen Todesurteil, das Vespasian vorschnell unterschrieben hatte. Es traf Helvidius Priscus, der Vespasian und dessen neue Stellung provokativ immer wieder ignorierte, ja den neuen Mann an der Spitze des Staates geradezu seines Ranges für verlustig erklärte.[7] Vespasian wollte den Verurteilten noch im letzten Augenblick retten. Das wäre auch gelungen, hätte man ihm nicht fälschlicherweise gemeldet, die Hinrichtung sei bereits vollzogen worden.

Aber er hatte sich nichts vorzuwerfen. Helvidius Priscus gehörte von Anfang an zu den hartnäckigsten Oppositionellen gegen die Regentschaft der Flavier. Er war der Schwiegersohn des berühmten Paetus Thrasea, der

66 n. Chr. von Nero verurteilt und zum Selbstmord gezwungen worden war. Für den geachteten Geschichtsschreiber Tacitus war Priscus ein Verfechter der republikanischen Freiheit, der dessen ganze Sympathie besaß. Cassius Dio, der eine kaum weniger berühmte Geschichte Roms schrieb, galt der Mann hingegen nicht nur als illoyaler Bürger, sondern geradezu als Anarchist, der, wann immer es möglich war, seine Stimme gegen die Königsherrschaft, wie sie sich seit Tiberius (14–37 n. Chr.) darstellte, erhob. Aber es mag sein, dass auch Priscus eine Regierungsform vorschwebte, wie sie, zumindest nach außen hin, Augustus ausübte, der ja von sich behauptete, die *res publica* wiederhergestellt zu haben.

Priscus' Laufbahn war ein ständiges Auf und Ab. In den Prozess um seinen Schwiegervater verwickelt, war er unter Vespasian 70 n. Chr. immerhin noch zur Prätur gelangt, was ihn aber nicht daran hinderte, gegen seinen Gönner zu opponieren. Er hielt im Senat aufreizende Reden, hatte eine scharfe Zunge und sparte nicht mit Beleidigungen. Es verwundert, dass Vespasian bei aller Toleranz, die ihm eigen war, nicht schon früher der Geduldsfaden riss. Er schickte seinen Widersacher, den hartnäckigsten, von dem wir wissen, der zu Roms ersten Kreisen gehörte und über einigen Einfluss verfügte, zunächst in die Verbannung, ehe der Hinrichtungsbefehl erging.

Vom Tod des Kontrahenten war Vespasian tief betroffen, und er hätte die Sache gern ungeschehen gemacht. Vielleicht blieb Helvidius Priscus deshalb das einzige politische Opfer seiner immerhin zehnjährigen Regierungszeit.

Stand jener Mann, genau wie sein gleichgesinnter Schwiegervater, nicht von Anfang an auf verlorenem Posten? Als Vespasian zum Kaiser ausgerufen wurde, war das Principat bereits hundert Jahre alt, und es hatte sich bewährt, auch wenn es immer wieder unfähige Herrscher gegeben hatte, die es als Spielwiese privater Neigungen und Interessen nutzten, und denen die Macht und die Möglichkeiten, die sie bot, mehr am Herzen lagen als das staatliche Wohlergehen.

Vespasian gehörte nicht zu den schlechtesten Regenten. Im Gegenteil. Unter seiner strengen Hand bestand Aussicht, dass sich Stadt und Reich erholten (wie es ja dann tatsächlich geschah), und Helvidius Priscus hätte sicherlich gut daran getan, abzuwarten und den Dingen ihren Lauf zu lassen, was ihm, einem bekennenden Anhänger der stoischen Lehre, auch gut angestanden hätte.

Wann er starb, ist nicht überliefert. Doch wird man annehmen dürfen, dass sein Tod in Vespasians erste Regierungsjahre fiel.

Für alle, die nach dem Thron strebten, empfand Vespasian, wie erwähnt, nur Mitleid. So hieß es, einem gewissen Mettius Pompusianus sei der Aufstieg zum Kaisertum vorausgesagt worden. Vespasian machte ihn daraufhin sofort zum Konsul und gab der Hoffnung Ausdruck, er möge sich, sobald er Kaiser sei, dieser Gunst erinnern.

Eine charakterliche Schwäche wird allerdings auch diesem Kaiser nachgesagt. Suetonius nennt sie den „einzigen Fehler", seine „Habgier". Er liebte das Geld. Doch scheint er sich nie selbst bereichert zu haben. Er brauchte erhebliche Mittel, um die Staatsfinanzen aufzubessern, und verfiel dabei auf die kuriosesten Ideen. Von einem Defizit von 40 Milliarden Sesterzen sprach er zu Beginn seiner Regierungszeit, eine Summe, deren Beschaffung nach seiner Ansicht jedes Mittel rechtfertigte. Er erfand ständig neue Steuern, verdoppelte die Abgaben, die die Provinzen zu leisten hatten, und trieb Geschäfte, die selbst für einen Privatmann anrüchig gewesen wären und eines Kaisers unwürdig waren. „So kaufte er Waren en gros auf, um sie nachher im Einzelhandel mit großem Gewinn wieder loszuschlagen."[8] Er bot Ämter und Freisprüche feil, ohne sich darum zu kümmern, ob die Angeklagten schuldig oder unschuldig waren. Habsüchtige Steuerbeamte schätzte er besonders. Er beförderte sie großzügig, um sie danach, wenn sie sich noch mehr bereichert hatten, verurteilen und ihr Vermögen einziehen zu können. Man sagte, er benutze sie wie Schwämme, die er anfeuchte und, wenn sie vollgesogen waren, ausdrücke. Suetonius bemerkt ausdrücklich, „dass er auch das nicht rechtmäßig Erworbene nur für die besten Zwecke verwendete"[9].

Als er schließlich sogar die Benutzung der Latrinen besteuerte, ging das Titus zu weit. Er machte seinem Vater die heftigsten Vorwürfe. Vespasian aber hielt ihm die ersten Geldstücke aus dieser „Steuer" unter die Nase. „Olet?", wollte er von seinem Sohn wissen. „Non olet", antwortete er sich selbst. „Und doch kommen sie vom Urin."[10] Sollte diese Geschichte nicht wahr sein, so ist sie doch gut erfunden und zeigt, was man zu der Zeit Suetons, fast zwei Menschenalter später, noch von Vespasian zu erzählen wusste.

Als „Geld stinkt nicht" ist die Äußerung als geflügeltes Wort in viele Sprachen eingegangen. Und noch heute heißen in Frankreich die öffentlichen Bedürfnisanstalten zu Ehren des Erfinders dieser Steuer *vespasiennes*.

Schließlich soll Vespasian die Prokuratoren gefragt haben, wieviel wohl sein Leichenbegängnis kosten werde. Man antwortete ihm, die Aufwendungen würden sich auf ungefähr 10 Millionen Sesterzen belaufen. Da erschrak er und meinte, man solle ihm 100.000 geben und seine Leiche in den Tiber werfen.[11] Der Schauspieler Favor hat diese Szene beim Begräbnis des Kaisers, altem Brauch entsprechend, nachgespielt.

Doch bei aller Sparsamkeit und der ihm nachgesagten Geldgier war Vespasian weit davon entfernt, geizig zu sein. Verarmte Senatoren erhielten den ihrem Stand entsprechenden Unterhalt, in Not geratene Konsuln eine jährliche Pension von 500.000 Sesterzen. Wo immer Erdbeben oder Brände gewütet hatten, wurde alles großzügiger, als es gewesen war, wieder aufgebaut.

Vespasians besondere Liebe als Kaiser aber galt, erstaunlich bei seiner bescheidenen Herkunft und seiner bisherigen Beschäftigung, der Kunst.

Rhetoren erhielten Pensionen, Restauratoren fürstliche Geschenke und reichen Lohn. Es gab prächtige Theaterspiele und große Festgelage. Auch Schauspieler und Lebensmittelhändler sollten gut verdienen können. An den Saturnalien (17. Dezember) wurden die Männer, am Fest der Matronalia (1. März) die Frauen reich beschenkt. Bei den Saturnalien handelte es sich um das populärste Fest im alten Rom, eine Art Karneval, in dem ein allgemeiner Rollentausch stattfand. An diesen Tagen – vier unter Kaiser Caligula, fünf unter Domitian – hatten sogar die Sklaven Gelegenheit, ihren aufgestauten Ressentiments Luft zu machen. Man feierte in ausgiebigen Gelagen und belustigte sich am allgemeinen Mummenschanz.

Einer Frau, die sich unsterblich in ihn verliebt hatte, gab Vespasian nach langem Drängen nach. Nach genossener Gunst ließ er ihr 400.000 Sesterzen anweisen. Da fragte sein Kassenverwalter, unter welchem Titel er diesen Betrag verbuchen solle. Der Kaiser antwortete: „Für die leidenschaftliche Liebe zu Vespasian."[12]

Ansonsten aber ist Vespasian bis zu seinem Tod der sparsame, biedere Hausvater geblieben. Sehr zum Segen Roms, das sich in den Jahren seiner Herrschaft, die bis 79 n. Chr. währte, von den Eskapaden der julisch-claudischen Caesaren erholen konnte.

Ganz anders seine Söhne, die auf die Annehmlichkeiten, die ihnen ihre neue Stellung bot, nicht mehr verzichten wollten. Beide, sowohl Titus als auch Domitian, waren Pracht liebende Herrscher, der Ältere entwickelte sich aber trotzdem zu einem leutseligen Mann, der, nachdem er Kaiser geworden war, stets danach strebte, die Zuneigung seiner Untertanen zu erlangen und bald „der Liebling und das Entzücken des Menschengeschlechts" genannt wurde.[13] Er hatte das Glück, so früh zu sterben, dass er nicht dem inzwischen berüchtigten und gefürchteten Caesarenwahn verfiel.

Vespasian liebte seine Söhne, übersah ihre Fehler und war darauf bedacht, die Thronfolge noch zu Lebzeiten in seinem Sinne zu regeln, um anarchistischen Zuständen nach seinem Tod vorzubeugen. Der Senat war damit einverstanden, verlangte aber, er solle „den Besten der Besten" als seinen Nachfolger nennen. Da entgegnete Vespasian, er wisse keinen Besseren als seinen Sohn Titus.

Während eines Aufenthalts in seinem Heimatdorf Reate, wohin er sich des Öfteren begab, wurde Vespasian schwer krank. Heftige Durchfälle plagten ihn, aber er empfing, bettlägerig, auch weiterhin Gesandtschaften und erfüllte gewissenhaft seine Amtspflichten. Doch spürte er, dass die Hand des Todes bereits nach ihm griff. Da richtete er sich mit Hilfe seiner Diener auf und bemerkte mit dem ihm verbliebenen Humor, ein Kaiser müsse stehend sterben. Dann verschied er im Alter von 69 Jahren, von denen er, wie erwähnt, zehn Jahre segensreich für Rom und die Welt gewirkt hatte.

In mehrfacher Hinsicht war seine Thronbesteigung einer Revolution gleichgekommen. Er war als Nichtadeliger zur Herrschaft gelangt und von einer Provinzarmee in sein Amt berufen worden. Er hatte die einfachen Tugenden und Lebensgewohnheiten des italischen Bürgers der Verschwendungssucht der in der Weltstadt aufgewachsenen Nachkommen von Augustus und Livia entgegengesetzt und neues Blut in den dekadenten römischen Senatsadel gebracht, indem er 1.000 vornehme Familien aus Italien und den westlichen Provinzen nach Rom holte und sie in den Senatoren- und Ritterstand aufnahm. Mit diesem Neuadel hatte er jenen Herrschern den Weg bereitet, „die dem Römischen Reich nach Domitian ein Jahrhundert lang eine gute Regierung geben sollten“[14] und so bedeutende Persönlichkeiten wie Hadrian oder Marc Aurel hervorbrachten. Mit Hilfe dieser Provinzialadeligen vollbrachte er in wenigen Jahren das Wunder des staatlichen Wiederaufbaus. So darf man, ohne sich dem Verdacht der Übertreibung auszusetzen, behaupten, dass ohne seine Maßnahmen Roms Fall, der mit dem Ende von Marc Aurels Herrschaft einsetzte (180 n. Chr.), schon viel früher begonnen hätte.

Und das war zweifellos Vespasians größtes Verdienst.

Das Amphitheatrum Flavium

Eines der großartigsten Monumente römischer Baukunst geht auf die Initiative Vespasians zurück: Das nach seinem Geschlecht benannte *Amphitheatrum Flavium*, das noch heute Jahr für Jahr unzählige Besucher in seinen Bann zieht. Es wurde aus Mitteln der Beute des Jüdischen Krieges errichtet, ist die gewaltigste Ruine, die aus dem Altertum erhalten geblieben ist, und gleichzeitig das Wahrzeichen der Stadt Rom schlechthin.

Vom frühen Mittelalter bis in die Barockzeit missbrauchten zahlreiche Generationen das monumentale Bauwerk als billigen Steinbruch für ihre Paläste. Glücklicherweise ist es ihnen nicht gelungen, das Werk der Flavier gänzlich zu vernichten.

Einem Gottesmann – zur Ehre der Kirche sei es gesagt – gelang es, den Bau vor der endgültigen Zerstörung zu retten. Kein Geringerer als Papst Benedikt XIV. (1740–1758) erklärte die Stätte wegen des angeblich dort vergossenen Märtyrerbluts kurzerhand für heilig. In Wahrheit hatte er wohl die kulturgeschichtliche Bedeutung des gewaltigen Trümmerberges erkannt. Wo sonst ließe sich den Verhältnissen im alten Rom besser nachspüren als hier, wo ein Gutteil der stadtrömischen Bevölkerung bei blutigsten Schlächtereien seine Freizeit verbrachte und seine Energie verschwendete?

Zur Erinnerung: Rom im achten Jahrzehnt der neuen Zeitrechnung. Wohlgefüllt ist wieder die Staatskasse dank der Umsicht und fast sprichwörtlichen Sparsamkeit Vespasians. Der Kaiser, der aus dem Volke kam, hat die weitläufigen Gärten der Neronischen Villa, des berühmt-berüchtigten Goldenen Hauses, der *domus aurea*, wie die Römer sagen, zwischen den klassischen Hügeln Palatin, Caelius und Esquilin gelegen, einebnen lassen und damit dem Volk zurückgegeben, was einst des Volkes war. Sein verschwenderischer und rücksichtsloser Vorgänger, Nero, letzter Spross der julisch-claudischen Dynastie, hatte die wertvollen Grundstücke im Herzen der Stadt nach dem großen Brand 64 n. Chr. ihren rechtmäßigen Eigentümern weggenommen und rechtswidrig in seinen Besitz gebracht. Er hatte dort seinen Traumpalast erstehen lassen, um endlich leben zu können „wie ein Mensch“[1].

Stolz wächst aus der tiefen Talsenke, wo Nero einen riesigen See hatte fluten lassen – er war gerade zugeschüttet worden – jener elliptische Bau empor, den die Menschen ab dem Mittelalter „Colosseum“ nennen werden, nicht wegen seiner gigantischen Ausmaße, sondern weil hier, wie die Überlieferung weiß, in alter Zeit eine Statue des Kaisers Nero, des Gatten- und Muttermörders, gestanden hatte. 36 Meter hoch soll sie gewesen sein. Kaiser Hadrian, der einer anderen, friedfertigeren Epoche angehörte, hatte sie lange nach Neros Tod mit Hilfe von 24 Elefanten dorthin schleppen lassen und die Züge des Augustus-Erben durch die des Sonnengottes ersetzt. Denn Hadrian hieß mit Familiennamen Aelius, und das ließ sich überzeugend mit Helios assoziieren, dem Licht- und Sonnengott der griechischen Mythologie.

Die erste Weihe des glanzvollen Bauwerks fand noch zu Lebzeiten Vespasians statt. „Einer späten Chronik aus dem 4. Jahrhundert zufolge waren die Arbeiten damals bis zum dritten Rang gediehen …“[2] Sohn und Nachfolger Titus weihte das flavische Amphitheater dann 80 n. Chr. nach nur achtjähriger Bauzeit mit hunderttägigen Spielen endgültig ein. Aber auch zu diesem Zeitpunkt war es nicht ganz fertig gestellt. Unzählige Gladiatoren und wilde Tiere haben damals ihr Leben verloren. Und die Zahl derer, die ihnen im Laufe der Zeit folgten: Niemand wird sie auch nur annähernd schätzen können.

Die Geschichte des Amphitheaters nimmt einen spektakulären Verlauf. Schon bald nach seiner Errichtung wird es zum Wahrzeichen der Stadt aufsteigen. Man wird sein Abbild auf Münzen prägen und damit in alle Welt tragen und viele Städte anregen, es dem bewunderten Vorbild am Mittelmeer, dem Haupt und der Mutter aller Städte des Erdkreises, gleich zu tun. Den Stürmen der Zeit wird es trotzen, unerschütterlicher Zeuge einer Welt, die dem Untergang geweiht ist, einer der letzten großen Vertreter einstigen römischen Glanzes, und auch dann wird seine schreckliche Faszination Tag für Tag Menschen aus aller Herren Länder anlocken. Und es wird, wie zur Zeit seiner Erbauung und seiner Jugend, „nur wenige geben, die über ihrer Bewunderung auch daran denken werden, dass dieser Bau eigentlich zu den unrühmlichsten Kapiteln römischer

Geschichte gehört, ja der Menschheitsgeschichte überhaupt. Aber selbst sie werden binnen kurzem dem geheimnisvollen Zauber, den dieser mächtige Steinkoloss ausstrahlt, erliegen“[3].

In der Tat ist das römische Amphitheater ein Denkmal der Superlative: 188 Meter lang, 156 Meter breit und fast 50 Meter hoch. Die Gelehrtenwelt schätzt, dass hier 100.000 Kubikmeter Travertin und 300 Tonnen Eisen verarbeitet wurden.[4] Durch 80 Eingangsbogen und 80 Treppen, deren eingemeißelte Nummerierung zum Teil noch zu sehen ist und den Nummern der Eintrittskarten der Zuschauer entsprach, gelangten die 50.000 Schaulustigen, die das Bauwerk fasste, ins Innere und auf die einzelnen Ränge.

Der äußere Bau besteht aus Travertinblöcken und ist in vier Stockwerke gegliedert. Streng nach Rang fanden die Besucher Platz, zuerst neben der kaiserlichen Familie und dem blutigen Geschehen am nächsten die Senatoren, Priester und Vestalinnen, Dienerinnen der Göttin Vesta. Den zweiten Rang teilten sich Ritter und Offiziere. Es folgten die römischen Bürger und schließlich das einfache Volk, zu dem auch die Unfreien und zeitweise auch die Frauen gehörten. So hatte es etwa der göttliche Augustus aus moralischen Gründen für geboten gehalten, der Promiskuität in den Theatern ein Ende zu setzen. Waren diese doch zum Knüpfen manch zarter Bande überaus beliebt.

Die Angehörigen einer bestimmten Gesellschaftsschicht konnten sich übrigens nicht beliebig auf dem ihnen zugewiesenen Rang niederlassen. Die Plätze waren einzelnen Gruppen zugeteilt, etwa den *hospitibus publicis*, den Staatsgästen, oder den *equitibus Romanis*, den römischen Rittern. Dies bestätigen nicht nur auf den Stufen erhaltene Inschriften. Es ist auch ein Dekret aus dem Jahr 80 n. Chr. erhalten geblieben, dem Jahr der Einweihung. Dieses weist der Priesterkaste der *Arvales*, denen 12 Männer angehörten, eine beträchtliche Anzahl von Plätzen zu: Etwa 38 Meter standen ihnen, ihren Familien und Freunden zur Verfügung, wobei auch hier streng auf den Stand der einzelnen Personen geachtet wurde. Es sollte sich schließlich niemand in seinem gesellschaftlichen Vorrecht beeinträchtigt sehen.

Nur die Sitzreihen der Senatoren waren ganz aus Marmor. Jeder Senator hatte Anspruch auf seinen persönlichen Platz. Starb er oder rückte er in seiner Klasse auf (von den *clarissimi* über die *spectabiles* zu den *illustres*), so musste sein Name ausgemeißelt und durch den seines Nachfolgers ersetzt werden.

Um die Besucher vor der grellen Sonne oder auch den in Rom gar nicht so seltenen Gewitterregen zu schützen, konnte das riesige Oval mit einem Zeltdach überspannt werden. Matrosen vom Hafen aus Misenum waren dazu abgestellt, das Sonnensegel auszuspannen und wieder einzuholen. Sie waren in einer eigenen Kaserne in der Nähe des Theaters untergebracht, die *Castra Misenatium* hieß.

Die Geschichte der römischen Gladiatorenspiele reicht weit zurück. Sie begann mit dem etruskischen Totenkult. Bei den Etruskern, jenen Kulturträgern, die neben den Griechen auf die Römer wohl den größten Einfluss ausübten, war es üblich, zumindest beim Ableben bedeutender Persönlichkeiten Leichenspiele zu veranstalten, die so genannten *munera*, bei denen es für die Mitspieler um Leben und Tod ging. „Man war nämlich davon überzeugt, dass das Blut, das in den Boden sickert, den Toten Kraft und neues Leben schenkt. Zum Totenspiel gehörte aber das Menschenopfer.“[5]

Das erste Leichenspiel, bei dem Bewaffnete gegeneinander antraten, fand in Rom im Jahr 264 v. Chr. statt, veranstaltet von den Gebrüdern Marcus und Decimus Pera zu Ehren ihres verstorbenen Vaters. Andere vornehme Familien folgten bald diesem makabren Beispiel.

Nirgendwo sonst hätten die Gladiatorenkämpfe größeren Beifall gefunden als bei den Römern, denen der Senat 105 v. Chr. gestattete, sie wegen der großen Beliebtheit auch unabhängig von Leichenfeiern zu veranstalten. Die *ludi* oder *munera* fanden auf dem Forum oder im Circus statt, wo man vor den jeweiligen Veranstaltungen grobe Brettergerüste zimmerte, die nach Gebrauch wieder entfernt wurden. Eigene Gebäude gab es anfangs noch nicht. Zwischen 80 und 70 v. Chr. errichteten die Pompejaner als erste ein steinernes Amphitheater, eine große, tief in den Boden eingelassene ovale Arena mit ansteigenden Sitzreihen, denen das natürliche Gelände Festigkeit und Halt gab. Man hatte damit eine neue, typisch römische Form der Theaterarchitektur geschaffen, weg von den griechischen Vorbildern: Nur der Name war griechisch: *amphi*, das bedeutet „von beiden Seiten".

Ein Vertrauter C. Iulius Caesars baute in Rom als erster ein fest stehendes Theater, eine Konstruktion aus Holz, die zunächst der szenischen Darstellung diente. Zwei halbrunde Bühnen standen Rücken an Rücken und konnten mittels einer besonderen Mechanik so gedreht werden, dass die beiden Orchestren einander gegenüberlagen und eine feste Arena für Gladiatorenspiele bildeten.

Erst 29 v. Chr. errichtete dann Titus Statilius Taurus im Auftrag des Kaisers Augustus ein festes Amphitheater für Rom. Seine hölzernen Zuschauertribünen waren nicht nur stets einsturzgefährdet. Sie wurden 64 n. Chr. beim großen Stadtbrand ein Raub der Flammen. Die Gladiatorenbühne und auch das Forum für die mittlerweile fast ebenso beliebten Tierhatzen, die *venationes*, lagen seit damals verwaist.

Man kann sagen, dass Vespasian mit dem Bau seines Amphitheaters die optimale Lösung für die Bedürfnisse des Volkes fand. Die neue Vergnügungsstätte sollte so beschaffen sein, dass die Arena einer großen Zahl von Gladiatoren und ganzen Scharen wilder Tiere als Bühne dienen konnte. Und sie sollte sich, anders als ihre Vorgängerin in Pompeji, die mittlerweile 150 Jahre alt war, aus dem Boden erheben, und wie die bereits bestehenden Theater, etwa das von Kaiser Augustus zum Gedenken seines früh verstorbenen Neffen Marcellus errichtete, über mehrere Stockwerke aufragen.

Da das Colosseum an der Stelle des zugeschütteten künstlichen Sees erstand, baute man aus statischen Gründen ein fünftes Geschoss „unter der Erde, das aus Travertinpfeilern besteht und auf einem betonierten Untergrund ruht"[6]. Das verleiht dem Gebäude bis heute seine Standfestigkeit.

Leider ist nicht bekannt, wer der geniale Baumeister des Colosseums war. Unter Vespasian wurde, wie gesagt, der Bau begonnen und bis zum dritten Stockwerk aufgeführt. Sein Sohn Titus setzte ein viertes darauf. Als er die römische Begegnungsstätte 80 n. Chr. dem Volk übergab, war zumindest im Innenraum noch nicht alles so, wie es den Plänen der

Architekten entsprach. Die Aufgabe, das gigantische Werk zu vollenden, fiel Domitian zu, denn Titus' Regierungszeit währte nur zwei kurze Jahre.

Von den vier Geschossen bestehen die drei unteren, wie erwähnt, aus jeweils 80 Bogen. Das oberste stellt sich als geschlossene Attika dar und ist nur von wenigen und verhältnismäßig kleinen Fenstern durchbrochen. Die den Bogenpfeilern vorgesetzten Halbsäulen weisen die klassischen Ordnungen auf: dorisch, ionisch und korinthisch. Pilaster und korinthische Kapitelle gliedern die Attika.

Das Innere des Gebäudes wird beherrscht durch die ovale Arena. Sie konnte auch unter Wasser gesetzt werden und diente dann den überaus beliebten *naumachiae*, den nachgestellten Seeschlachten, als Bühne. Da dieser Verwendungszweck unbefriedigend war – unter der Arena befanden sich allerlei Requisiten, Kulissen und die Käfige mit wilden Tieren – ließ Domitian in der Nähe des Tibers ein riesiges Bassin ausheben und rundum mit Sitzreihen versehen. Dort führte er seine Wasserspiele vor, und von da an konzentrierte man sich im Amphitheater auf das gegenseitige Töten der Gladiatoren und die tödliche Jagd auf Tiere. Man verbesserte die Technik durch Aufzüge und Falltüren, sodass die Bestien schnell und für die Zuschauer gefahrlos in die Arena gelangen und ebenso leicht wieder in ihre unterirdischen Käfige gebracht werden konnten.

Als einzigartig erweist sich die Architektur des Bauwerks, eine Meisterleistung römischer Techniker und Ingenieure, wenn man bedenkt, dass die Ränge die Last von 50.000 Menschen tragen und Gänge und Korridore so angelegt sein mussten, dass ein rascher und reibungsloser Auszug der Theaterbesucher gewährleistet war. Die mit Tonnen- und Kreuzgewölben aus Gusswerk, dem römischen Beton, überdachten Gänge umlaufen in drei Geschossen den ganzen Bau. Steile Treppen, die von ebenfalls aus Beton gefertigten Tonnengewölben gedeckt sind, verbinden die einzelnen Stockwerke.

Die Hauptstütze des Bauwerks bilden jedoch 560 Travertinpfeiler, deren Quader durch Metallklammern verbunden waren. Diese wurden im Laufe der Jahrhunderte herausgebrochen, und heute erinnern nur noch große Löcher im Stein an die geniale Konstruktion.

Das *Amphitheatrum Flavium* war als riesiges Steinskelett konzipiert, das die Methoden moderner Bautechnik fast zwei Jahrtausende vorwegnahm: Als das steinerne Gerüst stand, konnte man an verschiedenen Stellen gleichzeitig mit dem Ausbau beginnen. Dies erklärt auch die kurze Bauzeit von acht Jahren, die selbst mit den Errungenschaften neuzeitlicher Technik für Bewunderung sorgte.

In einiger Entfernung vom Gebäude sind auf einem Stück der ursprünglichen Pflasterung noch die Reste großer Travertin-Pfosten erhalten. Sie waren einst konzentrisch um das ganze Gebäude angelegt und bezeichneten die Bannmeile.

Unterschiede in der Ausführung und bei der Verwendung von Baumaterialien lassen auf vier Bauhütten schließen, von denen jede für einen der vier von den Hauptachsen gebildeten Abschnitte verantwortlich war.

Mehrfach musste das Gebäude nach Bränden oder Erdbeben restauriert werden, sicher unter Nerva, Antoninus Pius, Elagabal und Alexander Severus, unter dessen Herrschaft es beim großen Stadtbrand des Jahres 217 schwer in Mitleidenschaft gezogen worden war. Ein durch Blitzschlag verursachter Schaden wurde 320 n. Chr. unter Kaiser Constantin beseitigt. Weitere Ausbesserungen fanden schließlich in den Jahren 429 und 443 statt. Aber da war die große Zeit der Gladiatorenspiele längst vorbei. Christliche Kaiser hatten die blutigen Aufführungen mehrfach eingeschränkt. Honorius schaffte sie Anfang des 5. Jahrhunderts endgültig ab. Nur die *venationes* blieben erlaubt, die sich jedoch keiner allzu großen Beliebtheit erfreuten. Das Publikum zog jetzt die Wagenrennen im Circus vor. 523 n. Chr. ist die letzte Tierhatz erwähnt. Das riesige Gebäude lag nun bis ins 11. Jahrhundert verlassen, wurde aber nicht abgebrochen. Denn eine apokalyptische Prophezeiung des angelsächsischen Theologen und Geschichtsschreibers Beda Venerabilis (672–735 n. Chr.) hatte vorausgesagt: „Solange das Colosseum steht, wird Rom stehen; wenn das Colosseum fällt, fällt auch Rom; wenn aber Rom fällt, fällt die ganze Welt." Damals besetzte die römische Adelsfamilie Frangipane den Bau, den sie in eine Festung umwandelte.

In unmittelbarer Nähe des Colosseums zur Via dei Fori Imperiali hin stand die riesige Bronzestatue Neros, nach Plinius das Werk eines griechischen Bildhauers namens Zenodoros, der bereits für den Gallierstamm der Averner eine Kolossalstatue ihrer Stammesgottheit geschaffen hatte.

Vorbild für das imposante Werk war nach Meinung der Gelehrten der Koloss von Rhodos[7], den der Bildhauer Chares aus Lindos Anfang des dritten vorchristlichen Jahrhunderts angefertigt hatte und der zu den sieben Weltwundern zählte. Doch zumindest in der Höhe wurde er von der Nachbildung übertroffen. Das Standbild, das für Nero gemacht worden war, war 36 Meter hoch; eine mächtigere Bronzestatue hatte es niemals gegeben. Kaiser Commodus (180–192 n. Chr.), der Sohn des weisen Marc Aurel, des Philosophen auf dem Thron der Caesaren, gab ihr im ausgehenden zweiten Jahrhundert christlicher Zeitrechnung sein Gesicht, aber nach seinem Tod erhielt sie wieder die Züge des Sonnengottes, die ihr einst Kaiser Hadrian verliehen hatte.

Das *Amphitheatrum Flavium* wäre nur unzureichend beschrieben, blieben andere, mit ihm in engem Zusammenhang stehende Gebäude unerwähnt. Zwischen der Via Labicana und der Via di San Giovanni in Laterano liegen östlich des Monumentalbaus die Ruinen des *Ludus Magnus*, wie die wichtigste Gladiatorenkaserne von Rom fast verniedlichend genannt wird, wobei allerdings das Wort *ludus* hier für „Schule" steht. Wie andere Einrichtungen dieser Art wurde auch sie von Domitian erbaut, 1937 entdeckt und in den Jahren 1959 bis 1962 ausgegraben. Obwohl Teile der Kaserne durch Straßen und Häuser überbaut sind, konnte sie dank eines Fragments des marmornen Stadtplans aus der Zeit der severischen Kaiser rekonstruiert werden.

Die Anlage ist ganz aus Ziegeln errichtet. Inmitten des rechteckigen Kasernenkomplexes lag ein Innenhof, an diesem befanden sich rechteckige Kammern, in denen die Gladiatoren wohnten. In den Hof war ein kleines Amphitheater eingebaut, offensichtlich der Übungsplatz der Gladiatoren für ihr blutiges Handwerk. Ein kleiner Zuschauerraum mit Ehrentribünen, der von strahlenförmig angelegten weiteren Räumen gestützt wurde, erinnerte an das benachbarte große Theater. Dreieckige Brunnen in den vier Winkeln des Hofes dienten wahrscheinlich zur Kühlung und zum Waschen der beim Üben zugezogenen Wunden.

Die Entdeckung der Anlage, der bisher einzigen dieser Art, ist von eminenter Bedeutung für die Erforschung der Kulturgeschichte Roms.

Inschriften und Kritzeleien an den Wänden lassen auf das Leben der Gladiatoren und die mörderischen Spiele schließen.

In unmittelbarer Nachbarschaft des *Ludus Magnus* wurden kleinere Kasernen gefunden, dazu ein *spoliarium*, in dem die Toten entkleidet wurden, und ein *saniarium* zur Behandlung Kranker und Verwundeter. Im *armamentarium* wurden die Waffen gelagert, im *summum choragium* die Bühnenmaschinen gewartet und aufbewahrt.

Die Faszination der blutigen Spiele, die im Amphitheater zum höchsten Ergötzen des Volkes (*summo gaudio plebis*) aufgeführt wurden, verfehlte selbst auf kritische Geister ihre Wirkung nicht. Mit kaum verhohlener Bewunderung berichten etwa zeitgenössische Schriftsteller, wie plötzlich inmitten der Arena Hügel, Wälder und andere Kulissen auftauchten, um die Szenen aufzuwerten.

Der Stellenwert, den die Spiele in der römischen Gesellschaft einnahmen, und das Licht, das sie auf deren Zustand warfen, erfordern in dieser Abhandlung eine eingehende Beschäftigung, zumal die Flavier durch den Bau des Amphitheaters dafür ein Gutteil der Verantwortung trugen.

„... duas tantum res anxius optat
panem et circenses ...“[1]

Blut und Spiele

„In einer rauhen und kriegerischen Zeit“, so der Gelehrte Ludwig Friedländer in seinen zu Beginn des 20. Jahrhunderts vorgelegten und noch heute viel beachteten „Darstellungen aus der Sittengeschichte Roms“, „hatte Rom das fremde Schauspiel bei sich eingeführt; anfangs selten gesehen, war es langsam häufiger und erst nach Jahrhunderten gewöhnlich geworden. Allmählich übte die von Geschlecht zu Geschlecht vererbte, tiefer und tiefer wurzelnde Gewohnheit ihre unwiderstehliche Gewalt. Keine Macht ist so ungeheuer wie diese, sie ist die einzige, welche den ursprünglichen Widerwillen am Gräßlichen in Behagen zu verwandeln vermag, und niemand ist imstande, sich dem Einfluß des Geistes zu entziehen, der sein Zeitalter durchdringt.“[2]

Der römische Dichter und Satiriker Juvenal brachte es im ausgehenden ersten Jahrhundert der neuen Zeitrechnung auf den Punkt. Nichts erfreute sich in Rom größerer Beliebtheit als die Spiele, denen ausgerechnet der eher nüchterne Vespasian ihr bedeutendstes Forum schuf.

„Der Mensch, dem Menschen heilig, wird zu Spiel und Spaß niedergemacht, und genügend Schauspiel ist der Tod von Menschenhand.“[3] Mag es in Rom im Laufe der Zeit auch mehrere Intellektuelle gegeben haben, die diese Blutgier verabscheuten, der Philosoph Seneca blieb doch der einzige, der dieser Einschätzung auch unmissverständlich Ausdruck und damit Dauer verlieh, wenn er auch erst in fortgeschrittenen Mannesjahren zu ihr fand.

Nur 50 Jahre nach den im vorherigen Kapitel erwähnten und für 264 v. Chr. verbürgten Bestattungsfeierlichkeiten des D. Iunius Brutus Pera traten bei den Leichenspielen des M. Aemilius Lepidus bereits 22 Gladiatorenpaare gegeneinander an.[4] Wirklich gesellschaftsfähig wurden die *munera* aber erst, als sie einen amtlichen Anstrich erhielten. Je stärker die Republik verfiel, desto größer wurden die Anstrengungen der Veranstalter. Gnaeus Pompeius Magnus, Freund und Schwiegersohn Gaius Iulius Caesars, dann einer seiner erbittertsten Gegner, fütterte die Römer bis zum Überdruss mit Spielen. Caesar hatte gar, als er Ädil war, so viele Gladiatoren zusammengekauft, dass er seine Gegner das Fürchten lehrte. Denn eine derartige Truppe Bewaffneter stellte ein nicht zu unterschätzendes Machtpotential in der Stadt dar. Deshalb legte ein Senatsbeschluss die Höchstzahl der Fechter fest, über die ein Privatmann verfügen durfte. Dem verhinderten römischen König blieben immerhin noch 320 Paare, die den Mob zerstreuen konnten.

Auch die Kaiser „förderten mit Absicht den blutrünstigen Geschmack der Masse und schufen in der Gladiatur das sicherste, wenn auch finsterste Instrument ihrer Regierung“[5].

Nicht nur Angehörige der untersten Schichten ergötzten sich an den menschenunwürdigen Metzeleien, wie man vielleicht vermuten könnte. Selbst einige Kaiser waren den Aufführungen im Amphitheater verfallen. Claudius etwa begab sich schon in den frühen Morgenstunden dorthin, damit ihm nichts von dem grausamen Schlachten entging, und Domitian, unser „Held“, verlegte die Kämpfe gern in die Nacht, um die Schwerter im Schein unzähliger Kandelaber blitzen zu sehen und den Reiz der Veranstaltungen noch zu erhöhen. Schließlich stieg mit Commodus der Herr der Welt selbst in die Niederungen der Arena hinab.

In erster Linie hatten Verbrecher bei den Spielen ihr Leben einzusetzen. Die Verurteilung *ad gladium* oder *ad bestias* erfolgte für schwerste Delikte, Kapitalverbrechen wie Mord, Brandschatzung oder Hochverrat. Doch leider hielten sich die Herrschenden nicht immer an die Spielregeln. Sie wurden ohne Skrupel durchbrochen, sooft es an Menschenmaterial für die Arena mangelte. Und nicht nur dann! Schon die große Zahl der auftretenden Kämpfer legt die Vermutung nahe, das Römervolk habe zu einem Großteil aus Schwerstkriminellen bestanden, was naturgemäß nicht sein kann. Auch traf die Bestrafung in der Arena lange Zeit nur die, die nicht das Privileg des römischen Bürgerrechts besaßen. Sogar solche, deren Schuld nicht bewiesen war, konnte die Verurteilung *ad bestias* treffen. Kaiser Claudius, der eine fast naive Freude an den Darbietungen im Amphitheater hatte, verurteilte selbst harmlose Bürger zu dieser grausamen Strafe. Einmal schickte er sogar einfache Zimmerleute und Maschinisten den wilden, ausgehungerten Tieren entgegen. Ihr ganzes Verbrechen bestand darin, dass ihnen ein Dekorationswechsel missglückt und der Genuss der kaiserlichen Majestät damit gestört war.

Schon sein Vorgänger Caligula hatte vornehme Bürger der Stadt, die ihm im Wege standen, ohne ersichtlichen Grund bei Spielen gegeneinander antreten lassen. Zu diesen gehörte ein gewisser Esius Proculus, der Sohn eines ranghohen Offiziers. Ohne jede Vorwarnung wurde der Unglückliche noch während der Vorstellung von seinem Platz gerissen und in den Sand geschleppt. Sein einziges, in den Augen des Kaisers freilich todeswürdiges Verbrechen bestand darin, dass er seiner erhabenen Gestalt und Schönheit wegen in der ganzen Stadt „Koloss-Eros“ genannt wurde und bei den Damen sehr beliebt war. Der junge Mann, obschon überrascht, schlug sich tapfer und besiegte nacheinander zwei Berufsfechter. Damit hatte Caligula nicht gerechnet. Noch wütender geworden, ließ er Proculus daraufhin in Lumpen hüllen, durch die Stadt führen und den Weibern zeigen. Dann wurde der arme Mensch erdrosselt.[6]

Zu Tausenden wurden Kriegsgefangene in die Arena getrieben, vor allem die, die für andere Aufgaben unbrauchbar zu sein schienen. Dabei fühlten sich die Verantwortlichen Roms noch besonders edel. War es nicht menschenwürdiger, die Unglücklichen um einen ehrenhaften, wenn auch unabwendbaren Tod kämpfen zu lassen, als sie wie Ratten zu erschlagen? Noch für Constantin den Großen ist diese Praxis verbürgt, wenn sie auch damals, im beginnenden vierten Jahrhundert, keine wesentliche Rolle mehr gespielt haben kann.

Sklaven konnten als „Sachen“ von ihren Besitzern willkürlich an die Gladiatorenschulen verkauft werden, bis Kaiser Hadrian dieses Recht einschränkte. Doch für straffällig gewordene Unfreie gab es auch unter den milden Adoptivkaisern kein Pardon.

Die im Range höher stehenden Freigelassenen drängten sich oft freiwillig zum Dienst mit der Waffe, teils aus Ruhmsucht, teils auf Wunsch ihrer Patrone oder um sich bei diesen einzuschmeicheln.

Nicht immer waren es unedle Motive, die freie Bürger veranlassten, sich für das mörderische Handwerk anwerben zu lassen. Wohl gab es genügend Wichtigtuer und Versager, die sich freiwillig in den Gladiatorendienst begaben, verkrachte Existenzen, Menschen, die gesellschaftlich gescheitert waren und nun auf Ruhm und Gewinn hofften oder einfach nichts mehr zu verlieren hatten.

Tatsächlich wurde, wer sich tapfer schlug und viele Gegner zu Boden zwang, mitunter reich belohnt. Wertvolle Schalen mit Goldstücken waren dabei ein noch eher bescheidener Lohn. Nero beschenkte seine siegreichen Fechter mit Grundbesitz, der oft dem ruhmbekränzter Feldherrn nicht nachstand. Bewährte Gladiatoren kannten ihren Wert. So soll Tiberius, römischer Kaiser von 14–37 n. Chr., ansonsten kein großer Gönner der Spiele, Gladiatoren, die sich bereits ins Privatleben zurückgezogen hatten, mit 100.000 Sesterzen zu einem neuerlichen Auftritt gelockt haben, ohne dass er selbst etwas davon hatte: Er zog es vor, den Spielen gar nicht beizuwohnen.[7]

Es waren freilich nicht nur Geld und Ruhm, die zwielichtige Gestalten in die Fechterschulen lockten. Viele ließen sich nur von der prächtigen Ausstattung blenden und missachteten die dort lauernde Gefahr. So haben sich besonders in Pompeji künstlerisch wertvoll verzierte Waffen, Helme und Rüstungen gefunden, und Mosaike zeigen Männer in prächtigen golddurchwirkten Gewändern. Natürlich war auch das Ansehen der Gladiatoren bei den Damen groß. Sie waren oft „Sehnsucht und Stolz der Frauen und Mädchen“, wie erhaltene Wandkritzeleien bezeugen. Und zweifellos gab es auch unter ihnen Helden, die die Anerkennung ihrer Zeitgenossen durchaus verdienten. Selbst die Gattin eines Kaisers soll ihre Liebhaber unter Schiffsleuten und Gladiatoren gefunden haben, die jüngere Faustina, Frau des Philosophenkaisers Marc Aurel, von der eine höchst pikante Geschichte überliefert ist:

Eines Tages entbrannte sie angeblich zu einem an ihr vorbei marschierenden Gladiator in heftiger Liebe. Da sie sich in lange anhaltendem Kummer verzehrte, gestand sie ihrem Gatten die unselige Leidenschaft ein. Marc Aurel wandte sich daraufhin Rat suchend an die Chaldäer, jene Priester, denen das Volk übersinnliche Kräfte und den Blick in die Zukunft zuschrieb. Sie rieten, den Mann zu töten. Sodann solle Faustina den Unterleib im Blut des Erschlagenen baden und sich zu ihrem Gatten legen. Als dies geschehen war, war zwar der Liebesbann gebrochen. Aber es wurde neun Monate später auch ein Commodus geboren, ein Gladiator, kein Fürst …[8]

Übrigens soll der Spross der Kaiserin stolz auf dieses Gerücht gewesen sein. Oft bemerkte er, er sei gar nicht seines kaiserlichen Vaters Sohn, sondern das Produkt eines Ehebruchs seiner gewiss nicht immer tugendhaften Mutter mit einem Helden der Arena.

Hin und wieder geschah es auch, dass sich Söhne aus angesehenen, wenn auch verarmten Häusern zum Spiel mit der Waffe gezwungen sahen, weil es für sie keine andere Möglichkeit des Gelderwerbs gab. So hatte der unter den flavischen Kaisern in Rom Rhetorik lehrende Quintilian in seine Kurse die Rede eines Jünglings eingebaut, der im Amphitheater sein Glück versuchen musste, da er kein Geld für die Begräbniskosten seines Vaters hatte. Die Geschichte ist kaum der Phantasie des Meisters entsprungen. Sie hat ihre konkreten Vorbilder im wirklichen Leben. Auch der Dichter Lucian weiß von einem jungen Mann, der sich für 10.000 Drachmen zum Zweikampf mit einem Gladiator stellte, um einen Freund aus höchster Not zu retten.[9]

Was auch immer die Motive waren, die Männer und mit fortschreitender Zeit auch Frauen in die Arena zwangen: Jeder, der in den Gladiatorendienst trat, hatte zu schwören, er werde „sich brennen, fesseln, mit dem Schwert töten lassen", das heißt, sich mit Leib und Leben den Wünschen des Fechtmeisters ausliefern. „Bei jenen", so wieder Seneca, „die ihre Kraft für die Arena verdingen, und essen und trinken, was sie mit ihrem Blute bezahlen müssen, stellt man sicher, dass sie das auch gegen ihren Willen erdulden."[10]

Anders als Verbrecher oder Kriegsgefangene hatte es der verhältnismäßig gut, der sich für das blutige Handwerk ausbilden ließ. Er bekam reichlich zu essen und zu trinken. Ärzte kümmerten sich um seine Verletzungen, Sklaven sorgten mit Massagen und Einreibungen für sein körperliches Wohlbefinden. Geübt wurde mit stumpfen oder auch hölzernen Waffen. Keinesfalls durften sich die Zöglinge des Eigners der Schulen vorzeitig zerfleischen.

Doch auch die aufmerksamste Fürsorge ließ sensible Naturen und vor allem die, die bessere Tage gesehen hatten, keinen Augenblick vergessen, wofür sie geschont wurden. Ein Leben mit der einzigen Aussicht auf einen unehrenhaften Tod wurde vielen zur Qual. Es gab zahlreiche Selbstmorde, obwohl die Bewachung streng war und allerlei Vorsichtsmaßnahmen getroffen wurden. So tötete sich ein Tierkämpfer, der schon zwischen zwei Wachen auf dem Karren saß, um zur „Schlachtbank“ geführt zu werden. Er ließ den Kopf so tief sinken, dass dieser zwischen die Radspeichen geriet. Dort verharrte der Unglückliche so lange, bis sein Genick gebrochen war. Auch einem *ad bestias* verurteilten Germanen gelang es, sich auf spektakuläre Weise selbst zu entleiben. Der Mann ging hinaus, „um sich zu erleichtern. Keinen anderen abgeschiedenen Ort gewährte man ihm ohne Wächter. Dort stieß er sich das Holz, das zum Reinigen des Afters, mit einem Schwamm versehen, vorhanden ist, tief in die Kehle und tötete sich, indem er die Atemwege versperrte“[11].

Einige Sachsen, die in kleinen Raubzügen die Küsten Galliens unsicher gemacht hatten, in die Hände der Römer gefallen waren und im Amphitheater auftreten sollten, erwürgten sich gegenseitig mit bloßen Händen. Und es gab auch immer wieder, noch in spätantiker Zeit, Ausbruchsversuche aus den verhassten Gladiatorenkasernen, wenn sich auch kein zweiter Spartacus mehr fand. Noch unter Kaiser Probus im ausgehenden dritten Jahrhundert gelang 80 Männern in Rom selbst die Flucht. Allerdings währte ihr Traum von der großen Freiheit nicht lange. Sie wurden rasch überwältigt und Mann für Mann niedergemacht.

Aufwändig wurden die Spiele öffentlich angekündigt. „Die Gladiatorenfamilie des Aedilen A. Suetius Cerius wird zu Pompeji am 31. Mai fechten. Es wird eine Tierhetze geben und ein Zeltdach gespannt werden.“ So oder ähnlich hieß es auf den Anzeigen, die flugs auf Hauswände, öffentliche Gebäude oder gar Grabmäler gepinselt wurden.

Am Vorabend der *munera* gab der Veranstalter für die Gladiatoren, die als nächste kämpfen mussten, ein üppiges Bankett, das für viele Teilnehmer zur Henkersmahlzeit wurde. Zu dieser *cena libera* war auch die Öffentlichkeit eingeladen, freilich nicht, um mitzuessen. Viele Römer machten sich einen Spaß daraus, die *morituri* zu verspotten, sie leiden zu sehen und sich an ihrer Furcht zu weiden. Oder sie kamen auch nur, um psychologische Studien zu betreiben. Da gab es Männer, denen die Angst die Kehle zuschnürte, sodass sie in der Gewissheit des nahen Todes keinen Bissen herunterbrachten. Sie klagten, manche setzten ihr Testament auf, andere flehten die Besucher an, sich ihrer bald verwaisten Familien anzunehmen. Weniger sensible Naturen lebten hingegen ganz den Augenblick. Sie genossen die Köstlichkeiten der Tafel, verschlangen Unmengen, sprachen reichlich dem Wein zu und verschwendeten keinen Gedanken an den nächsten Tag. Einige hielten sich aber auch bewusst zurück. Sie dachten daran, dass sie, wenn überhaupt, nur in guter körperlicher Verfassung eine Überlebenschance hatten. Christen, die für ihren Glauben sterben sollten, feierten ihr letztes Abendmahl. Sie, die Kriegsgefangenen und die verurteilten Verbrecher gelangten natürlich nicht in die Vergünstigung des Henkersmahls.

Die Spiele begannen mit der *pompa*, einer feierlichen Parade. Im Festschmuck, mit purpurfarbenen, golddurchwirkten Soldatenumhängen bekleidet, zogen die Gladiatoren ein. „*Ave, Imperator, morituri te salutant!* – Heil dir, Imperator, die Todgeweihten grüßen dich!" Möglicherweise war diese in Richtung auf den erhöhten Platz des Veranstalters gesprochene Grußformel üblich. Danach wurden die Waffen auf ihre Schärfe geprüft. Nur Marc Aurel ordnete an, dass, soweit es von ihm selbst gestiftete Spiele betraf, nur mit abgestumpften Waffen gekämpft werden durfte.[12]

Scheingefechte, bei denen Lanzen geschleudert wurden und sich Kämpfer im Takt der Musik bewegten, eröffneten das Spektakel, bis der dumpfe Ton der Tuben die Männer zum ernsten Kampf rief. Unter dem Geschmetter von Trompeten und Hörnern, schrillem Pfeifen und Flöten, begann die Schlacht auf Leben und Tod. Abwechslung wurde gefordert, damit sich die Zuschauer nicht langweilten. Ihre Spannung musste sogar ständig gesteigert werden.

Einzeln, paarweise oder in kleinen Gruppen traten die Retiarier auf, halbnackte Gestalten ohne Rüstung, dafür mit Dreizack, Dolch und Netz ausgestattet, das sie über ihre Gegner warfen, um diese bewegungsunfähig zu machen. Die schwer gerüsteten Thraker schützte neben ihren gebogenen Schwertern ein kleiner runder Schild. Die Secutoren kämpften mit Helm, Schild und Schwert. Ein körpergroßer Schild deckte auch die Samniten, die ihre kurzen geraden Klingen mit denen der Gegner kreuzten. Reiter rannten mit Lanzen gegeneinander an. Die Essedarier kämpften von ihren britannischen Streitwagen aus, deren wilde Gespanne von Lenkern gezügelt wurden. Doch welche Ausrüstung ein Gladiator auch immer hatte: Es war seine Aufgabe, möglichst viele Gegner zu töten, und hierzu war beinahe jedes Mittel recht.

Begeistert verfolgte das Publikum das sinnlose Morden. Wetten wurden abgeschlossen. Ausrufer heizten die Stimmung, Auspeitscher trieben müde Kämpfer an. Mit Lederriemen und glühenden Eisen rückte man Säumigen und Furchtsamen zu Leibe. „Töte, peitsche, brenne! Warum fällt dieser da so zögernd ins Schwert? Was stirbt jener so verdrossen? Warum führt der dort den Todesstoß so halbherzig?“ Die leidenschaftlich zitternde Menge wollte nicht begreifen, dass jemand sein Leben nicht freudig wegwarf.

War ein Teilnehmer getroffen, riefen die Zuschauer „*habet!* – er hat’s.“ Glück hatte, wer seinen Geist gleich aufgab. Befand sich ein Verwundeter in der Hand des Siegers, oblag es dem Veranstalter, Gnade zu üben, ein Recht, das er gern mit großzügiger Geste dem Volk überließ. Der Verletzte legte seine Waffen nieder und hob, um sein Leben bittend, einen Finger der linken Hand. Schwenkte das Publikum freudig mit Tüchern und rief: „*mitte*! – lass ihn frei!“, was gewöhnlich nur einem Fechter geschah, der nach dem Geschmack der Menge tapfer um sein Leben gekämpft hatte, war er bis zum nächsten Mal gerettet. Das Wenden des Daumens nach unten und der Ruf „*iugula!* – töte!“, bedeuteten das sichere Ende. „*Pollice verso*“, mit gesenktem Daumen, befahl dann der Veranstalter, dem hingestreckten Mann den Todesstoß zu versetzen.

Doch gewöhnlich war die Entlassung verletzter Kämpfer ausgeschlossen. Das Spiel wurde so lange fortgeführt, bis ein einziger Mensch übrig blieb.

Noch während der Veranstaltung erhielt der Sieger die Belohnung, lief er, von tosendem Beifall begleitet, stolz erhobenen Hauptes durch die Arena, genoss er Ruhm und Reichtum und ein vergängliches Glück. Denn schon bei der nächsten Gelegenheit konnte er wieder verwendet werden, hatte er erneut Leben zu vernichten und das seine zu Markte zu tragen. Und es gab nur wenige, die so oft siegreich blieben, dass sich ihnen eines Tages das Tor zur Freiheit öffnete.

In den Pausen eilten Diener herbei, als Merkur verkleidet oder in Gestalt des Unterweltsdämons Charon, um mit glühenden Eisen oder durch Hammerschläge auf die Stirn der Gefallenen zu prüfen, ob diese auch wirklich tot waren. Dann wurden die geschundenen Körper mit Haken durch das Tor der Todesgöttin aus der Arena geschleift und in die Leichenkammern geschafft. Spätestens jetzt wurde, wer noch einen Funken Leben besaß, in den Hades befördert. Knaben erschienen, den blutgetränkten Sand eilends umzuharken und zu erneuern. Das Gemetzel konnte von neuem beginnen.

Manchmal trafen Gegner aufeinander, die an Tapferkeit und Stärke ebenbürtig waren. So soll Domitian, vom Dichter Martial dafür ob seiner „Weisheit“ gerühmt, den Kampf zweier Männer beendet und beiden Siegespalme und Freiheitsstab überreicht haben.[13] Und Trajan, so hören wir, habe in beispielloser Großherzigkeit verfügt, allen Überlebenden der Naumachien und der *munera* des Jahres 109 n. Chr. die Freiheit zu schenken.[14] Bei näherer Betrachtung hatte seine Güte allerdings einen erheblichen Schönheitsfehler: Leicht konnte er sich nämlich so großzügig zeigen, denn die 50.000 Gefangenen aus Dakien stellten ein schier unerschöpfliches Repertoire an lebendem Nachschub dar.

Aufführungen, die besonders aufwändig waren, wurden nicht immer im Amphitheater abgehalten. Oft stellte sich heraus, dass dieses für Massenkämpfe, etwa bei Triumphalfeiern, nicht groß genug war. Schon Caesar hatte den Circus benutzt, um eine Schlacht mit 500 Fußsoldaten, 300 Reitern und 20 mit bemannten Türmen bewehrte Kriegselefanten wirklichkeitsgetreu nachzuempfinden. Claudius ließ nach seinem Sieg in Britannien 44 n. Chr. im Circus die Eroberung und Plünderung einer Stadt vorstellen und präsidierte dem Siegeszug in eigener Person, angetan mit dem Feldherrnmantel. Auch Domitian wich gern in den Circus aus, wenn es die Bedeutung der Spiele verlangte, obwohl zu seiner Zeit ja bereits das große flavische Amphitheater existierte.

Es fällt dem zivilisierten Menschen des beginnenden 21. Jahrhunderts schwer zu glauben, dass es im Altertum Leute gab, die sich für gebildet hielten (und noch heute dafür gelten) und dennoch die abscheulichen

Metzeleien verteidigten. Plinius der Jüngere rechtfertigte die Massentötungen als „äußerst geeignet, Mut zu wecken, da sie zeigen, dass selbst in den Körpern von Sklaven und Kriminellen die Sucht nach Ruhm und der Wunsch zu siegen“ vorhanden sein können.[15] Was sollte man also vom gewöhnlichen Römer erwarten, der während der Spiele täglich über Stunden dem Verletzen und Töten von Mensch und Tier zusah und daran Gefallen und Befriedigung fand? Niemand, der die Leiden der Opfer nachempfunden hätte! Die Römer „haben aus diesen schändlichen Spielen nur die Erfahrung einer entwürdigenden Verachtung des menschlichen Lebens gezogen“[16]. Und, was sicherlich am schlimmsten war: Das Morden in der Arena blieb nicht auf Rom beschränkt. Stets bemüht, die Hauptstadt und deren Perversitäten selbst in Einzelheiten nachzuahmen, eiferten die Landstädte des Imperiums um die größten Amphitheater, die aufwändigsten Spiele, das heißt, solche, bei denen das meiste Blut floss. Wo immer auf dem Gebiet des Römischen Reiches die Spaten der Archäologen dem Boden die letzten Geheimnisse entreißen, fördern sie auch jene Schandstätten der Grausamkeit zutage, wo über Jahrhunderte zahllose Menschen und Tiere zu keinem anderen Zweck als zur Belustigung der blutrünstigen Menge ihr Leben verloren.

Was immer Geschichte und Literatur Roms an grausamen Todesarten zu bieten hatten, es gab nichts, was man nicht im Amphitheater nachvollzog. Man konnte dort ebenso der Entmannung des „Attis“ beiwohnen[17] wie dem Flammentod des Hercules auf dem Oeta.[18] Man sah Mucius Scaevola, der seine rechte Hand über ein glühendes Kohlebecken hielt, bis sie gänzlich verzehrt war[19], erlebte das Ende des Räuberhauptmanns Laureolus, der gekreuzigt und dann, am Kreuz hängend, von wilden Tieren zerfleischt wurde: Gleich dicken Tropfen fielen die Fetzen seiner zerrissenen Glieder zu Boden, bis der Körper nur noch ein unförmiger, blutiger Fleischklumpen war. Martial, der davon so anschaulich berichtet, stellt zu seiner Beruhigung und der seiner Leser fest, der so Gemarterte „sei gewiss ein Vatermörder, Tempelräuber oder Mordbrenner“ gewesen.[20] Auch „Ikarus“ stürzte vom Himmel, allerdings nicht in einen gnädigen Ozean, sondern in ein Rudel wilder Tiere. Ein andermal musste eine Frau als „Pasiphae“ die „Umarmungen“ eines Stiers über sich ergehen lassen.

Was aber konnte die Faszination der Naumachien ersetzen, jener Schauspiele, die eine Seeschlacht darstellten und wegen ihrer Kosten seltener abgehalten wurden, dafür aber besonders begehrt waren? Schon Caesar hatte 46 v. Chr. am Stadtrand von Rom ein künstliches Becken ausheben lassen und war damit einer der ersten, der einen Schiffskampf größeren Ausmaßes gab. Er stellte eine tyrische Flotte einer ägyptischen gegenüber, die je aus Zwei-, Drei- und Vierruderern bestanden und mit 1.000 Seesoldaten und 2.000 Ruderern bemannt waren. Unvergleichlich aufwändiger war die Seeschlacht des Augustus, die er anlässlich der Einweihung des Mars-Ultor-Tempels stiftete und die an die von Salamis erinnerte, wo sich einst Perser und Griechen gegenübergestanden hatten. Der künstliche See, der dafür angelegt wurde – der seines Vorgängers Caesar war aus Angst vor Seuchen bald wieder zugeschüttet worden – war über 500 Meter lang und 350 Meter breit. Das Volk wollte auch hier Blut sehen, und so wurde der Kampf erst beendet, als sich das Wasser des Sees rot gefärbt hatte und auch der letzte Mann niedergehauen war.

An Pracht und Umfang aber wurden alle bisherigen Seegefechte von den Naumachien des Claudius im Jahr 52 n. Chr. übertroffen. Er rüstete dafür Drei- und Vierruderer mit 19.000 Mann aus. Der See selbst wurde mit Flößen eingefasst, damit niemand dem wahnwitzigen Schlachten entkäme. Titus benutzte dieses alte Becken bei seinem hunderttägigen Fest zu glänzenden Schauspielen, bei denen er neben einem Seegefecht „auch einen Gladiatorenkampf und eine Jagd aufführen ließ“[21]. Es handelte sich hier offensichtlich um eine Veranstaltung ganz besonderer Art. Zur See beispielsweise kämpfte „Athen“ gegen „Syrakus“, die Athener siegen, erklommen eine kleine Insel und stürmten die dort aufgebaute Festung. Für Martial war das ein Ereignis der Superlative, das, wie er meinte, alles bisher Dargebotene in den Schatten gestellt hatte.

Um seinen Bruder noch zu übertreffen, ließ Domitian ein neues Bassin riesigen Ausmaßes anlegen und darauf so viele Seeschiffe auffahren, dass sich dem Zuschauer der Eindruck aufdrängte, es handele sich tatsächlich um eine Flotte. Ein ungnädiger Himmel aber drohte das Fest mit sintflutartigen Wolkenbrüchen zu stören. Verbissen trotzte der Kaiser den Launen der Natur und verbot auch allen anderen, Zuschauern wie Akteuren, den Schauplatz zu verlassen. Viele Menschen, so heißt es, holten sich dabei Fieber und Tod. Nur dem Kaiser, der ständig seine nassen Kleider wechselte, geschah nichts.[22]

Nicht einen ernsthaften Gedanken hat das Altertum an die Menschenrechte verwandt und vor dem Menschenleben nicht einen Funken Ehrfurcht gezeigt. Die *munera gladiatoria* schienen unausrottbar. Auch die Anstrengungen der Philosophenkaiser des zweiten Jahrhunderts vermochten daran nicht viel zu ändern. Unverhohlen bekundeten Hadrian und Marc Aurel ihren Abscheu an den blutigen Kämpfen, was jedoch nur als Desinteresse an den Vergnügungen des einfachen Mannes ausgelegt und entsprechend getadelt wurde. Im erbitterten Kampf gegen die unsinnigen Schauspiele unterlag schließlich die Philosophie, als mit Commodus, dem unrühmlichen Spross Marc Aurels, der Kaiser selbst in die Arena hinabstieg.

Und welch eine Anziehungskraft die Spiele selbst auf sensible Naturen ausübten! Die Geschichte, die der heilige Augustinus von einem seiner Freunde berichtet, steht dabei sicherlich nur für viele:

Der junge Alypius, so hieß dieser Freund, hatte sich nach Rom begeben, um die Rechte zu studieren. Eines Tages traf er dort Bekannte, die ihn, einen Jüngling von Anstand und guten Sitten, ins Amphitheater entführten. Alypius war Christ und äußerte wiederholt, man könne zwar seinen Körper dorthin schleppen, aber nicht seine Seele. Fest werde er während der Vorstellung die Augen schließen und so in Wirklichkeit gar nicht anwesend sein.

Als aber dann inmitten des Gefechts ein wildes Geschrei an sein Ohr drang, wurde er doch neugierig und öffnete die Augen. In diesem Moment aber, so Augustinus, habe seine Seele größeren Schaden gelitten als der Leib des Getroffenen, dessen Fall den Lärm ausgelöst hatte. „Denn mit dem Anblicke des Blutes sog er Unmenschlichkeit ein, er wandte sich nicht ab, er heftete den Blick unablässig auf das grausame Schauspiel, er ward von der blutigen Wollust berauscht … Er sah zu, er schrie, er entbrannte, er nahm jenen Wahnsinn mit sich fort, der ihn zum Wiederkehren stachelte …“[23]

Woran selbst die Philosophie gescheitert war, gelang mit der Zeit dem Christentum. Schon Constantin schränkte die blutigen Aufführungen während der Ruhe des Friedens ein und befahl, Verurteilungen *ad bestias* durch solche *ad metalla* – zur Zwangsarbeit in den Bergwerken – zu ersetzen. Die Quelle des Gladiatorennachschubs war versiegt, da ja ab dem zweiten Jahrhundert kaum noch Kriegsgefangene nach Rom kamen. Im Osten des Reiches hörten die Spiele im vierten Jahrhundert auf. Für den Westen sind sie trotz eines Verbots noch für die Mitte des fünften Jahrhunderts bezeugt. Damals klagte der Presbyter Salvanius von Massilia (Marseille), dass es dort noch immer der höchste Genuss für die Zuschauer von Spielen sei, wenn Menschen zerrissen und wilde Tiere mit ihrem Fleisch gefüttert wurden.

Aber sind nicht zu allen Zeiten und in allen Kulturen öffentliche Hinrichtungen ein vielbegehrtes Schauspiel gewesen?

Neue Männer braucht das Land

Besonders unter dem ersten Vertreter der flavischen Dynastie, Vespasian, machte sich ein eklatanter Mangel bemerkbar: Die politische Führungsschicht, die Neros Willkürherrschaft begleitet und mitgetragen hatte, war für die neuen Kaiser und ihre Auffassung vom Principat nicht zu gebrauchen. Waren doch nur die übrig geblieben, die zu den Angepassten und Mitverantwortlichen dessen Schreckensregiments gehörten, während die altadligen Familien nahezu ausgestorben, das heißt, von Nero ausgerottet worden waren. Die genauen Zahlen stehen allerdings nicht fest.

Folgen wir dem antiken Historiker Aurelius Victor, der im vierten nachchristlichen Jahrhundert lebte und schrieb und sein Wissen als Nichtzeitgenosse nur aus anderen Quellen bezogen haben kann, gab es bei Vespasians Thronbesteigung nur noch 200 Senatsmitglieder.[1] Alle anderen seien Neros Launen zum Opfer gefallen. Die angegebene Zahl erscheint aber zu gering. Denn im Jahr nach Neros Tod erlebte der Senat geradezu eine Mitgliederinflation. Mehr als 2.000 *patres conscripti* sollen sich im berühmt-berüchtigten Dreikaiserjahr in seinen Reihen getummelt haben, was ebenfalls unglaubwürdig erscheint.

Seriöse Wissenschaftler gehen davon aus, dass unter Nero jeder vierte Senator die ehrwürdige Körperschaft vorzeitig verließ: Gewaltsam getötet die einen, lebenslänglich aus Rom verbannt die anderen.[2] Als Vespasian an die Regierung kam, mag die Zahl der Senatoren ausreichend gewesen sein. Für die neue Regierung tragbar waren die meisten aber nicht. Und so galt es, sie durch flavierfreundliche Leute zu ersetzen.

Der Senatsadel, dem sich auch die Flavier – und sie vielleicht mehr als ihre Vorgänger – verpflichtet fühlten, da er allein geeignet war, wenigstens den Schein der *res publica* zu wahren, wies also erhebliche Lücken auf, die es zu füllen galt.

Es lag nahe, solche Männer zu neuen Senatoren zu berufen, die den Flaviern bisher treu gedient hatten und deren weiterer Unterstützung sie sicher sein konnten. Zu ihnen gehörte etwa C. Caristanius Fronto, ein tüchtiger Mann, der unter Vespasian zum *legatus Augusti pro praetore* von Pontus und Bithynien befördert und unter Domitian sogar zum Konsul ernannt wurde. C. Iulius Quadratus Bassus, der aus Kleinasien stammte, erfuhr ebenso die gesellschaftliche Erhöhung wie Baebius Massa, der *procurator* der Provinz Africa, der es 71 n. Chr. bereits zum Konsul brachte und später noch als Statthalter von Pannonien und der Provinz Hispania Tarraconensis in Erscheinung trat.

Nicht jedem war indes nach der Berufung ein rascher Aufstieg gewiss. Für manchen bedeutete sie auch nur den Beginn einer hoffnungsvollen Laufbahn, die erst Jahrzehnte später ihren Höhepunkt erreichte. So krönte etwa Quadratus Bassus, der übrigens ritterlicher Herkunft gewesen sein soll (und damit nicht der obersten Schicht angehörte), sein Berufsleben mit der Teilnahme an Trajans Dakerkriegen gleich zu Beginn des zweiten Jahrhunderts, bei denen er eine Spitzenstellung innehatte.

Zu den berühmtesten und bis heute viel beachteten Männern der flavischen Epoche gehörte der Historiker Publius Cornelius Tacitus, über dessen Leben und Werk zu gegebener Zeit noch ausführlich berichtet werden soll. Er kam ebenfalls aus dem Ritterstand und erhielt von Vespasian das Standeszeichen der Senatoren, den breiten Purpurstreifen auf der Toga (*latus clavus*).

Die Aufnahme in den Senatorenstand erfolgte durch die *adlectio*; die Auserwählten wurden zu Quästoren oder Ädilen, seltener zu Prätoren ernannt.

Einer der besonders Privilegierten war L. Ceionius Commodus, der Großvater des späteren Kaisers Lucius Verus. Er entstammte dem Landadel und besaß große Ländereien im Etruskerland und in der Gegend von Bologna.

Doch nicht nur aus dem italischen Mutterland, auch aus den Provinzen holte Vespasian seine neuen Gefolgsleute, vor allem aus den westlichen Reichsteilen, die innerhalb des Reichverbandes noch immer größeren Einfluss als der hellenistisch geprägte Osten besaßen. Erst im zweiten und dritten Jahrhundert eroberten auch die Griechen die hohen Staatsstellungen.

Vespasian war übrigens darauf bedacht, die vakanten Posten nur mit Leuten unzweifelhafter Herkunft zu besetzen, anders als Nero, der sich gern mit Freigelassenen oder deren Nachkommen umgeben hatte.[3]

Vespasian war also daran gelegen, neue Wege zur Ergänzung der unter Nero ausgedünnten Führungsschicht zu gehen. Und er verfolgte sein Ziel mit der ihm eigenen Konsequenz. Unter den neu ernannten Patriziern finden sich Persönlichkeiten, die in der römischen Reichsverwaltung noch eine bedeutende Rolle spielen sollten, so etwa Marcus Ulpius Traianus, der Vater des gleichnamigen ersten so genannten Adoptivkaisers (98–117 n. Chr.). Marcus Annius Verus gehörte dazu, der Großvater des weisen Marc Aurel (Kaiser von 161–180 n. Chr.) und der bereits erwähnte Gnaeus Iulius Agricola, der Schwiegervater des Historikers Tacitus. Auch der Schriftsteller Sextus Iulius Frontinus wurde berufen.

Vespasian wählte diese Männer nicht zufällig aus. Es waren bewährte Leute, deren Förderung sich lohnen sollte. Sie erwiesen sich als verantwortungsbewusste Führungskräfte, die den flavischen Kaisern als kompetente Fachleute in Rechtsprechung und Verwaltung zur Seite standen und nicht zuletzt dazu beitrugen, dass zumindest die Regierungszeit der ersten beiden Flavier noch heute von der Wissenschaft als eine Epoche des Friedens und Glücks für Rom und sein Imperium angesehen werden kann.

Die meisten derjenigen, die von Vespasian gefördert wurden, erlangten in den Jahren 70 bis 79 n. Chr. das Konsulat und später oft noch das Prokonsulat, wenn auch erst unter Domitian. Das lag daran, dass die ungeschriebene Verfassung Roms zwischen Konsulat und Prokonsulat ein Intervall von gewöhnlich zehn Jahren vorsah, während derer kein Amt bekleidet werden durfte – für viele, besonders die, die nur über geringe Mittel verfügten, eine schwere Zeit. Vespasian hatte sie am eigenen Leibe erfahren.

Unter allen Geehrten nahm Marcus Ulpius Traianus eine besondere Stellung ein. Der Vater des späteren Kaisers, der aus der Provinz Baetica in Südspanien stammte, diente den Flaviern nicht nur als Offizier, sondern auch als kompetenter Verwaltungsfachmann. Er war im Krieg gegen die Juden Oberbefehlshaber der Legio X Fretensis gewesen und hatte die Eroberung Japhas freiwillig den Flaviern überlassen, um ihren militärischen Ruhm zu erhöhen. Vespasian belohnte ihn mit der Statthalterschaft der Provinz Syrien, die er zwischen 73 und 78 n. Chr. innehatte und in der er sich einmal mehr bewährte. In dieser Eigenschaft kam er einem Einfall der Parther unter ihrem Großkönig Vologaeses zuvor und wurde dafür vom Senat mit den Triumphalornamenten ausgezeichnet. Kurz nach Vespasians Tod wurde er mit der Statthalterschaft der Provinz Asia betraut, wo er zahlreiche prächtige Bauwerke hinterließ, so das berühmte Nymphäum in Milet. Er wurde auch in das Kollegium der *sodales Flaviani* aufgenommen. Dem Vater des gleichnamigen Kaisers hatte das Schicksal ein langes Leben bestimmt. Man vermutet, dass er um 114 n. Chr. starb und damit die längste Zeit des Principats seines Sohnes noch miterleben durfte.

Zumindest in Roms gebildeten Kreisen spielte der Schriftsteller Sex. Iulius Frontinus eine Rolle, der wohl 73 n. Chr. mit der Würde des Konsuls ausgezeichnet wurde. Er spezialisierte sich auf Sachliteratur, schrieb ein Werk über Kriegsgeschichte, ein weiteres über die Vermessungskunst und eines über die Wasserversorgung, Arbeiten, die für unsere Kenntnisse über den zivilisatorischen Stand Roms in der beginnenden Kaiserzeit von nicht zu unterschätzendem Wert sind. Frontinus entstammte einer vornehmen Familie, die in der Gallia Narbonensis beheimatet war. Bereits Kaiser Galba hatte ihn in den Senat aufgenommen. Er wurde *praetor urbanus*, als solcher aber bald vom jungen Domitian verdrängt. In der Folgezeit hielt er wichtige militärische Stellungen, war Legionskommandant in Gallien, kämpfte erfolgreich gegen den aufständischen Bataver Iulius Civilis und wurde schließlich nach Britannien gesandt. Dort löste ihn Cn. Iulius Agricola ab, der voll des Lobes für seinen tüchtigen Vorgänger war. So verdankte Rom diesem Mann die Eroberung von Wales, das bisher noch nicht in den Reichsverband eingegliedert worden war. Seine Laufbahn war übrigens mit dem gewaltsamen Tod des letzten Flaviers nicht beendet. Auch Kaiser Trajan wusste Frontinus' Fähigkeiten zu schätzen und verschaffte ihm noch zweimal das Konsulat: 98 und 100 n. Chr.

Im Übrigen scheint Frontinus ein sehr bescheidener Mann gewesen zu sein. Er verbat sich die Errichtung eines aufwändigen Grabmals und meinte, die Nachwelt werde sich schon seiner erinnern, wenn er es denn verdient habe.

Auch Sextus Vettulenus Cerialis und Gaius Vettulenus Civica Cerialis hatten sich um das neue Herrscherhaus verdient gemacht. Sie stammten wahrscheinlich aus dem Sabinerland und waren mit den Flaviern von

Jugend an bekannt. Ersterer hatte sich im Jüdischen Krieg ausgezeichnet und war nach dessen Beendigung zum Legaten von Judäa ernannt worden, ein besonderer Vertrauensbeweis der neuen Staatsführung. 73 oder 74 n. Chr. hatte er dann das Konsulat inne und wurde daraufhin Statthalter von Mösien.

Seinem wahrscheinlich jüngeren Verwandten Gaius begegnen wir im Jahr 75 als Konsul und danach ebenfalls als Statthalter von Mösien, wohl im Jahr 82. Noch 87 oder 88 verwaltete er die Provinz Asia, fiel aber dann bei Domitian in Ungnade und wurde schließlich auf dessen Befehl umgebracht. Möglicherweise sah der junge Kaiser, der nach und nach dem berüchtigten Caesarenwahn verfiel und überall Verschwörungen witterte, auch in Gaius Vettulenus einen potentiellen Thronräuber, der bei seinem Vater und seinem Bruder zu hohen Ehren gelangt war.

Eine interessante, wenn auch weniger bekannte Persönlichkeit jener Zeit war L. Mestrius Florus, ein gebildeter Mann, der zu dem berühmten Griechen Plutarch von Chaironeia in engem Kontakt stand. Es ist nicht überliefert, wann und wo ihre Freundschaft begann. Florus hatte bereits in der Streitmacht Kaiser Othos gedient, wie Plutarch in dessen Biografie bemerkt.[4] Er machte später mit seinem Freund einen Rundgang über das Schlachtfeld von Bedriacum, wo Otho und Vitellius hart gegeneinander gekämpft hatten. Dort befand sich ein Tempel. Nach der Schlacht, versicherte Florus dem Freund, hätten sich die Leichenberge bis zur Spitze des Tempelgiebels getürmt. Aber der gebildete Grieche, später Erzieher des Friedenskaisers Hadrian, zeigte sich an den blutigen Geschichten nicht allzu interessiert.

75 oder 76 n. Chr. war Florus Konsul. Er ist der Mann, den, wie erwähnt, Vespasian einst scherzhaft Flaurus genannt hatte, weil er um einen Reisewagen – veraltet *plaustra* statt des längst üblichen *plostra* – gebeten hatte. Die Freundschaft sollte übrigens auch für den griechischen Philosophen Früchte tragen. Florus verhalf ihm zum römischen Bürgerrecht. Er war etwas älter als sein griechischer Freund, doch hat dieser dann ein für die Antike geradezu methusalemisches Alter erreicht. Er starb 82-jährig, wohl um 127 n. Chr., also zehn Jahre, nachdem sein Zögling Hadrian die Herrschaft angetreten hatte.

Mestrius Florus hatte sich das Wohlwollen Vespasians gesichert, weil er nach der Niederlage Othos die Waffen niedergelegt hatte. Es mag ihm nicht allzu schwer gefallen sein. Als gebildeter Mann hatte er diese ohnehin nie geliebt. Er war ein begeisterter Anhänger der griechischen Geisteswelt und verstand es vorzüglich, griechische *humanitas* und römische *virtus* miteinander zu verbinden. Es mag den bereits alternden Mann mit Freude und Genugtuung erfüllt haben, als man ihn zum Statthalter der Provinz Asia berief.

Einer der bekannteren Favoriten Vespasians war General Lucius Flavius Silva, der sich durch die Einnahme der Feste Masada am Toten Meer, des letzten Bollwerks jüdischen Widerstandes gegen Rom, einen Namen machte. Er hatte einen beachtlichen Aufstieg hinter sich. 43 n. Chr. geboren, wurde er mit 21 Jahren bereits Militärtribun, bald darauf Volkstribun und Quästor und um das Jahr 70 Legat der 21. Legion. Vespasian erhob ihn in den Patrizierstand, und zwar als Prätor. Doch bald wurde er in den Osten entsandt, um die letzten Brandherde in Judäa zu löschen. Nach der endgültigen Niederwerfung der aufständischen Juden wurde er mit dem Statthalterposten betraut. Er führte den Titel *legatus pro praetore provinciae Iudaeae*. Dann, 81 n. Chr., trat er noch unter Titus das Konsulat an.

Er war wahrscheinlich ein Verwandter der Flavier und gehörte Vespasians engem Beraterstab an. Doch auch Titus hat große Stücke auf ihn gehalten, der wie seine eigene Familie aus der Provinz kam, um in Rom Karriere zu machen.

Zweifellos betrieb Vespasian das, was man heute im neuzeitlichen Sprachgebrauch verächtlich Vetternwirtschaft nennt. M. Flaccus Gillo aus Forum Novum im Sabinerland, L. Caesennius Paetus und sein gleichnamiger Sohn, L. Lucius Ocrea aus Lanuvium, die er alle förderte, dürften ebenso mit ihm verwandt oder verschwägert gewesen sein wie Quintus Petillius Cerealis, Caesius Rufus oder M. Accerinus Clemens, dessen Schwester mit Titus verheiratet war. Leider ist die Überlieferung insofern lückenhaft, doch genügt das wenige Bekannte, um eine eindeutige Bevorzugung seiner Familienmitglieder erkennen zu lassen.

Namentlich ist unter ihm ein einziger Angehöriger des altpatrizischen Adels erwähnt: Plautius Silvanus Aelianus, 70 bis 73 n. Chr. Legat der

Hispania Citerior. War er der letzte der alten Nobilität, der mit der Verwaltung einer Provinz betraut worden war? Wir wissen es nicht. Gesichert ist durch die Inschrift am Grabmal der Plautier in der Nähe von Tivoli, dem antiken Tibur, nur, dass er einst unter Nero einen Einfall barbarischer Völker in Mösien erfolgreich abgewendet und über 100.000 der Land Suchenden auf römischem Territorium angesiedelt hatte. Es dürfte sich bei ihm also allem Anschein nach um einen besonnenen und weit vorausblickenden Mann gehandelt haben.

Man wird, bei allen Vorbehalten gegen die Ernennung und Förderung von Angehörigen, nicht umhin können, Vespasians Personalpolitik als äußerst erfolgreich zu bewerten. Er verfügte über eine so erstaunliche Menschenkenntnis, dass er von keinem, den er erhob, enttäuscht wurde. Es ist nur ein Fall bekannt, dass ein Provinzverwalter der Erpressung von Untertanen angeklagt wurde: C. Iulius Bassus nach seiner Statthalterschaft in Bithynien und Pontus. Das Verfahren endete jedoch mit einem Freispruch.

Viele der von Vespasian Berufenen wirkten Jahrzehnte zum Wohle Roms fort, und noch unter Trajan, mehr als ein Menschenalter später, findet man sie in den Listen der um Rom verdienten Namen.

Es galt, auch in anderen Bereichen tiefgreifende Veränderungen vorzunehmen.

Da war das Heer, das als wesentliche Stütze des Principats galt. Zwar hatten sich Roms Legionäre und seine Hilfstruppen den unterschiedlichsten Herausforderungen der jüngsten Vergangenheit weitgehend gewachsen gezeigt, etwa im Kampf gegen den Übergangskaiser Vitellius oder bei der Niederschlagung des Judenaufstands im fernen Palästina. Aber die Erhebung der am Rhein stationierten Truppen und ihr Sympathisieren mit den feindlichen Germanen und Galliern hatten doch gezeigt, dass es mancherorts an Disziplin und Loyalität mangelte. Die Vorgänge dort durften sich nicht wiederholen, wenn die Sache auch für das neue Herrscherhaus gut ausgegangen war.

Wie keiner seiner Vorgänger kannte sich Vespasian mit seinen Soldaten aus, hatte er doch mit ihnen manches Feldlager geteilt und manche Schlacht geschlagen. Da gab es Unterführer, die ihre Stellung schamlos missbrauchten und sich um die Anweisungen der Oberbefehlshaber nicht kümmerten, sondern eigenmächtig handelten, oft zum Schaden und zur Schwächung Roms. Vorgesetzte waren der Unzufriedenheit meuternder Soldaten zum Opfer gefallen und Legionslager in Germanien mit Ausnahme von Mogontiacum (Mainz) und Vindonissa (Windisch) in Flammen aufgegangen. Die Verteidigungslage am Rhein war katastrophal und bedurfte dringend einer Neuorganisation. Hätte sich in jenen Tagen ein zweiter Arminius gefunden und seine Stammesgenossen zur Einigkeit überreden können, um den Bestand Roms in dieser Ecke des Weltreichs wäre es womöglich schlecht bestellt gewesen.

Im Heer der Flavier dienten überwiegend römische Bürger, die aus Italien und den westlichen Provinzen kamen. Kaiser Tiberius hatte einst die Dienstzeit der Legionäre auf 16 Jahre herabgesetzt. Jetzt sah man sich wieder zu einer Erhöhung auf 20 Jahre veranlasst. Die Männer waren bei ihrer Entlassung 40 Jahre alt, trieben danach Handel oder kehrten auf ihre von den Vorfahren ererbten Landgüter zurück, um im Bedarfsfall wieder zu den Waffen zu greifen.

Soldat für Rom zu sein, war auf den ersten Blick kein lukratives Geschäft. Der Sold war gering, etwa 225 Denare im Jahr. Domitian erhöhte ihn auf 300. Dennoch war man versorgt und konnte sich sogar, wenn man das Glück hatte, an den richtigen Stellen eingesetzt zu werden und zu überleben, ein kleines Vermögen zusammensparen, denn der Anteil an der Kriegsbeute war mitunter beträchtlich. Das Geld wurde oft in der Landwirtschaft verwendet, oder es diente als Startkapital bei der Begründung der nachmilitärischen Lebensstellung.

Es ist erstaunlich, mit welchem Weitblick Vespasian die Germanen als die gefährlichsten Reichsfeinde erkannte. Nur wenig später sollte es Tacitus auf den Punkt bringen: „Nicht die Samniter, nicht die Karthager, nicht die Gallier, nicht die Spanier, ja nicht einmal die Parther haben uns so oft herausgefordert wie die Germanen. Gefährlicher noch als die Macht der Arsakiden ist dieses Volk mit seinem Freiheitswillen."[1]

Es galt also, die Rheingrenze und hier den am stärksten gefährdeten Raum zwischen Oberrhein und Neckar besonders zu befestigen, war er doch von herausragender strategischer Bedeutung. Wer zudem über das Gebiet zwischen Neckarmündung und Bodensee gebot, konnte Truppenverschiebungen, die bisher nur auf dem Umweg über Basel vorgenommen werden konnten, erheblich abkürzen. Vespasian trug sich deshalb mit einem Plan, den schon Augustus gefasst, aber nicht ausgeführt hatte: Er wollte die von Germanen besiedelten Gebiete im heutigen Baden-Württemberg unter römische Kontrolle bringen.

Was ihm nur ansatzweise gelang, sollte sein Sohn Domitian im Sinne Roms fortführen. Unter ihm wurde der Limes angelegt, ein eher symbolischer Grenzwall, dem in dieser Abhandlung ein eigenes Kapitel gewidmet ist. Die Kaiser Trajan und Hadrian bauten diese „Demarkationslinie" dann weiter aus.

An den Reichsgrenzen waren nicht nur die römischen Legionen – bis 32 an der Zahl – stationiert. Man fand dort auch Hilfstruppen, *auxilia*, die sich aus der Provinzialbevölkerung rekrutierten. Die Verteilung der Truppenverbände innerhalb des Reichsgebiets war dabei nicht sonderlich glücklich. Zwar gab es entlang aller Grenzen Legionen und Auxilien, aber man verfügte über keine nennenswerte Reserve. Drohte irgendwo Gefahr, wurden von anderer Stelle Truppen abgezogen. Auf diese Weise mussten zwangsläufig Grenzen gefährlich entblößt werden, und es war eigentlich nur eine Frage der Zeit, wann die Feinde Roms diese Taktik durchschauen und für ihre Interessen nutzen würden.

Waren die Barbaren erst einmal ins Reichsgebiet eingebrochen, war es schwer, sie wieder zu vertreiben, eine Erfahrung, die Domitian an der unteren Donau machen sollte und knapp hundert Jahre später Marc Aurel in den Quaden- und Markomannenkriegen.

Weshalb Vespasian, der doch sein Handwerk von der Pike auf gelernt hatte und sich wie kein anderer aufs Kriegführen verstand, an diesen überkommenen Gepflogenheiten und ihren gefährlichen Schwächen für die Reichsverteidigung festhielt, ist nicht bekannt. Vielleicht befürchtete er wie seine Vorgänger, eine stehende Reserve hätte zugleich auch eine Gefahr für den Thron bedeutet.

Hatte Augustus mit Hilfe seiner Stiefsöhne Tiberius und Drusus vor mehr als acht Jahrzehnten das heutige Bayern südlich der Donau römischen Interessen gesichert, so konzentrierte sich Vespasians Eroberungspolitik auf Südbaden, das Gebiet zwischen Oberrhein und oberer Donau. Wie es scheint, mit mäßigem Erfolg. Schriftliche Zeugnisse, insbesondere Bemerkungen von Geschichtsschreibern, fehlen, und so wird man davon auszugehen haben, dass unter Vespasians Feldzeichen nur ein kleiner Landstrich, vielleicht ein Gebiet, das sich von Kehl über Rottweil, Tuttlingen und Singen bis nach Stein am Rhein erstreckt, dem *Imperium Romanum* einverleibt werden konnte, also nicht mehr als eine Basis für weitere Unternehmungen in Germanien darstellte.

Neben diesem Stützpunkt in Südbaden schuf Vespasian am rechten Rheinufer eine nur wenige Kilometer breite Pufferzone, die sich von Heidelberg über Hockenheim und Karlsruhe bis in die Gegend von Kehl erstreckte. Auch sie sollte wohl als Ausgangspunkt für weitere Eroberungen germanischen Gebietes dienen, hätte mit dem Rhein als natürlicher Grenze im Rücken aber schwer gegen Angriffe verteidigt werden können. Solche waren aber offensichtlich nicht zu befürchten. Das Gebiet war nahezu menschenleer. Zumindest der nördliche Schwarzwald galt als lebensfeindliche Region.

Klugerweise verzichtete der neue Kaiser auf eine weitere Expansion (die dann erst unter seinem jüngeren Sohn vorangetrieben wurde) und begnügte sich mit dem, was er für Rom erreicht hatte. Die Staatskasse war leer, und nach dem Niederschlagen der Aufstände der Bataver und dem kostenintensiven Krieg gegen die Juden hätten weitere Eroberungen die finanziellen Möglichkeiten Roms im Augenblick überschritten.

Immerhin hatte sich der Weg zwischen Windisch und Straßburg, das längst romanisiert war, beträchtlich verkürzt, und das neu gewonnene Gebiet, das verhältnismäßig leicht überwacht werden konnte, zog Siedler an, die an Rom Pacht entrichteten. Vespasian durfte noch erleben, dass das Land vollkommen befriedet war. Waren die Eroberungen auch bescheiden, so hatte er doch eine neue Epoche der Germanenpolitik eingeleitet, die unter seinen Nachfolgern die erwünschten Früchte tragen sollte.

Legionäre waren übrigens nicht die ersten Römer, die ihren Fuß ins freie Germanien setzten. Das Land war längst von anderen Landsleuten „erobert" worden. Römische Händler und Kaufleute hatten es durchstreift. Zahlreiche Münzfunde besonders in den grenznahen Gebieten legen ein beredtes Zeugnis dafür ab. Die Wanderer zwischen den Welten hatten ihre Kenntnisse vom Land jenseits des Rheins, von seinen Tälern, Höhen und Flüssen, in Rom verbreitet und damit den Grundstein dafür gelegt, auch diesen Teil Europas nördlich der Alpen der mediterranen Stadtkultur zu erschließen. Dass den Römern bei den eigenwilligen Germanen nie eine tiefgreifende Romanisierung gelang, steht dabei auf einem anderen Blatt.

Wichtiger noch als die Außenpolitik mag für Vespasian die Bewältigung innenpolitischer Probleme gewesen sein, vor allem die Konsolidierung der Finanzen, die sich bei seinem Regierungsantritt in einem desolaten Zustand befanden. Es muss so schlimm gewesen sein, dass er sich sogar eine Zeitlang mit dem Gedanken trug, reiche Privatleute um Anleihen anzugehen, ein Plan, den er aber doch wieder verwarf. War es zweckmäßig, wenn sich der Staat in eine solche Abhängigkeit begab?

Neben dem Schuldenberg, den Nero ihm hinterlassen hatte – von den angeblich 40 Milliarden Sesterzen war schon die Rede, eine so ungeheure Summe, dass mancher Wissenschaftler an einen Überlieferungsirrtum glaubt und von „nur“ 4 Milliarden Sesterzen spricht[2] – gab es eine Menge laufender Ausgaben, denen sich auch Vespasian bei aller ihm nachgesagten Sparsamkeit nicht entziehen konnte. Da waren entlassene Soldaten abzufinden, die Verwaltung musste umorganisiert werden, es galt, öffentliche Bauten zu errichten oder zu sanieren und die beim Volk so überaus beliebten Spiele zu veranstalten. Hätte er sich hier zurückgehalten, hätte ihn das die Sympathie aller Untertanen gekostet. Und das konnte sich auch ein Kaiser, der aus dem Volke kam, nicht leisten.

Doch woher sollte all das Geld kommen, das er für einen funktionierenden Staat benötigte? Neben den früher erwähnten getroffenen Maßnahmen schaffte er von Nero gewährte Steuerprivilegien ab, vornehmlich solche, die die Provincia Achaia, Griechenland, sowie reiche griechische Gemeinden wie Rhodos oder Samos genossen. Sie verloren diese Steuerfreiheit. Das gleiche widerfuhr den wohlhabenden Städten Lykiens, wo Vespasian überdies auf energische Sparmaßnahmen drängte und die Finanzverwaltung zentralisierte. Es ist erstaunlich, dass die von oben verordnete Sparsamkeit die Bürger offenbar nicht verärgerte, im Gegenteil. Der allgemeine Wohlstand stieg, es entstanden überall neue Bauten. Man war zuletzt so zufrieden, dass man den Kaisern Vespasian und Titus sogar Statuen und Monumente errichtete. Hier, in den vom Mittelpunkt der Welt weit abgelegenen Städten im südlichen Kleinasien, hatte mit den flavischen Herrschern ein neues Zeitalter begonnen.

Vespasians Finanzreform zeugt von großem Erfindungsreichtum. Dem von ihm eingerichteten *fiscus Iudaicus* floss die Kopfsteuer der Juden zu, die diese jetzt nicht mehr wie vor ihrer Niederlage in Palästina an den Tempel in Jerusalem, sondern an den Capitolinischen Iupitertempel in Rom[3] zu entrichten hatten. Der *fiscus Alexandrinus* nahm den Überschuss aus dem Verkauf ägyptischen Getreides auf, und an den *fiscus Asiaticus* bezahlten die griechischen Städte Kleinasiens.

Staatsland, das bei den Koloniegründungen nicht berücksichtigt worden und in die Hand von Privatleuten geraten war, wurde neu verteilt, eine Maßnahme, die dem neuen Herrscher viel negative Kritik einbrachte, weil sie Besitzstände verschob. Aber die Finanznot des Staates zwang ihn, darauf keine Rücksicht zu nehmen.

Schließlich ist bemerkenswert, was auf kaiserliche Anordnung in Spanien geschah. Hier hat Vespasian allen, die noch nicht in den Genuss des römischen Bürgerrechts gekommen waren, das so genannte kleine latinische Recht verliehen, *ius Latii minus*, das die Erlangung des begehrten Status eines *civis Romanus* in Aussicht stellte. Dies hatte zwar keine unmittelbare Auswirkung auf die Staatsfinanzen, brachte jedoch eine wesentliche Verwaltungsvereinfachung mit sich, weil es auf der Iberischen Halbinsel fortan nur noch römische Vollbürger oder Latiner gab.

Hierzu mussten vor allem die Stadtrechte umgeschrieben werden. Aber es konnten bei weitem nicht alle Siedlungen gleich in Municipien umgewandelt werden. Langwierige Forschungen waren notwendig, und die Reform war noch nicht abgeschlossen, als Domitian 81 n. Chr. seinen Bruder auf dem Thron beerbte. Langfristig gesehen hat aber gerade sie die Gemeinden Spaniens enger an Rom gebunden und das italische Mutterland in vieler Hinsicht entlastet. Truppenaushebungen konnten nun auch dort erfolgen, da die Zahl der römischen Vollbürger zunahm und diese noch immer den Kern der Legionen bildeten. Insgesamt gelang nicht zuletzt durch diese Maßnahme auf der Iberischen Halbinsel eine tief greifende Romanisierung, die sich bis auf den heutigen Tag auswirkt. Sie wiederum zog eine großzügige Vergabe des römischen Bürgerrechts nach sich, die vor allem ausgedienten Soldaten, Händlern und Gewerbetreibenden zu Gute kam.

Im Osten des Reiches hingegen stieß die römisch-mediterrane Stadtkultur auf die ihr ebenbürtige, wenn nicht überlegene griechische Zivilisation, was ihre Verbreitung wesentlich erschwerte.

Eine besondere Stellung kam den Donauländern Mösien und Pannonien zu, wo, wie erwähnt, schon unter Nero expansionswillige Völker in römisches Territorium eingedrungen waren. Auch dort wurden von Vespasian Kolonien gegründet und vielen Einwohnern das Bürgerrecht verliehen. Er hoffte, dadurch die Reichsverteidigung an dieser bedrohten Grenze verbessern zu können.

Es wurde bereits darauf hingewiesen und soll an dieser Stelle nochmals erwähnt werden, dass Vespasian keinen Hehl daraus machte, wen er sich als seine Nachfolger wünschte. Nur seine Söhne kamen dafür in Betracht: „... *aut filios sibi successuros aut neminem*".[4] So hat er beide schon früh der interessierten Öffentlichkeit vorgestellt. Mit dem Älteren teilte er sieben Mal das Konsulat. Domitian war nur einmal, 71 n. Chr., mit seinem Vater zusammen Konsul, ohne diesen 73 n. Chr. und danach viermal *consul suffectus*, nachgewählter Konsul, was viel weniger galt. Beide Brüder trugen offiziell den Caesar-Titel, der sie als Nachfolger auszeichnete, und beide führten den Ehrennamen *princeps iuventutis*. Titus, der Sieger über Judäa, hatte darüber hinaus das *imperium proconsulare* und die *tribunicia potestas* erhalten; im Jahr 73 war er zusammen mit dem Vater Censor. Als Teilhaber der Macht, wie ihn Sueton bezeichnet[5], kann man ihn aber nicht betrachten. Das sei an dieser Stelle nochmals erwähnt. Vespasian, strenger Verfechter der altrömischen *patria potestas*, hätte diese schwerlich aus der Hand gegeben, weder in seiner Familie noch in den weit ernsthafteren Dingen, die Wohl und Bestand des Römertums betrafen.

Es bleibt ein Blick auf die Verwaltung des Imperiums, das sich mittlerweile von den Ufern des Atlantiks bis an das Reich der Parther und vom Main bis in den Norden Afrikas erstreckte und nicht weniger als 24 Provinzen zählte. Diese ungeheure Ausdehnung, die die jedes vorherigen Hoheitsgebietes übertraf, stellte die Staatsführung vor gewaltige Aufgaben.

Das Römische Reich war in zehn senatorische und vierzehn kaiserliche Bezirke geteilt, die unterschiedlich verwaltet wurden. In die dem Senat unterstellten wurden Prokonsuln geschickt, mit konsularischem oder prätorischem Rang. Den kaiserlichen standen Legaten vor (*legati Augusti pro praetore*). Diese Provinzen wurden besonders streng überwacht, waren sie doch für die Stellung des Throninhabers von Ausschlag gebender Bedeutung. So bedurfte beispielsweise jeder Senator, der Ägypten bereisen wollte, eines kaiserlichen Visums, seitdem Augustus den Stellenwert des alten Landes am Nil erkannt hatte: Es war nicht nur das verlockende Tor zum Osten, was sich zuletzt unter Augustus' Gegenspieler Marcus Antonius gezeigt hatte, sondern auch die nie versiegende Kornkammer der Hauptstadt, ohne deren Getreidelieferungen dort Hungersnöte drohten, der Alptraum jeder Staatsführung. Griechenland, das Nero in einer Anwandlung aus römischer Sicht übertriebener Großzügigkeit für frei erklärt hatte, kehrte als *provincia Achaia* in den Reichsverband zurück und wurde fortan vom Senat verwaltet.

Veränderungen gab es aber auch im Osten des Reiches. Galatia und Cappadocia wurden zu einer Verwaltungseinheit zusammengefasst und einem *legatus Augusti pro praetore* unterstellt, der zugleich den Oberbefehl der beiden dort stationierten Legionen übernahm. Die Provinz wurde durch die Zusammenlegung so groß, dass sie von ihrer Hauptstadt Ancyra aus nur schwer zu überwachen war. Deshalb wurde im cappadokischen Caesarea ein weiterer Legat eingesetzt, der jedoch dem Statthalter unterstand.

Die Regelung bewährte sich, sie blieb über Jahrzehnte bestehen. Der letzte dieser Unterstatthalter hieß C. Valerius Severus. Er wurde 124 n. Chr. unter Kaiser Hadrian Konsul.

Aus gutem Grund schuf Vespasian gerade an dieser Grenze, dem bevorzugten Einfallsgebiet der Parther, eine so starke Verwaltungseinheit, geradezu ein Bollwerk. Es sollte gewährleisten, dass die Abwehr in einer Hand lag und auswärtige Feinde durch die Zersplitterung nicht zu Grenzüberschreitungen ermuntert würden.

Nicht nur Griechenland, auch Lykien, von Nero ebenfalls in die Unabhängigkeit entlassen, wurde unter Vespasian erneut in den Status einer Provinz zurückgeführt. Kilikien, das Zwischenglied zwischen Syrien und Anatolien, hatte bislang zum Fürstentum Commagene gehört. Dieses wurde nun aufgelöst, sein König Antiochos IV. abgesetzt. Es sollte innerhalb der römischen Reichsgrenzen keine selbstständigen Herrschaftsgebiete mehr geben.

Auch die *provincia Iudaea* erfuhr eine Neuerung. Ihr hatte bisher ein Ritter vorgestanden. Jetzt erhielt sie einen senatorischen Statthalter, dem zugleich auch das Kommando über die Legio X Fretensis in Jerusalem oblag.

Als sich Vespasians Leben neigte, konnte er zufrieden auf das von ihm geschaffene Erneuerungswerk blicken. Die Provinzen waren zweckmäßig verteilt, die Grenzen weitgehend gesichert. Besonders im Orient sollte sich die Veränderung stabilisierend auswirken. Vespasian konnte sich dort auf eigene Eindrücke und Erfahrungen verlassen. Er kannte die Verhältnisse von seinem Aufenthalt. Dies mag vielleicht auch der Grund dafür gewesen sein, dass er an der Organisation Ägyptens nicht rüttelte, sondern alles so beließ, wie es sich seit den Tagen des großen Augustus bewährt hatte.

Es kam jetzt nur noch darauf an, die richtigen Männer am richtigen Ort einzusetzen. Zuverlässig und kaisertreu mussten die auszuwählenden Statthalter sein.

Aber auch da konnte sich Vespasian auf die überragende Erfahrung vieler Jahrzehnte verlassen.

„Freunde, ich habe einen Tag verloren ...“
(Suetonius, Titus 8)

„... Keinen Besseren als Titus ...“

„Titus, der den Beinamen wie sein Vater führte, war der Liebling und das Entzücken des Menschengeschlechts. So sehr war er durch sein Naturell, seine Geschicklichkeit oder das Schicksal befähigt, sich – was das schwierigste ist – sogar als Kaiser die Zuneigung aller Menschen zu gewinnen ...“[1]

So leitet der römische Kaiserbiograf Suetonius Tranquillus seine in hadrianischer Zeit verfasste Lebensgeschichte des Titus ein, vergisst aber nicht zu erwähnen, dass Vespasians älterer Sohn, solange er noch Privatmann war, wegen seines ausschweifenden Lebensstils mitunter gehasst und sogar öffentlich getadelt worden war.

Vespasian hatte die Fähigkeiten seines Sohnes offensichtlich erkannt, als er ihn dem Senat als seinen Nachfolger im Principat empfahl.

Als sein Vater am 24. Juni 79 verstarb, war Titus bereits ein berühmter Mann. Er galt als ausgezeichneter Feldherr, der durch seine Leistungen, besonders die im Jüdischen Krieg, alle anderen Römer weit in den Schatten stellte.

Er war am 30. Dezember 39 in Rom geboren worden, „nahe bei dem Septizonium, in einem kleinen, dunklen Zimmer eines ärmlichen Hauses“[2], das noch im beginnenden zweiten Jahrhundert gezeigt wurde. Als er die Regierung übernahm, war er 39 Jahre alt und erfahren genug, das gewaltige Reich zur allgemeinen Zufriedenheit zu lenken.

Schon in jungen Jahren war Titus an den Hof des Kaisers Claudius (41–54 n. Chr.) gekommen, als Freund und Spielgefährte des unglücklichen Prinzen Britannicus, der aus Claudius’ Ehe mit der berüchtigten und für viele Vergehen von ihrem Gatten schließlich zur Hinrichtung befohlenen Messalina stammte und als Thronerbe vorgesehen war. Die Knaben wurden zusammen erzogen und in denselben Fächern und von denselben Lehrern unterrichtet. Nach Claudius’ Ermordung wendete sich das Blatt.

Britannicus und Titus waren eng miteinander befreundet, und auch Titus hatte von dem vergifteten Getränk gekostet, das seinen Freund ums

Leben gebracht hatte. Aber er war von robusterer Natur, erkrankte schwer und genas. Als sein Vater den Thron erlangt hatte und sich eine einst am Hof des Claudius eingeholte Weissagung zu erfüllen schien – Britannicus werde niemals, Titus hingegen sicher Kaiser sein – ließ dieser dem Andenken des toten Freundes ein goldenes Standbild im Kaiserpalast aufstellen. Er weihte ihm noch eine zweite Statue, diesen „zu Pferde darstellend, aus Elfenbein, die noch heute im Umzug im Zirkus mitgetragen wird und die Titus das erstemal persönlich begleitete"[3], so wieder der antike Biograf.

Wie bereits früher erwähnt, hatte der neue Kaiser eine hervorragende Ausbildung genossen, in Kunst und Wissenschaft ebenso wie in den praktischen Dingen des Lebens. Er scheint darüber hinaus von liebenswürdiger und gewinnender Art gewesen zu sein. Wer dem Jüngling begegnete, konnte nicht umhin, die glänzenden körperlichen und geistigen Eigenschaften zu bewundern, die ihm die Natur in die Wiege gelegt hatte, dazu hervorragende Schönheit, in der sich Würde und Anmut vereinigten, und eine ungewöhnliche Körperkraft. Er verfügte daneben über ein einzigartiges Gedächtnis, beherrschte das Lateinische wie das Griechische gleichermaßen – womit er dem gängigen römischen Bildungsideal entsprach – hielt seine Reden in beiden Sprachen, dichtete, war musikalisch und spielte gefällig die Leier. Er war auch in der Lage, Handschriften nachzuahmen, und er sagte oft, er hätte eigentlich der größte Fälscher werden können.

Folgen wir den antiken Biografen, war er geradezu ein Übermensch. Denn nicht nur mit geistigen Anlagen sei Titus gesegnet gewesen, sondern, wie gesagt, auch ein Meister körperlicher Fertigkeiten. Er ritt und führte die Waffen wie kaum einer seiner Zeitgenossen.

Im Alter von noch nicht einmal 18 Jahren wurde er Militärtribun in Germanien und Britannien. Dort erwarb er sich durch seinen Eifer und seine Bescheidenheit größten Ruhm. In beiden Provinzen wurden ihm zahlreiche Statuen errichtet und Inschriften geweiht. Nach dem Militärdienst begab er sich in Rom in die Politik, die sich freilich kaum von den militärischen Aufgaben trennen ließ. Noch unter Nero, wohl 66 n. Chr., wurde er Quästor, im Jahr darauf Legat für Palästina. Als er diese größte

Herausforderung seines Lebens übernahm, war er knapp 27 Jahre alt. Nachdem sein Vater zum Kaiser proklamiert worden war, beendete der tüchtige Sohn in eigener Regie den Jüdischen Krieg. Im Juni 71 kehrte auch er nach Rom zurück.

Er entwickelte sich zur großen Stütze seines alternden Vaters.

Ältere neuzeitliche Geschichtsschreiber, so der Historiker Theodor Mommsen, haben Titus geradezu zum Mitregenten Vespasians hochstilisiert. Aber die jüngste Geschichtsforschung betrachtet seine Stellung differenzierter. Niemals hätte Vespasian, der seine Herrscherrolle sehr ernst nahm, einem anderen ein Mitspracherecht eingeräumt. Er bemühte Helfer, deren wichtigster sein Sohn war, und wusste zu delegieren. Er war sehr stolz auf Titus, in dem er so viele seiner eigenen Anlagen wiedererkannte, übertrug ihm das *imperium proconsulare* und die *tribunicia potestas* und designierte ihn damit vor aller Welt zu seinem Nachfolger. Auch Augustus war einst bei Tiberius, seinem Stiefsohn, so verfahren, als er diesen als seinen Nachfolger vorstellte. Und Vespasian nahm sich den ersten römischen Princeps gern zum Vorbild. Für eine Nebenregierung war nach seiner Auffassung in Rom kein Platz. Niemand, nicht einmal sein geliebter Sohn, hatte sich in die Reichsverwaltung einzumischen, die gleichsam aus einem Gusse sein sollte.

Dennoch wusste er, dass Titus stets in seinem Sinne handeln und ihm niemals den Thron streitig machen würde. So wurde dieser 71 n. Chr. auch *praefectus praetorio*, Befehlshaber der Prätorianergarde, der einzigen bewaffneten Truppe innerhalb der geheiligten Stadtmauern Roms, deren oberster Offizier besonders verlässlich sein musste und der in erster Linie die Aufgabe zukam, Amt und Person des Kaisers zu schützen. Erst eine Generation zuvor hatte sich gezeigt, über welche Macht die Prätorianergarde tatsächlich verfügte: Kaiser Gaius Caligula war 41 n. Chr. einer von den Prätorianern angezettelten Palastrevolution zum Opfer gefallen, und Prätorianer waren es, die den zitternden und sich heftig wehrenden Claudius auf den Thron der Caesaren gehoben hatten. Ihre Rolle war also keineswegs zu unterschätzen.

Der *praefectus praetorio* hatte mitunter Entscheidungen zu treffen, die keinen Aufschub duldeten. So scheute sich Titus gegen Ende von Vespasians Regierungszeit nicht, einen gewissen Aulus Caecina Alienus zu beseitigen, von dem es hieß, er wolle das Militär gegen den Kaiser aufhetzen. Es ist nicht anzunehmen, dass Titus hierbei mit Wissen oder gar im Auftrag seines Vaters handelte, der potentielle Thronräuber mit der von ihm bekannten Ironie abfertigte, zumal Caecina, der als enger Freund des Kaisers galt, unmittelbar nach einem Gastmahl im Palast ermordet wurde, als er sich gerade zurückziehen wollte.

Die Beseitigung des geachteten Aristokraten hat die Gemüter Roms heftig bewegt. Aber Titus muss für seine Entscheidung triftige Gründe gehabt haben, vielleicht auch sehr eigennützige. War er von Eifersucht getrieben worden? Hatte sich der frühere Konsul etwa Titus' Geliebter Berenike, von der noch die Rede sein wird, genähert, was bei Todesstrafe verboten war? Doch sicherlich kann Caecinas Vergehen nicht nur darin bestanden haben.

Auch ein gewisser Marcellus, der Vespasian ebenfalls nahe stand, soll in dieses Komplott verwickelt gewesen sein. Er wurde in Titus' Auftrag vor ein kaiserliches Gericht gezerrt und zum Tode verurteilt, entzog sich aber der Hinrichtung, indem er sich selbst mit einem Rasiermesser die Kehle durchschnitt.[4]

Man sagte Titus nach, er habe sich auf dem Posten des Prätorianerpräfekten ziemlich tyrannisch und gewalttätig verhalten und ohne Zögern jeden aus dem Wege geräumt, der ihm verdächtig war. Ob das zutrifft, wird sich kaum noch klären lassen. Nähere Informationen bieten die alten Quellen nicht, und auch weitere Opfer seiner angeblich übertriebenen Fürsorge für den Vater werden nicht genannt.

Dagegen sind wir über das Privatleben des Prinzen hinreichend informiert. Es traf wohl zu, dass er, nicht anders als andere Jugendliche der römischen Führungsschicht, zu der er als Freund des Prinzen Britannicus zweifellos gehörte, einen leichtfertigen Lebenswandel führte. Dabei mochte es noch angehen, wenn er Trinkgelage bis tief in die Nacht ausdehnte und sich dabei in zweifelhafter Gesellschaft befand.

Weit größeren Anstoß nahm das prüde Rom an den Scharen seiner Lieblinge und Eunuchen. Was aber das Missfallen seiner römischen Zeitgenossen am meisten erregte, war seine heftige Leidenschaft für Berenike, eine jüdische Königin, die möglicherweise die große Liebe seines Lebens war, auf die er aber, der künftige römische Kaiser, aus Gründen der Staatsräson schließlich verzichtete, so schwer ihm dieser Entschluss auch gefallen sein mag.

In jenen Tagen regierte in Galiläa ein Günstling Roms, Agrippa (II.) mit Namen, der seinen Stammbaum auf die herodäisch-hasmonäische Dynastie zurückführte und keinen Geringeren als den romfreundlichen König Herodes (73–4 v. Chr.) zu seinen Ahnen zählte. Mochte sich seine Herrschaft auch nur noch auf einen kleinen Landstrich Judäas beschränken, nach Beendigung des großen Krieges erschien er vielen Juden als ihr König schlechthin. Er war einst am römischen Hof erzogen worden – was nicht ungewöhnlich war – hatte dort die durch scheußliche Intrigen und Laster verpestete Luft geatmet und setzte, ganz gelehriger Schüler, seine Erfahrungen nun in die Praxis um. Es hieß, dass dieser Spross aus dem alten Geschlecht mit seiner nur um ein Jahr jüngeren Schwester Berenike, die wegen ihrer Schönheit weithin bekannt war, „in Blutschande lebte, nachdem sie nach dem Tod ihres Gatten Herodes II. Witwe geworden war“[5]. Ob das Gerücht einen Grund hatte, steht dahin. Agrippa war jedenfalls bemüht, es verstummen zu machen. Er verlobte Berenike deshalb mit Polemon, dem König von Kilikien, den mehr noch als ihre Schönheit ihr Reichtum anlockte. Aber der Prinzessin gefiel es nicht am kilikischen Hof. Sie verließ ihren Bräutigam, kehrte nach Hause zurück und setzte ihr leichtsinniges Leben fort.

Zweifellos wurde Agrippa wegen seiner Ergebenheit und seiner Liebedienerei gegenüber dem neuen Kaiserhaus von Vespasian begünstigt. Aber noch beliebter als er war in der flavischen Familie seine schöne Schwester, die noch immer jeden Mann bezauberte, obwohl sie nach Beendigung des Jüdischen Krieges nicht mehr jung war.

Die schöne Jüdin hatte eine bewegte Lebensgeschichte hinter sich. Sie war 28 n. Chr. geboren und als ganz junges Mädchen dem alexandrinischen Kaufmann M. Iulius Alexander zur Frau gegeben worden. Nach dessen Tod wurde sie mit Herodes, dem König von Chalcis, einem Enkel Herodes des Großen, vermählt. Als auch er vier Jahre später starb, kehrte die 20-jährige, jetzt im Range einer Königin, an den Hof ihres Bruders zurück. Da Agrippa unverheiratet war, verbreitete sich rasch das Gerücht eines Inzests.

Bei Ausbruch des Jüdischen Krieges war Berenike fast 40 Jahre alt, aber sie hatte sich ihr gutes Aussehen und ihre Anziehungskraft bewahrt.

Wann nun ist der Kaisersohn der attraktiven Frau zum ersten Mal begegnet? War es im Sommer 67, als er mit seinem Vater König Agrippa einen Besuch abstattete? Die alten Quellen verraten darüber nichts. Fest steht nur, dass die Liebesbeziehung, über die der jüdische Geschichtsschreiber Flavius Josephus, aus welchen Gründen auch immer, kein Wort verliert, ein Jahr später bereits bestand. 68 n. Chr. war Titus nämlich, wie wir gehört haben, von seinem Vater nach Rom geschickt worden, um dem neuen Kaiser Galba seine Aufwartung zu machen und weitere Weisung im römisch-jüdischen Krieg entgegenzunehmen. Aber er war damals nur bis Griechenland gelangt, wo er vom Tod des Kaisers hörte und sofort umkehrte. Man sagte, er habe auch aus Sehnsucht nach seiner Geliebten die Reise abgebrochen.

Vielleicht hat ein Treffen stattgefunden, nachdem Vespasian zum Kaiser ausgerufen worden war. Damals mögen sich Agrippas Schwester völlig neue Perspektiven eröffnet haben. Es bestand immerhin die wenn auch vage Aussicht, Kaiserin von Rom zu werden. Jedenfalls machte sie, „in jugendlicher Schönheit blühend, … den alten Vespasian durch die Großartigkeit ihrer Geschenke auf sich aufmerksam“[6].

Bald nach dem Fall Jerusalems begegneten sich die Geliebten erneut. Vielleicht entwickelte sich jetzt erst jene Liebesbeziehung, die mit der von Antonius und Kleopatra vergleichbar war, wenn auch Berenike nach unserer Kenntnis nie versuchte, den Kaisersohn zu bewegen, mit ihr im Osten eine Art Gegenrom zu errichten. Vielmehr dachte sie daran, sich selbst in der Hauptstadt des Römerreichs niederzulassen.

75 n. Chr. kam sie in Begleitung ihres Bruders auf Titus’ Einladung dorthin, um eine Zeitlang die Rolle der künftigen Kaiserin zu spielen, von ihrem Geliebten eifersüchtig bewacht. Keinem Mann war es gestattet, sich ihr zu nähern. Caecina, von dem bereits die Rede war, scheint es dennoch gewagt zu haben. Er hat, wenn vielleicht auch nicht nur aus diesem Grund, seine Kühnheit mit dem Leben bezahlt.

Die nicht mehr junge Frau entwickelte einen Ehrgeiz, der in Rom Empörung hervorrief. Sie versuchte wie vor einigen Jahren Neros Mutter, die jüngere Agrippina, sich in die Politik einzumischen, vor allem, wenn sie sich persönliche Vorteile davon versprach. Der griechische Geschichtsschreiber Cassius Dio behauptet, Titus und Berenike, die im kaiserlichen Palast wohnte, hätten wie Eheleute miteinander gelebt.[7] Das Volk aber wollte keine neue Circe, die einen ehrbaren Römer in ihren orientalischen Netzen gefangen hielt. Nur die Griechen schmeichelten dem potentiellen Thronerben und seiner exotischen Frau. Man konnte schließlich nie wissen, wie sich die Dinge entwickelten. Sie errichteten der offensichtlich einflussreichen Jüdin eine Statue und widmeten ihr Inschriften, die sie als Tochter des großen Königs Iulius Agrippa (I.) bezeichneten.

Wahrscheinlich trug sich Titus mit dem Gedanken, sie zu seiner rechtmäßigen Gattin zu machen.[8] Aber nicht nur der Wille des Volkes hinderte ihn daran. Auch Vespasian hielt eine solche Verbindung für unpassend. Eine orientalische Geliebte zu haben, war eine Sache, eine künftige römische Kaiserin aus dem verhassten Palästina, das Rom gerade erst in einen kostspieligen und verlustreichen Krieg hineingezogen hatte, eine andere.

Auch nach Vespasians Tod sah Titus keine Möglichkeit, ihren Traum vom gemeinsamen Leben und Herrschen zu erfüllen. Er gab dem öffentlichen Druck nach und verwies die geliebte Frau aus Rom. Er galt längst als tugendhaft und wurde das „Entzücken des Menschengeschlechts" genannt.[9] Diesen Ruf wollte er keineswegs leichtfertig aufs Spiel setzen. Enttäuscht kehrte die verschmähte Königin heim zu ihrem Bruder, und diesem mag erst jetzt nach der Demütigung der Schwester das harte Los seines Volkes bewusst geworden sein.

Wie es seit den Tagen Caesars Brauch war, gehörte es zu Titus' ersten Amtspflichten als Kaiser, seinen verstorbenen Vater und Vorgänger vergöttlichen zu lassen. Der nüchterne Vespasian hätte sicherlich keinen Wert darauf gelegt, hatte er doch einst seine Leiche in den Tiber werfen lassen wollen. Die Vergöttlichung des Vorgängers, so dieser sie nach allgemeiner Auffassung verdient hatte, war nicht nur ein Akt der Dankbarkeit, den der Senat auf Antrag des Nachfolgers durchführte. Die

Aufnahme eines Angehörigen aus dem Kaiserhaus als *divus* unter die Götter des römischen Staatshimmels stärkte auch die Position des neuen Regenten, der als weiteren in der Reihe seiner offiziellen Titel den des *divi filius*, Sohn des Vergöttlichten, führen durfte. Erst drei Herrschern war neben einigen Frauen die Ehre der Apotheose zuteil geworden: Caesar, Augustus und Claudius.

Als neuer Gott hatte Vespasian Anspruch auf einen eigenen Kult, und Titus rief das *collegium* der *sodales Flaviales* ins Leben, die neben die *sodales Augustales* traten.

Was immer man in Rom dem Kaisersohn nachgesagt hatte, mit der Thronbesteigung begann für ihn ein neuer Lebensabschnitt, wurde er in den Augen seiner Zeitgenossen ein anderer Mensch. Freilich sind die Zeugnisse über den Prinzen höchst widersprüchlicher Natur. Tat sich der Kaiserbiograf Suetonius Tranquillus hervor, Titus' ausschweifendes Privatleben vor diesem einschneidenden Ereignis, der Thronbesteigung, anzuprangern, so wurde dieser von Tacitus, dem sicherlich bedeutendsten Chronisten der Kaiserzeit, eher günstig beurteilt. Doch auch er ist der Auffassung, der Prinz habe die Freuden der Jugend in vollen Zügen genossen und sich erst als Kaiser Mäßigung auferlegt.

Ganz so schlimm wird es nicht gewesen sein, und ein zweiter Nero, den das Volk in ihm angeblich sah[10], war Titus sicherlich nicht. Hätte ihm ansonsten der berühmte römische Naturforscher Plinius der Ältere im Jahr 77, als Titus noch Kronprinz war, seine *Naturalis historia* gewidmet? Das grandiose Werk spiegelt wohl die öffentliche Meinung über den Kaisersohn wider: Beredt sei er gewesen, loyal gegen Vater und Bruder, ein bedeutender Dichter und von wachem Geist. Auch seine hohe Stellung habe ihn nicht übermütig gemacht, eine Lobeshymne, die sicherlich nicht nur geschmeichelt war, sondern dem wahren Charakter des künftigen Thronerben entsprach.

Weshalb hätte auch gerade die Verwandlung vom Kronprinzen zum Kaiser, der über eine nahezu unumschränkte Macht verfügte, einen verdorbenen Charakter veredeln sollen? Die Erfahrungen der Vergangenheit hatten doch eher das Gegenteil gezeigt.

Es spricht also alles dafür, dass Titus begabt, loyal, angesehen, ja bei dem oder jenem sogar in gewisser Weise beliebt war, mag er auch manchem jugendlichen Leichtsinn erlegen sein. Um so eigenartiger ist es, dass bald nach Vespasians Tod das Gerücht ging, er, der Vater, sei vergiftet worden, und sein älterer Sohn sei der Urheber des Attentats gewesen. Man wird diesem Gerede nicht allzu viel Bedeutung beimessen dürfen. Vespasian war nach antiken Maßstäben ein alter Mann, der, nicht zuletzt durch die langen Jahre im aufreibendem Feldlager, verbraucht war und sein Leben hinter sich hatte. Dass er selbst je Verdacht geschöpft hätte, einem Anschlag zu erliegen, ist nicht bekannt. Immerhin hielt sich die Vermutung hartnäckig, und noch Kaiser Hadrian (117–138 n. Chr.) war von ihrer Wahrheit überzeugt.[11] Aber hatte nicht das etwas einfältige römische Volk auch von allen Vorgängern Vespasians geglaubt, sie seien umgebracht worden, selbst von Augustus, der doch mit Sicherheit eines natürlichen Todes gestorben war? Dass man Vespasians Tod für verfrüht und von der Vorsehung noch nicht gewollt hielt, mag eher darauf hinweisen, wie zufrieden man inzwischen mit seiner Herrschaft war und wie sehr man sich vor der Veränderung fürchtete.

Es war in der Tat schwer, einen Mann wie Vespasian zu ersetzen. Und es war umso schwerer, als das Schicksal Titus nur etwas mehr als zwei Jahre Zeit ließ, das Vertrauen und die Bewunderung der Römer zu erlangen, Jahre, die zudem von großen Unglücken überschattet waren.

Trotzdem entpuppte er sich, wie sein neuzeitlicher Biograf bemerkt, „als einer der besten Kaiser, die Rom je gehabt hatte. Seine Grausamkeit verwandelte sich in Sanftmut, seine Verschwendungssucht in Hilfsbereitschaft“[12], sodass in Rom alle mit der Entwicklung zufrieden waren, alle bis auf einen: Bruder Domitian. Er behauptete öffentlich, sein Vater habe ihn neben Titus zum Erben eingesetzt, und dieser habe das Testament im entscheidenden Punkt gefälscht. Die Behauptung war natürlich aus der Luft gegriffen. Denn von Anfang an hatte Vespasian keinen Hehl daraus gemacht, wen er sich als Nachfolger wünschte. Titus war nicht nur der Besonnenere seiner beiden Söhne. Er war der Ältere, besser ausgebildet und zumindest seit Vespasians Thronbesteigung kontinuierlich auf seine verantwortungsvolle Aufgabe vorbereitet worden. Nicht zuletzt machten

Münzen aus dem Jahr 71 n. Chr. mit der vielsagenden Aufschrift *imperator designatus* deutlich, wen Vespasian als seinen Nachfolger vorgesehen hatte.

Bereits zu Lebzeiten des Vaters hatte der jüngere Bruder nichts unterlassen, gegen den älteren zu intrigieren. Er hatte sogar versucht, gegen Titus eine Verschwörung anzuzetteln. Sein Plan wurde jedoch entdeckt und der überaus erzürnte Kaiser war zu einer drakonischen Strafe entschlossen. Da flehte Titus seinen Vater an, er möge Domitian verzeihen, eine Beschämung, die dieser dem Bruder nie verzieh.

Domitians Ehrgeiz unter dem Vorwand, das väterliche Testament sei gefälscht, wurde nun für jedermann offensichtlich. Sicherlich, er hatte viele Jahre lang, angeblich sogar von Geburt an, im Schatten seines Bruders gestanden, den der Vater seit jeher demonstrativ bevorzugt hatte. Wer, der über Domitians zweifellos überragende Eigenschaften verfügt hätte, wäre nicht enttäuscht und verbittert gewesen? Und doch hatte es auch ihm an öffentlichen Ehrungen nicht gefehlt. Er war nicht nur Mitglied der hohen Priesterschaft, sein Porträt wurde auf Münzen geprägt, und in vielen Bauinschriften wird er gleichberechtigt neben Titus genannt. Aber er wollte um jeden Preis Kaiser sein. Wie konnte man das ihm offenbar wenig günstig gesonnene Schicksal überlisten? Titus war vergleichsweise jung. Wenn Domitian Pech hatte, würde er noch viele Jahre oder gar Jahrzehnte auf die Herrschaft warten müssen, wenn er sie überhaupt je erreichte. Wo stand geschrieben, dass er diesen Bruder überleben oder dass Titus kinderlos sterben würde?

Es ging bald das Gerücht, Domitian, der sich mit der Thronbesteigung seines Bruders nicht habe abfinden wollen, habe sogar beabsichtigt, den Soldaten das doppelte Geldgeschenk wie Titus zu geben, hätten sie ihn als Imperator vorgezogen. Sollte ihm tatsächlich der Gedanke gekommen sein, ausgeführt wurde er nicht. Domitian war klug genug zu erkennen, dass das einer offenen Rebellion gleichgekommen wäre und vielleicht sogar einen Bürgerkrieg ausgelöst hätte.

Selbstredend blieb auch dem neuen Kaiser Domitians Unzufriedenheit nicht verborgen, und er versuchte alles, dessen Los zu erleichtern und mit ihm zu einem guten Einvernehmen zu gelangen. Immer wieder wurde

Domitian von ihm als Weggefährte und Nachfolger bezeichnet. Immer wieder bekundete Titus seine brüderliche Liebe, eine Tatsache, die diesen erneut ins Unrecht setzte und heftig beschämen musste. Freilich ging Titus nicht so weit, Domitian an der Macht teilhaben zu lassen. Die Teilung der Herrschaft hätte nicht nur einen schlechten Präzedenzfall geschaffen, sie hätte womöglich auch die Teilung des Reiches nach sich gezogen, eine Gefahr, der Rom bereits ausgesetzt gewesen war, als sich Marcus Antonius eine Zeitlang mit dem Gedanken getragen hatte, mit der ägyptischen Königin Kleopatra ein eigenes Ostreich zu errichten. Dem konnte nur vorgebeugt werden, wenn die Verantwortung fest in einer Hand blieb.

Titus hatte zwei Ehen hinter sich. Seine erste Frau hieß Arrecina Tertulla und entstammte einer vornehmen Familie. Ihr Vater hatte unter Kaiser Caligula das Amt des Prätorianerpräfekten bekleidet. Die Ehe blieb kinderlos, die Gattin starb früh. Titus heiratete erneut, Marcia Furnilla, die ihm die Tochter Julia gebar. Er ließ sich jedoch bald von ihr scheiden – nichts Ungewöhnliches im alten Rom, wo Ehen aus gesellschaftlichen oder politischen Gründen geschlossen und aufgelöst wurden und Gefühle eher eine untergeordnete oder gar keine Rolle spielten. Es ist deshalb auch nicht bekannt, wie Titus' Verhältnis zu seinen Ehefrauen war. Seine Tochter hat er sehr geliebt. Die tragische junge Frau sollte übrigens später unter ihrem Onkel, Kaiser Domitian, auf schreckliche Weise ums Leben kommen.

Wie die meisten seiner Vorgänger kam auch Titus seiner Familie in jeder Hinsicht entgegen. Sowohl Domitian als auch Tochter Julia verlieh er das Bildnisrecht, Julia erhielt darüber hinaus den Augusta-Titel. Auch sein Vater hatte seiner Tochter Domitilla einst postum und wahrscheinlich anlässlich ihrer Konsekration diesen Titel verliehen. Beispielhaft versuchte Titus, die Dynastie der Flavier im römischen Staatsgeschehen fest zu verankern. Waren früher die Jahresgelübde der Arvalbrüder allein dem regierenden Herrscher dargebracht worden, so ließ er alle Familienangehörigen des Kaiserhauses (*domus divina*) in die Gebete einschließen, eine Sitte, die die späteren Kaiser beibehielten. Er war fest davon überzeugt, das Schicksal selbst – *fatum* – habe die Flavier auf diesen Platz gehoben, und er tat diese Überzeugung sogar einmal öffentlich kund, als nämlich eine Verschwörung zweier Patriziersöhne gegen sein Leben aufgedeckt worden war. Die beiden jungen Männer gingen übrigens straffrei aus. Wie sein Vater Vespasian war auch Titus davon überzeugt, nur ein Narr könne begierig genug sein, seine Hand nach der Bürde auszustrecken, die das hohe Amt mit sich brachte. Er gab den gescheiterten Attentätern nur zu bedenken, dass der Thron vom Schicksal selbst vergeben werde. Der Mutter eines von ihnen, die fern von Rom lebte und tief beunruhigt war, ließ er durch einen Läufer ausrichten, sie brauche sich keine Sorgen zu machen, ihr Sohn sei wohlauf.

Beide Jünglinge bat er an seine Tafel und setzte sie bei einem Gladiatorenkampf absichtlich in seine Nähe. Als man ihm die Waffen der Kämpfer brachte, damit er sie auf ihre Schärfe prüfe, reichte er diese an die beiden weiter. Er erfragte ihr Horoskop und meinte, ihnen drohe Gefahr, aber „nicht von ihm, was dann auch eintraf“[13]. Nur wenige Jahre später ließ Domitian die Jünglinge wahrscheinlich hinrichten.[14]

Man wunderte sich allenthalben über Titus’ Milde (*clementia Titi*). Er hatte einst geschworen, lieber selbst zu sterben als einen anderen zu töten, und er hielt den heiligen Eid. Um seine Hände von Blut rein halten zu können, nahm er das Amt des Oberpriesters an. Nach unserer Kenntnis hat er als Kaiser kein einziges Todesurteil unterschrieben und Klagen wegen Majestätsbeleidigung abgeschafft. Immer wieder betonte er in der Öffentlichkeit, Domitian sei sein Genosse und Nachfolger im Principat. Da er noch immer unverheiratet war, stand die Geburt eines rechtmäßigen Thronerben kaum zu erwarten. Doch gleichzeitig war er sichtlich bemüht, Domitians Einfluss in Grenzen zu halten. Nur untergeordnete Aufgaben wurden diesem zuteil, so war er etwa *princeps iuventutis*, Führer der männlichen Jugend, und im Jahr 80 Konsul. Mehr wagte Titus dem Unberechenbaren nicht anzuvertrauen.

Dabei hatte er weniger die eigene Machtstellung als das Wohl des Römischen Reiches im Auge. Nicht zuletzt hatte das Schicksal zu seinen Gunsten entschieden, und diesem hatten sich selbst Roms unsterbliche Götter zu beugen. Er betrachtete es also als seine Pflicht, der unergründlichen Vorsehung Genüge zu tun.

Aber er hörte nicht auf, Domitian seiner brüderlichen Liebe zu versichern. Gelegentlich bat er ihn sogar unter Tränen, doch endlich Gleiches mit Gleichem zu vergelten.[15] Es war vergeblich.

Für Verwunderung sorgte Titus' Großzügigkeit. Er bestätigte alle von seinem Vater verfügten Erlasse und Gnadenakte, sei es, dass er die väterlichen Anordnungen nicht in Zweifel ziehen wollte, sei es, um seinen Untertanen gefällig zu sein. Vespasian hatte seinem Sohn eine wohlgefüllte Staatskasse hinterlassen. Dieser gab das Geld mit vollen Händen aus. Es hatte fast den Anschein, als wolle er sich um jeden Preis beliebt machen. Als ihm seine Ratgeber zu bedenken gaben, dass er mehr verspreche als er halten könne, meinte er nur, es gehe nicht an, dass jemand vom Kaiser traurig scheide. Eines Abends erinnerte er sich bei Tisch, dass er an diesem Tag „niemandem einen Wunsch erfüllt habe". Da „sprach er dieses denkwürdige, mit Recht gepriesene Wort: ‚Freunde, ich habe einen Tag verloren' "[16].

War Vespasian eher ein Gegner der Spiele gewesen, eilte Titus freudig ins Amphitheater oder in den Circus. Es war ihm eine willkommene Gelegenheit, sich dem Volk zu zeigen, Bittsteller anzuhören, Wünsche zu erfüllen oder auch nur mit den Zuschauern seine Späße zu treiben. Gern verteilte er kleine Holzkugeln unter der Menge, die Lose für Geschenke, Kleidung, Tiere und sogar Sklaven enthielten. Hätte er sich das Volk besser verpflichten können? Auch in die Bäder waren seine Untertanen zugelassen, wenn er sich selbst dort aufhielt. Nur von Kaiser Hadrian ist eine ähnliche Leutseligkeit bekannt.

Immer öfter brach Roms neuer Princeps selbst bei öffentlichen Anlässen in Tränen aus. Er war nicht in der Lage, seine Gefühlsregungen zu kontrollieren. Noch nie hatte Rom einen so weichherzigen, verletzlichen Regenten gesehen. War das der Mann, der vor gerade einem Jahrzehnt die aufständischen Juden das Fürchten gelehrt, der den Krieg in Judäa mit unbeschreiblicher Grausamkeit und Härte zu Ende gebracht hatte? Man stand vor einem Rätsel, das die Wissenschaft bis auf den heutigen Tag beschäftigt. Litt Titus etwa an einer seltenen Art von Geisteskrankheit, die auf übertriebenen Alkoholgenuss zurückzuführen war und die seinen frühen Tod erklären könnte? War er, ständig den Tränen nahe, Opfer eines Giftanschlags, der wohl überlegt und sparsam dosiert, langsam sein Wesen veränderte? Wir wissen es nicht.

Tatsache bleibt, dass Titus „mitten aus seiner Tätigkeit … durch einen vorzeitigen Tod gerissen“ wurde.[17] Der antike Biograf nennt sein Ableben eher ein Unglück für die Menschheit als für ihn selbst. Er hatte die letzte Vorstellung der Feierlichkeiten anlässlich der Einweihung des Colosseums besucht, an deren Ende er, wie in letzter Zeit so oft, in bittere Tränen ausgebrochen war. Weinte er etwa, weil er von einer unheilbaren Krankheit wusste? Möglicherweise wäre das eine Erklärung dafür, dass er, so die Bemerkung des Geschichtsschreibers, danach zwar noch 15 Monate lebte, in dieser Zeit aber nichts Bedeutendes mehr leistete.[18]

Im Herbst 81 begab er sich ins Sabinerland, wo dem abergläubischen Herrscher untrügliche Zeichen den nahen Tod ankündigten: Bei einem Opfer war das Tier geflohen, und es hatte aus heiterem Himmel gedonnert. Er bekam gleich in der folgenden Nacht heftige Fieberanfälle und musste die Reise in einer Sänfte fortsetzen. Dabei soll er oft die Vorhänge zurückgeschlagen und zum Himmel emporgeblickt haben, wobei er sich bitter beklagte, das Leben werde ihm unverdient so früh entrissen. Er habe sich nichts vorzuwerfen, außer vielleicht das eine.

Man rätselte, was er damit gemeint haben könnte, fand aber keine überzeugende Antwort. War es die unverzeihliche Milde, mit der er den Unverschämtheiten seines Bruders begegnet war? Oder hatte er tatsächlich zu Domitia, der Frau Domitians, eine unerlaubte Liebesbeziehung unterhalten? Der antike Biograf bezweifelt es, hatte Domitia doch heilige Eide geschworen, eine solche habe es niemals gegeben. Und sie hätte sich, so meint er, sicherlich damit gebrüstet, wenn an der Sache etwas gewesen wäre.

Titus starb am 13. September 81 n. Chr. in demselben Landhaus wie sein Vater. Die Römer trauerten gerade so, als wäre ein Familienmitglied gestorben. Nur die Juden freuten sich über seinen Tod, den sie als gerechte Strafe für die Zerstörung Jerusalems und des Tempels betrachteten.

Wie üblich kamen auch jetzt Gerüchte auf, er sei ermordet worden. Es hieß, Domitian, der einzige Nutznießer dieses Todes, habe in seiner maßlosen Ungeduld dem Sterben des Bruders nachgeholfen. Cassius Dio lässt durchblicken, er habe dem stark Fiebernden, der noch atmete und noch hätte gerettet werden können, eine Schneepackung verabreichen lassen, die den Tod ausgelöst habe.[19] Die Wahrheit wird wohl nie mehr zu ergründen sein.

Titus war bei seinem Tod knapp 42 Jahre alt. Die „Wonne und das Entzücken des Menschengeschlechts“ hatte nur zwei Jahre und zwei Monate regiert. War es sein Glück, vom Schicksal so früh abberufen zu werden? Cassius Dio zieht folgendes Fazit: „Es wird behauptet, Augustus wäre nicht geliebt worden, wenn er weniger lange gelebt hätte, und Titus nicht, wenn er länger am Leben geblieben wäre. Augustus nämlich konnte sich, obwohl er sich am Anfang wegen der Kriege und Parteistreitigkeiten ziemlich grausam zeigte, im Laufe der Zeit durch Wohltaten und Güte einen ausgezeichneten Ruf erwerben. Titus dagegen regierte mit Milde und starb auf der Höhe seines Ruhms; hätte er lange gelebt, so hätte sich vielleicht gezeigt, dass er seinen gegenwärtigen Ruhm mehr seinem Glück als seinem Verdienst verdankte.“[20]

In der Tat weiß niemand, welchen Verlauf Titus’ Regierung genommen hätte, wären ihm 20 oder mehr Jahre auf dem Thron beschieden gewesen. Sicher ist nur, er war „eine glänzende Gestalt der römischen Kaisergeschichte, ein hervorragender Feldherr, ein wohlwollender Princeps, ein treuer Freund seiner Freunde, ein milder Herrscher seiner Untertanen …“[21]

Der Unglücksrabe

Es scheint, als sei das Schicksal gerade den menschenfreundlichsten Herrschern am wenigsten gewogen.

In Titus' kurzer Regierungszeit häuften sich die Unglücksfälle, doch die Prüfungen, die er zu bestehen hatte, gaben ihm auch Gelegenheit, vor aller Welt seine Größe zu zeigen.

Er hatte sich kaum auf dem Thron eingerichtet und die ersten Anfeindungen seines Bruders überwunden, als über Italien „eine der größten Naturkatastrophen der Menschheit"[1] hereinbrach.

Die Zeichen der Zeit standen gut, und niemand hätte ein solches Unglück vorauszusagen gewagt. Konnten doch nur die unsterblichen Götter wissen, welches Schicksal den Siedlungen am Fuße des Vesuvs drohte, beispielhaft für alle dem kleinen Landstädtchen Pompeji.

Sommer lag über dem campanischen Hafen an der Mündung des Sarno. Leben quirlte in Pompejis sonnendurchfluteten Straßen, die von hastenden Menschen gefüllt waren. Die Pompejaner waren für ihren Fleiß weithin bekannt. Er hatte ihrer Stadt einen ungeheuren Aufschwung verliehen, hatte die einst bescheidene Siedlung zu einem kleinen Industrie- und Handelszentrum anwachsen lassen und ihr Ansehen verschafft unter vielen Städten der abendländischen Welt. Schon übertraf sie Neapolis, hatte auch andere Nachbarn weit hinter sich gelassen, sogar das sehr mächtige Cumae.

Campanien, der liebliche Landstrich südlich von Rom, wo die reichsten und einflussreichsten Quiriten weitläufige Sommerresidenzen besaßen, war ein gesegnetes Land. Auf seinen satten Weiden grasten Schafe, deren Wolle in Pompeji verarbeitet wurde. Und auf den fruchtbaren Hängen des Vesuvs gediehen unter einer gnädigen Sonne reichlich Obst und Wein, wichtige Exportgüter, die zum Wohlstand der Stadt entscheidend beitrugen, wenn auch böse Zungen behaupteten, der Genuss pompejanischen Weins verursache einen schweren Kopf.

Berühmt aber war die Stadt vor allem für ihre Fischsoße, *garum* genannt, die in großen Mengen hergestellt und in riesigen Amphoren ins ganze Reich verschickt wurde. Man schätzte die Delikatesse sogar an der kaiserlichen Tafel in Rom.

Strahlend war jener 24. August des Jahres 79 n. Chr. angebrochen, und niemand ahnte, dass der Tag nicht halten würde, was der Morgen versprach.

Und doch hatte die Natur dem aufmerksamen Beobachter ihre Absicht vielfach angekündigt. Aber alle Warnungen waren in den Wind geschlagen worden. Selbst der Vorsichtigste hatte sich hartnäckig geweigert, den Wink des Schicksals zu beachten.

Schon das Erdbeben des Jahres 62 n. Chr. hatte viele Menschen das Leben gekostet und der Stadt den unmissverständlichen Stempel der Verwüstung aufgeprägt. Kaum eines der öffentlichen und privaten Gebäude war damals der Naturgewalt unversehrt entgangen. Doch hatten sich die Überlebenden mit der ihnen eigenen Zähigkeit sogleich daran gemacht, die Schäden zu beseitigen. Auch neuerliche Erdstöße, allerdings leichterer Art, die seit einigen Tagen die noch nicht vollständig wiederhergestellten Gebäude erschütterten und sogar Quellen versiegen ließen, schienen keinen ernstlich zu beunruhigen. Niemals seit Menschengedenken hatte sich der Vesuv gerührt. Doch hatte schon der griechische Geograph Strabo in augusteischer Zeit den Berg richtig als Vulkan erkannt. Man war allerdings fest davon überzeugt, er sei längst erloschen. Es schien also tatsächlich ein Tag zu werden wie jeder andere, jener 24. August. Und nichts deutete für das flüchtige Auge auf die unmittelbar bevorstehende Katastrophe hin.

Man ignorierte auch das dumpfe Grollen, das seit einigen Tagen immer wieder aus dem Inneren des Berges kam. Nicht einmal das Versiegen der Quellen fand die notwendige Beachtung.

Da erfolgte am späten Morgen eine heftige Explosion. Der Himmel verfinsterte sich. Eine riesige Wolke schob sich vor die Sonne und löschte das Licht. Den Jüngeren Plinius, der gerade am Kap Misenum westlich von Neapel bei seinem Onkel, dem Älteren Plinius, dem dortigen Flottenkommandanten, berühmten Enzyklopädisten und Naturforscher, weilte und Augenzeuge des schrecklichen Geschehens wurde, erinnerte das seltsame Gebilde an eine Schirmpinie. Denn die Wolke „erhob sich erst wie eine Art Baumstamm zu großer Höhe und verzweigte sich dann in Äste …“, beobachtete er. „Ich glaube, sie sah so aus, weil sie von der ersten Explosion empor gerissen und dann vom Druck zerteilt wurde, oder sie wurde vom eigenen Gewicht wieder nach unten gezogen, sodass sie sich zerteilte und dabei ausbreitete. Stellenweise erschien sie weiß und teils fleckig schmutzig, je nach der Erde und Asche, die sie mit sich trug.“[2]

So beschrieb der Jüngere Plinius seine Eindrücke Jahre später in zwei Briefen an Tacitus. Sein gelehrter Onkel, ebenfalls Zeuge des grandiosen Naturschauspiels, sollte seine Neugier mit dem Leben bezahlen.

Er hatte einen verzweifelten Hilferuf einer Freundin erhalten, die an der Küste wohnte und die wertvolle Bibliothek ihres Gatten retten wollte. Er ließ, als Wissenschaftler ohnehin von dem einmaligen Naturereignis angezogen, die Flotte auslaufen und ankerte in Herculaneum, westlich des Vulkans. An einen Landgang war allerdings nicht zu denken. Der Trümmerregen und die Finsternis machten ihn unmöglich. So befahl er, nach Stabiae (heute Castellamare di Stabia) weiterzusegeln, wo er die Nacht in der Villa eines Freundes verbrachte. Am nächsten Morgen erstickte er am Strand an den giftigen Gasen, die inzwischen aus dem Vulkan getreten waren. „Erst nach zwei Tagen völliger Dunkelheit, die nur von schrecklichen Blitzen und aufleuchtenden Entladungen elektrischer Ströme unterbrochen waren, konnte sein Leichnam geborgen werden.“[3]

Der Ältere Plinius war sehr beleibt, und offenbar war seine angeschlagene Gesundheit so großer Aufregung durch die erzürnte Natur nicht gewachsen. Sein Neffe hatte mehr Glück. Er überlebte und konnte später der interessierten Nachwelt von seinen Beobachtungen berichten. Als der Historiker Tacitus ihn bat, den Tod des verehrten Onkels zu schildern, antwortete der Neffe: „Nun trieben die Flammen und der den Flammen vorausgehende Schwefelgeruch die anderen in die Flucht. Ihn (das heißt also den Admiral und Naturwissenschaftler) machten sie nur munter. Von zwei Sklaven gestützt, erhob er sich, sank aber plötzlich wieder nieder. Wie ich vermute, hatte ihm der starke Rauch den Atem gehemmt und den Magen versperrt. Als es wieder Tag wurde, fand man seinen Körper unversehrt mit derselben Bekleidung. Sein Aussehen glich dem eines Schlafenden, nicht dem eines Toten.“[4]

Seit dem Beginn der ersten Eruption am späten Morgen des 24. August war es dunkel. Als der Tag sich neigte, hatte sich auf Pompeji bereits eine über zwei Meter dicke Aschenschicht gelegt. Doch der eigenartige Regen und die Finsternis dauerten an. „Im Dunkel der Nacht leuchteten vom Vesuv her riesige Flammenherde und mächtige Feuersäulen …“, bemerkte Plinius weiter. Die Kraterwände, die den Schlot des Vulkans fest verschlossen hatten, waren eingebrochen, wofür sich der wütende Berg mit heftigen Explosionen rächte, die von weiteren Blitzen, Erd- und Seebeben begleitet wurden. Asche, Schlacke, Lava und Geröll prasselten auf die Erde nieder und begruben die Stadt mit einer weiteren, über zwei Meter dicken Schicht. Dann folgte eine undurchdringliche Wolke glühenden Bimssteins, weiß bis schmutzig grau. Dampf, Schlacken und Staub vermischten sich zu einer zähen, brodelnden Masse, die von den Berghängen herabkroch und alles Leben unter sich begrub. Erst am dritten Tag, dem 26. August, beruhigten sich allmählich die Gewalten, und über Pompeji ging langsam eine fahle Sonne auf. Da aber hatte die Stadt bereits aufgehört zu bestehen. Mit ihr waren auch Herculaneum und Stabiae untergegangen, waren zahlreiche Villen und Landsitze dieser reizvollen Gegend vom Erdboden verschwunden.

Allein in Pompeji fielen dem überraschenden Vulkanausbruch über 2.000 Menschen zum Opfer, wurden niedergetrampelt, von Gesteinsbrocken oder einstürzendem Mauerwerk erschlagen, oder sie erstickten an den Giftgasen, die dem offenen Krater entströmten. Ein Fünftel der Stadtbevölkerung, die nach neuesten wissenschaftlichen Erkenntnissen etwa 10.000 Menschen betragen hat, hatte der Berg als Blutzoll gefordert. Viele hatten noch versucht, der tödlichen Gefahr zu entrinnen, waren um ihr nacktes Leben gerannt, hatten sich in Häusern, Kellern und sogar in Gräbern verborgen und waren zumindest von den giftigen Chlorgasen doch eingeholt worden. Tragödien unvorstellbaren Ausmaßes müssen sich in jenen drei Tagen in und um Pompeji abgespielt haben.

Doch was wirklich geschah, wusste man damals nicht, konnte sich auch Kaiser Titus in Rom nicht vorstellen, der sogleich Hilfsmaßnahmen einleiten ließ.

„Werden künftige Jahrhunderte“, fragte der römische Dichter Publius Papinius Statius (um 40–96 n. Chr.) angesichts der zerstörten Orte, „wenn die Ernten heranreifen und diese Wüste wieder grünt, glauben können, dass ganze Städte und deren Bewohner unter ihren Füßen liegen?“ Sie ahnten es nicht. Anfangs mieden die Menschen den Fluch beladenen Ort, durchstreiften nur Schakale und Abenteurer beutegierig die kläglichen Reste. Dann fiel Pompeji in Vergessenheit, und mehr als 17 Jahrhunderte vergingen, ehe es sich im wahrsten Sinne des Wortes als Phönix aus der Asche erhob …

Ganz anders hatte sich in den Tagen der Katastrophe das Schicksal Herculaneums entwickelt. Es wurde nicht von herabregnendem Bimsstein, von Schlacke und Asche bedeckt, sondern unter einem glühenden Lavastrom begraben, der langsam vorwärtskroch und den meisten Bewohnern Gelegenheit gab, wenigstens ihr Leben in Sicherheit zu bringen.

In der zweiten Hälfte des 19. Jahrhunderts, als sich die Archäologie aus dem Ruch der „Scherbenwissenschaft“ erhoben hatte, begannen interessierte Ausgräber mit systematischen Forschungen, allen voran der Italiener Giuseppe Fiorelli, der von 1860 bis 1875 in Pompeji wirkte. Er stieß auf dramatische Spuren der tragischen Vorgänge. „In einem Haus war ein Zimmer, in das sich eine Gruppe geflüchtet hatte … Im Inneren wurden die Überreste von zwölf Menschen gefunden. Auf der Schwelle eines anderen Hauses lagen die Herrin und drei ihrer Mädchen; ihr Schmuck und ihr Geld waren um sie herum verstreut … Was an kleinen Dingen erhalten blieb, ist außerordentlich und geradezu unheimlich. Eier und Fische wurden so gefunden, wie sie liegen geblieben waren, weil für ihren Verzehr die Zeit nicht mehr reichte. In einem Restaurant wurden im Herd einundachtzig verkohlte Brötchen gefunden … In einem anderen Gasthaus hatten Gladiatoren keine Zeit mehr auszutrinken und ließen ihre Trompeten liegen. In ihren Unterkünften starben sechzig Gladiatoren, einige von ihnen in Ketten, sowie eine schmuckbehängte Dame, die bei einem der starken Männer zu Besuch war. Nur wenige Lasttiere verloren in der Stadt ihr Leben, da die meisten zur Flucht verwendet wurden. Aber tote Hunde wurden gefunden, und einer von ihnen lieferte ein schreckliches Zeugnis der Katastrophe, denn er hatte den Leichnam seines Herrn, der neben ihm lag, angefressen, bevor er selbst umkam … Auch Fluchtversuche auf das Meer hinaus blieben erfolglos, denn selbst wenn sich jemand bis zur Küste durchgeschlagen hatte, machten es der Sturm und die Brecher doch unmöglich, mit einem Schiff hinauszufahren ...“[5]

Signor Fiorelli kommt das große Verdienst zu, die alten Gebäude so instand gesetzt zu haben, dass der neuzeitliche Besucher das Leben in den antiken Mauern mit ein wenig Phantasie gut nachvollziehen kann. Er entwickelte darüber hinaus ein Verfahren, das Aussehen der Menschen wieder herzustellen, deren Reste er in den von den Ascheablagerungen umschlossenen Hohlräumen fand. Er füllte diese mit einem sich nur langsam verhärtenden Gipsbrei. Was er erhielt, mag ihn selbst in Erstaunen versetzt, ja erschüttert haben: Die Umrisse von Kleidung, Sandalen und Haaren wurden genau wiedergegeben. Er erkannte Kreaturen im Todeskampf, gekrümmte Körper, schmerzverzerrte Gesichter, Verzweiflung ob der tödlichen Gewissheit, Leid und Verderben allenthalben. „Es haben sich viele Katastrophen auf der Welt ereignet“, meinte Johann Wolfgang von Goethe, der auch das liebliche Campanien auf seiner Italienreise besuchte, „aber es ist keine darunter, die auf die heutigen Menschen einen derartigen Reiz ausübt wie diese eine ...“[6]

Noch heute strahlen die ausgegrabenen Städte am Fuße des Vesuvs eine einzigartige Anziehungskraft aus. Es sind lebendige Orte, nicht nur wegen der Massen neugieriger Touristen. Sie sind aber auch nicht weniger Stätten des Todes. „Es ist, als ob man hören könnte, wie das eigene Leben ins Verhängnis stürzt“, meinte der englische Schriftsteller Malcolm Lowry.[7] Und eine andere Frage drängt sich nicht weniger auf: Glaubst du an die Auferstehung der Toten? – Sie sind nie gestorben.

Seltsam vermischen sich Traumwelt und Realität, wenn man die Schwellen überschreitet, die nicht nur ins Innere der zahllosen Häuser, sondern ebenso in jene entlegene Zeit führen. Die meisten Gebäude wirken gar nicht verwaist und verlassen. Es scheint eher, als sei der Hausherr für einen Augenblick weggegangen, um bald wiederzukehren, und gleich träte aus einem der vielen Torbogen eine elegant gekleidete Dame hervor und fragte nach unserem Begehr. Die blumengeschmückten Gärten der Säulenhöfe laden zum Verweilen ein, und die *impluvia*, die Regenauffangbecken in den Atrien, dienen noch mancherorts ihrem herkömmlichen Zweck. Seit zwei Jahrtausenden warnt am Eingang des

„Hauses des tragischen Dichters“ das *cave canem* davor, ungebeten einzutreten und die Idylle des friedlichen Ortes zu stören. Und seit damals tanzt auch der Faun, der eigentlich ein Satyr ist, seinen weinseligen Reigen.

Sicherlich zu Recht gelten die Häuser der Reichen Pompejis als die schönsten Monumente, die uns die römische Welt hinterlassen hat. Man kann über die Kunst der alten Baumeister nur staunen. Die meisten Wohnhäuser sind in Atriumbauweise angelegt. Sie erhalten Luft und Licht nicht durch zu den Straßen ausgerichtete Fenster, sondern über Innenhöfe, die eine heimelige Privatatmosphäre schaffen. Mit ihnen haben die Architekten kühle Inseln der Ruhe erdacht, die die Bewohner vor Hitze und Straßenlärm schützten. Oft reihen sich mehrere Höfe aneinander.

Den Haupthof bildete das Atrium, eine Architekturform, die möglicherweise auf die Etrusker zurückgeht. Über ihm befand sich eine Dachöffnung. Darunter lag das bereits erwähnte *impluvium.* Um diesen Hof herum waren die Zimmer gereiht. Es folgte das *peristylum*, ein ummauerter, von einem Säulengang umgebener Ziergarten, der nicht nur zum Verweilen, sondern auch zu schattigen Spaziergängen einlud. Die Räume wirkten klein. Sie sind in düsteren Farben, meist dem bis heute so genannten berühmten pompejanischen Rot, gehalten und mit den unterschiedlichsten Motiven von nur ornamentalem Charakter bis zu figürlichen Darstellungen mit mythologischer Bedeutung bemalt. Fensterscheiben besaßen selbst die vornehmsten Familien nicht. Man schloss die Luken im Winter mit Holzläden, versuchte mit zum Teil unzureichender Heizung die manchmal recht kalten Winter zu überbrücken und beleuchtete die Räume mit Fackeln, Wachsstöcken und großen Kerzen. Die Städte rund um den Vesuv waren auf sommerliche Temperaturen eingestellt.

Wenn auch zumindest für neuzeitliche Vorstellungen von luxuriösem Wohnen zu klein, waren die Räume doch geschmackvoll ausgestattet: Die Wände vom Boden bis zur Decke mit Malereien geschmückt, die Böden mit kunstvollem Mosaik belegt. Teppiche gab es kaum. Man war der Auffassung, sie störten die Architektur. Aus diesem Grund war auch die

Möblierung spärlich. Man konzentrierte sich auf die Gartenarchitektur, die Anlagen von außerordentlicher Lieblichkeit hervorbrachte.

Nicht weniger aufschlussreich für das Leben in der antiken Stadt sind die zahlreichen Botschaften, die als Inschriften, Graffiti oder Kritzeleien auf vielen Mauern erhalten blieben. Eine ganze Reihe von ihnen hat man nach Neapel ins Nationalmuseum gebracht, um sie vor zerstörerischen Umwelteinflüssen zu bewahren. Sie erzählen von allen Bereichen menschlicher Aktivitäten, von Literatur, Politik und Religion, und sind damit einzigartige Kulturzeugnisse. Manche laden auch zu den öffentlichen Spielen ins Amphitheater ein, dem Abgrund von Vergnügungssucht und Blutgier. Auch der freien und käuflichen Liebe ist viel Raum gewidmet. Sie wird in Pompeji ohne Zurückhaltung dargestellt. Szenen des Geschlechtsakts und Darstellungen des männlichen Gliedes finden sich allerorten. Ob es sich dabei aber wirklich nur um obszöne Kunstwerke handelt, wie gern behauptet wird, sei dahingestellt. Galten doch diese Abbildungen gleichsam als Beschwörung der menschlichen Fruchtbarkeit. Freilich bezeugen nicht weniger als sieben bislang ausgegrabene Bordelle, die Lupanare, dass auch den Pompejanern die Wonnen der Liebe nicht unbekannt waren.

Die leeren Zuschauerränge des Amphitheaters verraten, dass die Zeit der Gladiatoren endgültig vorbei ist. Unsere Tage haben andere Helden. In den Arenen des beginnenden dritten Jahrtausends geht es glücklicherweise seltener um Tod oder Leben.

Den Reiz des *Teatro grande* hat man allerdings wiederentdeckt. Es wird seit Jahren für Freilichtaufführungen genutzt: Tribünen, die den natürlichen Hang hinaufklettern und einst nur nach streng hierarchischen Regeln besetzt werden durften. Verlassen die *scena*, die ihren großen griechischen Vorbildern folgt. Was der Gast der Antike dem Besucher der Neuzeit voraus hatte: Ein großes Segeltuch, das den gesamten Spiel- und Zuschauerraum überspannte, schützte gleichermaßen vor Sonne und Regen. Der heutigen Neugier bleibt nur die Hoffnung, der südliche Himmel werde schon dafür sorgen, dass niemand nass wird.

Freilich auch keine Spur mehr von der heiteren Ausgelassenheit in den Thermen. Müde Wanderer nur, der unbarmherzigen Julisonne für Augenblicke entronnen, erschöpft vom holprigen Straßenpflaster, für das sie und ihr Schuhwerk nicht gemacht sind. Sie lagern auf den Stufen, starren schweigend, wagen kaum zu flüstern, ehrfürchtig fast, denn in den Vitrinen gleich nebenan harren die Gipsköper der Toten, bleich und reglos und in ihrer Verzerrung doch auf faszinierende Weise lebendig, einer fröhlichen Auferstehung.

Ach ja, das Forum! Einst Nabel dieses Gemeinwesens, sein in Jahrhunderten gewachsener Mittelpunkt. Warenumschlagplatz ebenso wie Nachrichtenbörse und nicht zuletzt ein Ort der Götterverehrung. Nach dem Vorbild der großen Marktplätze in den Metropolen des Römischen Reiches an drei Seiten von Kolonnaden umgeben, beherrschen die vierte Seite der weitläufigen Anlage Reste des imposanten Iupitertempels.

Auch die Basilika von Pompeji liegt am Forum. Sie blickt auf ein beeindruckend frühes Entstehungsdatum zurück. Um 100 v. Chr. erbaut, früher als manches der in Rom bekannten öffentlichen Gebäude dieser Art, ist sie für das Studium der römischen Baugeschichte von unschätzbarem Wert.

Von Apollos Heiligtum gleich neben dem Forum blieb nicht allzu viel übrig. Unversehrt nur das Standbild der Gottheit, zumindest seit der Zeit des Augustus, der diese Lichtgestalt zum Objekt besonderer Verehrung und Wertschätzung erkoren hatte, eine der wichtigsten Erscheinungen des römischen Götterhimmels, ein lebensvoller Jüngling, den Tod und Finsternis nicht schrecken. Nichts verrät dem flüchtigen Auge des Laien, dass hier nur eine neuzeitliche Nachbildung aufgestellt ist. Das Original hat menschliche Vor- und Voraussicht ins Nationalmuseum von Neapel geschafft.

In auffälligem Gegensatz zur Unbeschwertheit des jugendlichen Gottes drohen die beiden noch – oder wieder? – aufgerichteten Ecksäulen seines Tempels wie erhobene Zeigefinder gegen den makellosen Sommerhimmel. Dahinter, im Hitzedunst verschleiert, unwirklich, traumhaft fast, die Silhouette des allgegenwärtigen Berges. Trügerisch ist seine Ruhe, geheuchelt seine Gelassenheit. Wann wird er seinem Zorn ein weiteres

Mal Luft machen und Pompeji und die anderen Städte diesmal vielleicht endgültig begraben? Der Berg, bemerkt Charles Dickens so treffend, „ist der Genius der Szenerie, das Verhängnis und das Schicksal dieses schönen Landstrichs, in ihm ruht die verbleibende Zeit“[8].

Doch kehren wir nach Rom an den Hof des Kaisers zurück. Titus ordnete, wie gesagt, Hilfsmaßnahmen an, die jedoch offensichtlich nicht allzu viel bewirkten.

Kaum war die Nachricht vom Ausbruch des Vesuvs nach Rom gelangt, als er zwei hohe Beamte, *curatores restituendae Campaniae*, in das Katastrophengebiet entsandte. Sie waren konsularischen Ranges und mit allen Vollmachten des Kaisers ausgestattet. Doch was sollten sie ausrichten? Ihre Aufgabe überstieg alle menschliche Kraft. Wo das Schicksal gesprochen hatte, hofften selbst die Götter vergebens. Die Naturgewalten hatten nicht nur die Städte, sie hatten das Leben jedes Einzelnen zerstört. So zog man die Besitzungen derjenigen ein, die keine Erben hinterlassen hatten. Was man dafür erlöste, wurde an die Gemeinden verteilt, die am meisten gelitten hatten. Den verschütteten Städten war nicht mehr zu helfen. Über sie hatte sich eine Art Grabesruhe gelegt.

Der neue Kaiser hätte jetzt ein wenig Ruhe gebraucht, aber das missgünstige Schicksal war ihm nicht so gnädig gestimmt. Der Verschüttung der Städte am Vesuv folgte in Rom eine so furchtbare Pest, wie sie zuvor noch nie aufgetreten war, und man hatte die Erklärung für dieses Unglück schnell zur Hand. Der Ascheregen wurde dafür verantwortlich gemacht, der sich in der gesamten Gegend verbreitet hatte, und, folgen wir Cassius Dio, selbst in Syrien niedergegangen war. „Zur Behebung und zur Linderung der Pest ließ er keine göttliche und menschliche Hilfe unversucht und wandte jede Art von Opfern und Heilmitteln an“[9], wird von Titus berichtet. Dennoch muss die Seuche zahlreiche Menschenleben gefordert haben, wenn auch die Angabe des Kirchenvaters Eusebius von Caesarea, an manchen Tagen seien nicht weniger als 10.000 Menschen in die Sterbelisten eingetragen worden, übertrieben erscheint.

Als hätten den neuen Kaiser nicht genug Sorgen gequält, brach im Jahr 80 in Rom ein verheerendes Feuer aus, das den Teil der Stadt, der sich vom Pantheon zum Tiber erstreckt, in Schutt und Asche legte. Das Feuer war wahrscheinlich in den Magazinen der *Saepta Iulia* auf dem Marsfeld ausgebrochen, des monumentalen, für Volksversammlungen bestimmten Freiraums östlich des Pantheons, in dem unter anderem die Volkstribunen gewählt wurden.[10] Es fraß sich drei Tage und drei Nächte lang durch die Straßen. Die Feuersbrunst kostete nicht nur zahlreiche Menschenleben. Sie zerstörte auch mehrere öffentliche Gebäude. Zu ihnen gehörte das *diribitorium*, in dem bei Wahlen die Steintäfelchen ausgezählt wurden und das für seine kühne Dachkonstruktion aus augusteischer Zeit berühmt war. Es wurde nicht wieder aufgebaut.

Die Flammen vernichteten auch die *Basilica Neptuni*, den Isis- und Serapistempel, den die Flavier besonders schätzten, das Pantheon, das Domitian wiederherstellen ließ, und die Thermen des Agrippa. Auch das Theater des Pompeius verbrannte, das wie durch ein Wunder den neronischen Stadtbrand sechzehn Jahre zuvor überlebt hatte. Zu den zerstörten Gebäuden gehörten daneben das Theater des Balbus und der *Porticus Octaviae* mit seiner wertvollen Bibliothek, die zu den drei bedeutenden der Stadt gehörte. Das gleiche Schicksal widerfuhr dem Marcellus-Theater. Nicht einmal der Tempel des Iupiter Optimus Maximus, der erst zehn Jahre zuvor wieder aufgebaut worden war, wurde verschont.

Man wird allerdings nicht annehmen dürfen, dass all diese Gebäude völlig vernichtet wurden. Aber die Schäden waren beträchtlich. Das einst so stolze Marsfeld mit seinen rußgeschwärzten oder verbrannten Gebäuden glich einer Trauerstätte. War zuviel zerstört, verzichtete man auf den Wiederaufbau.

Titus gab sich alle Mühe, dem Marsfeld sein altes Gesicht wiederzugeben. Der Staat, meinte der Kaiser, habe keine unersetzlichen Verluste erlitten. Er bestimmte, dass alle privaten Kunstgegenstände seiner, des Kaisers, eigenen Landhäuser zur Ausschmückung der Gebäude und Tempel verwendet werden sollten.[11] Aber die Zeit war gegen ihn. Erst unter Domitian konnten die meisten Gebäude restauriert werden.

Schlimmer noch als die Allgemeinheit traf das Unglück viele Privatleute. Wessen Hab und Gut verbrannte, war mit einem Schlage ein armer

Mann. Es verwundert nicht, dass Feuersbrünste in der Hauptstadt des Römerreichs von allen Katastrophen am gefürchtetsten waren. Infolge der engen Bauweise fand das Feuer reichlich Nahrung. Und nicht nur deshalb. Die offenen Kohlebecken, mit denen man (unzureichend) heizte, stellten immer einen potentiellen Gefahrenherd dar. Brandmauern gab es nur wenige, und sie waren zumeist als Schutz gegen ein Übergreifen der Flammen von den Wohnvierteln auf öffentliche Gebäude und Einrichtungen gedacht, so etwa die noch heute sichtbare Mauer, die den Mars-Ultor-Tempel auf den Kaiserforen von der besonders gefährdeten *Subura*, dem schmuddeligen Armeleuteviertel, trennte.

Nur den wenigsten geschädigten Privatpersonen konnte der Kaiser trotz allen guten Willens wirklich helfen, denn auch seine Mittel waren nicht unerschöpflich. Angeblich lehnte er Hilfsangebote fremder Fürsten und Städte ebenso ab wie die von reichen Bürgern, die zum Wiederaufbau ihr Scherflein beitragen wollten.[12] Vespasians Sohn war möglicherweise zu stolz.

Es gab daneben Plagen anderer Art, mit denen es galt, fertig zu werden. Da machten sich seit langem Intriganten und Zuträger breit. Mit ihnen kannte der Kaiser kein Erbarmen. Gewöhnlich ließ er sie auf dem Forum öffentlich auspeitschen und durch die Arena des Amphitheaters führen. Aber sie wurden auch als Sklaven verkauft oder auf unwirtlichen Inseln ausgesetzt.

Trotz aller Rückschläge stand Titus aber beim Volk in hoher Gunst. Er sorgte väterlich für seine Untertanen und ließ Bauten errichten oder erneuern, die ihrer Bequemlichkeit dienten. So wiesen einige Wasserleitungen Schäden auf, die sein Vater nicht hatte beheben lassen. Zu ihnen gehörten die *Aqua Marcia* ebenso wie zwei Zuflüsse zur *Aqua Claudia.*

Wasser, rein und von hochwertiger Qualität – seine Verunreinigung war unter hohe Strafen gestellt und die Aufsicht über die Wasserleitungen einem eigenen *curator* übertragen – war nicht nur für die Gesundheit der Stadtbevölkerung von höchster Bedeutung. Es war auch notwendig, um das Volk einmal mehr bei Laune zu halten. So entstanden über dem Areal des Goldenen Hauses Neros bald die Titus-Thermen, die in außerordentlich kurzer Zeit fertig gestellt und bereits 80 n. Chr. eingeweiht wurden. Die Badeanlage war nicht besonders groß, und die Wissenschaft vermutet, es habe sich bei ihr um die von Sueton beschriebenen Thermen des Nero-Palastes gehandelt, die nur umgebaut und restauriert wurden.[13] Dies würde die kurze Bauzeit erklären und den Grundsätzen der flavischen Politik entsprechen: Gemeinnutz vor Eigeninteresse.

Trotz ihrer geringen Größe muss die Anlage prachtvoll ausgestattet gewesen sein. Zahlreiche Kunstwerke von unschätzbarem Wert wurden in ihnen gefunden, darunter die berühmte Laokoon-Gruppe, die heute in den Vatikanischen Museen bewundert werden kann. So hat der kunstverständige Kaiser als Mäzen dazu beigetragen, das römische Lebensgefühl und den antiken Sinn für Schönheit und Ästhetik für uns Nachgeborene verständlich zu machen.

Roms neuer Kaiser zeichnete sich darüber hinaus durch die Großartigkeit der Spiele aus, die die Römer nach der Regierungszeit des sparsamen Vespasian als höchst angenehm empfanden. Gladiatorenkämpfe und Tierhetzen, die *venationes*, lockten die Massen ins neu erbaute Amphitheater. Niemals zuvor hatte jemand in Rom Vergleichbares geboten. Hundert Tage sollen allein die Einweihungsfeierlichkeiten der neuen Vergnügungsstätte gedauert haben, wobei an einem einzigen Tag angeblich 9.000 wilde Tiere erlegt wurden und ganze Kompanien für ihr blutiges Handwerk ausgebildeter Gladiatoren in der Arena gegeneinander antraten. Elefanten erschienen, um sich gegenseitig niederzutrampeln, und in der Luft trachteten abgerichtete Kraniche einander nach dem Leben. Als die blutgierige Masse vom Töten zu Lande genug hatte, wurden Seeschlachten veranstaltet. Athen kämpfte gegen Syrakus, es gab zahlreiche Tote und Verletzte. Das Verfolgen der Spiele, das sinnlose Töten von Mensch und Tier hatten sich längst zu einer Art Volkssport entwickelt, der geeignet war, die Masse bei Laune zu halten und Aggressionen auf andere Weise als gegen die Herrschenden abzubauen. Wer beschäftigt ist, denkt nicht an Revolution. Schon aus Eigennutz und Selbsterhaltungstrieb hätte kein Kaiser gewagt, die Spiele aus humanitären Gründen abzuschaffen, im Gegenteil. Je prächtiger und aufwändiger die Veranstaltungen waren, je mehr Tote es gab, desto mehr steigerte sich die Popularität des Herrschers, eine Tatsache, die auch Titus nicht verborgen blieb und die er sich zunutze machte.

Hatte sich der Senat unter Titus' Vorgängern weitgehend zu einer Institution von Ja-Sagern entwickelt, die nicht wagten, sich kaiserlicher Willkür zu widersetzen, war er um Einvernehmen mit diesem Mann bemüht. Noch als Prätorianerpräfekt hatte Titus oft gegen das Gesetz verstoßen, etwa wenn er Verdächtige im Theater vor aller Augen festnehmen ließ. Seine Aktionen hatten sich dabei stets gegen Angehörige der oberen Stände gerichtet, und er hatte sicher sein können, dafür den Beifall der Plebs zu erhalten. Wurden seine Maßnahmen als ungeeignet, ja überzogen gerügt, berief er sich stets auf den Konsens der Masse.

Auch insofern trat mit seiner Thronbesteigung ein tiefgreifender Wandel ein. Zwar blieb das kaiserliche Gericht als Instanz erhalten, die Anklagen gegen Senatoren wegen Kapitalverbrechen entgegennahm, aber Titus hat kein einziges Todesurteil gegen einen Angehörigen des Senatsadels verhängt, was dieser dankbar zur Kenntnis nahm.

Im Grunde war es nicht verwunderlich. War er doch auf die Mithilfe der Senatoren in Verwaltung und Militärdienst angewiesen. Sie allein verfügten über die nötige Erfahrung. Doch vielleicht hat auch hier seine kurze Regierungszeit das Verhältnis zum Senat begünstigt. Als Titus starb, wurde er besonders von Roms oberster Schicht aus tiefem Herzen betrauert. Man ahnte wohl, dass man mit ihm die friedlichen Zeiten zu Grabe trug. Sein Bruder Domitian führte dann tatsächlich ein ausgesprochen autokratisches Regiment und machte vom kaiserlichen Recht der Halsgerichtsbarkeit über die Senatoren, wie es seit Begründung des Principats durch Kaiser Augustus üblich war, eifrig Gebrauch.

Was bliebe noch von der „Wonne des Menschengeschlechts" zu berichten? Dass er kein Erneuerer war, steht fest. Er brauchte es auch nicht zu sein, denn sein Vater hatte ihm ein wohl geordnetes Reich hinterlassen. Auch außenpolitisch war seine Herrschaft wenig spektakulär, war er um Ruhe und Ordnung bemüht. Große Eroberungen waren nicht nach seinem Sinn. Der erbarmungslose Judenbezwinger war sich der Tatsache bewusst, dass Rom eine Phase der Erholung benötigte, um seinem Anspruch auf Erlangung und Erhalt der Weltherrschaft gerecht werden zu können. Nur Britannien war noch nicht im römischen Sinn befriedet. Dort gingen unter dem Oberbefehl des Cn. Iulius Agricola, des Schwiegervaters des berühmten Historikers Tacitus, der auch eine Biografie des bemerkenswerten Heerführers verfasste, die Kämpfe weiter.

Wie sehr dem neuen Kaiser über die großen Sorgen um das Reich hinaus auch eher untergeordnete Angelegenheiten am Herzen lagen, zeigt ein Brief, den er am 7. September 79, also nur wenige Tage nach dem Ausbruch des Vesuvs, an den Rat des Städtchens Munigua in der Provinz Baetica in Spanien richtete. Dieser hatte sich Hilfe suchend an das kaiserliche Gericht in Rom gewandt. Er lag nämlich im Streit mit einem Steuerpächter namens Servianus Pollio und war im Prozess gegen diesen in zwei Instanzen unterlegen. Das Verfahren hatte der Statthalter Sempronius Fuscus geleitet. Um dessen Autorität nicht zu untergraben, bestätigte Titus die Entscheidung, erließ der Stadt aber in einem Gnadenakt die verhängte Geldbuße von 50.000 Sesterzen wegen der ungerechtfertigten Berufung nebst den Verzugszinsen. Seine viel zitierte Milde sollte nicht ein bloßes Lippenbekenntnis sein. Das kaiserliche Schreiben ist übrigens auf einer Bronzetafel erhalten geblieben, ein beredtes Zeugnis der Auffassung des ungewöhnlichen Mannes vom Kaisertum. Hier in etwas freier Übersetzung:

„Der Imperator Titus Caesar Vespasianus Augustus, Pontifex Maximus, zum neunten Mal Inhaber der tribunizischen Gewalt, zum vierzehnten Mal Oberbefehlshaber, im siebten Konsulat, Vater des Vaterlandes, grüßt die Stadtväter von Munigua.

Ihr habt Berufung eingelegt, um die Geldbuße, die von Sempronius Fuscus gegen euch zu Gunsten des Servilius Pollio verhängt wurde, nicht zahlen zu müssen. Es war richtig, das Strafgeld für diese ungerechtfertigte Berufung von euch einzutreiben. Im Hinblick auf meine Milde habe ich euch wegen der schlechten Finanzlage eurer Stadt die Zahlung der 50.000 Sesterzen erlassen … Die Summe, die Pollio zugesprochen wurde, müsst ihr allerdings bezahlen. Ihr sollt aber von der Zahlung der Verzugszinsen, die seit dem Urteilsspruch aufgelaufen sind, befreit werden …

Gegeben am 7. September (79 n. Chr.) Vale!“

„Domitian war rasch und jähzornig, aber auch heimtückisch und hinterlistig. Nie liebte er einen Menschen aufrichtig, einige Frauen ausgenommen, und tat er so, als liebte er jemanden, so hatte er ihn gewiss als sein nächstes Opfer ausersehen ...“[1]

Domitian – Frühe Herrscherjahre

„Ist jemand beim Kaiser?“, wollte ein Besucher wissen, der Domitian zu sprechen wünschte.

„Nicht einmal eine Fliege“, antwortete dessen Berater Vibius Crispus.

„Nicht einmal eine Fliege?“, fragte der Fremde verwundert.

Crispus bestätigte. „Nicht einmal eine Fliege.“

Sueton hat es in seinem „Leben der Caesaren“ überliefert, und wir haben keinen Grund, ihm zu misstrauen: Es gehörte zu Domitians Lieblingsbeschäftigungen, Fliegen zu fangen, sie mit spitzem Griffel aufzuspießen und leiden zu sehen. Mindestens zu Beginn seiner Herrschaft pflegte er sich täglich für Stunden zurückzuziehen, um diesem immerhin merkwürdigen Zeitvertreib nachzugehen.[2]

Titus Flavius Domitianus, der dritte in der Reihe der flavischen Herrscher, hat bisher von der Geschichtsschreibung noch keine gerechte Beurteilung erfahren. War er wirklich so schlecht, wie ihn die Alten, Zeitgenossen oder auch nicht, darstellten, ein Ausbund an Grausamkeit und Verworfenheit, der Rom nach der angenehmen Herrschaft seines Vaters und seines Bruders das Fürchten lehrte?

Die Aufzeichnungen des Suetonius Tranquillus, der um 70 n. Chr. geboren wurde, seine Jugend unter Domitian verbrachte und aus eigener Erinnerung zu berichten wusste, geben nicht allzu viel her. Sie beschränken sich auf den üblichen Klatsch und schlüpfrige Anekdoten, die über Vespasians jüngeren Sohn im Umlauf waren. Zum Charakter des letzten Flaviers dringen sie kaum vor. Und auch das Zeugnis anderer Zeitgenossen, etwa das des Jüngeren Plinius, ist kaum geeignet, ein objektives Bild dieses Menschen zu zeichnen. Zu sehr ist seine Überlieferung von Hass und Verachtung geprägt, seltsam genug bei einem Mann, der von Domitian in seiner Karriere stark gefördert wurde, wenn er dies nach dessen

Tod auch heftig bestritt. In einem Panegyricus auf Kaiser Trajan bezeichnete Plinius Domitian gar als furchtbares Unheil, *immanissima belua*, eine Charakterisierung, die von Plinius' Nachfolgern bereitwillig aufgenommen wurde und einen Großteil der Lehre über den letzten Flavier bis heute beherrscht.

Nur unzureichend wurde der Versuch unternommen, auch Domitians gute Seiten hervorzuheben, seine unermüdliche Aufopferung für das Reich und seine persönliche Integrität. Er war ein Meister der Jurisprudenz, was selbst Sueton zugeben muss[3], ein hervorragender Verwalter, ein tüchtiger Heerführer und ein beständiger Förderer von Wissenschaft und Kunst.

Aber der negative Eindruck in der antiken Berichterstattung überwiegt. Ein Opfer seiner Launen soll er gewesen sein, ständigen Stimmungsschwankungen unterworfen und zuletzt ein an Körper und Seele kranker Mensch. So wurde er nach allgemeiner Auffassung zum wütenden Tyrannen, der das Andenken seines Vaters und seines Bruders in den Schmutz zog und deren Leistungen durch seine schrankenlose Willkür zunichte machte.

Was aber ist von einem Menschen zu erwarten, der sich, zweifellos intelligent und überdurchschnittlich begabt, auf einmal im Rampenlicht sieht, an der Spitze des größten Reiches, das die abendländische Welt jemals sah, dem die Vorsehung die umfassendste Macht in die Hände gelegt hat, über die je ein Mensch verfügte? Aller Augen richteten sich mit einem Mal auf ihn, der darauf kaum vorbereitet worden war.

Zweifellos war Vespasians jüngerer Sohn ein exzentrischer Mann, ja nach Ansicht mancher Historiker bewegte er sich am Rande des Wahnsinns. Schon seinem Vater gegenüber soll er gelegentlich den Anschein des Verrückten erweckt haben.[4] Normal, was immer man darunter verstehen mag, war Domitians Verhalten sicherlich nicht, nicht einmal nach den Begriffen Roms, das gerade in dieser Hinsicht einige Erfahrungen aufzubieten hatte. Aber konnte man, wenn man seinen frühen Lebenslauf betrachtet, überhaupt erwarten, dass er sich „normal" entwickelte?

Wie soll ein gesunder, vor Kraft strotzender, aber kleiner Baum gedeihen, der sich stets im Schatten eines großen befindet? Fast krankhaft ehrgeizig, war der Jüngling dennoch dazu verurteilt, die Bevorzugung seines Bruders ohnmächtig zu ertragen, die Art und Weise, in der sein Vater den älteren Sohn geradezu vergötterte.

Ihm selbst hatte man in die Obhut von Caenis gegeben, der Konkubine Vespasians, und alle seine Bemühungen, sich eine der seines Bruders ebenbürtige Stellung zu verschaffen, waren von vornherein zum Scheitern verurteilt. Weder dem Vater noch dem Bruder lag daran, sich von dem oft unbeherrschten, jähzornigen jungen Mann in die Regierungsgeschäfte dreinreden zu lassen.

Domitians Neid auf seine beiden Vorgänger ging aber nicht über den frühen Tod des ungeliebten Bruders hinaus. Er betrieb Titus' Vergöttlichung, als ob er sie ihm schuldig gewesen wäre. Dabei ist sein Mitwirken an dessen Tod nicht einmal eindeutig geklärt. Aber man gewinnt auch den Eindruck, es sei ihm dabei weniger um den Verstorbenen als um die Aufwertung des flavischen Geschlechts gegangen, zumal er Gedächtnisspiele an Titus' Geburtstagen verbot. Immerhin feierte er den Toten auf Münzen, den bekanntlich einzigen Massenmedien jener Zeit. Vermisste er doch, da man ihm so wenig Gelegenheit gegeben hatte, sich auszuzeichnen, jenes Ansehen, das man dem julisch-claudischen Haus entgegengebracht hatte und noch immer entgegenbrachte – nicht zuletzt wegen Livia, der Frau des Augustus, die dem alten Stadtadel entstammte.

Als einer Dynastie von Emporkömmlingen zollte man den Flaviern weit geringeren Respekt. Die Steigerung des Ansehens – sie dürfte auch Domitians offiziellem Hofberichterstatter Valerius Flaccus einiges Kopfzerbrechen bereitet haben, bis er keck behauptete, dass die flavische Dynastie der julisch-claudischen überlegen sei, womit er sicherlich der Zufriedenheit seines Brotherrn diente.

Zeitlebens blieb Domitian seinem Charakter treu. Er heischte nicht wie sein Bruder nach dem Beifall der Menge, er war autoritär und ein Anhänger der altrömischen Strenge, die zu seiner Zeit schon ein wenig aus der Mode gekommen war.

Dabei schoss er oft genug über das Ziel hinaus, und sein angeborener Gerechtigkeitssinn schlug dann in Grausamkeit und Rachsucht um. Zu allem Überfluss hatte er ein geradezu phänomenales Gedächtnis, wie es vielen begabten Menschen eigen ist. Er vergaß und vergab nichts und nie. Je später seine Rache kam, desto furchtbarer wurde sie. Am grausamsten ging er gegen jene vor, die es gewagt hatten, ihn, den Herrn und Gott, in seiner kaiserlichen Würde, der *maiestas*, zu verletzen. Man kann sich bei der Lektüre seiner Lebensbeschreibung des Eindrucks nicht erwehren, dass er sich mit zunehmendem Alter selbst auf die Nerven ging und auch den letzten Funken Lebensfreude verlor: Seit der Niederwerfung des Aufstands des Statthalters der Germania Superior, Lucius Antonius Saturnius, von dem noch ausführlich die Rede sein wird, wähnte sich der Kaiser immer und überall von Verschwörern umgeben. Er reagierte mit den kuriosesten Mitteln, aber immer so hart, dass sich weder Roms Senatoren noch das umfangreiche Hofpersonal sicher fühlten. Sie sahen ständig ihr Leben in Gefahr.

Domitians übertriebene Ängste arteten schließlich in Verfolgungswahn aus, in eine schwere Psychose, die von einem Großteil der Wissenschaft als Folge fortgesetzter Zurücksetzung, Kränkung und Demütigung in Jugendjahren gewertet wird, da diese eine harmonische Entwicklung des jungen Charakters verhinderten und alle positiven Empfindungen unterdrückten.[5]

Es bestehen kaum Zweifel, dass Rom im ausgehenden ersten Jahrhundert der christlichen Zeitrechnung von einem Geisteskranken regiert wurde. Und es grenzt fast an ein Wunder, dass Stadt und Reich aus dieser Katastrophe nahezu unbeschadet hervorgingen.

Alles hatte so vielversprechend begonnen, als Domitian 69 n. Chr. zum ersten Mal öffentlich auftrat: Ein bescheidener junger Mann, dessen Vater gerade dabei war, das höchste Staatsamt zu erringen, stellte sich dem Senat vor und traf, erstaunlich für einen erst 18-jährigen Jüngling, durchaus vernünftige Entscheidungen, wobei er eine bemerkenswerte Weitsicht bewies. Besonders angenehm fiel auf, dass er jegliches Blutvergießen verwarf und sogar das Opfern von Stieren verbieten wollte. Er erinnerte sich eines Verses Vergils:

„… Ehe der ruchlose Mensch von getöteten Stieren sich nährte …“[6]

War dieses Feingefühl, das Mitleid mit der Kreatur verriet, ein Wesenszug seines Charakters? Wohl kaum, wie seine spätere Grausamkeit zeigte. Aber es mag sein, dass er sich mit solchen Äußerungen in seinen jungen

Jahren beliebt zu machen und sich von seinem Bruder bewusst zu unterscheiden gedachte, zumal jener damals noch keinen allzu vorteilhaften Ruf genoss. Vielleicht aber hatte ihn auch das Morden in Rom abgestoßen, der blutige Kampf um den Thron, dem er beinahe selbst zum Opfer gefallen wäre und der nun endgültig überwunden sein sollte.

Wie bei seinem Bruder Titus scheint sich auch in Domitians Biografie mit der Erlangung der Kaiserwürde ein Bruch vollzogen zu haben, allerdings gegensätzlicher Art. Hatte sich jener zwei Jahre zuvor vom leichtfertigen Kaisersohn zu einem verantwortungsbewussten, leutseligen Regenten gewandelt, so entwickelte sich Domitian vom Hoffnungsträger zum grausamen Tyrannen, der freilich bei aller Menschenfeindlichkeit seine Herrscherpflichten nicht vergaß.

Nur das Bild des jungen Mannes weist gewisse Lichtblicke auf, die ihn angenehm vom Vater unterscheiden. Großzügig war er als Jüngling, von der Vespasian nachgesagten Habgier weit entfernt. Noch in den Anfangsjahren seines Principats weigerte er sich, Erbschaften anzunehmen, wenn die Verstorbenen Kinder hinterlassen hatten. Er wollte diesen nichts wegnehmen. Und das testamentarische Legat des Rustius Caepio – aus seinem Erbe sei alljährlich den Senatoren beim Betreten der Kurie eine bestimmte Geldsumme auszuzahlen, eine Art Sitzungsgeld – erklärte er für nichtig. Seit jeher war die Tätigkeit im Senat ein Ehrenamt, und die eingeschriebenen Väter gehörten ohnehin zu den eher wohlhabenden Leuten der Stadt.

Er spendete reichlich und gern. Und er erließ Abgaben, die dem Staat geschuldet wurden, wenn der Zahlungspflichtige insolvent war. Auch ging er anfangs nicht gegen gewisse Verstöße vor. Wer von den Schreibern der Quästoren in Verletzung der *lex Clodia* Handelsgeschäfte getätigt hatte, dem wurde für die Vergangenheit Straflosigkeit zugesichert.

Die bei der Landverteilung an die Veteranen übrig gebliebenen Parzellen erhielten die früheren Besitzer zurück, und das Denunziantenunwesen wurde abgeschafft.[7] Es gab für den neuen Kaiser kaum etwas Widerwärtigeres. Angeber hatten deshalb hohe Strafen zu gewärtigen, und ein Ausspruch des Herrschers machte bald die Runde: „Ein Kaiser, der Zuträger nicht züchtigt, reizt sie an.“[8]

Soviel Augenmaß hatte es in Rom selten gegeben. Hätte Domitian diese noblen Ziele weiter verfolgt, wäre ihm ein ehrendes Andenken in der langen Reihe der römischen Kaiser sicher gewesen. Leider verkehrten sich die positiven Ansätze ins Gegenteil.

Freilich war auch der Jugendliche kein unbeschriebenes Blatt. So etwa in Liebesdingen, wobei er die ohnehin hoch angesetzte römische Toleranzgrenze weit überschritt. Besonders Tacitus' Tadel war ihm dafür gewiss. Unzucht und Ehebruch sagte dieser ihm nach.[9]

Es hätte Domitian sicherlich gut angestanden, gerade in diesen Dingen auf seine Stellung als Sohn des neuen Princeps Rücksicht zu nehmen. Aber das scheint tatsächlich nicht der Fall gewesen zu sein. Seine amourösen Abenteuer und zweifelhaften Affären arteten nicht selten zu Skandalen aus, die geeignet waren, das positive Bild des römischen Hoffnungsträgers zu trüben.

In dieser frühen Zeit unterhielt er auch eine Beziehung zu Domitia Longina, der Gattin des Aelius Lamia Aemilianus und Tochter des neronischen Generals Corbulo. Im Juli 70 wurde sie Domitians Geliebte, später seine Frau. Wie einst Octavian Augustus, der seine Livia ihrem Gatten Tiberius Nero ausgespannt hatte, entführte auch Domitian dem Aelius Lamia die Frau, eine Demütigung, die dieser so wenig wie seinerzeit Tiberius Nero verwand. Immer wieder sprach der betrogene Ehemann in ironischer Weise diese Entführung an, bis ihn Domitian hinrichten ließ.

Muss man sich über die Exzesse des jugendlichen Prinzen wundern? Wohl kaum. Seine Fehler und Mängel mögen Versäumnisse in der Erziehung gewesen sein. Er war ein Junge, um den sich niemand ernsthaft kümmerte. Seine Mutter war längst tot, der Vater befand sich auf Feldzügen, und Domitian wurde, wie bereits erwähnt, der Obhut von Caenis, der Konkubine seines Vaters, anvertraut, die mit dem eigenwilligen Jungen offensichtlich überfordert war, sodass dieser weitgehend sich selbst überlassen blieb und frei vom Zwang einer starken Hand aufwuchs. Einer Bemerkung des Cassius Dio ist zu entnehmen, dass sein Verhältnis zu dieser Frau nicht gerade herzlich war. So soll sie ihm einmal die Wange zum Begrüßungskuss hingehalten haben, aber er habe sich geweigert, sie zu küssen und ihr nur die Hand gereicht.[10]

Sicherlich können nicht alle Fehler auf Erziehungsmängel zurückgeführt werden. In den langen Jahren der Untätigkeit und des Wartens hatte sich in dem jungen Mann eine gewaltige Energie aufgestaut, die nun mit der Thronbesteigung ein Ventil gefunden hatte. Der junge Kaiser wollte nicht nur mit seinen Vorgängern gleichziehen, er wollte sie in jeder Hinsicht übertreffen. Dabei hatte er, worauf bereits hingewiesen wurde, eine ganz andere Auffassung vom Kaisertum, zumal ihm ja, wie er meinte, vom Vater und Bruder das Principat, das nur ihm zugestanden habe, vorenthalten worden sei. In diesem Zusammenhang möge man Domitians Äußerung vor dem Senat erinnern: Er, Domitian, sei es gewesen, der seinen beiden Vorgängern die Herrschaft gegeben habe, die nun an ihn zurückerstattet worden sei.[11] Von den Senatoren, seit Jahrzehnten ohnehin nur noch Ja-Sager zur kaiserlichen Politik, war kein Einwand gegen soviel Selbstbewusstsein des überheblichen 30-jährigen zu erwarten. Wer hätte ihn auch in die Schranken weisen, wer ihm widersprechen mögen, wo doch ein jeder von seinem Wohlwollen abhängig war und Gut und Leben verwirkt hatte, wenn es dem Kaiser gefiel?

Neu und empörend war, dass Domitian den Befehl ausgab, ihn mit „Herr und Gott“ anzusprechen, was noch keiner seiner Vorgänger, nicht einmal Caligula oder Nero, gewagt hatte. Wie fast alles in der römischen Kulturgeschichte hatte aber auch dieses Ansinnen seine Wurzeln im Hellenismus. Schon bei den späten ägyptischen Herrschern am Nil, Ptolemaios XII. und Kleopatra VII., war diese Anrede üblich geworden, und wie Nero war auch Domitian ein großer Bewunderer alles Griechischen, das für ihn wie für jeden gebildeten Römer als Schatztruhe aller menschlichen Erfahrungen galt. Doch war der hochtrabende Titel den hellenistischen Herrschern stets von außen angetragen worden, als Zeichen tief empfundener Verehrung für ihre herrscherliche Stellung und Würde. Domitian hat das *dominus et deus* von sich aus beansprucht, zweifellos der höchste Ausdruck seines übersteigerten Selbstwertgefühls. „Mit gleicher Anmaßung“, so wiederum sein antiker Biograf, „begann er ein amtliches Rundschreiben … mit ‚Unser Herr und Gott befiehlt …‘ Daher wurde es Brauch, ihn später schriftlich und mündlich nie anders anzureden …“[12]

Folgerichtig ließ er sich auf dem Capitol goldene und silberne Statuen errichten, die sogar ein bestimmtes Gewicht haben mussten. Damit stellte sich Roms neuer Kaiser endgültig den Göttern zur Seite.

In der ganzen Stadt wurden nun Denkmäler aufgestellt, gekrönt mit Viergespannen, und Triumphbogen in so großer Zahl, dass man eines Morgens auf einem geschrieben fand: „Es ist genug!“ Ein Unbekannter hatte diese Forderung keck in griechischen Lettern auf einen Bogen gesetzt – ein unvergänglicher Beweis dafür, dass nicht jeder mit dem, was der Flavier dachte und tat, einverstanden war.

Auf nicht weniger als 17 Konsulate blickte Domitian am Ende seines Lebens zurück, wobei er allerdings die Sache nicht allzu ernst nahm. Das Konsulat wurde üblicherweise am 1. Januar angetreten. Die meisten legte Domitian bereits zum 1. Mai wieder nieder. Einige hatte er überhaupt nur zwei Wochen inne. Auch das war neu in Rom, hatten die Kaiser bisher doch peinlich darauf geachtet, die größte Zahl der Konsulate auf sich zu vereinigen, um auch auf diese Weise ihren Vorrang vor allen anderen hoch gestellten Persönlichkeiten des Reiches zu demonstrieren. Vor allem waren sie sich der Verantwortung, die das Amt des Konsuls mit sich brachte, stets bewusst geblieben, während Domitian es eher als Abwechslung betrachtete. Glücklicherweise rückten seine Nachfolger Trajan und Hadrian von dieser Praxis wieder ab und gingen zur gewohnten Handhabung über.

Es passt gut zu diesem Verhalten, dass Domitian auch zwanzig Mal zum Imperator ausgerufen wurde, obwohl er nur drei oder höchstens vier Mal den Triumph feierte.

Nicht zuletzt gedachte er, durch Änderung der Monatsnamen sein Andenken über die Zeiten zu retten. So sollte der Oktober, sein Geburtsmonat, fortan Domitianus heißen, ein Wunsch, der ihn nicht überlebte. Mit der *damnatio memoriae*, die die Erinnerung an ihn schmählich auslöschte, verschwand der Monatsname vom römischen Kalender, er hieß wieder Oktober, der achte, nachdem die Namen Juli (nach C. Iulius Caesar) und August (Augustus) zum Gedächtnis der beiden großen Römer eingeführt worden waren und bis zum heutigen Tag nicht geändert wurden.

Weshalb nun ist Domitian, der anfangs zweifellos guten Willens war und durchaus gewisse Erfolge aufweisen konnte, zuletzt doch gescheitert? Das Problem liegt in einer tiefgreifenden Persönlichkeitsstörung, hervorgerufen durch die Erlangung der absoluten Macht, die zum berüchtigten Caesarenwahn führte, einer Eigenschaft, die auch manche seiner Vorgänger aus der julisch-claudischen Dynastie aufgewiesen hatten.

Vespasian hatte es wohl in der Hoffnung, sein Lieblingssohn Titus würde ihn lange überleben und vielleicht doch noch einen Sohn und Nachfolger zeugen, versäumt, seinen Jüngeren auf die schwere Aufgabe des Kaisers vorzubereiten, und jetzt hatte sich sein Sohn charakterlich so verändert, dass selbst seine nächste Umgebung Mühe hatte, ihn wiederzuerkennen. Uneingeschränktes Selbstbewusstsein, das auf absoluter Macht gründet, vermag niemand zu zügeln. Bei Domitian war es umso tragischer, als in ihm von Geburt an Anlagen schlummerten, die danach strebten, diese Macht und alle Möglichkeiten, die sie ihrem Besitzer bot, auszuleben.

Herr und Gott – Domitian und seine Mitmenschen

Nur allzu oft und vielfach ohne triftigen Grund spielte sich Domitian zum Herrn über Leben und Tod auf. Er ließ sich zwar gern gegen andere aus, reagierte aber auf jede Art von Kritik an seiner Person oder seinem Regierungsstil äußerst empfindlich. Im zehnten Kapitel seiner Domitian-Biografie nennt Sueton eine ganze Reihe von Beispielen der meist unmotivierten Grausamkeit des Kaisers.

So musste etwa ein Schüler des Pantomimen Paris sterben, nur weil er seinem Lehrer ähnlich sah. Das besonders Tragische an dieser Hinrichtung war, dass sich das Opfer noch in jugendlichem Alter befand und gerade krank darniederlag.

Hermogenes von Tarsos, einen bekannten Geschichtsschreiber, ereilte das gleiche Schicksal. Sein einziges „Verbrechen" hatte darin bestanden, dass er sich gewisser Anspielungen auf den Kaiser in seinem Werk nicht enthalten hatte.

Möglicherweise noch ungerechter war die Strafe derer, die Hermogenes' Abhandlung nur kopierten. Sie wurden ans Kreuz geschlagen.

Kaum besser erging es einem Familienvater, der es gewagt hatte, im Circus seine Meinung über die Spiele zu äußern: Ein thrakischer Kämpfer, so meinte er, sei wohl einem Murmillo (der zu einer anderen Gattung von Gladiatoren gehörte) gewachsen, nicht aber dem Veranstalter der Spiele. Da Domitian mit den Murmillonen sympathisierte, betrachtete er die Feststellung als Majestätsbeleidigung, und der arglose Bürger hatte damit sein Leben verwirkt. Er wurde in die Arena geschleift und dort Hunden zum Fraß vorgeworfen.

Auch eine Frau soll zu Domitians Gewaltopfern gehört haben. Sie hatte sich vor einer Statue des Kaisers entkleidet. Damit, so Domitian, hatte sie gegen die *pietas* verstoßen, die der Mensch den Göttern schuldig sei. Denn er sei schließlich auch ein Gott. Der Historiker Cassius Dio hat die Geschichte überliefert.[1] Wenn sie wahr ist, was gelegentlich bezweifelt wird[2], müsste sie sich in den späten Regierungsjahren zugetragen haben.

Aber Domitians unberechenbare Grausamkeit traf nicht nur einfache und unbedeutende Leute. Im Gegenteil. Je höher eine Persönlichkeit gestellt war, desto gefährlicher lebte sie, konnte sie sich doch nie sicher sein, ob und wann sie der kaiserliche Zorn treffen würde. Da sich Roms neuer Kaiser allen Menschen überlegen fühlte, zeigte er sich selbst im Umgang mit den Adligen von einer unerhörten Rücksichtslosigkeit.

Eine ganze Reihe von Senatoren, darunter sogar ehemalige Konsuln, wurden umgebracht. Civica Cerealis traf dieses Los noch während seiner Amtszeit als Prokonsul in Asien. Die Patrizier Salvidienus Orfitus und Acilius Glabrio starben im Exil. Ihnen meinte Domitian vorwerfen zu können, sie planten eine Verschwörung. Nichtig war allerdings der Grund, der Aelius Lamia, wie wir bereits gehört haben, die vorzeitige Reise in den Hades antreten ließ, nachdem ihm Domitian die Frau entführt hatte. Jemand lobte seine angenehme Stimme, und Lamia antwortete mit dem ihm eigenen Humor: „Ich lebe eben enthaltsam.“ Als Titus ihn zur Wiederverheiratung drängte, fragte er: „Warum, willst du etwa auch heiraten?“[3]

Lucius Salvius Otho Cocceianus, ein Mann aus altem Adelsgeschlecht, musste sterben, weil er es gewagt hatte, den Geburtstag seines Onkels, des vor langem ermordeten Kaisers Otho, zu feiern.

Ein gewisser Mettius Pompusianus ließ verbreiten, sein Horoskop habe ihm den römischen Thron vorausgesagt. Tatsächlich hatte er die gleiche Nativität wie der Kaiser. Zur Vorbereitung auf seine Herrschaft soll er eine auf Pergament gezeichnete Weltkarte mit sich herumgetragen haben und hatte angeblich auch stets eine Sammlung der Reden der Könige und Heerführer aus Titus Livius’ berühmtem Geschichtswerk bereit. Zweien seiner Sklaven gab er die Namen Mago und Hannibal.[4] Das war freilich mehr, als ein Kaiser von Domitians Charakter dulden konnte, und es versteht sich fast von selbst, dass ein solcher Mann, eine wandelnde Gefahr für Kaiser und Reich, nicht am Leben bleiben durfte.

Der Legat von Britannien, Sallustius Lucullus, hatte gestattet, einer neuen Art von Lanzen seinen Namen zu verleihen, und Iunius Rusticus hatte schließlich eine Lobschrift auf die hingerichteten Paetus Thrasea und dessen Schwiegersohn Helvidius Priscus veröffentlicht und sich in Domitians Augen die Frechheit erlaubt, sie die rechtschaffensten Männer ihrer Zeit zu nennen. Den Prozess gegen ihn nahm der Kaiser übrigens zum Anlass, alle Philosophen aus Rom zu verbannen. „Die Abneigung des Senats“, so der Althistoriker Michael Rostovtzeff, „wurde mit großer Grausamkeit unterdrückt, unter dem Vorwand einer Verfolgung der ‚Philosophen‘, mit anderen Worten: aller derer, die die neue Lehre vom richtigen Verhältnis zwischen Herrscher und Untertanen vertraten und lehrten.“[5] Auch Helvidius’ gleichnamiger Sohn fand 93 n. Chr. den Tod. Als Anhänger alter Vätersitte und Moral hatte er im Nachspiel zu einer Komödie in Gestalt des Trojaners Paris, der seine erste Gattin Oenone verstoßen hatte, Domitians Scheidung von seiner Frau Domitia und ihre Wiederaufnahme in das Kaiserhaus kritisiert.

Schließlich wurde sogar der Vetter des Kaisers, Flavius Sabinus, beseitigt, weil ihn der Herold nach erfolgter Wahl dem Volk versehentlich als Kaiser und nicht als Konsul vorgestellt hatte. Sabinus’ Sturz war umso tragischer, als er ein politisch völlig uninteressierter Mann war.

Nicht nur als brutal, vor allem als heimtückisch und unberechenbar schildert der antike Biograf Domitians Grausamkeit gegenüber vermeintlichen Gegnern und tatsächlichen Feinden.[6] Das Perfide an seinen Verbrechen war, dass es ihm offensichtlich besondere Freude bereitete, die Opfer, die er als nächste ausersehen hatte, vor ihrer Ermordung in Sicherheit zu wiegen. Doch bald war diese Vorgehensweise bekannt, und jedermann, dem sich der Kaiser besonders wohlwollend näherte, konnte sicher sein, dass sein letztes Stündlein geschlagen hatte.

So erwies sich Domitian eines Tages überaus freundlich gegenüber einem Kassenbeamten. Er rief den armen Mann, ein Zeichen unerhörter Gunst, in sein „göttliches“ Schlafgemach, ließ ihn neben sich aufs Bett setzen und entließ ihn bald in dem beglückenden Gefühl, dass er gerettet sei.[7] Der einfältige Mensch glaubte sich schon jenseits aller Gefahr, zumal ihm Domitian Speisen und Getränke von der kaiserlichen Tafel schicken ließ, was im Allgemeinen ebenfalls als besonderer Gunstbeweis galt. Tags darauf wurde er ans Kreuz geschlagen.

Ebenso große Freundlichkeit erfuhr der ehemalige Konsul M. Arrecinus Clemens, einstmals kaiserlicher Spitzel und Vertrauter, obwohl Domitian ihn längst verurteilt hatte. Anlässlich eines gemeinsamen Ausflugs in einer Sänfte zeigte er seinem Begleiter dessen Ankläger und fragte: „Wünschest du, dass wir diesen nichtsnutzigen Sklaven morgen anhören?“[8]

Dabei wurde der letzte Flavier nicht müde, bei jeder Gelegenheit seine Milde zu betonen. Wann immer er ein Urteil zu verkünden beabsichtigte und diesen Hinweis vorausschickte, musste man auf eine äußerst grausame Behandlung gefasst sein.

Er hatte einige wegen Majestätsbeleidigung (zu seiner Zeit das häufigste Verbrechen) Angeklagte in die Kurie bringen lassen und vor dem versammelten Senat bemerkt, heute werde sich erweisen, wie teuer er diesem Gremium sei. Scheinheilig, um sich nicht allzu unbeliebt zu machen, meinte er dazu: „Erlaubt mir, Senatoren, von eurer treuen Ergebenheit etwas zu fordern, was ihr mir allerdings, wie ich weiß, nur ungern zugestehen werdet, nämlich, dass ihr dem Verurteilten die freie Wahl seiner Todesart überlasst; denn dadurch werdet ihr euren Augen ein schreckliches Schauspiel ersparen, und alle werden erkennen, dass ich an der Senatssitzung teilgenommen habe.“[9] Die in Furcht und Schrecken versetzten Stadtväter beeilten sich daraufhin gewöhnlich, eine Strafe „nach der Vorfahren Brauch“ auszusprechen, um nicht selbst in den Verdacht der Opposition gegen den Kaiser zu geraten. Wer jedoch zu dieser Strafe verurteilt worden war, wurde auf dem *Comitium*, dem uralten Versammlungsplatz des Volkes auf dem Forum, öffentlich langsam mit Ruten zu Tode gepeitscht, eine weitere Schmähung des unglücklichen Delinquenten.

Wie bereits erwähnt, traf der Zorn des Kaisers gleichermaßen auch Angehörige der unteren Gesellschaftsschicht. Einer seiner Freigelassenen, als solcher gewiss kein im politischen Leben Roms eine besondere Rolle spielender Mann, der dem Thron hätte gefährlich werden können, hatte es gewagt, Steine, die für den Bau des Tempels des Iupiter Optimus Maximus bestimmt waren, zur Errichtung des prächtigen Grabmals seines früh verstorbenen Sohnes zu verwenden. Dabei wird man kaum annehmen dürfen, der Mann habe das Baumaterial böswillig entwendet, konnte er sich doch unschwer vorstellen, welche Strafe er dafür zu gewärtigen hatte. Wahrscheinlich hatte er sie in der Annahme, es handele sich um herrenloses Gut, den Ruinen des Tempels entnommen, der während der

Feuersbrunst unter Titus zum zweiten Mal zerstört worden war. Domitian war wütend wie selten zuvor. Ein Trupp Prätorianer wurde losgeschickt, um nicht nur das Grabmonument einzureißen, sondern auch dessen Inhalt zu vernichten. Selbst die Gebeine des Toten wurden im Meer versenkt. In Domitians Augen war der „Diebstahl“ ein Sakrileg, das entsprechend geahndet werden musste. Verstand er sich doch als Wahrer und Erneuerer alter Religion und Vätersitte.

Vermeintliche oder tatsächliche Verschwörer konnten kaum auf Gnade hoffen. Um ihre Geständnisse zu erpressen, erfand er sogar eine neue Art von Folter: Er ließ ihnen nämlich die Schamteile verbrennen, einigen auch die Hände abhacken. Nur zwei Beschuldigten gelang es, dieser Art von Verhör zu entgehen: Einem Tribunen aus dem Senatorenstand, der sich am Aufstand des Lucius Antonius beteiligt hatte[10], und einem Centurio. Beide hatten nachweisen können, dass sie weder beim Feldherrn noch bei den Soldaten irgendwelchen Einfluss hätten ausüben können.[11]

Willkür und Gewalt, sie lösten in Rom einen Aufschrei des Entsetzens aus, besonders in den gebildeten Kreisen, die sich seit Generationen tolerant und aufgeklärt gaben. Wie weit war man doch glücklicherweise von der Zeit des Zweiten Punischen Krieges entfernt, als es noch üblich war, die Götter durch Opfer gnädig zu stimmen, indem man Menschen lebendig begrub! Es mag manchem erschienen sein, als wollte Domitian das Rad der Geschichte gewaltsam zurückdrehen. Über die strenge Militäraktion gegen den Freigelassenen wegen einer Nichtigkeit schüttelte daher mancher den Kopf. Doch niemand ahnte, dass der sich sittenstreng gebende Kaiser für seine Römer noch ganz andere Überraschungen bereit hielt.

Besonders hart ging Domitian gegen die Juden vor, ließ er die Judensteuer eintreiben, wobei Leute, die nach jüdischem Ritus lebten oder ihre Zugehörigkeit verheimlicht hatten, um der drückenden Abgabenlast zu entgehen, strengsten Prüfungen unterzogen wurden. Sueton erinnert sich, als junger Mensch selbst einmal Zeuge einer solchen entwürdigenden Prüfung geworden zu sein. Ein kaiserlicher Steuerbeamter hatte einen 90-jährigen Greis in eine überfüllte Gerichtshalle geschleppt, wo er *coram publico* feststellen ließ, ob der alte Mann beschnitten war.[12]

Makaber und nicht weniger grausam war mitunter auch Domitians perverser Humor oder was immer er unter Scherz verstehen mochte. So geschah es, dass er einst die vornehmsten Senatoren ohne Begleitung in sein Haus einlud, für die meisten ohnehin schon ein Grund zur Furcht. Dort hatte er ein Zimmer vorbereitet, das überall, an Decke, Wänden und Boden, pechschwarz angestrichen war. Von gleicher Farbe waren auch die in dem Raum verteilten kissenlosen Ruhebetten.

Zunächst ließ er neben jedem Gast einen Grabstein aufstellen, der dessen Namen trug. Auf dem Stein stand ein Lämpchen, wie man sie auf Gräbern aufzuhängen pflegte. Gespenstergleich erschienen nun schöne Knaben, nackt und schwarz geschminkt, umkreisten in schauerlichem Tanz die kreidebleichen Gäste und begaben sich an die Fußenden der Betten. Dann reichte man den Männern alle Speisen, die man üblicherweise Verstorbenen als Opfer darbrachte, alle schwarz und in Schüsseln von gleicher Farbe. Doch damit nicht genug! Um den Spuk vollkommen zu machen, unterhielt der Gastgeber seine schweigsamen Gäste mit schrecklichen Geschichten über Blutvergießen und Tod.

Jeder glaubte, sein letztes Stündlein habe geschlagen. Aber völlig unverhofft schickte der Kaiser die vor Schreck erstarrten Männer unversehrt nach Hause. Kurze Zeit später stellte sich ein Bote vom Palatin ein. Spätestens jetzt erwartete ein jeder den kaiserlichen Befehl zum Selbstmord. Doch überraschenderweise erhielten die Gequälten kostbare Geschenke, darunter den Knaben, der sie im Haus des Kaisers so aufmerksam bedient hatte.

Niemand konnte nach solchem Verhalten daran zweifeln, dass der Geist des Kaisers sich zunehmend verdüsterte.[13]

Freilich traf auch dieser Mann Entscheidungen, die durchaus vernünftig waren. Unermüdlich sprach er auf dem Forum Recht und saß den Verhandlungen selbst vor. Wann immer er den Eindruck hatte, ein römisches Gericht habe parteiisch geurteilt, hob er dessen Beschlüsse auf. Und immer wieder ermahnte er die Richter, sorgfältig zu recherchieren, ehe sie eine Entscheidung trafen. Wie zu allen Zeiten gab es auch unter seiner Herrschaft Gerichtspersonen, die bestechlich waren, und sie wurden mit strengen Verweisen bestraft. Einen Ädilen, der schmutzige Geschäfte getätigt hatte, ließ er vor dem Senat wegen Unterschlagung anklagen und verurteilen. Zu seiner Zeit herrschten Zucht und Ordnung in den Behörden Roms und in den Provinzen. Kaum habe es je, so der antike Biograf, gerechtere Beamte gegeben. Erst nach seinem Tod hätten sich viele Magistrate wieder zu allen denkbaren Verbrechen hinreißen lassen.

Er hob die kostenlose Getreideverteilung auf und rief den alten Brauch, ganze Mahlzeiten zu stiften, wieder ins Leben. Er untersagte gewissen Schauspielern den öffentlichen Auftritt und verwies sie auf Privatveranstaltungen. Und er erließ ein Verbot, männliche Personen zu kastrieren, und setzte gleichzeitig den Preis der bei den Sklavenhändlern noch vorhandenen Eunuchen herab.[14]

Da sich Domitian als Verfechter alter Vätersitte ausgab (ohne sich ihr allerdings selbst verpflichtet zu fühlen, darin übrigens dem fast schon legendären Augustus nicht unähnlich), nahm er auch eine Erneuerung der Sitten in Angriff. So wurde die Sitzordnung im Theater nach den althergebrachten Regeln neu festgelegt.

Er ließ Schmähschriften vernichten und deren Verfasser mit Ehrenstrafen belegen, und er schloss sogar einen ehemaligen Quästor aus den Reihen des Senats aus, nur weil dieser ein leidenschaftlicher Pantomime und Tänzer war.

Frauen zweifelhaften Rufs durften keine Sänfte mehr benutzen und weder Legat noch Erbschaft antreten. Ein römischer Ritter, der seine Frau verstoßen und des Ehebruchs bezichtigt hatte, sie dann aber wieder bei sich aufnahm, wurde von der Richterliste gestrichen.

Vor allem war Domitian auf die Ehre von Roms Frauen bedacht und hauptsächlich von denen, die an seinem Hof eine Rolle spielten.

Der Konkubine seines Vaters, Antonia Caenis, bei der er weitgehend aufgewachsen war, brachte er, wie wir gehört haben, keine allzu große Sympathie entgegen. Vielleicht verübelte er ihr, dass sie die Politik seines Vaters beeinflusste und bei diesem fast „die Stellung einer rechtmäßigen Gattin" einnahm.[15] Doch tat sie dies keineswegs zum Schaden des Reiches und dazu so geschickt, dass nichts davon an die Öffentlichkeit drang. Im Grunde war sie es, die die Staatskasse wieder füllte, wobei sie sich

Vespasians Grundsatz des „Geld stinkt nicht" zunutze machte. „Von allen Seiten", weiß Cassius Dio zu berichten, „brachte man ihr ansehnliche Geschenke. Für Geld konnte man von ihr alles bekommen: Ämter, Befehlshaberstellen, Priesterwürden, mitunter sogar günstige Antworten des Kaisers."[16] Sie starb im Jahr 75, und Vespasian, der ihr bis dahin die Treue gehalten hatte, sah sich nach anderen Gefährtinnen um, ohne sich jedoch nochmals zu binden. Namen von Caenis' Nachfolgerinnen hat die Überlieferung nicht bewahrt. Doch hielten auch sie sich nach außen hin in politischen Dingen zurück, und so bestand für Rom und seine Herrscherfamilie kein Anlass zur Sorge.

Titus' erste Frau Arrecina Tertulla war gestorben, von der zweiten, Marcia Furnilla, hatte er sich getrennt. Berenike, die übel beleumdete jüdische Prinzessin, wäre um ein Haar kaiserliche Gemahlin und wohl selbst Augusta geworden, hätten die römischen Untertanen, vom einfachen Volk bis zu den Philosophen, gegen Titus' Absicht nicht so heftig protestiert. Anders als die meisten kaiserlichen Favoritinnen zuvor strebte diese „Kleopatra im Kleinen", wie sie der Althistoriker Theodor Mommsen so treffend nannte, durchaus politische Macht an.

Es ist bei Sueton nicht überliefert, wie Domitian zu der potentiellen Schwägerin stand, doch wird man annehmen dürfen, dass sich seine Sympathie für sie in Grenzen hielt, zumal er damals schon selbst in festen Händen und offensichtlich auch verliebt war.

Domitia Longina, die er, wie erwähnt, bereits 70 n. Chr. ihrem Gatten Aelius Lamia entführt und zunächst zu seiner Geliebten, später zu seiner rechtmäßigen Ehefrau gemacht hatte, erhielt mit seiner Thronbesteigung den Titel Augusta. Doch die Generalstochter dankte ihrem Gatten diesen Aufstieg schlecht. Sie war wohl kaum in ihren Schwager Titus, sicherlich aber in den Tänzer Paris so leidenschaftlich verliebt, dass es den jungen Mann das Leben kostete. Domitian ließ ihn auf offener Straße ermorden. Domitia Longina wurde verstoßen. Aber bald war er seiner Einsamkeit überdrüssig und gestattete der Treulosen, angeblich auf Betreiben des Volkes, die Rückkehr auf sein „göttliches" Lager.[17]

Er heiratete sie ein zweites Mal, und erst jetzt scheint sie eine gewisse Größe erlangt zu haben. In ständiger Frucht vor ihrem unberechenbaren

Gatten, der sich nicht gescheut hatte, ihren ersten Mann aus dem Weg zu räumen, beteiligte sie sich maßgeblich an der Palastverschwörung, der Domitian 96 n. Chr. zum Opfer fiel. Die Götter haben ihr diese mutige Tat mit einem langen Leben gedankt.

Domitian und die Frauen

Nicht nur in der übermäßigen Grausamkeit, auch in seiner übersteigerten Sexualität stand Domitian den Kaisern Caligula und Nero, mit denen er, wie bereits erwähnt, gern verglichen wird, nicht nach.

Neben der mit seiner Ehefrau, der zumindest später bemitleidenswerten Domitia Longina, hatte er zahlreiche Bettgeschichten, aller strengen Sittengesetzgebung zum Trotz. Aber daran waren seine Römer längst gewöhnt. Selbst der so beliebte und mit den Jahrzehnten sogar fast wie ein Heiliger verehrte Kaiser Augustus, der sich nach außen hin als moralisch integer aufspielte und Verstöße anderer gegen seine sittlichen Erneuerungsgesetze aufs Schärfste ahndete, sah keinen Grund, sich selbst an sie zu halten. Bis ins hohe Alter betrog er seine Livia – wobei ihm stets der Sinn nach jungem Fleisch stand – was die hohe Frau mit der bewundernswerten Gelassenheit der römischen Matrone ertrug – und sich auf andere Weise rächte.

Domitian tat also nur, was ihm andere, weit besser beleumundete, Herrscher vorgelebt hatten, und die Beteiligung Domitia Longinas an seiner Ermordung hatte mit seinen sexuellen Ausschweifungen sicherlich nichts zu tun. Wenn auch in der Antike Liebe nicht Bedingung für sexuelle Kontakte war und es gesellschaftlich immer akzeptiert wurde, dass zumindest Männer ihr Vergnügen auch außerhalb des ehelichen Schlafgemachs suchten, hätte ein Kaiser, der die alte Vätersitte so vehement einforderte, doch gut daran getan, mit nachahmenswertem Beispiel voranzugehen.

Domitian favorisierte, für einen Mann, der das höchste in Rom zu vergebende Staatsamt innehatte, geradezu unwürdig, Prostituierte. So weiß Sueton zu berichten: „Domitian war von einer übermäßigen Wollust und betrachtete den fortgesetzten Geschlechtsverkehr wie eine Art Turnübung, die er mit einem griechischen Wort ‚Bettgymnastik' nannte."[1] Man sagte ihm auch nach, er bade zusammen mit den gemeinsten Dirnen Roms und schäme sich nicht, seine Mätressen eigenhändig zu enthaaren. Mögen diese Geschichten auch nicht in allen Einzelheiten der Wahrheit entsprechen, so zeigen sie doch, was das Volk seinem Herrscher zutraute und wie schlecht beleumundet er war.

Es gab weitere Widersprüche zwischen seiner Gesetzgebung und seinem privaten Verhalten. Wie sein Bruder Titus liebte auch er Eunuchen, was ihn aber nicht daran hinderte, die Kastration unter Strafe zu stellen. Und er schwärmte geradezu für Gladiatorenkämpfe, die zwischen Frauen und Zwergen ausgetragen wurden.

Trotz allem scheint auch dieser Mann größerer Gefühle fähig gewesen zu sein. So etwa, wenn er seiner untreuen Gattin Domitia verzieh und sie erneut in den kaiserlichen Palast aufnahm, auch wenn er vorgab, er beuge sich insofern dem Willen des Volkes.

Eine tiefe Neigung empfand er zweifellos für seine Nichte Julia, die schöne Tochter seines Bruders Titus. Ehen zwischen so nahen Verwandten waren in Rom nicht ungewöhnlich – Kaiser Claudius hatte es vorgelebt, als er als letzte seiner Ehefrauen seine Nichte, die jüngere Agrippina, geheiratet hatte, und auch Titus war nicht abgeneigt, Julia seinem um so vieles jüngeren Bruder zur Frau zu geben. Die Geschichtsschreibung mutmaßt, dass diese Verbindung manches Unglück verhindert hätte. Leider stand ihr die öffentliche Meinung im Wege. Weshalb, ist nicht bekannt. Vielleicht fürchtete man die erneute Herrschaft einer Frau, die vor kurzer Zeit erst einen Nero hervorgebracht hatte. Offensichtlich stand auch zumindest eine Zeit lang Domitians heftige Leidenschaft für Domitia seiner wahren Liebe im Wege. Doch schließlich nahm er sich, was man ihm vorzuenthalten gedachte.

Julia hatte inzwischen Flavius Sabinus geheiratet und wäre als Frau eines Hochadligen eigentlich selbst für einen Kaiser unantastbar gewesen. Aber auch darum kümmerte sich dieser nicht. Er verführte die junge Frau, und zwar noch zu Titus' Lebzeiten.[2] Später, als sie Vater und Gatten verloren hatte – Flavius Sabinus war, wie wir gehört haben, ein Opfer von Domitians Willkürpolitik geworden – ließ Domitian jegliche Rücksicht fahren. Er liebte sie geradezu schamlos und bemühte sich nicht einmal mehr, ihr Verhältnis vor der Öffentlichkeit geheim zu halten.

Julia mag die einzige Frau gewesen sein, der es gelang, auf ihren Onkel einen besänftigenden Einfluss auszuüben. So wollte dieser einst einen gewissen Ursus hinrichten lassen, der angeblich angesichts der kriegerischen Erfolge Domitians in Germanien nicht die erwartete Begeisterung gezeigt hatte. Dem Mädchen gelang es, ihren Onkel umzustimmen und dem in Ungnade Gefallenen das Leben zu retten. Domitian sah übrigens nicht nur von der vorgesehenen Bestrafung ab. Er designierte Ursus sogar zum Konsul, wie Cassius Dio glaubhaft berichtet.[3]

Was mag der kaiserliche Liebhaber empfunden haben, als die schöne Julia an einer von ihm verordneten Abtreibung starb? Eine Geliebte zu haben, war eine Sache. Ein Kind von einer hochadligen Frau, die nicht seine Ehefrau und dazu noch mit ihm nahe verwandt war, eine andere. Der außereheliche Nachwuchs hätte den Kaiser und seine strenge Sittengesetzgebung völlig unglaubwürdig gemacht.

Julias Tod muss ein schwerer Schlag für ihn gewesen sein, und er sollte nicht der einzige bleiben. Das Schicksal hatte weiteres Unglück für ihn vorgesehen.

Zu den emanzipiertesten und zumindest in domitianischer Zeit bemitleidenswertesten Frauen Roms gehörten die Priesterinnen der Vesta, die im Herzen des *Forum Romanum* in einem der Göttin geweihten kleinen Tempel das heilige Feuer hüteten. Vesta, nicht nur Hüterin des heimischen Herdes, sondern auch des staatlichen Wohlergehens, sorgte für familiäres und öffentliches Gedeihen und war damit eine der wichtigsten Göttergestalten Roms. „Aus allen Ländern der Erde klettern heute Männer im Hause der Vestalischen Jungfrauen herum, wo elf Jahrhunderte lang die Anwesenheit eines Mannsbildes mit dem Tode bestraft wurde. Hier ist die einzige Stelle in den Ruinen, wo wir einmal nicht an Horaz und Juvenal zu denken brauchen, um die Schatten der Vergangenheit heraufzubeschwören, und bei aller Christlichkeit muss uns hier der Sinn für die edlere, feinsinnigere Sitte des Heidentums aufgehen …“[4]

Das Haus der Vestalinnen liegt heute in Trümmern. In unmittelbarer Nachbarschaft jenes heidnischen Klosters kann man noch die Reste des teilweise restaurierten Vesta-Tempels bewundern. Es handelt sich um einen zierlichen Rundbau, der an die archaischen Hütten der Etrusker und frühen Römer erinnert und als eines der ältesten und vornehmsten Heiligtümer der Stadt galt.

Die Vestalinnen, Roms angesehenste Frauen, übten seit jeher auf Historiker und Autoren eine geradezu magische Anziehungskraft aus, vielleicht weil ihre tatsächliche Freiheit entgegen jeglicher gesetzlicher Bestimmung wahrscheinlich viel weniger wert war als die, die sich jede andere Römerin von Stand im Laufe ihres Lebens erwerben konnte.

Nach der alten Vätersitte war eine Priesterin der Vesta nur durch die Verpflichtung zu Gottesdienst und 30-jähriger Keuschheit in ihrer Freiheit beschränkt. Dieser Nachteil wurde allerdings durch das Ansehen ausgeglichen, das sogar das eines Konsuls übertraf. Wann immer der staatliche Würdenträger einer Vestalin begegnete, trat er ehrfurchtsvoll zur Seite.

Schon das Zwölftafelgesetz des Jahres 451 v. Chr. hatte eine Vesta-Dienerin aus der Obhut des Vaters (*patria potestas*) entlassen, freilich dafür der Aufsicht des Pontifex Maximus, des obersten Priesters Roms, unterstellt. Sie konnte im Gegensatz zu den anderen Frauen frei testieren und Legate empfangen.

Die edlen Frauen genossen weitere umfangreiche Privilegien. So durften sie etwa in der Stadt mit dem Wagen fahren. Ein Liktor, der sonst nur den höchsten Staatsbeamten vorbehalten war, bahnte ihnen den Weg durch die Menge. Mit der kaiserlichen Familie und den Senatoren teilten sie bei den Spielen den ersten Rang. Begegnete eine Vestalin einem zum Tode Verurteilten auf dem Weg zur Hinrichtung, konnte sie ihn begnadigen, wenn das Zusammentreffen zufällig geschah. Der Oberpriesterin stand schließlich das Recht zu, jederzeit beim Kaiser vorzusprechen.

Nicht zuletzt verfügten die Vestalinnen über erhebliche finanzielle Mittel. Sie erhielten gleich bei Antritt ihres Amtes zwei Millionen Sesterzen, was dem doppelten Heiratsgut einer adligen Dame entsprach, und sie durften frei über ihr Geld verfügen. Das in sie gesetzte Vertrauen war so groß, dass man bei ihnen wichtige Dokumente hinterlegte und ihnen letztwillige Verfügungen zur Aufbewahrung anvertraute. Auch als Botinnen und Bittstellerinnen wurden sie in Angelegenheiten von höchster Bedeutung bemüht.

Die größte Auszeichnung winkte ihnen jedoch erst im Tod: Sie durften innerhalb des Pomeriums, der geheiligten römischen Stadtgrenze, beigesetzt werden. Dies war normalen Sterblichen nach ungeschriebenen uralten griechischen und römischen Gesetzen streng untersagt.

Aber in Wirklichkeit waren die Frauen, wie bereits erwähnt, alles andere als unabhängig und frei. Da nach der tradierten Meinung von ihrer Wach- und Sittsamkeit das Staatswohl abhing, wurden sie nicht nur von der aufmerksamen Öffentlichkeit argwöhnisch überwacht, sondern auch vom Oberpriester, der als einziger Mann ungehindert Zutritt zu ihren Gemächern hatte. Er hatte das Recht, über sie zu Gericht zu sitzen und sie zu bestrafen, wenn sie gegen die strengen Regeln ihres Ordens verstoßen hatten.

Es mag im Laufe der Zeit manche Verfehlung gegeben haben. Konnte etwa ein Mädchen, das im zarten Alter von sechs bis zehn Jahren ihr Elternhaus verließ, ahnen, welcher Verantwortung, welchen Prüfungen und Versuchungen es sich mit dem Einzug ins Haus der Vestalinnen unterzog? Schon die Verpflichtung zu 30-jähriger Keuschheit war eine ungeheure Einschränkung der individuellen Entfaltungsmöglichkeit, zu der bekanntlich auch eine gesunde Sexualität gehört. Waren die Vestalinnen 36 bis 40 Jahre alt, war es ihnen gestattet, das *Atrium Vestae* zu verlassen und sogar zu heiraten. Doch dürfte es trotz des verbürgten Männerüberschusses in der römischen Gesellschaft schwer gewesen sein, in diesem Alter noch einen Mann zu finden.

Viele Priesterinnen zogen es ohnehin vor, der Göttin auch weiterhin zu dienen. Doch auch diejenigen, die in die Welt zurückkehrten, konnten sich selten zu einer Heirat entschließen, vor der im Übrigen ein alter Aberglaube warnte.

Vielfältig waren die Pflichten, die auf eine Vesta-Dienerin warteten, und archaisch mutete der Brauch an, der das Kind seinen Eltern wegnahm, um es ins Haus der Vestalinnen zu bringen. Der Oberpriester wählte unter etwa 20 Bewerberinnen aus den angesehensten Häusern Roms diejenige aus, die ihm am geeignetsten erschien. Dabei waren strenge Kriterien zu beachten: Ihre Eltern mussten noch am Leben und von tadellosem Ruf, sie selbst sollte gesund und frei von körperlichen Mängeln sein. Mit der Zeit fanden sich immer weniger Eltern, die bereit waren, das Leben ihres Kindes dem Wohl der Allgemeinheit zu opfern.

Als sich einmal unter der Herrschaft des Augustus für eine verstorbene Priesterin kein Ersatz fand, beklagte der Kaiser, dass er keine Enkelin im vorgeschriebenen Alter habe, die für das Amt in Frage käme. Ab dem Jahr 5 n. Chr. durften sich mangels anderer Kandidatinnen dann sogar Töchter von Freigelassenen bewerben.

Die oberste Pflicht der Vestalin bestand in der Bewachung des heiligen Feuers, das im Tempel der Göttin brannte und nie verlöschen durfte. Verkündeten doch der Rauch über der Öffnung im kegelförmigen Tempeldach bei Tag und der Feuerschein bei Nacht jedem Römer, dass im Reich alles zum Besten stand.

Natürlich kam es vor, dass das Feuer durch nasses Holz, heftigen Regen, der durch die Dachluke drang, oder auch die Unachtsamkeit einer Priesterin erlosch. Dies wurde stets als schlimmes Vorzeichen angesehen. War der diensthabenden Vestalin ein Verschulden nachzuweisen, wurde sie hart bestraft: Der Pontifex Maximus peitschte die entkleidete Frau im Dunkeln aus. Danach entzündeten beide die Flamme neu.

Jedoch galt in erster Linie das sittliche Verhalten der Vestalin als Garant für Bestand und Wohlergehen des Staates. Von ihren griechischen Vordenkern hatten die Römer die Vorstellung übernommen, dass staatliche Wohlfahrt unlösbar mit der Tugend der Frauen verknüpft sei. Hatte doch schon Aristoteles die Leichtlebigkeit der Spartanerinnen für den Verfall ihres Gemeinwesens verantwortlich gemacht. Livius gab den etruskischen Frauen die Schuld am Niedergang ihrer Kultur. Niederlagen der Legionen, versagende Politiker, Feuersbrünste, Seuchen und Hungersnöte: Man war schnell geneigt, der Sittenlosigkeit der Römerinnen die Schuld daran zuzuschieben und unter ihnen vor allem den Vestalischen Jungfrauen, die sich dann besonders großem Argwohn ausgesetzt sahen.

Doch kam es schon seit langem selten vor, dass Vesta-Priesterinnen für ihre Vergehen „nach der Vorfahren Brauch" bestraft, das heißt, lebendig begraben wurden.

„Hat aber eine die Keuschheit verletzt, so wird sie beim Collinischen Tore lebendig begraben. Nicht weit von diesem Tore, noch innerhalb der Stadt, befindet sich ein lang hingezogener Hügel, der in der Sprache der Latiner *agger* heißt. Hier wird ein nicht gar großes unterirdisches Gemach bereitet, in welches man von oben hinabsteigen muss. Es stehen darin ein bereitetes Bett, eine brennende Lampe und einige Lebensbedürfnisse, wie Brot, Wasser, eine Flasche Milch und Öl, gleich als wenn man sich ein Gewissen daraus machte, eine zum heiligen Dienste geweihte Person durch Hunger zu töten. Die verurteilte Vestalin selbst setzt man in eine zugedeckte und mit Riemen fest zugeschnürte Sänfte, damit niemand ihr Schreien hören soll, und trägt sie über den Markt. Alle, die ihr begegnen, gehen schweigend aus dem Wege und begleiten sie, ohne ein Wort zu sprechen, in tiefster Erschütterung. Es gibt in der Tat keinen schauderhafteren Anblick, und ein solcher Tag ist für die Stadt der allertraurigste. Wenn die Sänfte an den bestimmten Ort gekommen ist, machen die Gerichtsdiener die Bande los; unterdessen verrichtet der Oberpriester vor Vollziehung der Strafe mit gen Himmel erhobenen Händen ein geheimes Gebet, führt dann die Unglückliche ganz verhüllt aus der Sänfte und stellt sie auf die ins Gewölbe hinunterführende Leiter. Hierauf wendet er sowie die übrigen Priester das Gesicht weg, und sobald sie hinabgestiegen ist, wird die Leiter herausgezogen und das Gewölbe mit Erde überschüttet, bis der Boden wieder gleich und eben ist."[5]

Dank der unablässigen Mühe eifriger Forscher ist seit mehr als hundert Jahren auch der Ort der grausamen Bestattung bekannt: Er befindet sich unweit der Stazione Termini.

Soweit bekannt, wurde die unmenschliche Strafe in der ganzen römischen Geschichte glücklicherweise nur etwa ein Dutzend Mal vollzogen. Anklagen, gegen das Keuschheitsgebot verstoßen zu haben, gab es hingegen häufig. Doch hat man in den diversen Prozessen offensichtlich sorgfältig ermittelt und im Zweifel tatsächlich zu Gunsten der Angeklagten entschieden.

So berichten die alten Quellen von Freisprüchen, beispielsweise der Fabia, der Schwester Terentias (die lange Jahre mit Cicero verheiratet war). Fabia hatte man vorgeworfen, sie habe sich von dem Umstürzler Catilina verführen lassen, eine Anschuldigung, die sich nicht halten ließ.

Crassus' Cousine Licinia musste sich ebenfalls vor Gericht verantworten. Sie hatte gewagt, sich mit dem Verwandten unter vier Augen zu treffen. Es stellte sich jedoch heraus, dass der prominente Römer bei dieser Unterredung lediglich versucht hatte, der, wie er glaubte, weltfremden Frau ein Stück Land abzuluchsen.

Da die beiden Prozesse in die letzten Tage der Republik fallen, nimmt man an, dass die Gesetze damals schon ziemlich lasch gehandhabt wurden, und niemand konnte sich vorstellen, dass sich daran noch etwas ändern sollte. Und doch erlebte die Strenge keine 150 Jahre später eine unrühmliche Renaissance.

Nicht nur bei Sueton und Cassius Dio, den beiden Hauptquellen für die frühe Kaiserzeit, auch in der armenischen Version der Berichterstattung des Eusebius steht geschrieben, dass im Jahre 2098/99 nach Abraham, also 82/83 der neuen Zeitrechnung, in Rom „drei geweihte Jungfrauen der Este (Vesta) der Unzucht beschuldigt und bestraft wurden, und im Jahr 2106/07 (90/91 n. Chr.) die Oberin Cornelia lebendig begraben wurde, wie das Gesetz es befahl“[6].

Es war ausgerechnet Kaiser Domitian, der gottähnlich und in der Hoffnung, seine eigene Verkommenheit zu verdunkeln, beschlossen hatte, die Moral seiner Zeitgenossen wieder zu heben. Er tadelte seine beiden Vorgänger, von der Verderbtheit der Vestalinnen gewusst zu haben, ohne dagegen einzuschreiten. Eile schien ihm vonnöten. So rief er schon bald nach seinem Regierungsantritt eine Gerichtsversammlung ein, in der die Vergehen dreier Vestalinnen untersucht und diese verurteilt werden sollten. Es scheint dabei sehr aufregend zugegangen zu sein. Denn schon während der Sitzung erlitt einer der Priester namens Helvius Agrippa einen Schlaganfall, an dem er auf der Stelle starb. Man wird auch ihn zu Domitians Opfern zählen müssen.

Die Verhandlung geriet offensichtlich zur Farce, denn das Urteil stand von vornherein fest: Die Liebhaber der angeklagten Frauen – zwei Schwestern namens Oculata und eine Priesterin, die Veronilla hieß – wurden in die Verbannung geschickt. Den verurteilten Frauen gewährte man die Gnade, die Todesart frei zu wählen. Dabei hatten sie noch Glück. Nur sieben Jahre später wurde die Oberin Cornelia in Abwesenheit zum Tode nach alter Sitte verurteilt, einer ihrer angeblichen Liebhaber auf dem *Comitium* zu Tode gepeitscht. Plinius entrüstet sich, dass die Schuld der Verurteilten in keinem Fall erwiesen war.[7]

Cornelia war bereits einmal der Unkeuschheit angeklagt worden, musste aber damals freigesprochen werden. Es mag sein, dass das bei Domitian ebenso jene unversöhnliche Härte auslöste wie die Tatsache, dass Cornelia einer der vornehmsten altaristokratischen Familien der Stadt entstammte, während er, der Kaiser, nur einfacher bürgerlicher Herkunft war.

Bei Plinius ist auch festgehalten, wie die tapfere und wahrscheinlich unschuldige Frau zur Richtstätte ging:

Als sie von ihrem Schicksal erfahren hatte, flehte sie „mit erhobenen Händen bald zu Vesta, bald zu den übrigen Göttern und rief neben manch anderem immer wieder: ‚Mich hält der Kaiser für befleckt, durch deren Opferhandlungen er doch Siege errang und Triumphe feierte' ". Als sie dann in jene berüchtigte unterirdische Kammer hinuntergeleitet wurde, blieb ihr Gewand hängen. Sie drehte sich um, es zusammenzuraffen, und der Henker wollte ihr helfend die Hand reichen. Da aber wandte sie sich „schaudernd ab und wies, ein letzter Beweis für ihre Ehrbarkeit, die ekle Berührung wie eine Beleidigung für ihren ganz und gar keuschen und reinen Körper zurück; unter Beobachtung aller Anstandsregeln war sie im Fallen noch auf Schicklichkeit bedacht"[8].

Was war nur geschehen mit Domitian? Seine Aktionen und Reaktionen lassen schon bald auf einen verfinsterten Geist schließen, einen Menschen, der dem längst berüchtigten Caesarenwahn verfallen war, einen einsamen Mann, der ohne Freund und Freude in seinem prächtigen Palast, der *Domus Augustana*, auf dem Palatin lebte oder in seiner Villa draußen in den Albaner Bergen. Ein römischer Kaiser war sicherlich schon einsam durch seine einzigartige Stellung. Domitian war es mehr noch durch sein wunderliches Wesen, das jeden, der sich ihm nähern wollte, in die Flucht schlug. Selbst mit seiner Frau lebte er ständig im Streit. Er ließ sie seine Willkür spüren und versetzte sie damit in Todesangst. Seine Nichte, die er wahrscheinlich als einzigen Menschen wirklich geliebt hatte, war durch seine Schuld ums Leben gekommen. Kinder hatte er nicht. Der Sohn, den ihm Domitia Longina im Verlauf seines zweiten Konsulats, 73 n. Chr., geboren hatte, starb früh. Er dürfte, wenn die Forschung nicht irrt – sein Todeszeitpunkt ist nicht eindeutig gesichert – höchstens zehn Jahre alt geworden sein. Der Mann, der über die halbe damals bekannte Welt gebot, hatte nichts. Nicht Weib noch Kind, denen er seine Liebe hätte zuwenden können, keinen, der sich um ihn gesorgt oder nach ihm gesehnt hätte. Bei allem, was er anderen antat, war er der unglücklichste unter seinen Zeitgenossen, die eigentlich tragische Figur auf der Bühne des Lebens. Und er wusste sehr genau, wie es um ihn stand.

Der Bauherr und Selbstdarsteller Domitian

Der Palatin

Sueton berichtet glaubhaft, dass nicht zuletzt Domitians Bauwut diesen finanziell völlig ruiniert habe.[1] Man kann es sich leicht vorstellen, wenn man die Anzahl und die Pracht von seinen in Rom errichteten Gebäuden betrachtet, von denen erstaunlich viele Reste über die Jahrhunderte erhalten blieben.

Deren imposantestes war zweifellos der großartige Palast auf dem Palatin, bei dem man im Allgemeinen drei Teile unterscheidet: Die *Domus Flavia*, die *Domus Augustana* und schließlich das Stadion, das die gewaltige Anlage, die den gesamten mittleren Hügel einnimmt, im Osten abschließt. Der römische Schriftsteller Statius, ein Zeitgenosse des Kaisers, berichtet, dass sich „die Gebäude im Glanz des Sonnenlichts erheben, die Eifersucht von Jupiter selbst herausfordernd …“[2] Es erübrigt sich fast die Feststellung, dass sich der Palast an der höchsten Stelle der Erhebung befand. Als „Herr und Gott“ wollte der römische Kaiser den Himmlischen am nächsten sein und auf der einen Seite das Forum, auf der anderen den *Circus Maximus* überblicken.

Schon auf die durch Neros Prachtbauten in hohem Maße verwöhnten Zeitgenossen machte der riesige kaiserliche Wohn- und Regierungssitz mächtigen Eindruck, und auch die zeitgenössischen Hofdichter, neben Statius der noch berühmtere Martial, sind des Lobes voll. „Der Palazzo *Dei Flavii* und die *Domus Augustana* gehörten zu einem weitläufigen Komplex aus Palästen, Portiken und Gärten, den Domitian auf dem Palatin für sich anlegen ließ und dem sowohl zahlreiche Privathäuser als auch die ursprünglichen Zwillingsgipfel des Palatin, Germalus und Palatium, weichen mussten. Domitian hatte sich vorgenommen, ein bauliches Monument zu hinterlassen, das alle anderen in den Schatten stellen sollte …“[3] So Christopher Hibbert, ein neuzeitlicher Biograf der Stadt Rom.

„Wie vorbildhaft diese Anlage für das spätere Abendland wurde, zeigt die Tatsache, dass die auf dem Palatin errichteten Kaiserbauten den italienischen Begriff des *Palazzo*, den französischen des *Palais*, den englischen des *Palace* und den deutschen des *Palastes* geschaffen haben."[4]

Bis zum Ende der römischen Kaiserzeit blieb die *Domus Augustana* der Kaiserpalast schlechthin. Welche Bedeutung ihm beigemessen wurde, mag die Tatsache verdeutlichen, dass man ihn erweiterte und restaurierte, aber nie ersetzte. „Hier war ein Architekturtyp geschaffen, der in dieser klassischen Ausprägung gültig blieb: der des Herrschaftspalastes."[5]

Nur in der *Domus Flavia*, dem westlichen Gebäudeteil, lässt sich noch das aus Pompeji bekannte Prinzip des italischen Hauses erkennen, zu dem sich in hellenistischer Zeit das von den Griechen übernommene Peristyl, der von Säulengängen umgebene Garten, gesellte.

Der Schöpfer dieser außergewöhnlichen Architektur war ein gewisser Rabirius, einer der wenigen Baumeister der Kaiserzeit, die namentlich bekannt sind. Martial schrieb zu seinem Lob nach Fertigstellung des Baus im Jahre 92 n. Chr. folgendes Epigramm:

> „Frommen Sinnes erfasst du, Rabirius, Himmel und Sterne,
> da du mit seltener Kunst schaffst am parrhasischen Bau.
> Plant je Pisa den Tempel, der Phidias' Jupiter würdig,
> möcht es gewiss diese Hand unserem Donnrer entleihn."[6]

(Mit Pisa ist hier eine Stadt im griechischen Elis gemeint, wo sich einst eine Iupiter-Statue des Phidias befand. Mit parrhaisch meint der Dichter palatinisch. In grauer Vorzeit soll Arkades Euandros auf dem Palatin gesiedelt haben, als dessen Heimat Parrhasia in Arkadien galt.)

Wahrscheinlich hatte Domitian gleich zu Beginn seiner Regierungszeit das aufwändige Bauvorhaben in Auftrag gegeben, er wollte sich damit wohl einen seiner Stellung würdigen Wohn- und Herrschersitz schaffen. Die ersten Gebäude waren 92 n. Chr. bezugsfertig, doch geht aus den Prägungen der Ziegelstempel hervor, dass sich zumindest die Arbeiten am Stadion noch vier weitere Jahre hinzogen. Man darf annehmen, dass Domitian zunächst die offiziellen Regierungsgebäude errichten ließ, die gleichzeitig der Repräsentation dienten, und erst dann den Auftrag zum Bau seiner Privaträume erteilte. Zum Schluss erfolgte die Errichtung des

Stadions, das ausschließlich vergnüglichen Zwecken, insbesondere der Unterhaltung des Kaisers und seiner Familie, vorbehalten war.

Leider sind die ausgegrabenen Reste spärlich. Was erhalten blieb, befindet sich zudem in außergewöhnlich schlechtem Zustand, da, wie anderwärts, schon im Mittelalter und vor allem nach den bereits im 18. Jahrhundert begonnenen archäologischen Forschungen die freigelegten Ruinen massiven Plünderungen ausgesetzt waren.

Vom Westen kommend, betritt man die Anlage durch einen achteckigen Saal und gelangt ins Zentrum der *Domus Flavia*, deren architektonischen Blickpunkt ein riesiger viereckiger Hof bildet. Diesen wiederum schmückt eine imposante achteckige Brunnenanlage. Die niedrigen Mäuerchen eines „Labyrinths", in dessen Mitte sich wohl ebenfalls Wasserspiele befanden, sind großteils restauriert.

Dieser Innenhofgarten war von einem Säulengang umgeben, in dem man im Schatten spazieren gehen konnte. Das Peristyl war zudem das Herzstück des gesamten Gebäudes. An ihm lagen aufgereiht wie Perlen auf einer Schnur wenige, aber großartige Räume, die in Nord-Süd-Richtung angeordnet waren. An der Nordseite erhob sich der Palast über einem großen Freiplatz, der *Area Palatina* hieß. Von einer Säulenhalle aus konnte sich der Kaiser jederzeit dem wartenden Volk zeigen. Dass zu ihr kein unmittelbarer Zugang führte, sondern sie nur über seitliche Stufen erreichbar war, mag darauf hindeuten, dass sich der Kaiser vor der direkten Konfrontation mit dem Mob nicht weniger fürchtete als sich dieser vor ihm.

Durch drei Tore gelangte man in den sich anschließenden Palast. Das linke führte ins *lararium*, eine Art Schlosskapelle, wo Hausgötter und Ahnen verehrt wurden. Das mittlere in die *Aula Regia* und das rechte schließlich in die *basilica*.

Der bedeutendste Raum des Komplexes war die große *Aula Regia*, der Thronsaal, in dem Audienzen gegeben wurden und Empfänge stattfanden. Wie mag dem bittstellenden Besucher oder fremden Botschafter zu Mute gewesen sein angesichts der überwältigenden Pracht, die ihn in diesem Raum empfing? Schon die Größe war beeindruckend. Er hatte eine Seitenlänge von mehr als 30 Metern und war in etwa 30 Metern Höhe wahrscheinlich mit einer Kassettendecke geschmückt, die geschickt den Dachstuhl verbarg.[7] Wie die Dachkonstruktion allerdings wirklich aussah, ist sehr umstritten. Es gibt dazu die unterschiedlichsten Theorien, so etwa, die Halle sei, angelehnt an die römische Atriumbauweise, oben offen gewesen. Eine andere Meinung spricht von einem Tonnengewölbe. Doch seien, so sagen deren Gegner, die Mauern dafür zu schwach. Sicherlich waren die römischen Baumeister in der Lage, ein Tonnengewölbe mit einer Spannweite von über 30 Metern zu bauen. Haben sie doch nur eine Generation später unter Kaiser Hadrian das neu errichtete Pantheon mit einer noch weiträumigeren Kuppel überdacht, die zudem die Zeit bis heute unbeschadet überdauerte. Auch von einer Flachdeckung ist gelegentlich die Rede. Doch hätte sie Stützpfeiler in der Saalmitte erfordert. Davon fehlt aber jede Spur. Sogar ein von Gebälk getragenes Walmdach wird für möglich gehalten.

Mehr noch als die imposante Größe des Bauwerks muss die Besucher die verschwenderische Innenausstattung beeindruckt haben. Die Kunstgeschichte spricht sogar vom „Flavischen Barock".[8] Die Wände waren mit farbigem Marmor inkrustiert. In den Nischen zwischen den prächtigen Säulen standen Statuen, von denen allerdings nur zwei erhalten geblieben sind: Hercules und Bacchus, die nach ihrer Ausgrabung dem Herzog von Parma geschenkt wurden und im Museum der Stadt noch heute zu bewundern sind. Man darf annehmen, dass auch die anderen Figuren Göttergestalten darstellten, sodass sich der Kaiser, Herr und Gott, als lebendiges Kultbild seiner selbst in einer Apsis thronend unter seinesgleichen befand. Aller Augen richteten sich auf ihn. Alle Wege führten auf den Thron zu, der sicherlich erhöht stand und durch Schranken von den bittstellenden Untertanen getrennt war, damit der Kaiser und sein Hofstaat gewissermaßen unter sich bleiben konnten. Auf diese Weise bekam das Hofzeremoniell den Anstrich eines Gottesdienstes.

Leider ist von der schon zu ihrer Zeit berühmten *Domus Flavia* nicht viel übrig geblieben, sodass es nicht möglich ist, ihre Ausstattung zu rekonstruieren. Aber es darf als gesichert gelten, dass Domitian im Bewusstsein seiner einzigartigen Stellung weder Kosten noch Mühen scheute, sich einen Wohn- und Regierungssitz zu schaffen, der dem Goldenen Haus eines Nero nicht nachstand.

Wegen des schlechten Erhaltungszustands ist man auch hinsichtlich des *larariums* auf Vermutungen angewiesen. Es war verhältnismäßig schmal und diente, wie erwähnt, der Verehrung der Laren, die als Schutzgottheiten der Familie galten. An der Rückwand befinden sich noch geringe Mauerreste eines „Altars“, auf dem wahrscheinlich die Götterbilder standen.

Der italienische Altertumsforscher Filippo Coarelli ist allerdings der Auffassung, der Raum sei fälschlich als *lararium* gedeutet worden. Er vertritt vielmehr die Ansicht, dass dort die Prätorianergarde einquartiert gewesen sei, die für die Sicherheit des Kaisers verantwortlich war. Der vom Forum auf den Palatin führende Weg, erst in der Neuzeit *Clivus Palatinus* genannt, mündete nämlich genau zwischen *Domus Flavia* und *Domus Augustana* in den Palast, wo sich der Hauptpeingang der Anlage befand. Die Wache an dieser gefährlichen Stelle zu positionieren, wäre durchaus sinnvoll gewesen.

Die *basilica*, an die andere Seite der *Aula Regia* grenzend, muss ebenfalls eine Apsis aufgewiesen haben. Auch dieser Raum hat dem Kaiser wohl für Auftritte gedient. Er war durch zwei Säulenreihen in drei Schiffe gegliedert. Die Wissenschaft hat ihn als Auditorium bezeichnet. Hier versammelte sich der Rat, hier wurde über Verwaltung und Politik entschieden, als der Senat keinerlei Bedeutung mehr hatte.

Doch haben in der *basilica* sicherlich nur kleinere Empfänge und Veranstaltungen stattgefunden, vor allem solche, für die die *Aula Regia* zu groß und zu feierlich war.

Selbst die kümmerlichen Reste vermitteln noch eine Ahnung der einstigen Pracht. Ist es denkbar, dass Domitian das Peristyl mit seiner labyrinthartigen Brunnenanlage besonders liebte? Dass er hier von den anstrengenden Regierungsgeschäften Erholung suchte und später, als er in größter Furcht vor Attentaten unter permanentem Verfolgungswahn litt, dessen Säulenhallen mit geschliffenen Steinen verspiegeln ließ, um auch das, was hinter seinem Rücken vorging, beobachten zu können?[9] Wir wissen es nicht.

An der Südseite schließt sich an das Peristyl ein nicht weniger prächtiger Speisesaal an, den die Römer *triclinium* nannten. Das *triclinium* stellte einst die drei Liegen dar, die um einen Tisch gruppiert waren und auf denen man liegend das Essen zu sich nahm. Da den Kunsthistorikern der Name *triclinium* für den üppig ausgestatteten Raum des Flavierpalastes zu bescheiden erschien, wurde dieser in der Literatur *Coenatio Iovis* genannt, Speisesaal Iupiters, das heißt hier des Gott-Kaisers.

Selten hatte man in Rom ein prunkvolleres Esszimmer gesehen. Leider sind von der Ausstattung nur noch geringe Spuren vorhanden, so einige Bodenplatten, die, unablässig der Witterung ausgesetzt, freilich mehr und mehr verblassen. Auch die Reste einer Hypokaustanlage, einer antiken Fußbodenheizung, sind noch vorhanden. Den Teilnehmern eines Gastmahls sollte der Aufenthalt so angenehm wie möglich gemacht werden. Und natürlich durfte auch hier die Apsis nicht fehlen, die „Kaiserloge", die den *dominus et deus* auch bei Tisch gebührend hervorhob. Zwei elliptische Wasserbecken mit Fontänen flankierten den Raum. Sie waren durch wandhohe Fensteröffnungen zu sehen.

64 n. Chr. hatte der große Stadtbrand unter Nero auch auf dem Palatin gewütet und die Bibliothek zerstört, die von Augustus angelegt worden war. Im Zuge seines Palastbaus wurde sie nun von Domitian wiederhergestellt und der *Domus Flavia* angegliedert, ein schöner Zug des Kaisers, der sich in seiner Jugend viel mit Literatur beschäftigt und auch selbst geschrieben und sogar Gedichte verfasst hatte. Mit seiner Thronbesteigung verließ ihn aber offensichtlich die Freude an den Wissenschaften. Ehrgeiz, sich weiterzubilden, zeigte er danach nicht mehr.

Und doch war er besorgt, „dass die durch Brände zerstörten Bibliotheken wiederhergestellt wurden; er ließ von überallher Exemplare (der vernichteten Werke) zusammensuchen und schickte auch Leute nach Alexandria, die die Texte abzuschreiben und nach den dortigen Originalen zu verbessern hatten. Dennoch nahm er sich nie die Mühe, die Geschichte, die Poesie oder auch nur die nötigsten stilistischen Regeln zu studieren. Außer den Denkwürdigkeiten und den Akten des Kaisers Tiberius las er nichts. Seine Briefe, Reden und Edikte ließ er durch andere abfassen. Trotzdem war er im Gespräch nicht unelegant, und bisweilen gelang ihm auch ein bemerkenswerter Ausspruch", so der antike Biograf.[10]

In Alexandria hatte sich einst die berühmteste Bibliothek der Welt befunden, die allerdings während Caesars Feldzug an den Nil aus noch immer ungeklärten Gründen abgebrannt war, sich aber auch später noch durch das, was dem Feuer entgangen oder wiederbeschafft worden war, eines ausgezeichneten Rufes erfreute.

Von nicht geringerem Interesse ist der Wohnpalast Domitians, die *Domus Augustana* (oder *Augustiana*), die sich unmittelbar an den Regierungspalast anschloss. Sie ist, der Topographie des Berges folgend, auf zwei Ebenen angelegt, die um etwa 12 Meter differieren. Beide Gebäudeteile wurden von einem Peristyl dominiert. Bislang konnten die Archäologen keine Abgrenzung zum Regierungsbereich feststellen. Deshalb nimmt man an, dass der vordere Teil der *Domus Augustana* ebenfalls Repräsentationszwecken diente und nur der südliche der privaten Nutzung der kaiserlichen Familie vorbehalten war.

Originalgetreu aus der Zeit Domitians ist das tiefer liegende Bauwerk, dessen freigelegte Reste noch die ursprüngliche geometrische Aufteilung aufweisen: „In ein Quadrat sind Halbkreise eingeschrieben, wodurch das Schema zur Anlage von Beeten, Brunnen und Wasserspielen gegeben war.“[11] Die noch vorhandenen Reste lassen ahnen, was es im Altertum bedeutet hat, römischer Kaiser zu sein.

Um die beiden Peristyle herum lagen zahlreiche Räumlichkeiten, von denen noch eine ganze Anzahl erhalten ist. Sie vermitteln nicht nur eine Vorstellung von der Größe der Anlage, sondern auch vom Wohnen der kaiserlichen Familie und ihrer Dienerschaft. Die Zimmer weisen unterschiedliche Grundrisse auf: Von halbrund über achteckig bis rechteckig, überwölbt oder sogar überkuppelt. Es gab Säle, die mit Apsiden und Nischen geschmückt waren. Malerei und Friesornamente sowie marmorne Fußböden gaben dem Palast das außergewöhnliche Flair. Der Frontbau, der sich zum *Circus Maximus* hin befand, wies ebenfalls eine Säulenhalle auf. Er verlief nicht gerade, sondern gekurvt, ein typisches Merkmal barocker Tendenz in flavischer Zeit. Noch heute erzählen die römischen Stadtführer nicht ohne Bewunderung, Domitian habe sich, um die Wagenrennen im Circus verfolgen zu können, nicht einmal außer Haus begeben müssen. Eine Art Aussichtsterrasse, die dem Circus zugewandt war, ermöglichte ihm, den Rennen von seinem Palast aus zuzusehen.

Der dritte Baukomplex, der nachweislich erst in der späten Regierungszeit des Kaisers entstand, war das sogenannte Stadion, *Hippodromus Palatini* genannt, das im Osten an die *Domus Augustana* grenzt. Es weist eine Länge von ungefähr 88 Metern auf und war von einem zweistöckigen Porticus umgeben, im Süden exedrenförmig angelegt, im Norden mit geradem Abschluss und so an ein lang gezogenes Hufeisen erinnernd.

Nur wegen der besonderen Form wurde die Anlage Stadion genannt. Für Pferde- oder gar Wagenrennen war sie sicherlich zu klein. Es dürfte sich bei ihr eher um eine Art Lustgarten gehandelt haben, in dem zur Zerstreuung des Kaisers und seiner Familie Aufführungen unterschiedlichster Art stattfanden und der dem Aufenthalt im Freien und vielleicht auch bescheidenen Ausritten zu einer Zeit diente, als der dem fortschreitenden Caesarenwahn verfallende Monarch nicht mehr wagte, sich in die Öffentlichkeit zu begeben. Der Jüngere Plinius berichtet von Landvillen reicher Römer, die mit Hippodromen ausgestattet waren und die Form eines Circus aufwiesen.

Wie keines seiner anderen Bauwerke lässt der Palastkomplex auf dem Palatin Rückschlüsse auf Domitians Charakter zu. Er ist ein Markstein in der römischen Architekturgeschichte, da er zum ersten Mal allen Erfordernissen, die sich im Wandel der Kaiserzeit ergeben hatten, Rechnung trug.

Augustus, Roms erster Princeps, hatte sich noch mit einer relativ bescheidenen Unterkunft begnügt. Der letzte seines Stammes, Nero, hatte mit seiner *Domus Aurea* einen großen und prächtigen, frei gegliederten Landsitz mitten in der Millionenstadt Rom geschaffen. Aber erst Domitian schuf den Typus des Herrschaftspalastes, der trotz seiner vielfältigen Einzelformen ein in sich geschlossener Organismus war. „Privater und öffentlicher Bereich mussten getrennt werden, da sich der Kaiser als *dominus et deus* in der Öffentlichkeit in einer hierarchischen und hervorgehobenen Form darzustellen hatte …“[12]

Wie kein anderes der von ihm hinterlassenen Bauwerke demonstrieren die Bauten auf dem Palatin Domitians Besessenheit von der Macht.

Keinesfalls konnte also, wie des Öfteren behauptet wurde, Rabirius seiner künstlerischen Phantasie freien Lauf lassen oder sich gar als Universalgenie betrachten. Ihm fiel vielmehr die Aufgabe zu, in seinen Bauten dem monarchischen Absolutismus Ausdruck zu verleihen. Nicht er, sondern Domitian und sein Wille zur Macht waren die eigentlichen Schöpfer jener Werke, deren Botschaft noch heute so klar zu erkennen ist.

Der Titus-Bogen

Wie die meisten steinernen Zeugnisse der Antike sind auch die römischen Triumphbogen nur in Resten oder stark restauriert erhalten. Die imposanten Monumente stehen im engen Zusammenhang mit den Triumphzügen, die siegreichen Feldherrn zugebilligt wurden, wenn sie mindestens 5.000 auswärtige Feinde getötet hatten. Ab Beginn der neuen Zeitrechnung stand der Triumph nur noch dem Kaiser zu, nur in ganz seltenen Fällen auch einem Prinzen oder besonders angesehenen Feldherrn.

Aber nicht immer sind die Triumphbogen in Folge gewonnener Kriege errichtet worden. Sie sollten auch an andere wichtige Ereignisse oder bedeutende Persönlichkeiten erinnern. So sprachen die Kaiser auch erst ab dem dritten Jahrhundert vom *arcus triumphalis*, zuvor hießen die Bogen einfach nur *fornix* oder *arcus*.

Das alte Rom wies eine Fülle solcher Ehrenbogen auf, die vornehmlich auf dem Forum errichtet wurden, so die für Augustus und seinen Nachfolger Tiberius, von denen sich allerdings nur Spuren gefunden haben. Neben dem dreitorigen Triumphbogen des Septimius Severus und seiner Söhne Geta und Caracalla aus spätantiker Zeit ist der Bogen des Titus zu einem der Wahrzeichen der Stadt geworden. Doch war auch der von Domitian errichtete Bogen zu Ehren seines so früh verstorbenen Bruders Titus vom Untergang bedroht. Glücklicherweise war er im Mittelalter in eine Festung der Familie Frangipani eingebaut, was ihn vor dem endgültigen Verfall bewahrte. Als ihn Papst Pius VII. 1822 wiederherstellen ließ, trug dessen Restaurator Valadier das antike Gemäuer bis auf die Grundmauern ab, um es danach neu aufzubauen und fehlende Bauteile durch Travertin zu ersetzen.

Wie kein anderes beherrscht das Bauwerk bis heute die *Via Sacra*, an deren höchstem Punkt, der *summa Via Sacra*, er einst bewusst errichtet wurde.

Es ist gesichert, dass der Triumphbogen für Titus erst nach dessen Tod erstand, und zwar vermutlich unter der Herrschaft Domitians, der mit der Ehrung des vergöttlichten Bruders auch sich selbst ein Denkmal setzen wollte.

Es gibt in der Kunstgeschichte freilich auch andere Meinungen. Das Denkmal, so heißt es mitunter, sei erst in trajanischer Zeit entstanden. Dafür sprächen der Stil und die Ähnlichkeit mit dem Trajans-Bogen in Benevent. „Die Spätdatierung", so der italienische Altertumsforscher Filippo Coarelli, „ist trotzdem auszuschließen, die Überlieferung eines Architekturtyps über einen Zeitraum von zwanzig Jahren war in der Antike ganz normal. Höchstwahrscheinlich setzte der kraftvoll plastische Stil, der für trajanische Reliefs typisch ist, schon einige Jahre zuvor in spätflavischer Zeit ein …"[13]

Es gab einen weiteren Titus-Bogen, der noch zu Lebzeiten des Kaisers errichtet worden war und dessen Reste in der Apsis des *Circus Maximus* ausgegraben wurden. Jenes in diesem Zusammenhang nicht näher interessierende Bauwerk verzeichnete inschriftlich Titus' Taten in Judäa, die Besiegung des jüdischen Volkes und die Zerstörung Jerusalems. Ähnliche Angaben fehlen in der Inschrift des Forum-Bogens. Weder Titel noch Ämter sind darin genannt. Dafür springt das DIVO ins Auge, der Hinweis, dass das Denkmal dem bereits Vergöttlichten geweiht ist.

Der Titus-Bogen auf dem Forum gehört zweifellos zu den eindrucksvollsten Bauwerken Roms, ein Bilderbuch der Geschichte. Massiv gebaut, nicht ohne die barocken flavischen Extravaganzen, wirkt er in seiner Monumentalität dennoch schlicht und wohlproportioniert. Außen findet sich keinerlei Reliefschmuck. Die Attika ziert nur eine Widmungsinschrift. Sie lautet: SENATVS POPVLVSQUE ROMANVS DIVO TITO DIVI VESPASIANI FILIO VESPASIANO AVGVSTO: Senat und Volk von Rom dem vergöttlichten Titus, dem Sohn des vergöttlichten Vespasian, dem Kaiser Vespasian.

Zwei Pylonen tragen die Attika. Sie sind mit schön gerahmten Blendfenstern verziert. Bei einem von ihnen handelt es sich sogar um ein echtes

Fenster. Durch dieses erreicht man eine Treppe, die ins Innere der Attika führt. Die Pylonen sind mit korinthischen Halbsäulen geschmückt, die zur Belebung des Gebäudes beitragen.

Schlicht ist, wie gesagt, die Außenseite des Denkmals. Um so beredter zeigt sich der Durchgang. Der reiche Reliefschmuck im Scheitel des kassettierten Tonnengewölbes stellt den vergöttlichten Kaiser dar, den ein Adler zum Himmel emporträgt.

Noch eindrucksvoller sind allerdings die Seiten, die kunstvoll komponierte Szenen zeigen und dem Triumphator Titus, dem Bezwinger der aufständischen Juden, gewidmet sind: Auf der Nordseite steht er auf vierspännnigem Wagen, der Quadriga, während Victoria, die Siegesgöttin, die Krone über sein Haupt hält. Vor dem Wagen schreitet die Göttin Roma, die selbst die Pferde führt, daneben der Genius des römischen Volkes. Die verklärte Darstellung wird durch einen togagewandten Römer, wohl einen Vertreter des heimischen Senats, und Liktoren mit der geschichtlichen Wirklichkeit verbunden.

Auf der Südseite schreiten Legionäre auf die *porta triumphalis* zu. Sie tragen die kostbaren Beutestücke aus dem Tempelschatz von Jerusalem mit sich, die Menorah, den siebenarmigen Leuchter, den goldenen Tisch mit den Schaubroten und die silbernen Trompeten. Auf den ebenfalls mitgetragenen Tafeln standen vermutlich die Namen der eroberten Städte und unterworfenen Stämme.

Die plastische Darstellung, die zu den reifsten und bedeutendsten Erzeugnissen der römischen Reliefkunst gehört, ist von ergreifender Realität, ein einzigartiges Andenken an jene Schicksalsstunde des antiken jüdischen Nationalstaats, dessen Untergang damit besiegelt war. Man sagt übrigens, kein frommer Jude sei je freiwillig durch diesen Bogen hindurchgegangen …

Das Stadion

Zu den schönsten Plätzen Roms, nach vielfacher Meinung sogar der Welt, gehört die Piazza Navona im Herzen des römischen Marsfelds, eine barocke Platzanlage, die gleichzeitig ein eindrucksvolles Zeugnis städtebaulicher Kontinuität darstellt. Sie liegt im Tiberbogen der Innenstadt, nördlich des Corso Vittorio Emanuele II.

Wenn vielleicht nicht der schönste, so doch sicherlich einer der belebtesten Plätze der Welt, lockt die Piazza Navona bis heute viel bunt gewürfeltes Volk an. Kitsch und Kunst geben sich hier ein Stelldichein. Der fußwunde Tourist ruht hier, wo sich die Jahrhunderte die Hände reichen, von rastloser Wanderung aus.

Schon Domitian hatte die verkehrsgünstige Lage des Platzes erkannt. Wann er an dieser Stelle für die von ihm geschätzten, aber bei seinen Römern nicht sonderlich beliebten griechischen Kampfspiele mit dem Bau des riesigen Stadions, des *Circus Agonalis*, (etwa 275 Meter lang und 106 Meter breit) beginnen ließ, ist nicht eindeutig gesichert. Die Angaben reichen von 86 bis 92 n. Chr. Im Jahr 86 wurden jedenfalls die Wettspiele zu Ehren des capitolinischen Iupiter eingeführt, das *Certamen Capitolinum*, zu dem Pferderennen sowie athletische und musikalische Wettkämpfe gehörten. Da es sich um ein Stadion und nicht um einen Circus handelte, gab es keine *carceres*. Auch von der Einrichtung einer Rennbahn fehlt jede Spur. Die Arena stand, wie aus einem antiken Münzbild hervorgeht, völlig frei.

In spätantiker Zeit wurde die Anlage um 228 n. Chr. unter Alexander Severus restauriert und nach ihm noch im Mittelalter benannt.

Die Außenseite des Stadions „bestand aus Arkaden, vor deren Travertinpfeiler ionische Halbsäulen gestellt waren …“[14] Das Stadion bot nach vorsichtigen Schätzungen Platz für 30.000 Zuschauer, die sich über zwei Ränge verteilten. Es handelte sich somit um eine imposante Freizeitanlage, die sich von ihrer Größe her zwar nicht mit dem *Amphitheatrum Flavium* oder dem *Circus Maximus* messen konnte, aber als Vergnügungsstätte durchaus einen wichtigen Platz im römischen Leben einnahm.

Sind die antiken Reste auch spärlich, so lebt Domitians Stadion doch in der Piazza Navona fort. Ihre Häuser stehen auf den Substruktionen der *cavea*, des Zuschauerraums, und ihre Mitte bewahrt bis heute das Bild der seinerzeitigen Arena. Der Platz ist, dem Verlauf des antiken Bauwerks folgend, im Norden gerundet und im Süden von einer geraden Mauer begrenzt.

Zu allen Zeiten hat der Platz die Phantasie der Menschen angeregt. So siedelte die christliche Heilsgeschichte in einem der im Altertum hier gelegenen Bordelle das Martyrium der heiligen Agnes an und erbaute später zu ihrem Andenken die Kirche, in deren Kellerräumen noch Reste der antiken Bebauung zu finden sind.

Über Jahrhunderte ist die Piazza Navona auch Festplatz für das römische Volk geblieben. So wurde sie im 17. und 18. Jahrhundert an den Wochenenden des August stets unter Wasser gesetzt, und die Vornehmen der Stadt fuhren dort mit ihren Kutschen zum Vergnügen einer großen Zuschauermenge spazieren. Bis heute findet hier am 6. Januar, dem Erscheinungsfest, die berühmte Fiera della Befana statt, ein volkstümlicher Weihnachtsmarkt, dessen Mittelpunkt eine Krippe aus dem 18. Jahrhundert bildet. Zu diesem Kinderfest steigen Schafhirten in ihrer berufstypischen Tracht von den Abruzzen herab, um die Kleinen mit Musik aus Dudelsack und Querpfeife zu erfreuen.

Blieb wenigstens die Idee von Domitians *Circus Agonalis* in der Piazza Navona erhalten, so fehlt von dem in seinem Auftrag südlich davon errichteten Odeon jegliche Spur. Dabei soll das Musiktheater fast 11.000 Zuhörern Platz geboten haben und damit nicht klein gewesen sein. Nur das Halbrund des Besucherraums wiederholt sich in der geschwungenen Fassade eines Palazzo am Corso Vittorio Emanuele II. Der Rest der antiken Anlage liegt unter dem Palast begraben. Ein einziger Überrest der alten Kulturstätte, eine aus einem Block gehauene Cipollino-Säule, die wohl zur Bühnenfront gehörte und heute die Rückfront des Gebäudes schmückt, erinnert an die einstige Pracht, die noch im 5. Jahrhundert für Bewunderung sorgte.

Auch die anderen von Domitian auf dem Marsfeld errichteten Bauten sind nur durch Zufall bekannt. So weist die *Forma Urbis*, ein unter Kaiser Septimius Severus im frühen dritten Jahrhundert gefertigter reliefierter Stadtplan, einen für Minerva Chalcidia erbauten Rundtempel auf. Wenige Meter südlich davon lag der *Porticus Divorum*, der ebenfalls auf Kaiser Domitian zurückgeht. Er war ein von Säulenhallen umgebener rechteckiger Platz mit dreitorigem Eingangsbogen, zu dessen beiden Seiten je ein

Tempel für Vater Vespasian und Bruder Titus stand. Doch auch von diesen Bauwerken zeugt nur die marmorne Stadtansicht aus severischer Zeit.

Neben vielen anderen Monumenten und Ehrensäulen auf dem Forum gab es dort auch unweit des *Lacus Curtius* ein bronzenes Reiterstandbild Domitians, dessen Fundament aus Gusswerk ausgegraben wurde. Der Dichter Publius Papinius Statius berichtet davon.[15] Außerdem ist es auf einer Goldmünze abgebildet. Der Kaiser saß hoch zu Ross, von dem drei Beine fest im Boden verankert waren. Das vierte stand auf einem Kopf, der das unterworfene Rheinland symbolisierte. Das 91 n. Chr. errichtete Denkmal feierte die Siege des Kaisers in Germanien. Es blieb allerdings nur wenige Jahre stehen. Bald nach der Ermordung Domitians wurde es beseitigt. Denn der unliebsam gewordene Herrscher, der sich zuletzt immer grausamer und unberechenbarer gezeigt hatte, war, wie erwähnt, der *damnatio memoriae* verfallen, sein Andenken wurde ausgelöscht.

Was gibt es vom Bauherrn Domitian noch zu berichten? Bei Sueton, dem antiken Biografen, sind diesem Kapitel leider nur wenige Bemerkungen gewidmet, doch erfahren wir, dass Domitian neben Minerva auch die anderen Götter nicht vergaß. So errichtete er einen Tempel auf dem Capitol, der dem Iupiter Custos, dem Wächter, geweiht war. Auch der Beginn der Bauarbeiten des später nach Kaiser Nerva benannten Forums reicht in domitianische Zeit zurück. Er ließ zudem eine Anlage für Seeschlachten, die so genannten Naumachien, aufführen, „aus deren Material später der Circus Maximus erbaut worden ist, nachdem seine Seitenwände abgebrannt waren“[16].

Der Wiederherstellung des Capitols widmete er besonders große Aufmerksamkeit. Es war ihm ein Herzensanliegen, dort das Wahrzeichen der Kontinuität der römischen Herrschaft, den Tempel des Iupiter Optimus Maximus, im besonderen Schmuck wiedererstehen zu lassen. Der wichtigste der römischen Tempel, gleichsam Symbol für das staatliche Wohlergehen, wurde so prächtig ausgestattet, dass der Grieche Plutarch bei einem Besuch der Hauptstadt allein die Kosten für die Vergoldung im Innenraum auf 12.000 Talente schätzte.

Es war ein groß angelegtes Bauprogramm, das Rom, der Ewigen Stadt, wie man sie in Vespasians Tagen zu nennen begann, seine einzigartige Schönheit unter den Metropolen der alten Welt verlieh. Augustus hatte sich einst in seinem Tatenbericht gerühmt, eine Stadt aus Ziegeln vorgefunden und eine solche aus Marmor hinterlassen zu haben. Man wird, ohne sich dem Verdacht der Übertreibung auszusetzen, behaupten dürfen, dass ihr aber erst Domitian jenen beinahe unwirklichen und unvergleichlichen Glanz verlieh, den ihre Ruinen noch heute ahnen lassen.

Seit eh und je haben die Mächtigen dieser Erde versucht, durch die Hinterlassung prächtiger Bauten der Vergänglichkeit ein Schnippchen zu schlagen. Domitian wollte mit seinen Vorgängern darin nicht nur gleichziehen, er wollte sie übertreffen und sich als Erneuerer des Stadtbilds ein Denkmal setzten. Jedermann sollte sich noch in Jahrhunderten an ihn erinnern. Aber der Glanz, der Rom Dank seiner Bemühungen bald umgab, rief auch manchen Neider auf den Plan. Plutarch, der sich, wie erwähnt, vor Ort selbst einen Eindruck von der Einzigartigkeit der Bauwerke verschaffte, rief angesichts des Luxus, mit dem Domitian sein Rom ausgestattet hatte, verärgert aus: „Möge dir doch ob deiner Bauwut wie Midas alles zu Gold werden!“

In der Tat glich die Innenstadt über viele Jahre einer einzigen Baustelle. Ganze Heerscharen von Architekten und Handwerkern mühten sich, Domitians Vorstellungen vom Aussehen des Nabels der Welt, als den sich Rom schon lange verstand, zu verwirklichen. Und er schlug mit seiner Bauleidenschaft ein neues Kapitel der römischen Architekturgeschichte auf.

Der große Brand unter Nero im Jahr 64 hatte weite Teile der Stadt in Schutt und Asche gelegt, und auch das Feuer, das sie im Jahr 80 unter Titus heimsuchte, hatte Spuren der Verwüstung hinterlassen und das IX. Quartier ganz vernichtet. Überall klafften Baulücken, überall galt es, den Häuserreihen ihr geschlossenes Aussehen zurückzugeben.

Es wurde bereits erwähnt, dass Domitian auch sein Geburtshaus aufwändig umgestalten und in einen Tempel des Flavischen Geschlechts umbauen ließ. Und da er Minerva, wie gesagt, zu seiner besonderen Schutzpatronin erkoren hatte, durften Heiligtümer zu ihren Ehren nicht fehlen. Eines lebt auf dem Marsfeld wenigstens in seinen Fundamenten fort: In der Gotik wurde über ihm die Kirche Santa Maria sopra Minerva errichtet. Auch ein Ianus-Heiligtum und ein Tempel der Fortuna Redux, die den Kaiser wohlbehalten aus dem Krieg gegen die Sarmaten heimgeführt hatte, sind bekannt.

Doch Domitian begnügte sich nicht, in Bauwerken bleibenden Ruhm zu begründen. Den wenigsten Reichsbewohnern war es vergönnt, sich vor Ort einen Eindruck davon zu verschaffen, was Domitian für die Hauptstadt geleistet hatte. Erzählungen und Gerüchte vermochten in fernen Reichsteilen höchstens die Phantasie anzuregen. Konkrete Vorstellungen vermittelten sie nicht. Auch sprachen die Bauten allenfalls für sich und kündeten nicht von anderen kaiserlichen Taten. Es waren Münzen, die von Domitians Wirken bis in die fernsten Winkel des Imperiums berichteten und seinen Ruhm verewigten, Geldstücke, die meist das Bild Minervas neben dem kaiserlichen zeigen – als Begleiterin in Kunst und Wissenschaft, als Hüterin des Friedens und Helferin im Krieg. Auch Germania ist abgebildet, eine weibliche trauernde Gestalt mit zerbrochenem Speer, dem Zeichen für die Niederlage. Wir sehen den Sieger Domitian, der die Quadriga lenkt, das Viergespann des Triumphators. GERMANIA CAPTA kann man auf einigen Prägungen lesen, wenn auch von einer Unterwerfung ganz Germaniens durch Domitian nicht die Rede sein kann. Er hatte sich ja nur die Chatten gefügig gemacht und Teile der Wetterau annektiert. Davon wird später noch ausführlich zu berichten sein. Aber wenn der Kaiser verkündete, dass er Germanien unterworfen habe, wer hätte gewagt, ihm zu widersprechen? Und wer in Rom, außer vielleicht Tacitus, hatte genaue Kenntnis von jenem fernen Land jenseits der Berge und konnte Domitian einer Unwahrheit zeihen?

Es zeugt von einer gewissen Größe, dass er auch das Andenken Julias in Münzen ehrte, der einzigen Frau, die er, wie berichtet, geliebt zu haben scheint und die doch durch seine Schuld eines so frühen Todes starb.

Im Jahr 88 beging er eine Säkularfeier. Auch dafür wurden eigene Münzen geprägt, die alle Welt auf seine Wohltaten aufmerksam machen sollten. Vor allem Getreidezuwendungen an das Volk (ANNONA AVG) sind darauf verewigt. Sie dokumentieren seine enge Verbundenheit mit den unteren Schichten (FELICITAS PVBLICA), die in der Tat keinen Grund hatten, sich mit seiner Herrschaft unzufrieden zu zeigen. Die Säkularspiele sollten, wie ihr Name schon sagt, ein neues Jahrhundert einleiten.

Das von Domitian gewählte Datum hat zu den wildesten Spekulationen Anlass gegeben. Denn es passt weder zu der entsprechenden Veranstaltung unter Kaiser Augustus im Jahr 17 v. Chr. – wenn auch Sueton behauptet, er habe sich an diesen Spielen orientiert – noch zu dem Fest, das unter Kaiser Claudius stattgefunden hatte.

Wahrscheinlich gedachte Domitian, mit einer Säkularfeier seiner Herrschaft weiteren Glanz zu verleihen.

Nicht zuletzt haben sich Münzen gefunden, die die Aufschrift CONCORDIA AVGVST(A) tragen und der Öffentlichkeit die Eintracht von Kaiser und Kaiserin vorspiegeln sollten.

Und nicht zu vergessen die aufwändigen Spiele und die rauschenden Feste, die alles übertrafen, was den Römern von ihren Herrschern bislang in dieser Hinsicht geboten worden war! Auch sie waren Teil der kaiserlichen Propaganda, die ihm die Zustimmung, ja Dankbarkeit der Massen sicherte.

Aber auch die Spiele sollten nicht nur der Unterhaltung des Volkes, sondern auch der Selbstdarstellung des Kaisers dienen. Dies galt sowohl für die Gladiatorenkämpfe im Amphitheater als auch für die Wagenrennen im Circus.

Im Jahr 86 stiftete er den Capitolinischen Wettkampf nach griechischem Vorbild, eine Mischung aus körperlichem Kräftemessen und musischem Wettbewerb. Es gab Veranstaltungen in Rhetorik und in Gesang, der von Flöten- und Zithermusik begleitet wurde.

Anders als sein Vater folgte er den Aufführungen aufmerksam, er war dabei griechisch gekleidet und trug eine goldene Krone mit dem Bild Iupiters, Iunos und Minervas auf dem Haupt. Ihm zur Seite saßen der Priester Iupiters und das Flavische Priesterkollegium im gleichen Aufzug, zusätzlich mit dem Bild des Kaisers.

Es versteht sich fast von selbst, dass die Vielzahl der Unterhaltungsmöglichkeiten ganz nach dem Geschmack des Volkes war, das Domitian dafür gern wie einen Gott verehrte.

Natürlich schuldete man auch dem unermüdlichen Bauherrn Dank und Anerkennung, brachten doch seine Vorhaben reichlich Lohn und Brot.

Brot und Spiele – *panem et circenses* – forderte das Volk, wie es Juvenal so treffend formulierte[17], und es ist gewiss kein Zufall, dass dieser Ausspruch von einem Dichter geprägt wurde, der als Zeitgenosse Domitians dessen Herrschaft kritisch begleitete.

Die römische Plebs hielt fest zu ihrem Kaiser, auch als dieser schließlich dem berüchtigten Caesarenwahn verfiel. Die Veränderungen in seinem Charakter blieben den unteren Schichten, die an der Tagespolitik kein Interesse hatten, wenn es nicht sie selbst betraf, verborgen, zumal sich Domitian immer mehr in die Einsamkeit seines Palastes zurückzog. Die einmal in Gang gesetzte Regierungsmaschinerie lief auch ohne sein unmittelbares Eingreifen weiter, sodass es keinen Grund zur Klage gab.

Doch je mehr das einfache Volk den Kaiser verehrte, desto ablehnender wurde das Verhalten der Senatsaristokratie, wie sich später noch zeigen wird, und es mag tatsächlich viele unter Roms Noblen gegeben haben, die mit dem Gedanken spielten, den in ihren Augen unwürdigen Zustand wenn nötig sogar gewaltsam zu beenden.

Schriftsteller und Geschichtsschreiber – Das geistige Leben in flavischer Zeit

In den letzten Jahrzehnten des ersten christlichen Jahrhunderts erlebte Rom noch einmal einen heftigen Aufschwung in Wissenschaft und Kunst, der an die Hochblüte der römischen Kultur in augusteischer Zeit erinnerte. Doch löste sich die Wissenschaft noch immer nicht von Magie, Aberglauben, Philosophie und Religion. Sie bestand aus Sammlungen von Beobachtungen und Überlieferung, war selten das Produkt empirischer Forschung und hielt beharrlich an überkommenen Dogmen fest.

Noch immer stand auf dem Marsfeld jener von Augustus in Ägypten geraubte Obelisk, dessen Schatten an Sonnentagen auf dem bronzenen Straßenpflaster Stunde und Jahreszeit anzeigte. Die Menschen waren zudem fest davon überzeugt, ihr Schicksal werde durch den Stern bestimmt, unter dem sie geboren waren.

Als einzige Wissenschaft hatte die Geographie gewisse Fortschritte erzielt. Hier wurden Forschungen betrieben – um der Kriege und der Seefahrt willen. Verhältnismäßig genaue Kenntnisse hatte man jedoch nur von jenen Teilen der Welt, Europa, Kleinasien und Nordafrika, in die römische Legionäre bereits ihren Fuß gesetzt hatten. Über fernere Regionen gab es nur Sagen und vage Vermutungen.

Zu den fleißigsten Wissenschaftlern jener Tage gehörte Gaius Plinius Secundus, der Ältere genannt, der auf ein bewegtes Leben zurückblickte. Als Reisender, Verwalter, Krieger und Flottenkommandant in Misenum hatte er weite Teile des Imperiums bereist und seine Beobachtungen und Gedanken in einer Flut von Büchern aller Sachgebiete für eine staunende Nachwelt zu Papier gebracht. Doch blieben nur 37 Bände seiner Naturgeschichte, *Naturalis historia*, erhalten, eine bunt zusammengeflickte „Enzyklopädie der Naturwissenschaft und der Irrtümer seiner Zeit“[1].

Als er 79 n. Chr. beim Vesuvausbruch ums Leben kam, war er erst 55 Jahre alt, und es verwundert, dass ein einziger Mensch in so kurzer Zeit eine derartige Fülle von Literatur hervorbringen konnte. „Er war ein scharfer Kopf“, schreibt sein Neffe, der Jüngere Plinius, „und besaß eine unglaubliche Arbeitskraft bei sehr geringem Schlafbedürfnis. Er fing an den Vulcanalien an bei Licht zu arbeiten … Vor Tageslicht ging er in der Regel zu Kaiser Vespasian …, von da an das ihm zugeteilte Geschäft. Kehrte er nach Hause zurück, so verwandte er die noch übrige Zeit wieder auf seine Studien. Nach dem Essen … legte er sich oft … in die Sonne, ließ sich ein Buch vorlesen und machte sich seine Bemerkungen und Exzerpte. Denn er las nichts, ohne sich Auszüge daraus zu machen. Nach dem Sonnen nahm er in der Regel ein kaltes Bad; dann genoss er etwas und schlief ein wenig, und dann, als wäre wieder ein neuer Tag angebrochen, studierte er bis zur Hauptmahlzeit. … Ich erinnere mich, dass er mich einmal tadelnd fragte, weshalb ich denn spazieren ginge. ‚Du könntest', meinte er, ‚diese Stunden besser verwenden.' Denn er hielt jede Zeit für schlecht angewandt, die nicht wissenschaftlichen Beschäftigungen diente."[2]

Er zitierte in seinen Werken 2.000 Bücher von 473 Verfassern und nannte, durchaus ungewöhnlich in der antiken Literatur, deren Namen, befasste sich mit 20.000 Themen und entschuldigte sich, dass er aus Zeitnot weitere nicht behandeln konnte. Er begnügte sich nicht mit der Naturwissenschaft, er sah sich auch als Philosophen und meinte, das Leben der Tiere sei dem Menschenleben vorzuziehen, denn jene dächten weder über Ruhm, Geld, Ehrfurcht oder Tod nach. Außerdem führten sie nicht gegen die eigene Gattung Krieg.

Besonders verhängnisvoll für die Menschheit sei das Geld. Das höchste Gut sei der Tod. Nach ihm gäbe es nichts mehr.

Als ein „bleibendes Denkmal der römischen Unkenntnis" wird Plinius' Naturgeschichte gern bezeichnet[3], eine Häufung verquerer Ansichten und irreführender Behauptungen, von deren Richtigkeit ihr Autor jedoch fest überzeugt war. Und dennoch war Plinius' Werk „das bedeutendste Vermächtnis der römischen Naturwissenschaft an das Mittelalter"[4], ein erschütterndes Zeugnis der langsam fortschreitenden Tragödie des Sterbens der antiken Kultur, die vier Jahrhunderte zuvor in Griechenland einen Aristoteles hervorgebracht hatte.

Von einigem Wert dürften seine beiden nicht erhaltenen Geschichtswerke über die Kriege Roms in Germanien gewesen sein. Sie haben Tacitus als Quellen gedient. Der Ältere Plinius hat auch ein grammatisches Werk verfasst, *De dubio sermone*, dazu ein Lehrbuch der Rhetorik, das *Studiosus* betitelt war. Auch diese Arbeiten gingen leider verloren.

Von größerer Bedeutung für die domitianische Zeit, in der der Ältere Plinius allenfalls nachwirkte – er war, wie gesagt, bereits 79 ums Leben gekommen – war sein Neffe, Plinius der Jüngere, der 61 oder 62 geboren wurde. Er war kein gebürtiger Stadtrömer, kam aber nach dem frühen Tod seines Vaters nach Rom ins Haus seines kinderlosen Onkels mütterlicherseits, der ihn adoptierte und ihm eine hervorragende Ausbildung zukommen ließ. Bei keinem Geringeren als dem berühmten Quintilian ging der Junge in die Lehre. Bereits mit 20 Jahren wurde er von Domitian als Militärtribun nach Syrien geschickt, um 88 wurde er *quaestor imperatoris* und hatte wohl 91/92 das Volkstribunat inne. Auch unter Domitians Nachfolgern wurden ihm wichtige Ämter übertragen, so im September oder Oktober 100 das Konsulat, wenn er auch nur *consul suffectus*, nachgewählter Konsul, war, was, wie schon früher erwähnt, weit weniger als der erstdesignierte galt. Er war ein großer Redner; die Rhetorik galt den Römern ohnehin als die höchste aller Wissenschaften. Er hatte Tacitus zum Freund, und besonders die noch zu seinen Lebzeiten edierten Briefe an seine Freunde geben einen lebendigen Eindruck von der verfeinerten Kultur und der höheren Bildung seiner Zeit.

Zu den sicherlich bedeutendsten Persönlichkeiten unter den Gelehrten des ausgehenden ersten Jahrhunderts der neuen Zeitrechnung gehörte Marcus Fabius Quintilianus, dessen Geburtshaus in Spanien stand. Schon Vespasian hatte ihm in Rom eine staatlich besoldete Professur für Rhetorik eingerichtet, die Tacitus und den Jüngeren Plinius zu ihren Studenten zählte. Der gut aussehende, wohlerzogene und weise Mann mit der schönen Stimme hatte früh seine Gattin verloren, die ihm zwei Söhne geschenkt hatte. Der eine starb im Alter von fünf Jahren, und auch den anderen hat der Vater zu seinem Leidwesen überlebt. 96 n. Chr. schrieb er unter Anleitung dieses zweiten Sohnes den klassischen Traktat seines Fachs, die berühmte *Institutio oratoris*, in der er die Rhetorik als Wissenschaft des guten Sprechens definiert. Die Ausbildung des gewinnenden Redners könne, so meint er, nicht früh genug beginnen und solle am besten schon vor der Geburt einsetzen. Er sollte von gebildeten Eltern stammen, damit er von Anfang an die korrekte Sprache und gute Manieren lerne.

Erstaunlich modern muten seine Empfehlungen für den erfolgreichen Schriftsteller an: Schönheit, Kürze und Kraft. „Nicht ohne Grund hat man gesagt, dass der Griffel nicht weniger tätig sei, wenn er ausstreicht … eine doppelte Mühe ist erforderlich, um das Schwülstige herabzustimmen, das Niedrige emporzuheben, das Üppige zu beschränken, das Ungeordnete zu ordnen, das Lose zu verbinden, das Unbescheidene zu zügeln … Ohne Zweifel ist die beste Art der Nachbesserung die, dass man das Geschriebene für eine Zeit beiseite legt, um zu demselben nach einiger Zeit wie zu etwas Neuem und Fremdem zurückzukehren, damit unsere Arbeiten sich nicht gleich Säuglingen bei uns einschmeicheln …“[5]

Auch der Redner tue gut daran, sich zurückzunehmen, da er ansonsten nicht die gewünschte Zielgruppe erreiche. „Sie schreien allerorts und brüllen … alles mit erhobener Hand heraus, unter gewaltigem Hin- und Herlaufen, Keuchen, Stellungen, Gebärden und unter rasendem Schütteln des Kopfes. Sie schlagen die Hände zusammen, stampfen die Erde, klopfen an Hüfte, Brust und Stirn, und das ist von wunderbarer Wirkung beim gemeinen Mann …“[6]

Man könnte fast meinen, der weise Mann habe die Zukunft vorhergesehen.

Das zehnte Buch beinhaltet die beste Literaturkritik, die aus der Antike erhalten ist. Auch hier beschwört er die Einfachheit des Stils, wenn er auch nicht empfiehlt, zur rauen Schlichtheit eines Cato oder Ennius zurückzukehren. Man solle vor allem den wollüstigen und affektierten Redefluss Senecas vermeiden. Ciceros geschliffene Sprache sei diesem vorzuziehen. Der habe sogar die Griechen übertroffen.

Seine eigene Ausdrucksweise hat oft etwas Schulmeisterliches und erhebt sich nur da zu einer bescheidenen Beredsamkeit, wenn es Seneca zu schmähen gilt. Doch weist er immerhin Anflüge von Menschlichkeit, Witz und Wärme auf. Vielleicht schöpften die Römer, die das Glück hatten, von ihm unterrichtet zu werden, daraus einen Teil jener sittlichen

Erneuerung, die das Zeitalter von Plinius und seinem Freund Tacitus erhellte.

Statius und Martial waren die beiden Hofberichterstatter Domitians. Beide gierten nach der Gunst des Kaisers, der eine mehr des Ruhmes, der andere mehr des Geldes wegen. Offenbar buhlten sie konkurrierend, denn sie erwähnten einander nie.

Publius Papinius Statius war der Sohn eines Poeten aus Neapel. Er schrieb ein Epos, die *Thebais*, über den Zug der Sieben gegen Theben, das er im Theater seiner Heimatstadt einem interessierten Publikum vortrug. Reiche Männer scharten sich daraufhin um ihn – er galt ihnen als Hoffnungsträger – und befreiten ihn von der ärgsten finanziellen Not. Sein Ruf drang bald bis an den Kaiserhof. Domitian lud ihn zum Mahl in die *Domus Flavia* ein, und Statius dankte es ihm, indem er den Palast als Himmel und den Kaiser als Gott rühmte.

Auch Marcus Valerius Martialis war kein gebürtiger Stadtrömer. Er kam im Alter von 24 Jahren von Spanien nach Rom und freundete sich dort mit Lucan und Seneca an. Quintilian riet ihm, sich seinen Lebensunterhalt mit der Juristerei zu verdienen, doch Martial zog es vor, ein armseliges Dichterdasein zu fristen. Zwar wurde er mit seinen Versen im ganzen Reich bekannt. Aber nur die Verleger schöpften aus seinen geistigen Ergüssen Gewinn. Erst mit fortschreitendem Alter fand er reiche Gönner, wurde deren Klient (Gefolgsmann) und gelangte in den Besitz eines kleinen Häuschens auf dem Quirinal. Eines bescheidenen Wohlstands wegen verkaufte er seine dichterische Freiheit, überschüttete Domitian mit Lobsprüchen und ließ den Kaiser wissen, falls dieser oder Iupiter ihn, den Poeten, zum Mahle luden, würde er den Gott im Stich lassen. Dennoch zog der Kaiser den älteren Statius vor, und Martial rächte sich auf seine Weise, indem er erklärte, ein lebendiges Epigramm sei wertvoller als ein totes Epos.

Nicht weniger als 15 Bücher füllen seine einfallsreichen Sinnsprüche mit dem unverkennbaren satirischen Stachel, die, örtlich und zeitlich bedingt, heute freilich nicht mehr alle verständlich sind. Dem Meister des Verseschmiedens ist kein Kniff seines Handwerks fremd. Anders als seine zeitgenössischen Kollegen erwärmt er sich nur für lebendige Männer und Frauen und kann sich rühmen: „Jegliche Seite von mir schmeckt nach dem Menschen allein.“[7] Seine Szenen spielen nicht im entrückten Griechenland. Auch sucht er seine Gestalten nicht unter den Vornehmen der Hauptstadt. Roms scharfzüngigster Dichter findet seine Protagonisten in Bädern, Theatern und Mietskasernen, unter Barbieren, Flickschustern und Prostituierten. „Er ist Hofdichter des Gesindels.“[8]

Besonders scharf geht er mit den Frauen ins Gericht, die ihn verschmäht haben. Ihnen begegnet er mit dem „Zartgefühl eines Straßenkehrers“[9] und richtet seine einfühlsame Liebeslyrik an Knaben, die er den launischen Vertreterinnen des schwachen Geschlechts ohnehin vorzieht. „Von Schlüpfrigem strotzt jede Zeile von mir“[10], notiert er und freut sich, dass seine Verse auch in die Frauengemächer der vornehmen Paläste Einzug gehalten haben. „Wohl ward Lucretia rot und legte mein Buch auf die Seite, aber wenn Brutus dabei – Brutus, geh’ fort – und sie liest.“[11]

Doch er litt auch darunter, dass man ihn an seinen schmutzigen Epigrammen maß, und bat, ihm zu glauben, dass sein Leben sauberer sei, als es seine Gedichte vermuten ließen.

Mit 57 Jahren begann er, sich nach seiner alten Heimat zu sehnen. Der Jüngere Plinius bezahlte ihm die Überfahrt, und Martial kehrte froh und zufrieden nach Spanien zurück, wo man ihn um seiner Berühmtheit willen mit offenen Armen empfing.

Er überlebte nur wenige Jahre den Mann, unter dessen Herrschaft er am Nabel der Welt künstlerische Triumphe gefeiert hatte. Fünf Jahre nach Domitians Tod schrieb sein Verehrer Plinius: „Ich höre soeben mit Bedauern, dass Valerius Martialis gestorben ist. Er war ein Mann von Geist, ein scharfer und lebendiger Kopf, als Schriftsteller von großem Witz und beißender Galle, aber von gleich großer Lauterkeit des Herzens.“[12]

Nicht als Schriftsteller, dafür aber als einer der letzten Historiker von Format, gilt bis auf den heutigen Tag Tacitus, von dem nicht einmal Zeit und Ort seiner Geburt bekannt sind. Da sein Vater Cornelius hieß und man annehmen darf, dass die Familie römischer Namensgebungstradition verpflichtet war, werden für ihn die Namen Publius Cornelius vermutet.

Er entstammte einer Familie, die wahrscheinlich in der Gallia Narbonensis beheimatet war. Bereits unter Vespasian hatte der wohl zwischen 55 und 58 n. Chr. geborene junge Mann eine politische Laufbahn begonnen, 77 n. Chr. die Tochter des einflussreichen Cn. Iulius Agricola geheiratet und 88 unter Domitian die Prätur erhalten und das Amt eines *Quindecimvir* bekleidet.

Bereits in jungen Jahren galt Tacitus als begnadeter Redner. Durch Herkunft, politische Tendenz und Verschwägerung stark mit der senatorischen Opposition verbunden, musste er mit Domitians absolutistischem Herrschaftsanspruch zwangsläufig in Konflikt geraten. Das „Domitianerlebnis" trieb ihn schließlich in reifen Mannesjahren zur Literatur. Aber er war vorsichtig genug, sein erstes Werk, die Vita Iulius Agricolas, das dem pietätvollen Andenken an seinen verdienstvollen Schwiegervater gewidmet ist, erst nach dem Tod des Tyrannen zu veröffentlichen. Die teilweise überhöhte Lebensbeschreibung weitet sich zu einer überaus interessanten historischen Darstellung der Ereignisse in Britannien aus, die er freilich nur vom Hörensagen kannte. Stolz schildert er aber auch die Leistungen Agricolas als Feldherr und Statthalter in jenem fernen Land und spricht verbittert über den jungen Kaiser, der den verdienten Römer unehrenhaft entlassen hatte.

Etwa gleichzeitig dürfte auch seine *Germania* (*De origine et situ Germanorum*) publiziert worden sein. Auch das raue Barbarenland nördlich der Alpen hatte er wohl nie gesehen. Trotz mancher Irrtümer und Idealisierung ist darin viel Charakteristisches unserer Vorfahren überliefert, die der Geschichtsschreiber als den Römern ebenbürtig und moralisch sogar weit überlegen darstellt. Besonders aber warnt er seine Landsleute vor dem unstillbaren Freiheitsdrang der Germanen, als hätte er die Zukunft Roms vorweggenommen.

Zu seinen für die Nachwelt bedeutendsten Werken gehören die Historien und die Annalen. In diesen umfangreichen Arbeiten widmet er sich der römischen Geschichte, will er die Knechtschaft der Vergangenheit und die Segnungen der Gegenwart unter Kaiser Trajan aufzeigen. 14 Bände umfassen die Betrachtungen für die Zeit von Vespasians Thronbesteigung (Juli 69) bis zur Ermordung Domitians im Jahre 96 n. Chr. Entgegen seiner ursprünglichen Absicht, danach auch die Zeit Nervas und

Trajans zu beleuchten, wandte er sich dem frühen Principat zu. Er wollte auf den regierenden Fürsten keine Rücksicht nehmen müssen.

Der gebildete Römer hatte selbstredend auch die rhetorischen Künste bis zur völligen Beherrschung erlernt. So beurteilte ihn der Jüngere Plinius, der ihn oft vor Gericht auftreten sah, bewundernd als Roms größten Redner.

Als er 88 die Prätur erhielt, hatte er damit auch Sitz und Stimme im Senat. Nerva, Domitians Nachfolger, machte ihn 97 zum Konsul, und unter Trajan wurde er Prokonsul der asischen Provinz. Seine wichtigste Hinterlassenschaft sind seine Bücher, „Nachlass eines tätigen Lebens, das Erzeugnis eines müßigen Alters, eines gereiften und tiefen Geistes“[13].

Eines ist allen taciteischen Schriften gemein: Die Verachtung des Autokratischen. So sieht er im *Dialogus de oratoribus* („Dialog über die Redner“) den Verfall der Beredsamkeit in der Unterdrückung der Freiheit begründet. Er schämt sich, dass ihm der Mut fehlte, gegen den Tyrannen offen zu rebellieren. Und die *Germania* stellt der Entartung und Feigheit der Römer unter den Despoten der vergangenen Jahrzehnte die mannhaften Tugenden eines freiheitsliebenden Volkes gegenüber.

Tacitus hatte mit seinen Werken Erfolg. Das ermutigte ihn, den absolutistischen Herrscher offen zu kritisieren und in einer schonungslosen Monographie ein lehrreiches Bild der Tyrannis zu schaffen. Die dankbaren Aristokraten, die von allen römischen Gesellschaftsschichten unter der Herrschaft des Einzelnen am meisten zu leiden hatten und zur politischen Untätigkeit verdammt waren, begrüßten seine Geschichtsschreibung als die beste, die römische Gelehrte seit Livius hervorgebracht hatten. Was von den Historien und Annalen erhalten blieb, gehört selbst in seiner verstümmelten Gestalt zu den eindrucksvollsten Werken römischer Prosa.

Neben der in den Annalen enthaltenen düsteren Kritik an Tiberius, Caligula, Claudius und Nero gedachte Tacitus, auch die freundlichen Seiten der römischen Politik einzufangen, das aufbauende Schaffen von Augustus, Nerva und Trajan. („Dieses halte ich für die Hauptaufgabe der Jahrbücher, dass Verdienste nicht verschwiegen bleiben und Schlechtigkeit in Wort und Tat sich vor der Nachwelt und vor Schande fürchte.“[14]) Das Schicksal aber war ihm nicht so gnädig gestimmt. Er starb und blieb der Nachwelt als der Beschreiber des Bösen bekannt, als Ankläger vergangener Zeiten, denen er mit spitzer Feder „die Haut abzog“[15].

Sein negatives Urteil über Roms jüngste Vergangenheit scheint dabei nicht immer ganz gerecht zu sein. Er, noch immer zutiefst der vor hundert Jahren abhanden gekommenen *res publica* verbunden, hatte die Tyrannen zu lebhaft in Erinnerung, um objektiv urteilen zu können. Das von ihm vermittelte Geschichtsbild ist deshalb verfälscht. Er lügt nie bewusst, aber er sagt auch nie die volle Wahrheit. So entsteht der Eindruck, Rom habe allein als Stadt existiert. Seine hervorragende Arbeit in den Provinzen, Verwaltung, Rechtspflege und Kultivierung, wird nicht erwähnt. Er benutzt als Quelle, was ihm genehm ist, besonders die Überlieferung jener alten verfolgten Adelsfamilien, deren Zeit vor hundert Jahren stehen geblieben war und die noch immer von der wunderbaren Wiederauferstehung der Republik träumten.

Düster ist das Bild, das er von der ewigen Stadt zu Beginn der neuen Zeitrechnung zeichnet. Nicht einmal die umsichtige Herrschaft Trajans werde, so glaubt er, die zunehmende Entartung verhindern können. Rom ist buchstäblich bis ins Innerste verfault, es steht schlimm um die Herzen der Menschen, einer Plebs, deren zerrüttete Seele die Freiheit zur Anarchie hat werden lassen, eines Mobs, „neuerungssüchtig und stets bereit, sich an die Seite des Stärkeren zu stellen“[16]. Die Lage ist hoffnungslos. Denn er zweifelt auch an einem Weiterleben des Einzelnen nach dem Tod und verlässt sich allein auf die Unvergänglichkeit des Ruhms.

Niemand vermutete zu jener Zeit, dass sich Tacitus’ düstere Visionen in weniger als hundert Jahren mit der Thronbesteigung der Soldatenkaiser erfüllen sollten.

Am beeindruckendsten ist an seinen Werken freilich der gedrungene Stil. Kein Schriftsteller vor ihm hatte je mit so wenigen Worten so viel zu sagen vermocht, keiner die Konzentrationsbereitschaft seiner Leser derart herausgefordert. In seiner Sprache vereinigen sich martialische Schroffheit, leidenschaftliches Empfinden und der scharfe Klang eines neuen Wortschatzes zu einer Kraft, die kein anderer Schriftsteller der Antike erreicht hat.

Trotz aller Einwände und Vorbehalte hat seine ungestüme Erzählkunst etwas Majestätisches und Mitreißendes. „Wäre es ihm gelungen“, so einer seiner neuzeitlichen Kritiker, „seine Feder in den Dienst eines offenen Herzens zu stellen, so stünde sein Name an erster Stelle auf der Liste der Männer, die sich mühten, dem Gedächtnis und dem Erbe der Menschheit Form und Bestand zu geben.“[17]

Beschäftigt sich Tacitus' beißende Prosa mit Roms Herrschern und den ihnen ergebenen Senatoren, so nimmt sein Zeitgenosse Juvenal die römische Gesellschaft insgesamt aufs Korn. Decimus Iunius Iuvenalis wurde 59 n. Chr. als Sohn eines wohlhabenden Freigelassenen geboren. Er wurde der vehementeste Satiriker, „den eine wahrscheinlich auf persönlicher Erfahrung beruhende (ähnlich wie bei Tacitus) aus dem traumatischen Erlebnis von Domitians Schreckensherrschaft stammende Verbitterung zum schonungslosen Gesellschaftskritiker, besonders der oberen Schichten, machte“[18].

Er kam nach Rom, um dort den Anwaltsberuf auszuüben. Das zügellose Treiben der Hauptstadt aber entsetzte den auf dem Lande Aufgewachsenen sehr, und er machte seinem Abscheu in bitteren Satiren Luft. Noch kurz vor Domitians Tod soll er nach allerdings unsicheren Berichten eine Satire über den Einfluss der Tänzer bei Hofe verfasst und an seine Freunde weitergegeben haben – für den Kaiser offenbar Grund genug, ihn mit der *relegatio*, der Verbannung nach Ägypten (nach anderer Meinung sogar mit der *deportatio*, die zusätzlich einen Vermögens- und Standesverlust nach sich zog), zu bestrafen. Erst fünf Jahre nach Domitians Ermordung veröffentlichte er den ersten Band seiner 16 Satiren, schlechten Erinnerungen an den Tyrannen, der vor dem Auge des Dichters auch postum keine Gnade fand.

Doch Juvenal bezog seinen Stoff von überall her. „Nichts kann heutigen Sitten die Nachwelt Neues hinzufügen … Jegliches Laster erreichte den Gipfel.“[19] Er macht die Jagd nach Geld und Vergnügen für alles verantwortlich, die Perversionen, die die Männer impotent machen, und die Frauen, die den Männern nicht gleich stehen, die sie übertreffen wollen.

Seine boshafteste Satire gilt dem sogenannten zarten Geschlecht. Postumus denkt ans Heiraten. „Tu's nicht!“, warnt Juvenal. Denn Frauen sind selbstsüchtig, hochmütig, eitel und verschwenderisch. Sie halten Schoßhündchen an Stelle von Kindern. „Möge Gott uns vor einem gelehrten Weibe bewahren!“ In der ganzen Stadt gibt es keine Frau, die es wert wäre, geheiratet zu werden.[20] Kehre lieber diesem nervenzerrenden Tollhaus Rom den Rücken und lasse dich in einer Kleinstadt Italiens nieder, wo du vor Dieben, Dichtern, einstürzenden Mietskasernen und Griechen sicher bist! Und begehre nur das, was du zum Leben unbedingt brauchst! Denn die Mühe ist lang, der Ruhm aber nur kurz. Denke daran, dass ein gesunder Geist in einem gesunden Körper wohne!

Juvenal kleidet seine Hexameter in die Umgangssprache des einfachen Mannes, was seiner Literatur etwas Humorvolles und Kraftstrotzendes verleiht. Und doch hört man aus jeder Zeile auch die Verbitterung und Resignation dessen, der vom Leben enttäuscht ist. Er war in Rom nicht so schnell zu Ansehen und Ehren gelangt, wie er gehofft hatte, und rächte sich dafür auf seine Weise: mit der Feder des kritischen Dichters, der nichts heilig ist. Er war zweifellos Roms bedeutendster Satiriker, aber man sollte seine bissigen Schilderungen nie ganz wörtlich nehmen.

Die lange Reihe der Geistesgrößen in flavischer Zeit beschließt Flavius Josephus, dem unter den antiken Geschichtsschreibern sicherlich ein besonderer Platz gebührt. Von ihm ist bereits ausführlich die Rede gewesen.

Er hatte als jüdischer Feldherr, wie bereits berichtet, sein Leben gerettet, weil er Vespasian die Kaiserwürde vorhersagte.

Bis in die Neuzeit ist der rührige Feldherr orthodoxen Juden verhasst. Sie bezeichnen den griechisch gebildeten Priestersohn, der selbst Priester und in mütterlicher Linie mit dem hasmonäischen Königshaus verwandt war, verächtlich als „Römling“.

Dies war, wie sich gezeigt hat, natürlich nichts als billige Polemik. Mit nüchterner Klarheit hatte Josephus die Lage der Juden vernünftig eingeschätzt, ihre Unterlegenheit an Erfahrung, Menschen und Material, und vergeblich versucht, seine Landsleute zur Einsicht zu bewegen. Er wusste, dass für das kleine und verhältnismäßig schlecht gerüstete Judäa der Krieg gegen die Weltmacht Rom nicht zu gewinnen war. Mit blutendem Herzen verfolgte er als Augenzeuge den Untergang Jerusalems und die Zerstörung des jüdischen Nationalheiligtums, des von König Herodes erbauten Tempels, der erst vor wenigen Jahren fertiggestellt worden war. Er erkannte, dass das Ende des Judentums im verheißenen Land besiegelt war und folgte auf Vespasians Einladung Titus nach Rom, wo er am Hofe des Kaisers seine Erlebnisse niederschrieb. Er nannte sich fortan Flavius Josephus. Als Sohn des Mattathias, eines der vornehmsten Priester Judäas, hatte er bislang Joseph ben Matthitjahu geheißen.

Sein ausführlicher Bericht über die Niederlage seiner Glaubensgenossen ist von seltsam berührender Kraft. Das mag daran liegen, dass Josephus nicht als Außenstehender, sondern als in das Geschehen Involvierter schrieb. Die Verteidigung gegenüber der schwerwiegenden Anschuldigung des Verrats durch seine jüdischen Zeitgenossen beeinflusste stark sein späteres schriftstellerisches Schaffen. So verschmelzen in seinem Werk auf eigenartige Weise autobiografische und historische Darstellung, letztere verbunden mit einer Schilderung des Wesens seines Volkes, der jüdischen Religion und der Geschichte von den Anfängen bis zum – letztlich gescheiterten – Versuch der Einverleibung in die griechisch-römische Kultur.

Vespasian unterstützte den von ihm beauftragten Geschichtsschreiber mit einer jährlichen Pension und zeichnete ihn mit dem römischen Bürgerrecht aus. Josephus revanchierte sich auf seine Weise: Es sei keine Schande, den Römern, denen seit Jahrhunderten der Ruf der Unbesiegbarkeit voraneile, unterlegen zu sein. Das siegreiche römische Heer wurde von ihm als Instrument Gottes angesehen, die Eroberung Jerusalems war für ihn vorherbestimmt. Im Übrigen gelte wie im Tierreich auch bei den Menschen das Gesetz des Stärkeren. Er vermischt seine Lobeshymnen auf Rom mit der Verherrlichung der flavischen Dynastie, der er Wohlstand, Ruhm und Ansehen verdankte.

Kaiser Titus selbst sorgte für die Veröffentlichung und Verbreitung des „Jüdischen Krieges“. Er ordnete an, dass das Buch in den Bibliotheken ausgestellt wurde, ein Standardwerk der erfolgreichen Kriegführung Roms gegen die Aufständischen in aller Welt.

Wie kaum jemand zuvor wurde der jüdische Priestersohn von höchster Stelle geehrt. Auf dem Forum wurde ihm eine Bildsäule errichtet, und der Kaiser schenkte ihm zwei steuerfreie Landgüter in Palästina, seiner ehemaligen Lebens- und Wirkungsstätte.

Unter Domitian kühlte Josephus' Euphorie für die Römer merklich ab. Enttäuscht über die flavische Politik gegenüber den Juden, wandte er sich anderen Themen zu. Die *Antiquitates Iudaicae* entstanden, die „Jüdischen Altertümer", die in 20 Büchern einen informativen Überblick über die Geschichte des Judentums von den Anfängen bis zum Tod Neros geben. Es folgte die Apologie *Contra Apionem*, ein leidenschaftliches Bekenntnis ihres Verfassers zu den Grundsätzen des jüdischen Glaubens, danach die um 100 kurz vor seinem Tod geschriebene Autobiografie, eine letzte vehemente Verteidigung des eigenen Verhaltens.

Ein Gutteil seines Lebens gehörte der Mann mit der zerrissenen Seele der jüdischen und der griechisch-römischen Welt gleichermaßen an. Er gilt nach fast 2.000 Jahren noch immer als Mittler zwischen den Kulturen, und die Tatsache, dass man seine Berichte noch heute mit Interesse liest, ist sicherlich sein schönster Lohn.

Ein Teil der Wissenschaft geht davon aus, dass auch der Rhetor Q. Curtius Rufus der flavischen Epoche angehörte. Sein Werk über Alexander den Großen ist teilweise erhalten, jedoch von geringem wissenschaftlichem Wert. Wenn es dennoch viel gelesen wurde, lag das daran, dass sich der griechische Held eines ungeheuren Nachruhms erfreute und von vielen Römern nachgeahmt wurde.

Und wie stand es in geistiger Hinsicht mit Vespasian und seinen Söhnen selbst? Sie hatten die üblichen Schulen durchlaufen und waren durchaus in der Lage, sich mündlich und schriftlich so auszudrücken, wie dies für jeden gebildeten Römer selbstverständlich war. Tacitus lässt in seinen Historien durchblicken, dass zumindest Vespasian in der Lage war, sich nicht nur lateinisch, sondern mit der gleichen Kunstfertigkeit auch griechisch zu verständigen[21], auch dies ein untrügliches Zeichen für die höhere Bildung, die man in Rom von einem Herrscher erwartete. Manche Gelehrte vermuten gar, dass die „Denkwürdigkeiten", die er in seinen letzten Lebensjahren verfasste, Flavius Josephus als zusätzliche Quelle für seinen „Jüdischen Krieg" dienten. Doch wird es sich bei den leider verloren gegangenen Betrachtungen kaum um ein literarisches Kunstwerk gehandelt haben. Der nüchterne Pragmatiker schrieb sicherlich nur die Eindrücke und Erfahrungen nieder, die er in Judäa gemacht hatte.

Auch Titus hat sich schreibend versucht, seltsamerweise in einem Gedicht (76 n. Chr.), das sich mit einem Kometen befasste. Bedeutender waren wohl die dichterischen Ergüsse Domitians, dessen frühes schriftstellerisches Schaffen sogar ein gewisses Talent verrät. Wie bereits erwähnt, kümmerte er sich, nachdem er den Thron bestiegen hatte, um seine Begabung nicht mehr, sodass diese bald verkümmerte. Immerhin förderte er nach Kräften die Kultur. Er stiftete Wettkämpfe, auch solche geistiger Art, die bei seinen Römern allerdings wenig Gefallen fanden. Beim *Certamen Capitolinum*, der bedeutendsten Einrichtung dieser Art, wetteiferten immerhin 52 Dichter um die Gunst des Publikums, das sich freilich nur interessiert zeigte, um dem Kaiser zu gefallen.

Die Göttin Minerva war Domitians Schutzpatronin, und ihr zu Ehren ließ er in seiner Villa am Albaner See alljährlich ein großes Fest feiern, den *Agon Albanus*, der ihn jedoch nicht überlebte.

Der Geschichtsschreibung insgesamt ist zumindest Domitian nicht dienlich gewesen, denn niemand wagte zu sagen, was er wirklich dachte – aus Furcht, vom Kaiser verbannt oder gar mit der Hinrichtung bestraft zu werden. Nur Flavius Josephus und Curtius Rufus erlangten eine gewisse Bedeutung. Andere Historiker, so etwa Tacitus, wagten sich erst hervor, als Domitian gestorben war.

Der Herrscherkult Domitians

Nicht nur die zahlreichen Inschriften, auch die Lobsprüche von Martial und Statius haben Domitian buchstäblich in den Himmel gehoben, was ihn krass von seinen beiden zurückhaltenden Vorgängern unterschied. Für den neuzeitlichen Menschen, besonders für den, der das Glück hat, in einer Demokratie westlicher Prägung zu leben, lässt sich schwer nachvollziehen, was es im Altertum bedeutete, ein absoluter Monarch zu sein. Die überschwängliche Verehrung, die man den hellenistischen Königen und den römischen Kaisern entgegenbrachte, ist zudem kaum mit der zu vergleichen, die heutigen Diktatoren mehr oder weniger freiwillig gezollt wird.

Schon durch sein Äußeres stach Domitian zumindest in seinen Jugendjahren aus der Masse seiner Zeit- und Altersgenossen heraus. Anders als Vespasian und Titus soll er ein gut aussehender Mann gewesen sein. Dies musste selbst der Jüngere Plinius, der, wie erwähnt, dem Kaiser alles andere denn wohl gesonnen war, zugeben. Sueton kennt sogar nähere Einzelheiten: „Domitian", schreibt er, „war schlank gewachsen. Sein Gesicht hatte einen bescheidenen Ausdruck und war gerötet. Er hatte große, aber etwas schwache Augen. Besonders in seiner Jugend war sein Körper schön und stattlich gewesen mit Ausnahme der Füße, deren Zehen zu kurz waren."[1]

Es bleibt unerfindlich, woher der berühmte und bis heute viel gelesene Kaiserbiograf, Sekretär Hadrians bis 121 n. Chr., sein detailliertes Wissen bezog. Er kann Domitian kaum persönlich gekannt haben, doch mag zu seiner Zeit das Andenken an dessen Schreckensregiment noch lebendig gewesen sein.

Freilich ging auch an dem offensichtlich attraktiven Jüngling die Zeit nicht spurlos vorbei. Mit fortschreitenden Jahren entstellte ihn, wie er meinte, eine Glatze, sein Bauch rundete sich und nach einer langen Krankheit magerten seine Beine ab. Seine Eitelkeit war durch diese „Schönheitsfehler" stark beeinträchtigt. Besonders die Kahlköpfigkeit, die er vor seiner Umwelt nicht verborgen hielt, machte ihm schwer zu schaffen. Sie verdross ihn schließlich so sehr, dass er es angeblich als persönliche Beleidigung auffasste, wenn sich jemand in seiner Gegenwart über einen haarlosen Schädel lustig machte. Doch kann er dagegen kaum allzu streng vorgegangen sein, denn Martial, dessen spitzer Feder kaum etwas entging, wenn er Domitian ansonsten auch geradezu schamlos schmeichelte, ließ sich des Öfteren über kahlköpfige Männer aus, ohne dass es ihm verübelt wurde.

Einmal soll der Kaiser gesagt haben: „Ich wollte so schön sein, wie Maetius zu sein glaubt."[2] Und zum Haar eines Mannes, das rot und weiß gesprenkelt war, bemerkte er, es sei „wie mit Limonade übergossener Schnee"[3]. Paradoxerweise schrieb er ein Buch über die Haarpflege, als wollte er sich damit über seinen Kummer hinwegtrösten, widmete es einem seiner wenigen Freunde, der ebenfalls kahlköpfig war, und flocht in diese Schrift zu dessen Trost die Worte ein: „Siehst du nicht, wie ich selber so schön und groß von Gestalt bin? Und doch erwartet dasselbe Schicksal meine Haare, und tapfer trage ich es, dass sie schon in der Jugend alt werden. Wisse, dass es nichts Angenehmeres, aber auch nichts Vergänglicheres gibt als die Schönheit."[4]

Das häufige auffällige Erröten brachte ihm übrigens große Sympathie ein, wurde doch in der Antike diese Eigenschaft als Zeichen guter Erziehung gewertet.

Je gravierendere Spuren des Alterns und des Verfalls sein Körper zeigte – sicherlich nicht zuletzt die Folge seiner übertriebenen Wollust – desto mehr war Domitian auf das Ansehen seines Hauses bedacht. Valerius Flaccus, einer seiner Hofdichter, beeilte sich daher zu behaupten, die flavische Dynastie sei der julisch-claudischen, Kaiser Augustus und seinen Nachfolgern bis hin zu Nero, weit überlegen, was natürlich ein plumper Anbiederungsversuch war. Schon die Gesellschaftsschichten, denen die beiden Herrscherhäuser entstammten, trennten Welten.

Doch hatte Vespasian, wie wir gesehen haben, aus seiner bescheidenen Herkunft keinen Hehl gemacht, und seinem Erstgeborenen, dem früh verstorbenen Titus, war zu einer gesellschaftlichen Emanzipation keine Zeit geblieben. Beide empfanden die Ehrerbietung, die man ihnen trotzdem allseits entgegenbrachte, als Ausdruck der Dankbarkeit und Zufriedenheit mit ihrer Herrschaft.

Träume und Vorzeichen bestimmten freilich auch ihr Leben. Insofern waren auch sie ganz Kinder ihrer Zeit. Vor allem Vespasian verehrten seine Untertanen, wie einst die hellenistischen Könige verehrt worden waren. Die Namen, die man ihm gab, legen dafür ein beredtes Zeugnis ab: Wohltäter, ja sogar Wohltäter des Erdkreises. Wie bei seinem viel bewunderten und gern erinnerten Vorbild Augustus spielte auch bei ihm der Friede – *pax* – eine wesentliche Rolle. Nach den verlustreichen Bürgerkriegen, die auf Neros Tod folgten, und den Aufständen in Judäa, die das Reich bis ins Mark erschüttert hatten, sehnte sich die römische Welt nach Wohlstand und dem Genuss des Friedens, und die Idee der *pax*, die, auf Münzen geprägt, selbst den fernsten Winkel des Imperiums erreichte, wurde von den Reichsbewohnern dankbar aufgegriffen. Gelegentlich ist auf diesen Massenmedien Vespasian mit der Strahlenkrone dargestellt, dem Kennzeichen des Weltherrschers, als der er sich trotz aller Bescheidenheit durchaus betrachtete.

Dennoch stand neben ihm die Göttin Roma im Mittelpunkt der Verehrung, und der konservative Vespasian hätte sich gescheut, hier irgendwelche Neuerungen einzuführen. Vielleicht aber gab sich der gewitzte Soldat nur deshalb so bescheiden, um sich bewusst von Nero abzuheben, dem bereits die Idee vom Gottkönigtum vorgeschwebt war.

Wie es mittlerweile fast der Tradition entsprach, hat der Senat auf Titus' Anregung hin den toten Vespasian konsekriert, das heißt, zu den Göttern des römischen Staatshimmels erhoben. Titus hat auf Münzen alle Welt von diesem Ereignis in Kenntnis gesetzt. Der Vergöttlichte sitzt auf einem von Elefanten gezogenen Wagen, die Tiere wohl als Symbol der Unvergänglichkeit gedacht, da sie, was damals bereits bekannt war, ein beachtliches Alter erreichen können.

Dem Kult des Verstorbenen wurde in unmittelbarer Nähe des Tabulariums auf dem Forum ein neuer Tempel gewidmet, der allerdings erst unter Domitian eingeweiht werden konnte und das Andenken des inzwischen ebenfalls verstorbenen Vorgängers und Bruders mit aufnahm. Zahlreiche Priester und Priesterinnen hatten sich um den Kult zu kümmern.

Titus' Regierungszeit war zu kurz und zu sehr von Katastrophen erschüttert, um auf diesem Gebiet grundlegende Neuerungen einzuführen. Auf den unter ihm erschienenen Münzen sind Personifikationen fester Begriffe wie *pax* (Friede), *securitas* (Sicherheit), *felicitas* (Glück), auch *annona* (Getreideversorgung) und *Ceres* (Göttin der Fruchtbarkeit) zu finden, die den Zeitgeist und die Leitmotive der Staatsführung widerspiegeln sollten. *Victoria* (Göttin des Sieges) hatte dafür zu sorgen, dass niemand die Verdienste vergaß, die sich der Kaiser im fernen Judenland erworben hatte.

Wenn es zutrifft, dass das *liber spectaculorum*, das Buch der Schauspiele, aus dem Jahr 80 und nicht, wie von manchem Historiker behauptet wird, von 89 n. Chr. stammt, „so finden sich mehrere signifikante Beispiele für die Identifizierung des regierenden Herrschers mit Göttern und Heroen, mit Mars, Hercules und anderen. Die Gedichte des Buches gehören mit großer Wahrscheinlichkeit zu den Spielen, die im Jahr 80 zur Einweihung des Colosseums abgehalten worden sind"[5].

Neuerungen im Herrscherkult blieben Domitian und seinen langen Regierungsjahren vorbehalten. Zu seinen ersten Amtshandlungen gehörte, wie bereits erwähnt, die Apotheose des toten Bruders, die weniger aus Herzensneigung, soviel ist gewiss, als aus dem Wunsch heraus betrieben wurde, den Status der flavischen Familie aufzuwerten. Die toten Mitglieder des Herrscherhauses wurden übrigens auch unter die Sterne eingereiht. Zu ihnen gehörte vor allem der jung verstorbene Sohn Domitians, dem Statius in seinen *Silvae* und Martial ein Denkmal setzten. Statius spricht von einem Knaben, der nächtens vom Himmel herabsteigt, um seinen Vater zu umarmen.[6] Und Martial versteigt sich gar zu der Vorstellung, dass der Schnee, der vom Himmel fällt, vom Sohn Caesars stammt, der ausgelassen mit dem „getrockneten Wasser … seine Scherze" treibt.[7] Eine Idee, die bisher noch keinem von Roms Dichtern gekommen war.

In Anlehnung an die 4. Ekloge Vergils *(iam nova progenies caelo demittitur alto)* spricht Martial sogar von einem weiteren Sohn Domitians, dessen Geburt bevorstehe, doch scheint er dabei einer allgemeinen Wunschvorstellung erlegen zu sein. Denn der Geschichtsforschung ist nicht bekannt, dass Domitian während seiner 15 Jahre Regierungszeit ein weiterer Sohn geboren worden wäre. Oder spielt der Dichter gar auf die Schwangerschaft Julias an, die 90 oder 91 an den Folgen einer missglückten Abtreibung starb und ebenfalls als *diva Iulia* in den römischen Götterhimmel aufgenommen wurde? Wir wissen es nicht.

Domitians rechtmäßige Gattin, Domitia Longina, die Tochter des Cn. Corbulo, ist nach unserer Kenntnis nicht konsekriert worden, obwohl sie zumindest im Osten des Reiches als Domitia Augusta wie eine Göttin verehrt wurde und man ihr sogar Tempel errichtet hatte. Dass ihr die höchste Ehre nicht zuteil wurde, mag daran liegen, dass sie ihren Gatten, an dessen Ermordung sie maßgeblich beteiligt war, um vier Jahrzehnte überlebte. Sie starb kurz vor 140 n. Chr. in der Regierungszeit des Kaisers Antoninus Pius, und einer ihrer Freigelassenen, ein gewisser Cn. Domitius Polycarpus, weihte ihr in dem kleinen Ort Gabii in Latium einen Tempel – ein Beweis dafür, dass sie im Herzen ihrer Freunde und Hausgenossen lebendig blieb und man ihr noch immer in Ehrfurcht begegnete. Sie muss, vor allem in älteren Jahren, in der Tat eine bemerkenswerte Frau gewesen sein.

Anders als seine Gattin genoss Domitian bereits zu Lebzeiten göttliche Ehren. Zeugnisse dafür haben sich im ganzen Reich gefunden. In den griechisch sprechenden Ländern des Ostens wurde er in Anlehnung an die hellenistischen Könige *euergetes* und *soter* genannt. Bedeutungsvoller jedoch war seine Verehrung im Westen, vor allem im nüchternen Rom, das sich weniger schnell für eine neue Gottheit erwärmen konnte, sich aber bald zum Mittelpunkt seines Kults entwickelte. Dafür sorgte er in erster Linie selbst. „Auf dem Capitol ließ er sich nur goldene und silberne Statuen errichten, die ein bestimmtes Gewicht haben mussten. Riesige verdeckte Durchgänge und Triumphbögen, bekrönt mit Viergespannen und Triumphalabzeichen, erbaute er in allen Gegenden Roms …“[8]

Neu allerdings war, dass er sich, wie bereits erwähnt, schriftlich und mündlich mit „Herr und Gott“ anreden ließ. In der Welt des Hellenismus, für viele Römer die Schatztruhe aller menschlichen Erfahrungen, hatte es die Vorstellung vom Gottkönigtum gegeben, und es darf angenommen werden, dass der letzte Flavier, ein bekennender Freund des Griechentums, sich insofern der späten Ptolemäer erinnerte, die die Göttlichkeit ebenfalls für sich beansprucht hatten.

Selbstredend legte der Herr der Welt größten Wert darauf, dass man seine Göttlichkeit respektierte. Der Kult war für alle Reichsbewohner obligatorisch. Wer sich ihm entzog oder es gar wagte, despektierlich über den Kaiser zu reden, hatte schlimmste Folgen bis hin zur Todesstrafe zu gewärtigen.

In diesem Zusammenhang sei an jene Unglückliche erinnert, die sich vor der Statue des Kaisers entkleidet und sich damit des Verbrechens der beleidigten Majestät schuldig gemacht hatte. Es versteht sich fast von selbst, dass dadurch ihr Leben verwirkt war. Aber auch wer sich nur an die Astrologen wandte, um das Sterbedatum des Kaisers zu erfahren, kam nicht ungeschoren davon.

Nicht nur aus Furcht, auch aus purer Schmeichelei bemühten sich die Hofdichter, vornehmlich Statius, Domitian ein langes Leben zu wünschen[9], ein längeres sogar, als es den bedeutenden Helden der Vorzeit vergönnt gewesen war. War die kaiserliche Majestät nicht gleichbedeutend mit der Ewigkeit? Fast schon peinlich muten die Verse an, mit denen Statius das große Reiterstandbild feierte, dessen Errichtung 89 n. Chr. begann. Das Monument, so der zweifelhafte Poet, möge so lange bestehen wie der Himmel selbst, wie die Erde und Rom, und niemals solle das Ross einen anderen Reiter tragen.

Domitian nahm geschmeichelt die Worte für bare Münze. Dass sich unter seinen einfachen Untertanen allmählich Unmut zu regen begann, merkte er nicht.

Auch daran sei nochmals erinnert: In völliger Selbstüberschätzung nannte der Kaiser die Monate September und Oktober in Germanicus und Domitianus um, eine Maßnahme, die ihn allerdings nicht überlebte. Nach seinem gewaltsamen Tod schaffte der Senat die neuen Monatsnamen wieder ab. Manche Historiker vermuten, Domitian hätte den zehnten Monat auch Parthenicus genannt – zu Ehren von Athene Parthenos (die Jungfräuliche), die römische Minerva, die er sich, wie erwähnt, zur Schutzgottheit erkoren hatte.

Mit der Kür einer überirdischen Schutzpatronin befand er sich in bester Tradition. So hatte schon der große Caesar Venus und Mars zu seinen besonderen Schutzgottheiten erkoren. Der noch immer viel bewunderte und nachgeahmte Augustus hatte sich Apoll, dem Gott des klaren Verstandes, verschrieben.

Wie seine Vorbilder ehrte auch Domitian seine Schutzheilige mit aufwändigen Spielen, die alle vier Jahre stattfinden sollten und neben Tierhetzen auch Theater- und Literaturwettbewerbe boten. Letztere vielleicht ein Beweis mehr, dass der Kaiser nicht nur der rohe Barbar war, als der er von der Geschichtswissenschaft nahezu übereinstimmend dargestellt wird. Er war, so paradox das klingen mag, als Philhellene auch ein beflissener „Bildungsbürger", der versuchte, seinen nüchternen Römern, den Nachfahren eines bodenständigen Bauernvolkes, ein wenig der feinen griechischen Kultur zu vermitteln.

Gleich Caesar, der auf dem nach ihm benannten Forum einen Tempel für Venus Genetrix, seine angebliche Stammmutter, erbauen ließ, weihte auch Domitian seiner Lieblingsgöttin einen Tempel, der sich auf dem neu errichteten *Forum Transitorium* befand. Bedeutende Spuren des sicherlich grandiosen Bauwerks, das die gesamte Anlage beherrschte, sucht man vergebens. Es ist jedoch bekannt, dass die Tempelwände szenische Darstellungen aus der antiken Mythologie enthielten, in denen Minerva die Hauptrolle spielte. „Bis zum Beginn des 17. Jahrhunderts war der Tempel, unter dem ein Zweig der Cloaca Maxima verlief, gut erhalten; 1606 zerstörte ihn Paul V., um aus dem Material einen Brunnen auf dem Gianicolo, die Aqua Paola, zu bauen. Heute sieht man nur noch den unförmigen Kern des Podiums und zwei übrig gebliebene Säulen mit einem Stück Mauer auf der zur Via Cavour gelegenen Seite (die berühmten ‚colonnacce'). Auf der Attika ist Minerva im Relief dargestellt, ein Fries darunter zeigt Szenen mit arbeitenden Frauen (Minerva galt allgemein als Beschützerin der handwerklichen Arbeit), vielleicht aus der Sage von Arachne."[10]

Auch auf dem Marsfeld ließ Domitian Minerva Chalcidia einen Rundtempel errichten, dessen genaue Lage zwischen Pantheon und Isis-Bogen aber nur von der *Forma Urbis*, dem reliefierten Marmorplan der Stadt

Rom aus der Zeit des Septimius Severus, bekannt ist. Auch der Name Chalcidia entzieht sich bis heute einer genauen Deutung.

Minerva verdankte ihre bevorzugte Stellung aber nicht nur der Laune eines größenwahnsinnigen Kaisers. Seit undenklichen Zeiten residierte sie in der Götterdreiheit mit Iupiter und Iuno auf dem Capitol und hielt als drittwichtigste Gottheit des römischen Staatshimmels ihre Hand schützend über Stadt und Reich.

Freilich war im ausgehenden ersten Jahrhundert der neuen Zeitrechnung der Glaube an die alten Götter verblasst. Die Gier nach Einfluss, Macht und Reichtum hatte ihn weitestgehend ersetzt. Umso erstaunlicher mutet es an, dass Domitians Glaube offenbar tatsächlich aus dem Herzen kam. Nicht nur auf Münzen ließ er Minerva abbilden, meist in kriegerischer Aufmachung, und als Victoria, als diejenige, der er seine Siege verdankt und an deren Seite er oft selbst dargestellt ist. Auch für den Namen einer von Domitian neu gegründeten Legion musste die Göttin herhalten: Legion I Flavia Minerva, die später wegen ihrer Treue während des Aufstands des Statthalters Saturnius das besondere Attribut *Pia Fidelis* erhielt.

So grenzenlos war Domitians Vertrauen in das himmlische Wesen, dass er eine kleine Minerva-Statue in seinem Schlafgemach aufbewahrte. Doch eines Tages kündigte ihm die Göttin die Freundschaft, wenn auch nicht ganz freiwillig. Ihm träumte gegen Ende seines Lebens, sie sei aus ihrem Heiligtum getreten, um ihm zu eröffnen, dass Iupiter sie entwaffnet habe. Sie könne ihn nun nicht länger beschützen. So weiß es Sueton zu berichten.[11] Und auch der griechische Geschichtsschreiber Cassius Dio überliefert, die Göttin habe ihre Waffen verloren und sei auf einem von schwarzen Rossen gezogenen Wagen in die Tiefe gestürzt.[12] Für den in dunklen Vorahnungen und in bösem Aberglauben verstrickten Kaiser konnte es sicherlich kein schlimmeres Omen geben. Von da an fühlte er sich verlassen und verloren.

Bis heute wird darüber gerätselt, weshalb sich Domitian gerade Minerva derart verbunden fühlte. Hatte er sie, wie einige Forscher vermuten, aus seiner sabinischen Heimat mit nach Rom gebracht? Wollte er sich bewusst von denjenigen seiner Vorgänger abheben, die, wie wir gesehen haben, bereits andere Gottheiten zu ihren Schutzheiligen erkoren hatten? Oder wählte er sie eher zufällig, da sie als einzige der wichtigen Götter des römischen Staatshimmels noch frei war? Dachte er gar an die Vorgeschichte Roms, an das *palladium*, jenes uralte aus Troja stammende Kultbild der Pallas Athene, der die Römer Minerva gleichsetzten? Der Besitz dieses Unterpfands der römischen Herrschaft, das nach dem Glauben der Alten einst vom Himmel gefallen und danach in den Mittelpunkt einer einzigartigen mythologischen Spekulation getreten war, garantierte die Sicherheit von Stadt und Reich. Es wurde in Rom im Vesta-Tempel aufbewahrt. Lässt sich aus diesem Grund die besondere Strenge erklären, mit der Domitian gegen pflichtvergessene Vestalinnen vorging, obwohl man die diesbezüglichen Strafvorschriften zu seiner Zeit seit langem schon eher lasch handhabte?

Sicher ist nur, dass sich der im Caesarenwahn gefangene Kaiser mit zunehmendem Alter immer mehr als Sohn der Göttin ausgab und sich als solcher wohl auch fühlte, eine übersteigerte Glaubenshaltung, die damals längst aus der Mode gekommen war und vor allem seine Zeitgenossen aufs Höchste befremdete.

Als in Glaubensfragen unzeitgemäß erwies sich also Domitian, als reaktionärer Eiferer, der versuchte, das Rad der Geschichte zurückzudrehen, und der damit Satire und Widerspruch geradezu herausforderte. Wenige Freunde vermochten dieses Verhalten zu verstehen und zu begleiten. Und die, die sich entschlossen, ihm dennoch zu folgen, stieß er durch seine Exzentrik immer wieder vor den Kopf. Er mag geahnt haben, dass sein Leben nicht auf natürliche Weise enden würde, aber er wusste auch, dass man sich gegen das Schicksal nicht auflehnen kann.

Da er mit voller Überzeugung für die Wahrung und Erneuerung überkommener Glaubenswerte eintrat, konnte er gegenüber unrömischen Lehren keine Toleranz üben. Die Methode des „Laissez-faire", der größtmöglichen Duldsamkeit, die seine beiden Vorgänger so erfolgreich praktiziert und solange vertreten hatten, wie diese den Reichsfrieden nicht störte, war ihm fremd. Die Juden kamen ihm schon deshalb verdächtig vor, weil sie sich gegen die römische Übermacht so lange und so heftig gewehrt hatten. Ihre Vertreter gänzlich aus Rom zu vertreiben, erschien dennoch unangebracht, war doch die den Juden auferlegte Steuer, der *fiscus Iudaicus*, eine rentable und nie versiegende Einnahmequelle. Gefährlich lebte deshalb nur, wer es wagte, seine Zugehörigkeit zum Judentum zu verheimlichen, um sich der lästigen Tributzahlung zu entziehen.

Wirklich Schlimmes hatten in Rom eigentlich nur die Christen zu befürchten. Ob auch sie die berüchtigte Tempelsteuer zahlen mussten, ist ungewiss, aber wahrscheinlich, galt das Christentum doch zu jener Zeit noch als besonders aufrührerische jüdische Sekte, und seine Anhänger fielen wohl unter die, die versuchten, ihre religiöse Zugehörigkeit zu vertuschen.[13]

Flavius Clemens, ein Vetter des Kaisers und vermutlich der dritte Bischof Roms, büßte sein Festhalten am neuen Glauben mit dem Leben, ebenso seine Gattin Flavia Domitilla. Sie stellte an der *Via Appia*, einer der Ausfallstraßen der alten Stadt, ihren Glaubensbrüdern Land zur Anlage unterirdischer Grabstätten, der berühmten Katakomben, zur Verfügung. So konnten sich bereits die frühen Christen rühmen, selbst Angehörige des Kaiserhauses zu den Ihren zu zählen. Noch heute erinnert der Name, Domitilla-Katakomben, an jene weit zurückliegende Zeit und das, was damals geschah.

Die Provinzen

Außergewöhnlich günstig hatten sich die Verhältnisse in den Provinzen unter Vespasians Regierungszeit entwickelt. Dem Grenzschutz wurde besondere Aufmerksamkeit geschenkt, vor allem dem des Ostens, als dessen einzigartiger Kenner der alte Kaiser galt. Seine Bemühungen um die Grenzverteidigung von Syrien und Kappadokien bewogen sogar die Parther, den traditionellen Erbfeind, der westlichen Großmacht vorübergehend etwas freundlicher zu begegnen. Ob das allerdings nur an der allenthalben aufgebotenen römischen Militärpräsenz lag oder aber die Parther mit inneren Schwierigkeiten zu kämpfen hatten, bleibt ungewiss.

So wurde etwa durch den Bau von Straßen und Kastellen die Infrastruktur verbessert. Rasche Truppenverschiebungen sollten die Stärke Roms demonstrieren.

Kein geringes Verdienst an der Stabilisierung der Lage kam dabei Marcus Ulpius Traianus zu, dem Vater des nachmaligen gleichnamigen Kaisers, der sich als Legat von Syrien für Rom als besonderer Glücksfall erwies und von Vespasian mit den selten verliehenen Triumphalornamenten ausgezeichnet wurde. Wie Münzfunde belegen, muss er dieses Amt noch in den Jahren 76/77 der neuen Zeitrechung innegehabt haben.

Neben der Stärkung des Handels vor allem mit der Stadt Gerasa im Ostjordanland und der Eingliederung der Commagene ins Römische Imperium im Jahr 72 gehörte der Ausbau der Grenzverteidigung zu den wichtigsten Aufgaben.

Es verwundert kaum, dass Rom in diesen Teil seines Reiches nur noch die besten Leute schickte und deren Erfolge besonders zu schätzen wusste. Der Krieg der Juden gegen die Römer hatte sich hingezogen, war nur unter Einsatz immenser Mittel zu gewinnen gewesen, hatte Rom zeitweise das Fürchten gelehrt und einen Kaiser und dessen Sohn auf den Plan gerufen.

Hatte es in den ersten Jahrzehnten des Principats kein römischer Schriftsteller für nötig befunden, das kleine Land an der Peripherie des Reiches auch nur zu erwähnen, so rückten die Ereignisse in Judäa jetzt ins Licht der Öffentlichkeit. Nach dem blutigen Zerschlagen des jüdischen

Aufstands war der vordere Orient zwar nicht befriedet – erst ein weiteres brutales Eingreifen Roms in den 30er Jahren des zweiten Jahrhunderts unter Kaiser Hadrian sollte dort endgültig Ruhe schaffen, die Ruhe eines Grabes – aber er bot Rom doch ein durchaus zufriedenstellendes Bild, das glücklicherweise nicht durch einen neuerlichen Parthereinfall in Frage gestellt wurde.

Auch mit der Lage in den afrikanischen Provinzen konnte die Weltmacht im Augenblick zufrieden sein. Seit dem Fall der großen Handelsrivalin Karthago 146 v. Chr. hatten sich gerade im Norden des schwarzen Kontinents zahlreiche Römer niedergelassen, die immer wieder Opfer von Übergriffen der Einheimischen geworden waren. Besonders das noch heute bekannte Leptis Magna hatte unter den barbarischen Einfällen zu leiden gehabt, und Rom konnte seinen Bürgern nur wenig Schutz gewähren, da die langen Grenzen zur Wüste hin schwer zu überwachen waren.

Ansehnlich war der Besitz, dessen sich die Weltmacht auf diesem Erdteil rühmen konnte. Er erstreckte sich von Tanger im Westen bis ans Rote Meer und umfasste Mauretanien, Numidien, Africa proconsularis, Cyrene und Ägypten, wobei sich nur Letzteres klaglos in sein Schicksal fügte. In den anderen Gebieten gab es immer wieder Unruhen oder Unzufriedenheit, was auch daran gelegen haben mag, dass die Bevölkerung bunt gemischt war – neben den Römern hatten sich auch viele Griechen rund ums Mittelmeer niedergelassen – und die wenigsten Prokuratoren über das nötige Fingerspitzengefühl und Einfühlungsvermögen verfügten, das die komplizierten ethnischen Verhältnisse erforderten. Doch machte gerade unter den flavischen Kaisern der Romanisierungsprozess Fortschritte, da die Anstrengungen der römischen Staatsführung gewaltig waren. Vor allem die Grenzbefestigung wurde vorangetrieben, der Limes, der in diesem Teil der Welt eine Länge von immerhin 800 Kilometern aufwies und dessen Anlage hier wie anderswo nachweislich auf Vespasian und seine Söhne zurückgeht, wenn er auch erst unter Hadrian im beginnenden zweiten Jahrhundert vollendet werden konnte.

Kastelle, Wachttürme und befestigte Verbindungsstraßen hatten die Aufgabe, von Rom annektierte Gebiete vor feindlichen Angriffen zu schützen. Wo sich in den Grenzanlagen noch Lücken befanden, sorgten berittene Bogenschützen, die aus Syrien hierher verlegten Chalcideni, denen sogar die Berberstämme Respekt zollten, für Ruhe und Ordnung.

Doch auch in der Zivilverwaltung wurde einiges bewegt. Neue Kolonien wurden gegründet, und das Land wurde, wie gleichzeitig in der Gallia Narbonensis, vermessen.

Nicht alle dieser Maßnahmen konnten noch unter Vespasian zum Ziel führen. Dafür reichte die ihm zugemessene Zeit nicht aus. Vieles wurde erst unter Domitian vollendet, dem damit in der Reichsverwaltung eine besondere Bedeutung zukommt. So war unter ihm der Konsular Rutilius Gallicus mit der Grenzmarkierung in Afrika betraut, der nicht nur aus den *Silvae* des Hofdichters Statius bekannt ist, sondern auch von einer Inschrift, die Bürger von Leptis Magna seiner Frau gewidmet hatten.

Auch der ehemalige Prätor Sextus Caecilianus, Kommandeur der Legio III Augusta in Numidien, war mit der Neuvermessung der Grenzen beauftragt, eine heikle Aufgabe, was schon die Tatsache beweist, dass derart hochrangige Persönlichkeiten zu ihrer Bewältigung verpflichtet wurden.

Nicht nur die Grenzsicherung stand im Mittelpunkt des römischen Interesses. Es galt nicht weniger, die einverleibten nordafrikanischen Gebiete den Segnungen der römischen Stadtkultur zu erschließen, das heißt, den Boden zu kultivieren und noch immer umherstreifende Nomadenstämme sesshaft zu machen.

Zumindest Vespasian und Titus haben sich hier bleibende Verdienste erworben. Auf sie geht nachweislich der Bau einer Wasserleitung zurück, die der Bewässerung des Fruchtlands und der Versorgung der Siedlungen diente.

Vielfach trugen die Bemühungen der flavischen Kaiser erst Jahrzehnte später Früchte, etwa – im wahrsten Sinne des Wortes – die Olivenkulturen, die ja der Vater bekanntlich für seine Söhne anlegt.

Es versteht sich fast von selbst, dass Rom auch in diesem Teil des Reiches zunächst eigene Interessen verfolgte. Der Norden Afrikas galt, dies hatte sich schon lange in Ägypten erwiesen, als besonders fruchtbar. Die hier erzeugten landwirtschaftlichen Produkte, vorwiegend Korn, Öl und

Wein, die auf dem Seeweg relativ leicht nach Ostia, dem Hafen der Hauptstadt, befördert werden konnten, beugten dort Versorgungsengpässen vor. Geschäftstüchtige Römer ließen sich hier nieder, kauften Grund und Boden und beschäftigten die heimische Landbevölkerung, die freilich an Gewinn und Wohlstand keinen wesentlichen Anteil hatte.

Der Handel erlebte einen unverhofften Aufschwung. Karawanen beförderten Waren bis in den Westen Afrikas. So hatten die Menschen der afrikanischen Provinzen allen Grund, den Flaviern dankbar zu sein. Zahlreiche Statuen und Inschriften wurden ihnen gewidmet.

Wie sehr die Bemühungen der römischen Staatsführung fruchteten, zeigt die Tatsache, dass sogar der Kult des Gottes Baal-Hammon allmählich römische Züge annahm und zum italischen Saturnus-Kult mutierte.

Hatte sich der punische Baal mit der Verehrung unter freiem Himmel begnügen müssen, so baute man Saturn feste Heiligtümer und Tempel, ein eindeutiger Bruch mit der Vergangenheit. War Nordafrika „bis in die Zeit Caesars punisch-römisch", und bis zu den Flaviern „römisch-punisch" gewesen, so entwickelte es sich jetzt endgültig zu einer römischen Provinz.[1]

Anders als im Westen des Römischen Reiches, von dem noch die Rede sein wird, hatte im Osten bereits vor Jahrhunderten die griechische Kultur Fuß gefasst und bestimmte zumindest in den küstennahen Regionen Vorderasiens das tägliche Leben. Nach und nach aber hatte Rom dort die Herrschaft übernommen und seine Macht immer weiter ausgedehnt. Glücklicherweise blieben die kleinasiatischen Provinzen von den Schrecken der Bürgerkriege, die das Reich nach Neros Tod erschüttert hatten, weitgehend verschont. Man hatte sich rechtzeitig auf die Seite Vespasians geschlagen. Dennoch sahen sich die flavischen Kaiser gezwungen, auch diesen Provinzen hohe Steuern aufzuerlegen. Unter Domitian ist erstmals der *fiscus Asiaticus* belegt. Es galt, die Reichsverwaltung zu vereinheitlichen und die Bürden der zurückliegenden Konflikte allen Reichsbewohnern aufzuerlegen.

Doch scheint nicht einmal die Steuerlast das Einverständnis der östlichen Untertanen beeinträchtigt zu haben. Überall wurden den Flaviern Statuen und Denkmäler errichtet und rühmende Inschriften gesetzt. So groß war die Dankbarkeit, dass ein Bürger in Akmonia in Phrygien in seinem Testament der Hoffnung Ausdruck gab, die Herrschaft der Römer möge ewige Zeiten dauern.[2]

Woher rührte diese vorbehaltlose Verbundenheit, vor allem in der griechischen Bevölkerung? Erst die Segnungen, die die Römerherrschaft über diese Regionen der damals bekannten Welt gebracht hatte, verbürgten Sicherheit und Bestand, Frieden und Wohlstand, die man in der Vergangenheit so oft vermisst hatte. War man nicht gerade im vorderen Asien der Begehrlichkeit widerstreitender Interessen immer wieder ausgesetzt gewesen? Hatten starke Nachbarn nicht allzu begierig nach dem Besitz dieser seit Jahrhunderten zivilisierten Gebiete geschielt? Rom gewährleistete immerhin, dass Feinde abgeschreckt wurden und sich der Osten friedlich weiterentwickeln konnte.

Doch trotz aller noch so großen Anstrengungen der flavischen Kaiser, dem gesamten Osten den Genuss der *pax Romana* zu verschaffen, gelang dies, wie erwähnt, nur in den Küstenregionen. Das Landesinnere Vorderasiens, Kappadokien, Kilikien, Anatolien und Pontus, hat seine kulturelle Eigenständigkeit weitgehend bewahrt. Eine grundlegende Romanisierung ist hier niemals gelungen. Das mag vor allem daran gelegen haben, dass sich die Rom verbundenen Griechen eben vorwiegend küstennah angesiedelt hatten und andererseits die Römer allem Griechischen schon immer mit einer gewissen Ehrfrucht, ja fast bewundernden Scheu begegnet waren.

Nicht nur, das jeder gebildete Römer neben dem Lateinischen auch die griechische Sprache fließend beherrschte. Junge Römer von Stand pflegten ihre Lehrzeit in Griechenland zu verbringen, um ihre Ausbildung in Philosophie, Geschichte und vor allem Rhetorik zu vervollkommnen. So hat Rom Griechenland auch „nicht zerstört, es hat seine Kunst, seine Schönheit, seine feine Sitte in das eigene Haus getragen, in verzückter Andacht gehegt und als heiliges Erbe weitergegeben an die kommenden Jahrhunderte“[3].

Besonders die Städte Kleinasiens profitierten von dieser Begeisterung. Überall entstanden Prachtbauten, deren wiederentdeckte und freigelegte Ruinen noch heute eine Vorstellung von ihrer einstigen Größe vermitteln.

So gehörte das unter den Flaviern in Milet gebaute Nymphäum, ein öffentlicher Prachtbrunnen, zu den gewaltigsten Bauwerken der Kaiserzeit. Übertroffen wurde es nur vom Septizodium (auch Septizonium) in Rom selbst, einer unter Kaiser Septimius Severus im Jahr 203 n. Chr. errichteten überdimensionalen Brunnenanlage, die einem riesigen Theater glich und die auf die sich von der *Via Appia* nähernden Besucher auch durchaus theatralisch wirken sollte. Leider ist von dieser vielbewunderten Architektur nichts mehr vorhanden. Nur ein Stich von Jan Breughel aus dem 16. Jahrhundert lässt ihre einstige Pracht noch ahnen.

Es versteht sich fast von selbst, dass die Griechen Kleinasiens größtes Interesse daran hatten, mit den Römern zu kooperieren, waren doch ihre soziale Vormachtstellung und ihr Wohlstand vom Bestand der römischen Herrschaft abhängig. Doch brachten die Römer, besonders mit ihren gewaltigen Bauvorhaben, auch der Urbevölkerung Lohn und Brot, wenn es auch immer wieder zu Hungersnöten und daraus resultierenden Unruhen kam. Unter Domitian, wohl in den Jahren 91/92 n. Chr., sah sich sogar einmal der Statthalter L. Antistius Rusticus gezwungen, während einer Hungersnot die Höchstpreise für Getreide in einem Edikt festzusetzen, da üble Spekulanten allzu gewinnträchtige Geschäfte zu machen versuchten.

Jener Rusticus blickte übrigens auf eine erstaunliche Karriere zurück. Vespasian hatte ihm, einem loyalen Parteigänger des flavischen Hauses, noch in seinem letzten Regierungsjahr das Kommando über die Legio VIII Augusta in Straßburg übertragen, eine besondere Ehrung, da der Kaiser selbst einmal diese Einheit befehligt hatte.

Weit fortgeschritten war indes die Romanisierung der Iberischen Halbinsel, die unter Vespasian und seinen beiden Söhnen eine Hochblüte entfalten sollte. Dies mag mit der großzügigen Verleihung des *ius Latii minus*, des minderen Bürgerrechts, zusammenhängen, die wahrscheinlich schon 73/74 n. Chr. erfolgte, als Vespasian Censor war. Besonders die Baetica, eine im Süden gelegene Provinz, wurde stark gefördert, gehörte sie doch zu jenen Gebieten des Reiches, die schon zur Zeit der Scipionen besiedelt worden waren. Kein Wunder, dass aus ihrer Oberschicht in Kürze zwei

Kaiser hervorgehen sollten, Marcus Ulpius Traianus, unter dessen Herrschaft das Römische Reich seine größte Ausdehnung erlangte, und Publius Aelius Hadrianus, der große Bewahrer, der als Friedenskaiser in die Geschichte eingehen wollte – ein Ziel, das er wegen der brutalen Niederschlagung des Judenaufstands in den 30er Jahren des zweiten Jahrhunderts verfehlte.

Zahlreichen Siedlungen, vor allem in dieser mustergültigen Provinz, wurde das Stadtrecht verliehen. Aber auch in der Tarraconensis im Nordosten der Halbinsel setzten die Flavier einen ungeheuren Aufschwung in Gang, der in der Städtereform Domitians einen krönenden Abschluss fand.

Auch hier schlugen den Flaviern wie in Afrika Wellen der Begeisterung entgegen. Statuen wurden ihnen gesetzt, Priester und Priesterinnen pflegten den Kaiserkult in eigens dafür errichteten Tempeln.

Alle von Vespasian und seinen Nachfolgern getroffenen Maßnahmen kamen nicht nur den Einheimischen, deren Lebensstandard sie steigerten, und der Dynastie der Flavier zugute. Das ganze Reich profitierte vom Zuwachs römischer Bürger und von der Dankbarkeit, die man für das Kaiserhaus empfand. Fühlten sich die Menschen jetzt doch mehr denn je dem Imperium verbunden, und die Gefahr von Aufständen schwand.

Sicherlich ist die Behauptung nicht zu weit hergeholt, der von den Flaviern gewährleistete Frieden in und auch außerhalb der italischen Halbinsel habe bis weit ins zweite Jahrhundert nachgewirkt und die außenpolitischen Erfolge Kaiser Trajans, unter dem, wie erwähnt, das Römerreich seine größte Ausdehnung erlangte, überhaupt erst ermöglicht. Leider wurde und wird dessen in der Geschichtsschreibung zu wenig gedacht, und die flavischen Herrscher führen als „Übergangsregenten“ von den julisch-claudischen zu den nicht minder segensreich wirkenden Adoptivkaisern nur ein Schattendasein.

Kriegsherr Domitian – Die Erschließung Britanniens

Die natürlichen Grenzen des mittlerweile riesigen Römerreichs bildeten im Norden neben dem Atlantik die Flüsse Rhein und Donau, hinter denen nach römischer Auffassung die Barbaren, Volksstämme fremder Sitte und unverständlicher Sprache, lebten. Doch stellten diese Grenzen hier, wie anderswo die willkürlichen, keine unüberwindbaren Hindernisse dar, sondern waren durchlässig für alle, die sich dem Römerreich in friedlicher Absicht näherten. Dennoch galt es, auch die jenseitigen noch unbekannten Territorien der mediterranen Stadtkultur zu erschließen. Noch war niemand in Rom der Ansicht, dass die Eroberungen abgeschlossen seien.

Die Grenzen waren also durchlässig, Kontakte möglich und bis zu einem gewissen Grad sogar erwünscht.

Beachtliche Fortschritte nahm unter den Flaviern die Erschließung und teilweise Eroberung Britanniens an. Schon Caesar hatte einen Vorstoß auf die in römischen Augen unwirtliche Insel unternommen (55 und 54 v. Chr.), der der Sicherung des soeben erst eroberten Gallien dienen sollte. Über Jahrhunderte waren auch keltische Stämme, die Briten, über den Kanal auf die Insel ausgewandert, und ihre Beziehungen zum Festland wurden jetzt durch politische Verbindungen Roms zu einzelnen Stammesfürsten, zum Beispiel einem gewissen Cassivelaunus, gefestigt.

Doch erst Kaiser Claudius (41–54 n. Chr.) begann mit der systematischen Unterwerfung der Insel und schuf die römische Provinz Britannia in Südengland. Rückschläge und anhaltende Kämpfe folgten. Im Jahr 69 galt der gesamte Bereich bis zur Linie Humber–Mersey in Mittelengland als befriedet – mit Ausnahme von Wales, das durch zahlreiche Kastelle abgeriegelt wurde.

Doch stellte diese Linie keine natürliche Grenze dar, unbefriedigend für Rom, das nunmehr versuchte, die nächstgelegene Landenge zwischen Solway und Tyne-Mündung zu erreichen, die Stelle, an der Jahrzehnte später der Hadrianswall entstand.

Der dort lebende Volksstamm, die Briganten, galt ebenso wie der der Silurer und der Ordoviker in Wales als besonders freiheitsliebend. Er leistete deshalb dem römischen Vordringen verständlicherweise erbitterten Widerstand. Besonders die Briganten, deren Name wohl soviel wie „Bergbewohner“ bedeutete, konnten sich mit dem Gedanken nicht anfreunden, unter römische Vorherrschaft zu gelangen. Sie galten als extrem zähes Volk, das zudem weit verstreut war: Yorkshire, Lancashire, Durham, Westmorland, Cumberland und Northumberland gehörten zu ihrem Stammesgebiet. Sie verehrten die Göttin Brigantia und verachteten die fremde Zivilisation, die man ihnen aufzuzwingen im Begriff war, und die Aussicht, wie andere von Rom unterworfene Völker in dessen Auxiliartruppen dienen zu müssen. Da sie nichts zu verlieren hatten, kämpften sie, so heißt es, so erbittert um ihre Freiheit, dass sie darin alle anderen Völker der alten Welt übertrafen.[1] Doch sie vermochten sich Rom und dessen überlegener Kriegskunst nicht lange zu widersetzen.

Der Kriegszug in Britannien unter Kaiser Claudius ist in der Geschichte gut belegt. Soweit unter ihm Eroberungen erfolgten, scheinen die einheimischen Stämme der Britannier dem römischen Vormarsch keinen nennenswerten Widerstand entgegengesetzt zu haben. Die römischen Truppen gelangten zunächst bis zur Themse und rückten dann in nordöstlicher Richtung auf das heutige Colchester (Camulodunum) vor. Nicht weniger als die Namen der Könige von elf Stämmen zierten Claudius’ Triumphbogen. Ihre Unterwerfung hatte Rom keine großen Schwierigkeiten bereitet.

Die Eroberung war indes nicht endgültig. Noch zu Lebzeiten des Kaisers ist es 51 n. Chr. zu größeren Erhebungen der Silurer und Briganten gekommen, deren Niederschlagung mehrere Jahre in Anspruch nahm. 61 n. Chr. erhoben sich schließlich auch die Britannier, die Rom für längst befriedet gehalten hatte. Ihre Anführerin war Königin Boudicca, eine offenbar unerschrockene Frau, die im Jahr 61 nach dem von Rom erfolgreich bekämpften Aufstand unter mysteriösen Umständen starb. Bis heute rätselt die Wissenschaft, ob sie sich mit Gift das Leben nahm oder einer Krankheit erlag.

Es war kein freundschaftliches Verhältnis, das sich in der Folgezeit in dieser Weltecke zwischen Rom und den mehrfach Besiegten entwickelte. Vespasian sah sich gezwungen, die römischen Anstrengungen zu verstärken und neue Maßnahmen der Grenzsicherung einzuleiten. Wahrscheinlich gehen die ersten Befestigungen in York (Eburacum) auf den Feldherrn Q. Petillius Cerealis (71–74 n. Chr.) zurück, dem Sex. Iulius Frontinus (74–78 n. Chr.) folgte. Letzterer dürfte die Silurer und Ordoviker systematisch bekämpft und unterworfen haben.

Leider fehlen hierfür die schriftlichen Quellen aus dem Altertum. Die Teile der Historien des Tacitus, die darüber Auskunft geben könnten, sind verloren gegangen. Fest steht jedoch, dass die Ordoviker erst unter dem berühmten Feldherrn Agricola, Tacitus' Schwiegervater, von dem wir schon gehört haben, endgültig bezwungen wurden.

Er hielt sich, für einen römischen Heerführer erstaunlich lange, sieben Jahre in Britannien auf (77–84 n. Chr.) und galt als ein überaus erfahrener Mann, der zudem auf eine erstaunliche militärische Laufbahn in jenem fernen Land zurückblickte. Bereits in den Jahren 59/60 hatte er dort unter Suetonius Paulinus gedient, war 70 n. Chr. unter dem Oberbefehlshaber Petillius Cerealis Legat der XX. Legion geworden und hatte wertvolle Erfahrungen gesammelt. Als er seinen tüchtigen Vorgänger Sex. Iulius Frontinus ablöste, setzte er allen Ehrgeiz daran, diesen Mann, der in Britannien viel geleistet hatte, zu übertreffen.

Als Domitian den Thron der Caesaren bestieg, weilte Agricola schon fast vier Jahre auf der Insel, doch ist von größeren Erfolgen nichts bekannt. Allerdings hatte er sich bemüht, durch den Bau von Straßen die Infrastruktur zu verbessern und damit die Wirtschaft zu beleben und dem Land zu Wohlstand zu verhelfen. Besonders die Jugend lag ihm am Herzen. Er machte sie erfolgreich mit der römischen Zivilisation vertraut, was sein Schwiegersohn in Agricolas Lebensbeschreibung rühmend hervorhebt: „Dazu aber ließ er", so Tacitus, „die Söhne der Großen in den freien Künsten unterrichten, sodass sie, die unlängst noch der römischen Sprache sich weigerten, nun nach Redekunst heftig verlangten. Seitdem kam unsere Tracht auch in ehrenvolle Aufnahme und immer gebräuchlicher wurde die Toga; und allmählich verstand man sich selbst zu den Lockungen der Laster, zu Säulenhallen, Bädern, der Gelage in feinem Glanz."[2]

Zu Beginn von Domitians Herrschaft erstreckte sich das von Rom besetzte Gebiet bis an die Landenge zwischen dem Firth of Clyde und dem Firth of Forth, der natürlichen Grenze zwischen dem unterworfenen Britannien zum schottischen Hochland, nach dem Rom ebenfalls begierig schielte. Doch zunächst galt es noch, den Nordwesten Englands unter römischen Einfluss zu bringen, um von dort aus die Invasion Irlands vorzubereiten.

Es ist nicht bekannt, weshalb sich Agricola nicht für die grüne Insel interessierte, sondern sich unmittelbar nach Schottland wandte. Der Feldzug des Jahres 83 gegen die Kaledonier, heute Schotten, führte ihn an dessen Ostküste. Jedoch wehrten sich die einheimischen Stämme vehement und fügten den römischen Eroberern immer wieder empfindliche Verluste zu. Erst in einem neuerlichen Vorstoß, dem siebenten, den er auf der Insel unternahm, schlug Agricola die schottischen Gegner in einem bis heute leider nicht genau lokalisierten Hügelland vernichtend. Die Römer waren mit 28.000 Mann angetreten. Die Kaledonier kämpften unter dem Oberbefehl eines gewissen Calgacus, konnten der feindlichen Übermacht aber nicht lange standhalten.

„Bald“, so wieder Tacitus, „ergriffen ganze Scharen der Feinde mit den Waffen in der Hand vor wenigeren die Flucht, manche, waffenlos, stürzten sich freiwillig dem Tode in die Arme; allenthalben Waffen und Leichen und verstümmelte Gliedmaßen und blutiges Erdreich …“[3]

Doch nicht nur die Kaledonier, auch die Römer erlitten schmerzliche Verluste. Neben den 10.000 Feinden waren knapp 400 Römer gefallen. Unter den Getöteten befand sich der Cohortenpräfekt Aulus Atticus, ein junger Mann, „den jugendliche Hitze und seines Pferdes Wildheit mitten unter die Feinde geführt“ hatten.[4] Dass nicht noch mehr Menschen ihr Leben verloren, war nach Tacitus nur der besonnenen Umsicht seines Schwiegervaters zu verdanken.

Dieser Sieg führte den römischen Feldherrn an den Eingang des schottischen Hochlands, und er hätte nun mit dessen Eroberung beginnen können. Doch wurde er von Domitian plötzlich abberufen (84 n. Chr.). Nicht nur sein Schwiegersohn sah als Grund dafür die Eifersucht des Kaisers auf den erfolgreichen Heerführer, galt doch ein solcher stets auch als potentieller Rivale um die politische Macht. Bis heute geistert der „Neid Domitians“ durch die Geschichtsbücher. Doch wird man bei objektiver Bewertung des kaiserlichen Entschlusses nicht umhin können, diesen in einem anderen Licht zu betrachten. Konnte es sich Rom überhaupt noch leisten, im fernen Schottland Kriege zu führen, während an der unteren Donau das Schicksal für Rom äußerst wichtiger Provinzen auf dem Spiel stand? Und war nicht dank Agricolas Verdienst mit dem Sieg in jenem nicht näher bekannten Hügelland im südlichen Kaledonien Roms Sache zu einem befriedigenden Abschluss geführt worden? Es hätte doch keinen Sinn gehabt, dem ohnehin kaum noch überschaubaren Imperium noch jene weit entlegenen Berge hinzuzufügen, deren Beherrschung nicht mehr sicherzustellen war.

Möglicherweise hätte auch Tacitus die Sache anders dargestellt, wenn seine Schriften noch zu Domitians Lebzeiten veröffentlicht worden wären. Sie wurden jedoch, wie sich gezeigt hat, erst nach dessen Tod der Öffentlichkeit zugänglich gemacht, als es ein Leichtes war, den zuletzt verhassten Kaiser relativ gefahrlos der Missgunst zu bezichtigen.

Ganz in der Tradition berühmter Vorgänger wie Horaz, der von sich selbst behauptete: „… halb nur sink ich ins Grab“[5] oder Ovid: *„perque omnia saecula fama vivam* – ich bleibe im Ruhme für alle Zeiten lebendig“[6], war auch Tacitus davon überzeugt, „Agricola, für die Nachwelt ein Vermächtnis der Geschichte,“ werde „unsterblich sein“[7].

Vor allem dieser letzte Satz seiner an vielen Stellen geschönten Biografie zeigt, wie die Objektivität ihres Verfassers durch dessen persönliches Verhältnis zu seinem Protagonisten getrübt war.

Der berühmte römische Feldherr, der keineswegs als gedemütigter, seines Dienstes enthobener Offizier, sondern als Sieger heimgekehrt war, überlebte den Kaiser nicht. Nachdem er neun lange Jahre zur Untätigkeit verdammt gewesen war und in stiller Zurückgezogenheit gelebt hatte, starb er 93 n. Chr. Wenn er je gehofft hatte, ein weiteres Kommando, vielleicht sogar die Statthalterschaft von Syrien, zu erhalten, sah er sich getäuscht. Domitian hatte für den großen Kenner Britanniens keine Verwendung mehr.

Sollte es wirklich zutreffen, dass ihn Domitian durch Gift beseitigen ließ, wie es uns Cassius Dio glauben machen will? Oder wollte der römische Geschichtsschreiber, der erst über hundert Jahre später schrieb, mit solcher Behauptung nur seinem Bericht etwas Farbe verleihen und die Grausamkeit Domitians demonstrieren? Wir wissen es nicht.

Vieles spricht dafür, dass Agricola eines natürlichen Todes starb.

Denn wäre Tacitus' Schwiegervater tatsächlich ein Opfer der kaiserlichen Willkür geworden, hätte es dieser gewiss nicht versäumt, darauf in seinem Bericht hinzuweisen.

Weniger die Lebensgeschichte Agricolas als die Beschreibung des Landes und seiner Bewohner ist für die Nachwelt bedeutsam geworden. So etwa, wenn dieser Schottland umsegelte und herausfand, dass Britannien eine Insel ist, wodurch sich das antike Weltbild erheblich erweiterte.

Mag Tacitus' Werk auch mehr ein Dokument der Pietät gegenüber einem Verstorbenen sein[8], dem er sehr nahe stand, als das britannische Gegenstück zur *Germania*, so ist das, was er von jenen fernen Ländern zu berichten weiß, doch von unschätzbarem Wert, zumal er sein Wissen sicherlich aus den Erzählungen des Heimkehrers bezog, der immerhin einen guten Teil seines Lebens dort verbracht hatte.

Jedenfalls gilt Tacitus' Lebensbeschreibung seines Schwiegervaters noch heute als „die vollkommenste der kurzen Monographien, auf die die Antike ihre biographischen Berichte beschränkte"[9].

Eingliederung der Chatten, Unruhen an der Donau und in Ägypten

Nicht nur in Britannien, auch in Gallien und vor allem in Germanien galt es, militärische Überlegenheit zu zeigen. Dabei waren weite Gebiete Germaniens überhaupt noch nicht mit der römischen Zivilisation in Berührung gekommen.

Ungünstig wirkten sich die innerrömischen Wirren des Dreikaiserjahres 69 auf die Verhältnisse an der Rheingrenze aus. Vitellius, der letzte jener Übergangskaiser, zog die besten Kampftruppen von dort ab, um sich in Italien gegen seinen Rivalen Otho durchzusetzen, der ja nach der Ermordung Galbas auf den römischen Thron gelangt war. Ein Germanenstamm vom Niederrhein, die Bataver, machte sich das dadurch entstandene Machtvakuum unter seinem Führer Iulius Civilis, einem angesehenen Stammesfürsten aus hochadligem Geschlecht, zunutze. Er griff die geschwächte am Niederrhein verbliebene römische Streitmacht an und eroberte das Lager Vetera bei Xanten, in dem zwei Legionen stationiert waren.

Antonius Primus, Legat der VII. Legion Galbiana, hatte den Fremden aufgefordert, sich gegen Kaiser Vitellius zu erheben, denn er wollte ein Gegengewicht zu den aufstrebenden Flaviern schaffen. Gleichzeitig belagerte ein Heereshaufen von Chatten, Usipetern, Germanen und Mattiakern das Legionslager Mainz. Jedoch gelang es dem Legaten Vocula, die römische Herrschaft am Mittelrhein für eine Weile zu sichern.

Dennoch: Die römischen Bauwerke von Wiesbaden wurden zerstört, das Holzkastell von Hofheim im Taunus ging in Flammen auf.

Ermutigt durch den Misserfolg der römischen Truppen und durch die Nachricht, der berühmte Iupitertempel auf dem Capitol in Rom sei abgebrannt – was man als göttliches Zeichen für das Ende der römischen Weltherrschaft deutete – wagten sich auch viele gallische Stämme aus der Defensive. Treverer und Lingonen schlossen sich den Aufständischen an. Der Führer der Lingonen, ein gewisser Iulius Sabinus, träumte sogar von einem von Rom unabhängigen gallischen Reich, einem *Imperium Galliarum*.

Als zumindest merkwürdig muss das Schicksal dieses Mannes angesehen werden, der gegen Ende von Vespasians Herrschaft in Rom hingerichtet wurde, obwohl sein Vergehen damals schon fast ein Jahrzehnt zurücklag. Eigenartig auch, dass Vespasian von Gnade nichts wissen wollte.

Zweifellos gehörte Sabinus zu den Anführern des Aufstands unter Civilis. Der Hauptort seines Stammes war das heutige Langres im östlichen Gallien. Er nannte sich Iulius und behauptete, von Iulius Caesar abzustammen. Angeblich hatte der römische Feldherr zu Sabinus' Urgroßmutter eine Liebesbeziehung unterhalten, die nicht folgenlos geblieben war.

Selbst wenn die Geschichte nicht frei erfunden war, zeugte sie doch nur von dem ungeheuren Geltungsdrang des Mannes und dem Ansehen, das der über 100 Jahre zuvor gemeuchelte Diktator im Reich noch immer genoss. Tacitus berichtet in seinen Historien, der Lingone habe sich „Caesar" nennen lassen, wohl wissend, über welchen Klang dieser Name verfügte.

Ansonsten aber sei an Sabinus nichts Rühmliches gewesen. Im Gegenteil. Zwar hetzte er seine Landsleute in den Kampf gegen die benachbarten romfreundlichen Sequaner, von denen sie in einer Feldschlacht besiegt wurden. Doch zeichnete sich der unbesonnene Führer ansonsten nur durch Feigheit aus. Er floh als einer der Ersten, versteckte sich in einem Landhaus, zündete es an und verbreitete das Gerücht, er habe in den Flammen den Freitod gefunden. In Wirklichkeit hatte er sich mit Hilfe einiger Freunde und seiner Frau Epponia in einem Raum unter der Erde vor dem Feuer in Sicherheit gebracht. In diesem unterirdischen Verlies lebte er unbehelligt viele Jahre – es heißt, seine Frau habe ihm dort sogar zwei Söhne geboren. Keiner seiner Anhänger verriet ihn. Sein Ansehen muss in der Tat groß gewesen sein.[1]

Einer seiner Söhne soll in Ägypten ums Leben gekommen sein. Der andere gelangte angeblich nach Delphi, wo er mit der Familie des berühmten Geschichtsschreibers Plutarch zusammentraf, der Sabinus in seinem Werk große Aufmerksamkeit schenkte.

Nach Cassius Dio sei Epponia mit ihren beiden Kindern vor Vespasian in Rom erschienen, und ihr Auftritt habe den alten Kaiser zu Tränen gerührt.[2] Genützt hat es dem Gefangenen nichts. Wie einst der große Gallierführer Vercingetorix unter Caesar starb auch er den Tod aller Rebellen, und man nimmt an, dass sich Vespasian bei dem unerbittlichen Urteil der Empfehlung seiner Ratgeber beugte.

Die Lage war ernst. Die gesamte nördliche Reichsgrenze geriet ins Wanken. Die mit so großen Opfern eroberten Gebiete drohten von Rom abzufallen. Alle Römerlager nördlich von Mainz und die meisten diesseits der Alpen brannten. Die Besatzung des Kastells von Xanten wurde entgegen Civilis' Zusicherung sogar niedergemacht. Nur Mainz und Windisch in der Schweiz (Vindonissa bei Brugg im Aargau) setzten sich erfolgreich zur Wehr. Doch hatten die Aufständischen die ungeheuren Reserven, über die Rom verfügte, unterschätzt. Und es gelang ihnen auch nicht, ihre Handlungen zu koordinieren und ihre Siege auszunutzen.

Vor allem hatte man nicht mit Vespasian gerechnet, unter dessen strenger Hand sich die Lage an der Rheingrenze rasch wieder beruhigte. Nachdem er seine Herrschaft gesichert hatte, schickte er fünf Legionen aus Italien in den Norden, drei kamen aus Spanien hinzu und eine weitere traf aus Britannien ein. Ihnen standen Annius Gallus und Petillius Cerealis vor, die zu den fähigsten Heerführern ihrer Zeit gehörten. Doch wurde die Lage als so gefährlich eingeschätzt, dass sich Domitian entschloss, selbst an der Spitze eines Heeres im gallischen Lyon zu erscheinen. Auf diese Ereignisse im Jahr 70 wurde bereits hingewiesen.

Ohne große Mühe konnte Trier zurückerobert werden. Die Germanen unter Civilis wurden so sehr in die Enge getrieben, dass sich dieser bereit erklärte, auf die römischen Friedensbedingungen einzugehen. Alles schien wieder im Lot zu sein.

Und doch war der Schaden für Rom beträchtlich, nicht nur in materieller Hinsicht. Negativ wirkten sich vor allem die römische Führungslosigkeit und die zahlreichen Niederlagen aus. Bei den Provinzbewohnern war der Eindruck von der unüberwindlichen Weltmacht empfindlich gestört. Es würde die Aufgabe der Flavier sein, das Bild wieder zurecht zu rücken, indem man die Schäden beseitigte und den Willen Roms zur

Grenzverteidigung in diesem Teil des Weltreichs deutlich machte. Und es mussten Mittel und Wege gefunden werden, dass sich solche Katastrophen nicht wiederholten.

Um künftigen Erhebungen vorzubeugen, wurde im obergermanischen Grenzbereich die Truppenstärke beträchtlich erhöht. Vier Legionen wurden dort stationiert, dazu zahlreiche Hilfstruppen, insgesamt etwa 40.000 Soldaten.[3] Allein in Mainz, dem antiken Mogontiacum, lagen zwei Legionen. Es blieb auch weiterhin Sitz der Heeresleitung. Der Kommandobereich des Oberbefehlshabers reichte nun vom westlichen Bodensee bis nach Koblenz.

Civilis hatte seine Entscheidungen übrigens nicht selbst getroffen. Er stand mit einer Brukterin, Angehörige eines Stammes, der zwischen Ems und Lippe ansässig war, in Verbindung. Sie hieß Veleda und war als Seherin weithin geachtet. Schon 9 n. Chr. hatten die Brukterer den Römern unter dem damaligen Feldherrn Quinctilius Varus schwer zugesetzt. In ihrem Siedlungsgebiet fand später Germanicus, der von Kaiser Tiberius in den Norden geschickt worden war, um die Reste der in der berüchtigten Varusschlacht untergegangenen drei Legionen zu sammeln und die Toten zu bestatten, einen Legionsadler.

Es hat den Anschein, als habe der germanische Anführer nichts ohne Veledas Zustimmung unternommen. Mit ihrer Beratung war er offensichtlich so zufrieden, dass sie einen fetten Anteil an der Beute erhielt. So überließ er ihr beispielsweise das Admiralsschiff des Petillius Cerealis, das den Germanen in die Hände gefallen war. Schließlich begleitete sie den Germanenführer zu den Friedensverhandlungen mit den Römern. Zu welchem Zeitpunkt sie bei späteren Kämpfen von diesen gefangen genommen und nach Rom verschleppt wurde, ist nicht bekannt. Jedenfalls verbrachte sie den Rest ihres Lebens im Süden, wahrscheinlich in einem kleinen Ort namens Ardea in Latium. Dort „erscheint ihr Name in einem seltsamen Spottepigramm … Das Gedicht hat den Interpreten viel Kopfzerbrechen gemacht; es ist auch heute noch nicht befriedigend erklärt“[4].

Auch fern ihrer Heimat stand sie als Seherin in hohem Ansehen. In Statius' *Silvae* steht, sie sei als Gefangene nach Rom gekommen[5], und Tacitus will sie sogar selbst unter Vespasian gesehen haben.[6] Doch kann nicht ausgeschlossen werden, dass sie sich freiwillig in römische Obhut begab, um Streitigkeiten unter germanischen Führern aus dem Weg zu gehen, oder dass sie doch zumindest über ihre Gefangennahme nicht ganz unglücklich war. Offensichtlich hat sie auch in Ardea ihres verantwortungsvollen Amtes gewaltet, eine Kassandra der römischen Kaiserzeit.

Die beachtliche römische Streitmacht sollte nicht nur die Rheingrenze sichern, sondern Rom auch neue Gebiete jenseits des Stroms erschließen. Zunächst aber galt es, die durch die Rebellion entstandenen Schäden zu reparieren. Selbst das Lager in Mainz war nicht gänzlich der Verwüstung entgangen. Tacitus hat darauf hingewiesen, und Ausgrabungsergebnisse haben seine Aussage bestätigt. So wurde etwa die leicht zu überwindende Holzumfassung des Kastells durch eine Steinmauer ersetzt. Ein neues kilometerlanges Aquädukt diente der Wasserversorgung.

Es hatte sich auch gezeigt, dass die Verbindung vom Oberrhein zu den Donauprovinzen gefährdet und unnötig lang war, denn damals „gehörten weder der Schwarzwald noch das Land am oberen Neckar zum Römerreich und ragten wie ein Keil in römisches Gebiet“[7]. Auch hier musste Abhilfe geschaffen werden.

Um 73 n. Chr. ließ deshalb der Legat Cn. Pinarius Cornelius Clemens vom Legionslager Straßburg eine Straße zur oberen Donau anlegen, die durch mehrere Kastelle gesichert wurde.

Wohl noch im selben Jahr haben die Römer dann auch das Gebiet südlich der Mainmündung besetzt und die Kastelle Groß-Gerau, Ladenburg und Heidelberg errichtet, die durch eine Straße miteinander verbunden wurden. Diese wurde in der Folgezeit weitergeführt, sodass sich jetzt eine unmittelbare Landverbindung von Mainz bis Augsburg (Augusta Vindelicum) ergab, der Hauptstadt der Provinz Raetien, die schon in augusteischer Zeit dem Reich eingegliedert worden war.

Auch ein Vorstoß römischer Truppen in die Wetterau unter der Regierung Kaiser Vespasians ist durch die neuesten archäologischen Forschungen belegt.

Hatte man damit auch noch nicht Augustus’ Traum von einem Reich, das bis an die Elbe reichte, verwirklicht, so war man durch die jüngsten Landgewinne diesem Ziel doch ein beträchtliches Stück näher gekommen, wenn man sich mit dem Erreichten auch nicht zu begnügen gedachte. Dabei scheint man hier weniger auf die Kampfkraft der Truppen gesetzt zu haben als auf den „zähen und umsichtigen Arbeitseinsatz der Legionen und Hilfstruppen"[8].

Nach jedem erfolgreichen Vorstoß gingen die Römer nach dem gleichen Muster vor: Das Gewonnene wurde durch Kastelle gesichert, und die Befestigungen verbanden bald Straßen, die die Landschaft wie Spinnennetze überzogen und rasche und problemlose Truppenbewegungen ermöglichten.

Als Domitian 81 n. Chr. auf den römischen Thron gelangte, standen die Chatten an der Rheingrenze in Waffen. Sicherlich hatten sie den neuerlichen Vorstoß Roms in die Wetterau und die fortschreitende Ausweitung des römischen Machtbereichs als unmittelbare Bedrohung empfunden oder gar die jüngst von Rom annektierten Landstriche als eigenes Stammesgebiet betrachtet. Doch nahmen sie offensichtlich nur eine drohende Haltung ein. Da sie jedoch seit Jahrzehnten als besonders romfeindlich galten – sie hatten sich auch dem Bataveraufstand angeschlossen – und sich der junge Herrscher im fernen Rom durch schnellen Ruhm zu profilieren gedachte, beschloss er, ihrem Angriff zuvorzukommen.

Wer war jenes aufmüpfige und todesmutige Volk, dessen Name in den „Hessen" bis heute weiterlebt? Sie waren Nachbarn der Cherusker, die unter ihrem Führer Arminius in der Schlacht in der Nähe des Teutoburger Waldes (nach neuester Erkenntnis möglicherweise bei Kalkriese in Niedersachsen) die entscheidende Rolle für die römische Niederlage gespielt hatten. In den Jahrzehnten vor der Zeitenwende waren sie in die Beckenlandschaften Hessens eingewandert, um sich dort auf Dauer niederzulassen. Das Zentrum der von ihnen besiedelten Gebiete lag im Raum Kassel-Fritzlar. Ihre Dörfer und Weiler waren weit verstreut.

Die Landschaft war damals dicht bewaldet. Umfangreiche Rodungen hatten noch nicht stattgefunden. Sie gab es erst im Mittelalter und in der Neuzeit. So konnten keine durchgehenden und zusammenhängenden Siedlungen angelegt werden.

Die dichten Wälder und die mangelnde Infrastruktur – es waren allenfalls unbefestigte Wege und schmale Pfade vorhanden – machten den Römern die Eroberung besonders schwer, zumal sie den Kampf in offener Feldschlacht gewohnt waren. Dazu kam die Schwierigkeit, die Truppen aus den Früchten der wenigen kargen Felder ordnungsgemäß zu ernähren, wie das an anderen Kriegsschauplätzen üblich war. Die Bevölkerungsdichte war gering, der Boden gab nicht viel her. Der Nachschub musste auf langen, beschwerlichen Wegen herbeigeschafft werden, die zudem von den Einheimischen ständig belagert wurden.

Hatte sich bei vielen anderen Germanenstämmen eine zentrale Regierungsgewalt herausgebildet, die meist in den Händen eines Stammesfürsten lag, so wurde diese bei den Chatten durch die geographische Zersplitterung verhindert. Wenn sie dennoch in der Lage waren, politisch und militärisch einigermaßen geschlossen zu handeln, so lag das an der Weitsicht ihres Adels, der Verträge schloss (auch mit Rom) und den Oberbefehl in Kriegen und bei Stammesfehden innehatte. Tacitus bewundert sie jedenfalls in seiner *Germania*: „Dieses Volk hat“, so schreibt er, „… größere Regsamkeit des Geistes. Groß sind für Germanen ihr Verstand und ihre Gewandtheit: Sie stellen Männer ihrer Wahl an die Spitze, leisten dem an die Spitze Gestellten Gehorsam, kennen Reih und Glied, nehmen Gelegenheiten wahr, verschieben den Angriff, machen ihre Einteilung für den Tag, Umwallung für die Nacht, halten Glück für etwas Ungewisses, Tapferkeit fürs Gewisse … Andere sieht man in die Schlacht ziehen, die Chatten in den Krieg …“[9] Es war vorhersehbar, dass sie sich nicht widerstandslos unter das römische Joch beugen würden.

Domitian bediente sich eines Vorwands, um Truppen in Gallien und an der Rheingrenze zusammenzuziehen. Er gab einen Census vor, eine Musterung. Sobald seine Streitmacht die gewünschte und für ausreichend gehaltene Stärke erreicht hatte, griff er ohne Vorwarnung an.

Er begab sich selbst nach Mainz, wo ihn die vier in Obergermanien stationierten Truppen bereits erwarteten. Durch weiteren Zuzug betrug die Truppenstärke bald 30.000 Mann, denen sich noch zahlreiche Auxilien anschlossen, eine gewaltige Streitmacht best ausgebildeter, schwer bewaffneter und erfahrener Männer, denen auf der anderen Seite ein nahezu armseliges Aufgebot ungeübter und schlecht gerüsteter Bauern gegenüberstand.

Dennoch: Die Kampfhandlungen zogen sich hin. Der von Anfang an sichere Sieg der Römer ließ auf sich warten. Rom hatte im Vertrauen auf seine zahlenmäßige Überlegenheit den Einsatz seiner Feinde unterschätzt, die ihm ortskundig einen Guerillakampf aufzwangen. Immer wieder griffen die Chatten vereinzelt an, brachen überraschend aus den dunklen Wäldern hervor, überfielen die Nachhut und blockierten Wege und Straßen. Ihr Vorgehen erinnerte stark an die Methode, derer sich einst Arminius beim Teutoburger Wald bedient hatte. Das zwang die Römer, von ihrer bisherigen Kriegsstrategie abzuweichen und sich auf diesen zähen Feind einzustellen. Sie schlugen der besseren Übersichtlichkeit wegen Schneisen in die unheimlichen Wälder, um die chattischen Überraschungsangriffe zu verhindern.

Domitian, der auf einen schnellen Erfolg gehofft hatte, verlor bald die Geduld. Als er sah, dass dieser Konflikt keineswegs in einer einzigen glorreichen Schlacht zu gewinnen wäre, sondern seine Leute noch lange im hohen Norden festhalten würde, überließ er dessen Fortführung den obergermanischen Legaten und kehrte nach Rom zurück.

Schon jetzt nahm er, obwohl der Sieg der Römer noch gar nicht feststand, den Beinamen „Germanicus“ an.

Im Winter 83/84 n. Chr. hielten die verfeindeten Parteien die übliche Kampfpause ein. Es herrschte Waffenstillstand. Im Frühjahr 84 wurde die neue Feldzugsaison eröffnet, und es zeigte sich, dass die freiheitsliebenden Vorfahren der heutigen Hessen noch nichts von ihrem Kampfgeist verloren hatten. 85 half dann in Rom die staatliche Propaganda, zumindest die Moral der Truppen zu stärken: Münzen verkündeten im ganzen Reich von der *„Germania capta“* und der *„Victoria Augusti“*. Aber Rom hatte alles andere denn einen ehrenvollen Sieg errungen. Im Gegenteil.

Gerade als es in die Kämpfe mit den Chatten verwickelt war, machte das an der unteren Donau im heutigen Rumänien und Bulgarien ansässige Volk der Daker auf sich aufmerksam. Weit war es in die römische Provinz eingedrungen, hatte die dort stationierten Truppen geschlagen und sogar den Statthalter getötet. Eine sofort eingeleitete Strafexpedition der

Römer endete für diese mit einer schändlichen Niederlage. Damit hatte sich der Schwerpunkt der Verteidigung der römischen Interessen verlagert. Nicht die Besitzungen entlang des Rheins galt es fortan besonders zu bewachen. Dort musste man sich mit einem geringen Gebietszuwachs begnügen. Die Donaugrenze erforderte jetzt die verstärkte Aufmerksamkeit der römischen Staats- und Militärführung.

So hieß es bald, der eitle Domitian habe die Siege in Obergermanien mehr gefeiert als tatsächlich errungen. Die Stärke des römischen Heeres wurde dort auf vier Legionen verringert. Was östlich des Rheins in römische Hand gefallen war, sollte nur noch verteidigt und gesichert werden. An weitere Eroberungen war in diesem Teil der Welt nicht mehr zu denken. Und Rom begann mit der Anlage und dem Ausbau des obergermanischen Limes, jener gigantischen Grenzsicherungs- und Überwachungseinrichtung, deren Spuren bis in unsere Zeit reichen und noch allenthalben sichtbar sind.

Schon unter Kaiser Nero hatte es an der unteren Donau Unruhen gegeben, bei denen sich die Sarmaten besonders hervorgetan hatten. Ein gewisser Ti. Plautius Silvanus Aelianus, 45 unter Kaiser Claudius und 74 noch einmal unter Vespasian Konsul, hatte sich in dieser Weltecke um Rom große Verdienste erworben, indem er, wie früher erwähnt, 100.000 Menschen, die aus den Gebieten jenseits der Donau in römisches Territorium strömten, in Mösien ansiedelte und Rom tributpflichtig machte. Es darf angenommen werden, dass sich diese Leute nicht ganz freiwillig unter den römischen Schutz begeben hatten, sondern selbst in ihrer Heimat bedrängt worden und geflohen waren. Die Abgaben, die sie für ihnen zugewiesenes Siedlungsland zu entrichten hatten, vermehrten die Einnahmen der römischen Staatskasse. Zudem sorgten die Ankömmlinge dafür, dass dem Menschenmangel in dieser Provinz abgeholfen wurde. So war diese Völkerwanderung für Rom von zweifachem Nutzen.

Plautius Silvanus scheint in der Tat ein umsichtiger Mann gewesen zu sein, der sich auch außerhalb der Grenzen des Römerreichs Ansehen erwarb. So gelang es ihm, einen Aufstand der Sarmaten, deren Siedlungsgebiete in Südrussland lagen, bereits im Keim zu ersticken, eine sicherlich schwierige Aufgabe, wenn man bedenkt, dass ihm dafür lediglich zwei Legionen zur Verfügung standen, nachdem ein Teil seiner Truppen nach Armenien abkommandiert worden war. Er muss auch über einiges diplomatisches Geschick verfügt und sich damit die Bewunderung mancher Stammesfürsten von jenseits der Donau erworben haben. Sie kamen, um den römischen Feldzeichen ihre Verehrung zu bezeugen. Plautius Silvanus mag es mit Genugtuung verfolgt haben.

Den Königen der Bastarner und Roxolanen gab er ihre Söhne, denen der Daker ihre Brüder zurück, „sie mögen entweder in römische Gefangenschaft geraten oder von ihren Feinden verschleppt worden sein“[10]. Von einigen Fürsten ließ er sich, den Gepflogenheiten der Zeit entsprechend, Geiseln stellen, um den Frieden für Mösien zu sichern. Und er entsetzte mit seinen Truppen die Stadt Heraklion auf der Halbinsel Krim, die vom König der Skythen belagert worden war. Schließlich ließ er eine so große Menge Korn nach Italien schaffen, dass dort der Getreidepreis augenblicklich fiel.

Alle seine guten Taten sind von einer Inschrift bekannt, die sich am Grabmal der Plautier in Tivoli, dem antiken Tibur, befindet und aus der Zeit Kaiser Vespasians stammt.

Vespasian war es auch, auf dessen Vorschlag hin der frühere Statthalter von Mösien und jetzige Stadtpräfekt von Rom – er hatte im Jahr 73 dieses verantwortungsvolle Amt übernommen – vom Senat mit den Triumphalabzeichen ausgezeichnet wurde, eine späte Würdigung und Rehabilitation des Mannes, dessen Vater 65 n. Chr. an der Pisonischen Verschwörung teilgenommen hatte und von Nero zum Tode verurteilt worden war.

Leider lesen wir bei Tacitus von den Verhältnissen an der unteren Donau nichts. Möglicherweise sind sie ihm zu unbedeutend erschienen. Doch hat sie der berühmte Althistoriker Theodor Mommsen in seiner Römischen Geschichte erwähnt. Er schreibt: „Man erkennt hier deutlich sowohl den unter der julisch-claudischen Dynastie an der unteren Donau gärenden Völkerstrudel wie auch den starken Arm der Reichsgewalt, der selbst über den Strom hinüber die Griechenstädte am Djepr und in der Krim noch zu schützen suchte und einigermaßen auch zu schützen vermochte.“[11]

Bereits 71 n. Chr., zwei Jahre nach seiner Thronbesteigung, hat Vespasian die Tore des Janus-Tempels schließen lassen, ein untrügliches Zeichen dafür, dass Kriege endgültig der Vergangenheit angehören sollten, und mit der Errichtung des *Templum Pacis* begonnen. Das Volk von Rom war erleichtert. Nach Neros Tod war die Stadt von schrecklichen Bürgerkriegen heimgesucht worden, die nun überwunden waren, doch blieb auch Vespasians Regierung von blutigen Konflikten nicht ganz verschont, wie sich gezeigt hat. Vor allem die Belagerung der Feste Masada am Toten Meer zog sich hin. Sie konnte, wie berichtet, erst 73 von Rom erfolgreich beendet werden. Doch immerhin spielten sich die Unruhen an der Peripherie des Reiches ab. Den Frieden in der Hauptstadt berührten sie kaum.

Die vielleicht gefährlichsten Unruhen in flavischer Zeit gab es in Ägypten. Sie standen mit der Zerstörung Jerusalems durch Titus im Jahr 70 in unmittelbarem Zusammenhang. Die vor allem in Alexandria ansässigen Juden, die durch ihren Fleiß über Jahrhunderte zu Ansehen und Wohlstand gelangt waren und mit der griechischsprachigen Bevölkerung mehr oder weniger konfliktfrei lebten, waren über den Zuzug ihrer aus dem zerstörten Judäa geflohenen Glaubensgenossen keineswegs erfreut. Besonders die fanatischen Sikarier, die „Dolchmänner", erregten ihr Missfallen, da sie sich weigerten, den römischen Kaiser als ihren Herrn anzuerkennen und ihm als Zeichen der Loyalität die vorgeschriebenen Opfer darzubringen. Flavius Josephus berichtet davon: „Ihr Starrsinn", so schreibt er, „und ihre Tollheit … riefen allgemeines Erstaunen hervor, denn alle Martern und körperlichen Verstümmelungen, die man an ihnen vollzog, damit sie den Caesar als ihren Gebieter anerkennen sollten, vermochten nicht einen von ihnen zum Nachgeben zu bewegen oder ihm das geforderte Bekenntnis abzuzwingen …"[12]

Vespasians Geduld war nach dem langen und verlustreichen Krieg gegen die Juden erschöpft. Auch fürchtete er wohl erneut einen Flächenbrand, dem es vorzubeugen galt. Lupus, der Statthalter von Ägypten, hatte ihm von den Unruhen berichtet und Weisung erhalten, den jüdischen Tempel im sogenannten Onias-Distrikt zu schließen. Dieses Heiligtum war um 160 v. Chr. von dem durch Antiochos, dem König von Syrien, aus Jerusalem vertriebenen Hohepriester Onias IV. gegründet worden.

Die Schließung ihres Tempels erregte indes den Unmut der Juden, die sich beklagten, ihrer letzten gemeinsamen Kultstätte beraubt worden zu sein, ein Vorwurf, der sich noch verstärkte, als Lupus' Nachfolger Paulinus das Heiligtum zerstören ließ.

Die Unruhen griffen auf Cyrene über. Dorthin hatte sich ein besonders aufrührerischer Jude, ein Weber namens Jonathan, geflüchtet. Mit seinem betrügerischen Treiben erregte er allerdings wenig Aufmerksamkeit. Doch wurde er dem dortigen Statthalter Catullus gemeldet, der sogleich Präventivmaßnahmen ergriff. Er sandte den Aufständischen Reiterei und Fußvolk entgegen, die die unbewaffneten Juden mühelos überwältigten, darunter schließlich auch den Rebellen Jonathan.

Was danach folgte, entbehrt nicht einer gewissen Tragik. Catullus scheint ein ungerechter und zudem leicht zu beeinflussender Mann gewesen zu sein. Jedenfalls verstand es Jonathan, sich selbst als schuldlos darzustellen und die wohlhabenden Juden Alexandrias für den Aufstand verantwortlich zu machen. Daraufhin ließ Catullus 3.000 Angehörige der jüdischen Oberschicht hinrichten.

Doch hatte er nicht mit Vespasian gerechnet. Dem neuen Kaiser kam die Sache verdächtig vor. Was hätte diese Leute, die doch nur zu verlieren hatten, bewegen sollen, sich gegen Rom aufzulehnen, wo sie doch diesem ihren Wohlstand verdankten? Er ordnete eine genaue Untersuchung an, während der sich die Unschuld der Ermordeten herausstellte. Jonathan wurde nun seiner gerechten Strafe zugeführt. Er wurde gegeißelt und lebendig verbrannt. Catullus jedoch erhielt aus nicht bekannten Gründen lediglich einen kaiserlichen Verweis.

Doch die Vorsehung sorgte auch hier für ausgleichende Gerechtigkeit. Er fand bald, „… seelisch zerstört, auch einen qualvollen Tod. Schreckbilder verfolgten ihn unablässig, und oft schrie er, er sehe die Schatten der Gemordeten neben seinem Lager stehen; er vermochte sich dann nicht mehr zu halten, sprang aus dem Bett, als nahe man ihm mit Folter und Feuer. Immer schlimmer wurde die Krankheit; schließlich faulten ihm die Eingeweide und traten aus seinem Körper heraus. So starb er – ein Beispiel, so deutlich wie kein anderes, dass die göttliche Vorsehung den Nichtswürdigen bestraft“[13].

Soweit Flavius Josephus. Ob sein Bericht allerdings in allen Punkten der historischen Wahrheit entspricht, steht dahin. Denn er war selbst beschuldigt worden, mit den Aufständischen gemeinsame Sache gemacht zu haben.

Der Limes und die neuen Provinzen

„Nicht die Samniten, nicht die Karthager, nicht die Gallier, nicht die Spanier, ja nicht einmal die Parther haben uns so oft herausgefordert wie die Germanen. Gefährlicher noch als die Macht der Arsakiden ist dieses Volk mit seinem Freiheitswillen“, bemerkt, wie wir bereits gehört haben, kein Geringerer als Tacitus in seiner *Germania.*[1] Es ist nur allzu verständlich, dass es sich für Rom gegen die gefährlichsten seiner Feinde auf besondere Weise zu schützen galt.

Immer wieder war es in den vergangenen Jahren durch die Presse gegangen: Der Obergermanische Limes, jene von den Römern vor nunmehr fast 2000 Jahren errichtete Grenzsicherungsanlage, sollte als UNESCO-Weltkulturerbe anerkannt und damit besonders geschützt werden. Ist doch das grandiose Bauwerk nach der Chinesischen Mauer das größte der Erde. Dann endlich, Mitte Juli 2005, war das Ziel erreicht: Die Kulturorganisation der Vereinten Nationen stimmte der Aufnahme des Limes in die Liste der schützenswerten Weltkulturgüter zu.

Die ständige Präsenz in den Medien macht die Bedeutung dieses Relikts aus Römertagen allmählich auch den Deutschen bewusst. Überall entlang des Limes tun sich Geschichtsinteressierte zusammen, um das römische Erbe ihrer Heimat der Vergessenheit zu entreißen.

Unter ihm, dem flavischen Kaiser Domitian, war es, wie bereits berichtet, gelungen, das Gebiet vom Taunus über den Main bis zum Neckar dem Römischen Reich einzuverleiben. Freilich hatte dieses Germanien mit dem Begriff des augusteischen nur noch den Namen gemein. Doch wer im damaligen Rom, ausgenommen vielleicht Tacitus, hatte schon eine genaue Vorstellung von Größe und Lage jenes fernen Landes, vom Lauf der Elbe oder gar von der grimmigen Nordsee, die beide dem ersten römischen Kaiser als natürliche Grenzen vorgeschwebt waren? Niemand vermochte also Domitian einer Unwahrheit zu zeihen.

Und doch hatte er nur erreicht, was nicht im Sinne Roms sein konnte: Gegen jede ursprüngliche Absicht hatte es nun im Norden, an seiner nach Tacitus verwundbarsten Stelle, statt der angestrebten natürlichen eine willkürliche Reichsgrenze. Ihre Überwachung und Sicherung sollte fortan kein geringes Problem darstellen und die römische Kriegskunst immer wieder herausfordern.

Der römische Schriftsteller Sex. Iulius Frontinus (ca. 30–100 n. Chr.), ein Zeitgenosse der Flavierkaiser, der auch von der Kunst des Kriegführens etwas verstand, berichtet in seinen *Strategemata* von zwei Episoden aus dem Chattenkrieg, die geeignet sind, etwas Licht in die kriegerischen Ereignisse in Obergermanien zu bringen. Offensichtlich hatten nach seinen Bemerkungen die Römer in den finsteren, unheimlichen Wäldern mit erheblichen Schwierigkeiten zu kämpfen. Domitian hatte zuvor seine Männer an den Waldkampf gewöhnen und vor allem die Reiterei fürs Fußgefecht umschulen müssen. Sobald sie die *impedimenta* (wohl der Tross in einer Art bei den Germanen üblichen Wagenburg) des Feindes erreicht hatten, mussten sie absitzen, ihre Pferde zurücklassen und wie normales Fußvolk weiterkämpfen.

Das zweite Mittel, das half, die Germanen niederzuzwingen, sei die Anlage von *limites* gewesen, Gräben mit befestigten Kastellen, deren Besatzungen untereinander Sichtkontakt hatten.

An anderen Grenzen hatte Rom mit diesen Anlagen ja bereits beste Erfahrungen gemacht. Damit hatte die Weltmacht eine Kehrtwende in der Kriegstaktik vollzogen: Auf die bisher übliche offene Feldschlacht wurde verzichtet. Der Gegner wurde durch Befestigungswerke in Schach gehalten.

Die Angaben des Frontinus sind durch die archäologischen Ausgrabungen entlang des Obergermanischen Limes bestätigt worden, wo zahlreiche Kastelle erforscht wurden, darunter Wiesbaden und Hofheim im Taunus.

Das Wort *limes* hat in der lateinischen Sprache einen weitreichenden Begriffswandel erfahren. Es stammt aus der Fachsprache der Landvermesser und bezeichnete zunächst den Feldweg, der zwei landwirtschaftliche Grundstücke voneinander schied. Von dieser relativ engen Bedeutung wurde mit der Zeit der militärische Begriff abgeleitet, zuletzt stand er für die Reichsgrenze schlechthin.

Und doch war der *limes* anfangs nur eine in den Wald geschlagene Schneise, auf der Truppenbewegungen leichter stattfinden und feindliche Übergriffe rascher entdeckt werden konnten. Aus der Schneise entwickelte sich eine offene Feldbahn, wie sie Kaiser Domitian in die Wälder des Taunus schlagen ließ, um die chattischen Partisanen niederzuwerfen und die kürzlich eroberte Wetterau zu sichern. In seiner heutigen Bedeutung ist vom *limes* erstmals bei Tacitus die Rede. Er verlief zuletzt (bis 259 n. Chr.) von Rheinbrohl bis Eining an der Donau, war 548 Kilometer lang und verfügte über mehr als 100 Kastelle und 1.000 Wachttürme, die durch ein kunstvoll angelegtes System von Gräben und Wällen miteinander verbunden waren.

Kaiser Trajan (98–117 n. Chr.) ließ die Grenzanlage ausbauen. Sie erhielt Holzwachttürme, von denen aus Leucht- und Rauchzeichen in Minutenschnelle über verhältnismäßig große Strecken weitergeleitet und die in den Kastellen untergebrachten Hilfstruppen alarmiert werden konnten.

Unter Kaiser Hadrian (117–138 n. Chr.) wurde die Grenze streckenweise mit einer Palisadenreihe versehen. Wo der felsige Untergrund das Einrammen von Pfählen nicht erlaubte, wurde an Stelle der „Holzmauer" eine steinerne errichtet, so bei Mudau-Schloßau im östlichen Odenwald, die im Volksmund noch heute „Teufelsmauer" genannt wird.

Antoninus Pius (138–161 n. Chr.), Hadrians Nachfolger auf dem römischen Thron, ließ schließlich die Holzwachttürme durch Steinbauten ersetzen. Doch erst im letzten Ausbauzustand Ende des zweiten nachchristlichen Jahrhunderts entstanden dann jene Einrichtungen, die den Verlauf des *limes* besonders aus der Luft noch deutlich erkennen lassen: Wall und Graben (*vallum fossaque*), die im römischen Schanzbau immer gemeinsam auftreten. Dass sie zu dieser Zeit notwendig geworden waren, ist sicherlich nicht der geringste Beweis für das gestärkte Selbstbewusstsein der Germanen.

Um 160 n. Chr. wurde der Odenwald-Limes etwa 30 Kilometer nach Osten verlegt. Die Gründe hierfür sind nicht bekannt. Vielleicht zog man das nur leicht hügelige und übersichtlichere Gelände des so genannten „Baulands" dem bergigen Odenwald vor, der den Römern ohnehin wegen seiner dichten, dunklen Wälder unheimlich war.

Trotzdem war diese Grenzsicherung keine unüberwindliche Barriere, vielmehr ein Annäherungshindernis, offen für alle, die sie in friedlicher Absicht zu überqueren gedachten, eine kontrollierte Hemmschwelle hingegen für die, die sich ihr feindlich näherten. Sie sollte den Warenhandel und Personenverkehr überwachen und „... kleinere räuberische Überfälle verhindern, denn einsickernde germanische Banden machten gern Beutezüge in das besiedelte Hinterland und plünderten einsame *Villae rusticae*"[2]. Einer größeren Truppenmacht hätte und hat sie schließlich auch nicht standgehalten. Ihre Wehrbauten waren dem Ansturm der Krieger der Völkerwanderungszeit Mitte des dritten Jahrhunderts nicht gewachsen. Die Römer wurden an den Rhein zurückgedrängt.

Bereits viele Jahre vor Domitians Thronbesteigung hatte Rom das seit Menschengedenken besiedelte Gebiet um Heidelberg eingenommen und als Brückenkopf an der Verbindung zwischen Neckar und Rhein ausgebaut. So wurde unter Kaiser Claudius (41–54 n. Chr.) das Kastell Rheingönheim errichtet, unter Vespasian die Furt über den Neckar beim Heidelberger Stadtteil Neuenheim gesichert. Es wurden eine Holzbrücke und weitere Kastelle angelegt. Mit dieser Stärkung im Rücken war es für Domitian relativ leicht, die Eroberung des Odenwalds voranzutreiben.

Die Lage Heidelbergs am Neckar in unmittelbarer Nähe zu dessen Mündung in den Rhein begünstigte das Wachsen der bürgerlichen Siedlung, die sich dort beiderseits des Flusses gebildet hatte und bald durch eine mächtige, auf Pfählen ruhende Brücke verbunden wurde (Modell im Kurpfälzischen Museum in Heidelberg). Der mittlere Brückenpfeiler trägt die Statue des Gottes Neptun, geweiht von Valerius Paternus und Aelius Macer, den Architekten des gigantischen Bauwerks, dem das antike Heidelberg seinen raschen Aufstieg verdankte. Wichtige Straßen liefen hier zusammen, so die von Straßburg nach Hockenheim, eine, die den Ostrand der Oberrheinebene säumte (mit einer Abzweigung ins Donaugebiet) und die Fernstraße, die von Ladenburg (Lopodunum) nach Mainz führte. Reiche Tonvorkommen und in der Nähe gelegene Buntsandstein- und Kalksteinbrüche machten die alte Siedlung zu einem industriellen Zentrum. Allein in Neuenheim wurden die Reste von 50 Töpfereien gefunden, die vom gewerblichen Fleiß der einst hier ansässigen Bevölkerung zeugen. Nicht zuletzt weist der noch immer anziehungskräftige Heiligenberg auf eine prähistorische keltische Kultstätte hin, die auch in der Römerzeit religiöser Mittelpunkt eines größeren Gebiets gewesen sein dürfte.

Auch in den Niederungen des Maintals zeugen alte Handelswege vom Rhein in mitteldeutsches Gebiet von der uralten Besiedlung der Landschaft, wo die Römer jetzt entlang des linken Mainufers ihre Kastelle errichteten und durch eine Uferstraße verbanden. Der Fluss bildete dabei den „nassen Limes“, ein natürliches Hindernis, das eine Befestigung durch Palisaden überflüssig machte. Diese Gegend durchschnitt auch eine alte wichtige Fernstraße, die einer besonderen Sicherung bedurfte: In Kesselstadt bei Hanau entstand deshalb eines der größten Limeskastelle überhaupt. Es hatte eine Fläche von 14 Hektar und hätte einer ganzen Legion als Sommerlager ausgereicht.

Nur vier Kilometer entfernt lag das Kastell Seligenstadt, das im Mittelalter mit einem kleinen Städtchen und Kloster überbaut wurde. Im Kreuzgang der Abtei haben sich Reste des Lagerdorfs gefunden, zudem wurde die römische Anlage über Jahrhunderte als Steinbruch benutzt. So besteht das Langhaus der Einhards-Basilika großteils aus Steinen der Kastellmauer. Auf einem Quader des Mittelschiffs ist die *Cohors civium Romanorum* als Einheit des Kastells genannt.

In Seligenstadt wird übrigens noch ein wichtiges und einzigartiges Zeugnis aus der Römerzeit aufbewahrt: Ein Graffito auf einem Teller spricht von regelmäßig im Lagerdorf abgehaltenen Märkten, bei denen ein Marktleiter die Aufsicht führte, für Ordnung sorgte und Maße und Gewichte kontrollierte.

Wo der Main nicht nur Grenze, sondern auch Hauptverkehrsader war, fanden sich Reste von Brücken und Ziegeleien, darunter eine Zentral-Militärziegelei, die ab 92 n. Chr. der in Mainz stationierten Legio XXII Primigenia Pia Fidelis unterstand, deren Stempel sich überall entlang des Odenwald-Limes finden, besonders auf den in Mengen benötigten Bodenplatten für die Hypokausten, die Vorrichtungen der römischen Heizungsanlagen.

Noch unter Domitian wurden die neuen Provinzen in Germania Inferior und Germania Superior eingeteilt, Nieder- und Obergermanien. Die Namen wurden von der gängigen Bezeichnung der beiden Heeresbezirke übernommen. Nach wie vor residierte der obergermanische Statthalter in Mainz. Zu seiner militärischen Kompetenz kam die Verantwortung für die Zivilverwaltung. In seinem Einflussbereich lebte eine bunt gemischte einheimische Bevölkerung, deren Zusammensetzung der Wissenschaft noch immer Rätsel aufgibt. Es waren nämlich nicht nur Germanen, die die fruchtbaren Flussniederungen besiedelt hatten. Die archäologischen Funde weisen eine keltische Urbevölkerung nach, deren Stammesgefüge jedoch durch die germanischen Wanderbewegungen, die schon vor dem Erscheinen der Römer erfolgt waren, erschüttert worden war.

Mag das von Rom eroberte Gebiet auch schwach besiedelt gewesen sein, für die Römer war es dennoch von Nutzen. Iulius Frontinus bemerkt wiederum in seinen *Strategemata*, Kaiser Domitian habe nach dem Sieg über die Chatten, der ihm den Beinamen *Germanicus* einbrachte – der zweite Chattenfeldzug erfolgte 89 n. Chr. –, im Gebiet der Angehörigen eines Stammes, die sich Kubier nannten, Kastelle errichtet und für diejenigen Grundstücke, die vom Lagerwall umschlossen wurden, den Einheimischen eine Entschädigung gezahlt. Diese Maßnahme habe ihm das Vertrauen der Unterworfenen gesichert.[3] Der Stamm der Kubier wird ansonsten nicht erwähnt, sodass auch nicht festgestellt werden kann, in welchem Teil des eroberten Gebiets die Befestigungen lagen.

In seiner *Germania* berichtet Tacitus, von jenseits des Rheins seien Gallier in das dünn besiedelte Land der *agri decumates*, heute im nördlichen Baden-Württemberg, eingewandert, „das loseste, aus Armut unternehmende Gesindel“[4], was die ohnehin bunt gescheckte Bevölkerung noch mehr aufmischte und die Romanisierung nicht gerade erleichtert haben dürfte. Es galt, den unbedarften Barbaren die Segnungen der mediterranen Stadtkultur zu vermitteln, klare Rechtsverhältnisse zu schaffen und die Grundlagen für die übliche Provinzialbesteuerung aufzubauen, denn hier wie anderswo waren die zivilisatorischen Errungenschaften der *pax Romana* nicht umsonst zu haben.

Es waren also nicht nur die Römer, die von dem neuerlichen Gebietszuwachs profitierten. Der Austausch zwischen ihnen und Germanen und Kelten blieb auch für die Barbaren nicht ohne Folgen. Ihr Zivilisationsniveau stieg. Sie lernten römische Kriegstechnik und Strategie kennen, erfuhren die Vorteile straffer Heeresorganisation, geschickter Verwaltung und fortschrittlicher Rechtsprechung, bis sie in der Lage waren, die Römer mit deren eigenen Waffen zu schlagen.

Wenn auch gerade hier eine tiefgreifende Romanisierung, wie sie bei den Galliern jenseits des Rheins erfolgt war, nicht gelang, so nahm doch das gesellschaftliche Leben in Germanien unter den Römern andere Formen an.

Vielfältig war in der Tat das Treiben an dieser Grenze. In unmittelbarer Nähe der Kastelle entwickelten sich Lagerdörfer, in denen sich Handwerksbetriebe ansiedelten. Aufwändige Badeanstalten halfen den hier stationierten Soldaten, die Langeweile zu vertreiben. Reiterspiele, die nicht nur durchgeführt wurden, um die Männer in Übung zu halten, dürften auch bei den einheimischen Zuschauern äußerst beliebt gewesen sein. Sie krönten vor allem die vielen festlichen Veranstaltungen, die auch hier, im düsteren Norden, zu Ehren der römischen Gottheiten und des Kaisers und seiner Familie abgehalten wurden. Die üppige Ausstattung der Teilnehmer, etwa die silbernen Gesichtshelme und die Prunkschwerter, die die Spaten der Archäologen in Mainz ans Tageslicht befördert haben, war dabei sicherlich geeignet, die unterworfenen Stämme aufs Höchste zu beeindrucken. Und schließlich gab es manch kleines Amphitheater, in dem die immer beliebteren „Spiele“, Tierhetzen und Gladiatorenkämpfe, stattfanden.

Aber auch auf das gewöhnliche Alltagsleben wirkte sich der römisch-germanische Grenzverkehr positiv aus. In unmittelbarer Nähe des Limes entstanden auf germanischer Seite zahlreiche Siedlungen, die nur mit Genehmigung der Römer so nahe der Grenze errichtet worden sein können. Wahrscheinlich wurden entsprechende Verträge ausgehandelt. Es wird von Eheschließungen zwischen Römern und Einheimischen berichtet, die halfen, vorhandene Spannungen abzubauen und das Verhältnis von Siegern und Besiegten zu entkrampfen. Freundschaften, Liebesbeziehungen und Ehen förderten die Bindung der Fremden an ihre neue Heimat. Sie erwarben Grund und Boden und verteidigten schließlich die eigene Scholle.

Hinter der Grenzlinie schossen auf römischem Gebiet *Villae rusticae* aus dem Boden, Landgüter, denen die Aufgabe zukam, die umliegenden Kastelle und Lagerdörfer mit Lebensmitteln zu versorgen, besonders mit dem von den römischen Soldaten allzeit bevorzugten und lebenswichtigen Getreide, dessen Mangel schon manche Heeresrevolte ausgelöst hatte und von jedem Feldherrn gefürchtet war. Spuren dieser Gutshöfe finden sich an vielen Orten, manche sind allerdings noch im Boden verborgen, doch hat der Volksmund über fast zwei Jahrtausende oft noch ihre Namen bewahrt.

Zu den wichtigsten Abschnitten der unter Domitian initiierten Grenzbefestigung gehört der Odenwald-Limes, der ab 1890 von der damals ins Leben gerufenen Reichslimeskommission erforscht wurde. Er „verband den mittleren Neckar mit der Mainlinie, und seine Kastellreihe verlief nord-südlich, ausgehend vom Arnheiter Hof über Seckmauern, Lützelbach, Vielbrunn, Fulbach, Würzberg, Hesselbach, Schloßau bis Oberscheidental“[5].

Besonders der kleine Ort Schloßau im östlichen Odenwald hat in den letzten Jahren in der archäologischen Forschung für Aufsehen gesorgt, fanden sich dort doch anlässlich einer Grabung in einem Baugebiet ansehnliche Reste eines Lagerdorfs, darunter ein völlig intakter Brennofen, in dem noch eine Menge Tongeschirr seiner Auferstehung harrte, ein lebendiges Zeugnis der Handwerkskultur jener weit zurückliegenden Zeit.

Oft wird angenommen, auch hierher, in den rauen Norden, habe die Eroberungsmacht Stadtrömer oder zumindest Italiker entsandt, die unter den fremden, unfreundlichen klimatischen Verhältnissen litten. Die entlang des Limes stationierten Grenzwächter gehörten aber in der Regel Hilfstruppen an. In Obergermanien verteidigten vornehmlich Männer aus der heutigen Ostschweiz, aus Vorarlberg, Tirol und Bayern den Limes, junge Leute, deren Eltern unter das römische Joch gezwungen worden waren und die man bewusst aus der angestammten Heimat entfernt hatte, um dort Aufständen gegen die Besatzer vorzubeugen.

Mochten viele von Domitians schreibenden Zeitgenossen auch die Auffassung vertreten – mit der sie, wie sich gezeigt hat, aus guten Gründen erst nach dem Tod des Kaisers an die Öffentlichkeit traten –, der letzte Flavier habe seine Rolle bei der Eroberung Germaniens bewusst überhöht, um sein Ansehen zu mehren, fest steht doch, dass er sich gerade in diesem Teil des Reiches bleibende Verdienste erwarb, wenn seinen Operationen auch der ganz große Erfolg versagt blieb.

Immerhin haben sich gerade die aufsässigen Chatten sehr schnell an die römische Vorherrschaft gewöhnt. Von weiteren Erhebungen (nach 89 n. Chr.) ist nichts bekannt, sodass davon ausgegangen werden kann, dass sie mit den Errungenschaften der überlegenen Mittelmeerkultur, derer sie so unverhofft teilhaftig geworden waren, nicht ganz unzufrieden gewesen sein können.

Es war die römische Hocharistokratie, die die Leistungen des fraglos von sich sehr überzeugten und sich gelegentlich auch überschätzenden Kaisers herabwürdigte, und neidisch war auf seine Erfolge und auf seine vernünftige Politik der Konsolidierung.

Niemand vermag zu sagen, wie sich die Verhältnisse am Oberrhein fortentwickelt hätten, wäre es Domitian vergönnt gewesen, sich bis ans Ende seiner Regierungszeit mit dieser Gegend zu beschäftigen. Doch wurde, wie wir gesehen haben, seine Aufmerksamkeit an einer anderen Stelle benötigt, bei den Donauvölkern, die den Römern künftig kaum weniger als die Germanen zusetzen sollten.

Sie sollten nicht nur Domitian, sondern auch noch einem seiner Nachfolger, Kaiser Trajan, schwer zu schaffen machen: Die Daker, die an der unteren Donau siedelten und sich als gefährliche Gegner Roms erwiesen.

Anders als in Obergermanien, wo die Aufstände gegen die Besatzungsmacht verhältnismäßig rasch unter Kontrolle gebracht werden konnten, sah sich der Kaiser hier einer völlig anderen Lage gegenüber. Schon bald nach Ausbruch der Unruhen und der Angriffe gegen Rom stand fest, dass die in Mösien stationierten Truppen nicht ausreichen würden, die Feinde abzuwehren und wieder Ordnung zu schaffen. Rom würde sich vielmehr zusätzlicher und nicht unbedeutender Druckmittel bedienen müssen, um der unerwünschten Eindringlinge Herr zu werden.

Es gilt als sicher, dass im Zuge dieser Bemühungen auf römischer Seite schwere Niederlagen zu verzeichnen waren, wenn sich die alten Quellen darüber auch weitgehend in Schweigen hüllen. Tacitus' Bericht über diesen Zeitabschnitt in seinen Historien, der möglicherweise etwas mehr Licht in die Sache gebracht hätte, ist leider verloren gegangen. Der nachgeborene Cassius Dio beschränkt sich auf knappe Bemerkungen, und die anderen Hofdichter der Flavier haben sich aus naheliegenden Gründen gehütet, Misserfolge ihres kaiserlichen Gönners für eine wissbegierige Nachwelt aufzubewahren.

Das antike Dakien „entsprach ungefähr dem Rumänien des Jahres 1940 und stieß wie eine Faust gegen das Herz Germaniens vor“[1]. Schon seine Lage ließ seine strategische Bedeutung für Rom in dem vorhersehbaren Kampf mit den Völkern Germaniens ahnen. Es beherrschte zudem die Straße, die von der Donau nach Byzanz führte, eine Landroute von unschätzbarem Wert, die die westlichen Teile des Römerreiches mit den östlichen bequem hätte verbinden können, so sie denn in römische Hand gelangt wäre. Nicht zuletzt lockten Dakiens Goldminen, die eine wohlfeile und üppige Beute versprachen.

Das jedenfalls waren die Motive, die nur wenige Jahre nach Domitians Ermordung Kaiser Trajan bewegten, das stolze Volk der Daker zu überfallen und quasi im Handstreich unter das römische Joch zu zwingen. Die Verhältnisse während Domitians Regierungszeit waren aber andere.

Wir befinden uns im Winter des Kriegsjahrs 85/86 n. Chr. Die Daker dringen unter ihrem damaligen König Diurpaneaus in die römische Provinz Mösien ein, nicht unerwartet für Rom, das wohl bereits drei Jahre zuvor eine dakische Invasion befürchtet und die dortige Garnison verstärkt hat. Diese Präventionsmaßnahme blieb den Dakern sicherlich nicht verborgen, zeitigte aber nicht die Wirkung, die sich Rom möglicherweise von ihr erhofft oder gar versprochen hatte. Unbeeindruckt von der Demonstration römischer Stärke überschritten die Daker also die Grenze zu Mösien, und es stellte sich heraus, dass ihre Aktion kein willkürlicher Beutezug war, sondern ein bis in Einzelheiten geplanter Krieg, der für sie in einem fulminanten Sieg endete. Der römische Statthalter Oppius Sabinus blieb auf dem Schlachtfeld, Rom wurde geschlagen, weite Teile Mösiens fielen der Raub- und Mordlust der Daker anheim. Begehrte Ziele waren vor allem die Griechenstädte, die einen beachtlichen Wohlstand erlangt hatten. Die auch unter den Flaviern vom Kriegsglück verwöhnte Weltmacht fuhr eine empfindliche Niederlage ein, wie sie ihr zuletzt wohl unter Augustus in der berüchtigten Schlacht in der Nähe des Teutoburger Waldes 9 n. Chr. zugefügt worden war, eine Schande, die der ruhmgierige Kaiser Domitian nicht einfach hinnehmen konnte.

Den Resten der vier einst stolzen in Mösien liegenden Legionen wurde deshalb eine weitere zu Hilfe gesandt, die IV. Flavia Felix. Dazu kamen zahlreiche Hilfstruppen, die man an weniger gefährdeten Grenzen abgezogen hatte.

Zweifellos stellten derartige Truppenverschiebungen für die entblößten Reichsteile eine große Gefahr dar, doch blieb Rom keine andere Wahl. Nur hundert Jahre später konnte es sich solche Maßnahmen nicht mehr ungestraft leisten. Wo Soldaten verlegt wurden, um die Verteidigung gefährdeter Grenzen zu verstärken, wurde das Selbstbewusstsein der Barbaren gestärkt, wurden diese zu Einfällen in das römische Territorium geradezu ermuntert.

Domitian sah sich also zum Handeln gezwungen. Er bestellte Cornelius Fuscus zum neuen Oberbefehlshaber, dem es gelang, die von den Dakern überrannten Gebiete für Rom zurückzugewinnen. Aber es war kein leichter Sieg. Die Kämpfe zogen sich hin, und erst im Sommer 86 konnte die Aktion erfolgreich beendet werden.

Rom hätte sicherlich gut daran getan, die Sache nun auf sich beruhen zu lassen. Es legte einen neuen Limes an, eine befestigte Grenzlinie auch hier, die von Axiopolis bis Tomi am Schwarzen Meer, dem einstigen Verbannungsort des Dichters Ovid, reichte und das Reichsgebiet vor den andrängenden Reitervölkern der Sarmaten schützen sollte.

Doch waren die römischen Führungskräfte weit davon entfernt, sich mit dem Erreichten zu begnügen. Sie holten vielmehr zum Gegenschlag gegen Dakien aus, immer noch unter dem Oberbefehl des Cornelius Fuscus, der seine Kühnheit diesmal mit dem Leben bezahlte. Die vordringenden Römer wurden von Decebalus, dem neuen König der Daker – Diurpaneaus hatte zu seinen Gunsten auf den Thron verzichtet –, der unter Trajan fast 20 Jahre später noch eine heroische Rolle spielen sollte, vernichtend geschlagen.

Die Niederlage und der Tod des Feldherrn waren umso schimpflicher, als Rom gewaltige Truppenverbände aufgeboten hatte, darunter sogar einige Prätorianer, Elitesoldaten also, die der Kaiser selbst aus der Hauptstadt mitgebracht hatte, und kampferprobte Legionäre. Neben der IV. Legion Flavia Felix die I. Adiutrix aus Obergermanien und die II. Adiutrix aus Britannien. Wie gefährlich sich die Lage an dieser Grenze für Rom entwickelt hatte, mag die Tatsache verdeutlichen, dass am Ende von Domitians Regierungszeit nicht weniger als neun Legionen zum Schutz der Donaufront aufgeboten worden waren.

Dass die Daker aus der Auseinandersetzung siegreich hervorgingen, war ihrem König zu verdanken. Decebalus war ein stolzer, selbstbewusster Mann. Wenn er auch nur einem kleinen Stamm vorstand, so hatte er doch Friedensangebote zu unterbreiten: Wäre jeder Römer, so ließ er Domitian wissen, bereit, jährlich an ihn, den Dakerkönig, zwei Obolen zu entrichten, so sähe er von weiteren Kampfhandlungen ab.

Trifft es zu, dass sich Domitian am Feldzug gegen die Daker aus Bequemlichkeit oder Feigheit nicht beteiligte, wie es uns Cassius Dio glauben machen will?[2] Offensichtlich geht diese Meinung auf Tacitus in dem leider verloren gegangenen Teil seiner Historien zurück, aus denen es nachgeborene Geschichtsschreiber übernommen haben. Die heutige Geschichtswissenschaft geht davon aus, dass der Kaiser sehr wohl an den Kriegsschauplatz eilte, dabei den Weg über die Adria nahm und im heutigen Nisch sein Hauptquartier aufschlug.[3] Es mag allerdings zutreffen, dass er nicht selbst in die Kämpfe eingriff, was ja höchst vernünftig gewesen wäre, sondern von seinem Quartier aus für die Organisation des Feldzugs und des Nachschubs sorgte und die Kriegführung im Übrigen seinen erfahrenen und mit den örtlichen Gegebenheiten bestens vertrauten Leuten überließ.

Er scheint auch die Neuaufteilung der Provinz Mösien vorgenommen zu haben, die sich jetzt in ein Ober- und ein Untermösien gliederte. Der erste Statthalter der *Moesia superior* wurde L. Funisulanus Vettonianus, ein loyaler Anhänger des Kaiserhauses, der es später noch zum Prokonsul von Asien bringen sollte.

Nur ein Jahr nach der schimpflichen Niederlage hatten sich die Römer wieder erholt und gingen erneut zum Angriff über. Die auf dem Schlachtfeld Gefallenen wurden durch neue Leute ersetzt. Nachschub stand reichlich zur Verfügung. Auch ein neuer Oberbefehlshaber war gefunden worden, Tettius Iulianus, ebenfalls ein Günstling des Kaisers, der auf eine beachtliche Laufbahn zurückblickte. Bereits 69 n. Chr. hatte er unter Kaiser Otho gegen die Roxolanen gekämpft und war dafür mit den *ornamenta consularis* ausgezeichnet worden. Seine Treue zu diesem Übergangskaiser hat ihm offensichtlich nicht geschadet. Domitian besann sich seiner und machte ihn 83 n. Chr. zum Konsul. Nach Cassius Dio führte Iulianus im Heer eine wesentliche Neuerung ein: Die Soldaten mussten auf ihren Schilden sowohl ihren eigenen Namen als auch den ihrer Centurionen angeben. Dadurch sollte geprüft werden, wer sich tapfer geschlagen oder vor dem Feind versagt hatte. Die jüngste Vergangenheit mit ihren schändlichen Niederlagen hatte nämlich gezeigt, dass viele römische Krieger feige und ihrer Aufgabe nicht gewachsen waren.[4]

Domitian hatte mit der Wahl des Tettius Iulianus in der Tat eine glückliche Hand bewiesen. Unter seinem Oberbefehl wurden die Daker wenige Kilometer vor ihrer Hauptstadt Sarmizegetusa geschlagen. Decebalus hatte keinen nennenswerten Widerstand geleistet. Aber auch die Kräfte Roms waren offensichtlich erschöpft. Entgegen sonstiger Gewohnheit stellten die Römer ihren Vormarsch ein.

Neue Schwierigkeiten waren aufgetreten. Markomannen, Quaden und Jazygen, die keine 80 Jahre später dem Philosophenkaiser Marc Aurel das Leben schwer machen sollten, erhoben sich gegen Rom, und der König der Daker sah eine gute Gelegenheit, mit der Weltmacht zu einem für sein Volk günstigen Frieden zu gelangen. Offensichtlich wurde vereinbart, dass die Daker fortan zu den Freunden des römischen Volkes gehören sollten. Decebalus' Bruder Diegys führte eine Gesandtschaft an, die den Römern Waffen übergab und Gefangene zuführte. Er wurde dafür mit einem Diadem gekrönt, erkannte die römische Oberhoheit an und gehörte wie sein Bruder künftig zu den Vasallen Roms, nachdem er einen entsprechenden Treueid geleistet hatte. Rom verpflichtete sich, den Dakern Jahrgelder zu zahlen und Handwerker zum Wiederaufbau der zerstörten Siedlungen zur Verfügung zu stellen.

Wie so oft, streiten sich über diesen Friedensvertrag die Gelehrten. In Anlehnung an Cassius Dio ist Theodor Mommsen der Ansicht, der Dakerkönig sei aus dieser Vereinbarung als der eigentliche Sieger hervorgegangen.[5] Andere wiederum halten diese Auffassung der Geschichtsschreibung für gefärbt. Die Römer, so sagen sie, seien in der blutigen Auseinandersetzung die Erfolgreichen gewesen.[6] Wie sehr Cassius Dio für Decebalus und gegen Domitian eingenommen ist, mag eine Erzählung verdeutlichen, die er wiedergibt: Die Daker hätten, als die Römer auf ihre Hauptstadt vorrückten, Bäume abschlagen und auf die Baumstümpfe Rüstungen montieren lassen, um vorzutäuschen, es handele sich dabei um Soldaten. Aus Furcht vor diesen seien die Römer tatsächlich umgekehrt.[7]

Andere Aussagen in seiner Römischen Geschichte stehen freilich in krassem Widerspruch zu dieser Überlieferung. So spricht er beispielsweise davon, der dakische König sei von den Römern geradezu gedemütigt worden.[8] Unstreitig ist, dass Velius Rufus, ein Militärtribun, mit seiner Einheit durch das dakische Königreich gegen Markomannen, Quaden und Sarmaten zog, was sicherlich nicht möglich gewesen wäre, wenn die Römer nur einen halbherzigen Sieg errungen hätten.

In Anbetracht der damaligen Lage zeugen die ausgehandelten Friedensbedingungen von großer Weitsicht auf Seiten Roms. Wäre bei weniger Nachgeben nicht zu befürchten gewesen, dass sich alle Völker an der mittleren und unteren Donau gegen die noch immer aufstrebende

Besatzungsmacht zusammengeschlossen und so deren Expansionspolitik zumindest in diesem Raum für einige Zeit ein jähes Ende bereitet hätten, wie es den Römern vor einigen Jahrzehnten beim Teutoburger Wald ergangen war? Und dennoch stand fest, dass Rom bei der Wiederaufbauarbeit im kriegswunden Dakien eine wesentliche Rolle spielen und zumindest seinen Einfluss in diesem Teil der Welt verstärken würde.

Markomannen und Quaden, Volksstämme im heutigen Böhmen und Mähren, und nicht zuletzt die Jazygen, ein sarmatisches Reitervolk, witterten indes Morgenluft. Durch Klientelverträge mit Rom verbunden, hatten sie sich im jüngsten Dakerkrieg nur durch Unzuverlässigkeit ausgezeichnet, obwohl sie Rom zur Hilfeleistung verpflichtet gewesen wären.

Domitian dachte nicht daran, ihre Zurückhaltung gelassen hinzunehmen. Er erklärte ihnen den Krieg, wurde aber von den Markomannen geschlagen.[9] Niemand konnte ahnen, dass sich die Auseinandersetzungen bis nach Domitians Tod hinziehen sollten. Sie fanden erst unter seinem Nachfolger Nerva 97 n. Chr. ein vorläufiges Ende.

Für den Kaiser stellte sich die Lage wiederum so gefährlich dar, dass er selbst an die Front eilte. Zwei der am Dakerkrieg beteiligt gewesenen und zwei weitere Legionen wurden zur Rettung Roms aufgeboten. Domitian übernahm allerdings auch diesmal nicht selbst den Oberbefehl. Er überließ ihn seinen erfahrenen Generälen.

Zu jener Zeit suchten die Semnonen, ein an der Elbe im heutigen Sachsen siedelnder Volksstamm, den Kontakt zu Rom. Im Hauptquartier des Kaisers erschien ihr Führer Marua. Es waren nämlich nicht nur die Römer, die sich von den Quaden, Markomannen und Jazygen bedroht fühlten. Der Semnone kam nicht allein, sondern brachte Ganna mit, eine in ihrer Heimat geachtete und verehrte Seherin. Wieder einmal versuchte Rom nach bewährtem Vorbild, den unter den Germanen herrschenden Zwist zu schüren. Der Grundsatz des „*divide et impera!*“ – teile und herrsche! – hatte auch zu Domitians Zeit nichts von seiner Gültigkeit verloren.

Am gefährlichsten erwiesen sich die Jazygen, denen wohl eine ganze römische Legion, die XXI. Rapax, zum Opfer fiel, denn seit jenen Tagen wurde sie in den Heereslisten nicht mehr geführt.

Domitian weilte nicht weniger als acht Monate an der Front. War es ihm auch nicht vergönnt, diese Region befriedet zu erleben, so konnte er sich doch rühmen, wenigstens die Jazygen erfolgreich abgewehrt und Pannonien von den Eindringlingen befreit zu haben.

Wenn die römischen Geschichtsschreiber an Domitian auch kein gutes Haar ließen, so muss bei objektiver Betrachtung (die beispielsweise Tacitus wegen persönlicher Differenzen mit dem Kaiser fehlte) doch zugestanden werden, dass er nicht nur unfähig und schlecht gewesen sein kann. Zumindest die Figur, die er im Daker- und Jazygenkonflikt machte, lässt auf umfassende Kompetenz schließen, und die neuzeitliche Geschichtsforschung sieht in ihm sogar den Wegbereiter des Dakerbezwingers Trajan, der ein halbes Menschenalter später in diese Gegend kam und ohne Domitians Vorarbeit wahrscheinlich kaum so erfolgreich gewesen wäre. Zudem war der letzte Flavier bei seinen Soldaten sehr beliebt. Sie schätzten seine Fürsorge und seine Weitsicht, und als er 96 n. Chr. einer Palastverschwörung zum Opfer fiel, kam es zu erheblichen Unruhen und Trauerbekundungen im Heer. Wenn sie seinen gewaltsamen Tod nicht rächten, so lag das nur daran, dass sich kein williger Führer fand. Denn der heimische Senat hatte ja, aus welchen Gründen auch immer, die *damnatio memoriae* über den Toten verhängt, die Tilgung seines Andenkens. Und wer hätte schon Kopf und Kragen riskiert, wenn sich die Dinge doch nicht mehr umkehren ließen.

Doch darüber jetzt schon zu berichten, hieße, der Zeit vorauszueilen.

Verschwörungen

Nicht jeder Verantwortliche im Römerreich konnte sich mit der Tatsache abfinden, dass mit den Flaviern gewissermaßen Emporkömmlinge, *homines novi*, wie sie bisweilen ein wenig verächtlich genannt wurden, die Spitze der Staatsführung erklommen hatten. Mancher fragte sich, ob er nicht ebenso gut oder gar noch besser vermochte, was diese Männer und besonders der tyrannische Domitian zu Stande gebracht hatten. Es gab zudem viele Unzufriedene unter den Senatoren, die sich nach dem Ende von Domitians Schreckensherrschaft sehnten. Dies mag auch, worauf bereits früher hingewiesen wurde, den Statthalter von Obergermanien, Gaius Antonius Saturnius, der in der römischen Hocharistokratie einflussreiche Freunde besaß, bewogen haben, sich gegen den Kaiser zu erheben.

Just am Neujahrstag des Jahres 89 n. Chr. fiel er mit seinen Truppen von Domitian ab. Angeblich soll ihn der Kaiser beleidigt haben, wie der Geschichtsschreiber Aurelius Victor im vierten Jahrhundert berichtete, indem er ihn als Dirne bezeichnete und damit auf seine homophilen Neigungen anspielte. Sollte dies tatsächlich zutreffen, so kann die sicherlich unbedachte Äußerung des letzten Flaviers allenfalls als Vorwand gedient haben.

Die Verschwörung ging von Mainz aus, dem antiken Mogontiacum. Sie wurde von Rom wohl deshalb als so gefährlich eingeschätzt, weil Saturnius nicht nur zwei Legionen zur Verfügung standen, die XXI. Rapax (die später wahrscheinlich in Pannonien unterging, worauf im vorhergehenden Kapitel bereits hingewiesen wurde) und die XIV. Gemia Martia, sondern seine Soldaten ihn auch zum Imperator ausriefen, also offenbar ganz hinter seinem Anspruch standen. Er hatte sich zudem der Regimentskassen der beiden Legionen bemächtigt, sodass seinen Männern nichts anderes übrig blieb, als mit ihm gemeinsame Sache zu machen.

Zu allem Unglück hatte er auch die Chatten auf seine Seite gebracht, die sich ihm als Bundesgenossen anschlossen. Die gesamte Rheinregion schien aus den Fugen zu geraten, und niemand wagte vorauszusagen, wohin die Sache führen würde, wenn es nicht gelänge, der Erhebung Herr zu werden. Sie traf das Reich besonders schwer und zu einem äußerst ungünstigen Zeitpunkt, denn die Unruhen an der Donau erwiesen sich als langwieriger und gefährlicher, als es zunächst den Anschein gehabt hatte.

Domitian ließ sofort Legionen aus Spanien in Marsch setzen. Sie standen unter dem Oberbefehl des Marcus Ulpius Traianus, eines hervorragenden Offiziers, der keine zehn Jahre später als erster der sogenannten Adoptivkaiser den römischen Thron besteigen sollte. Doch auch der Statthalter von Niedergermanien, Aulus Bucius Lappius Maximus, holte zum Gegenschlag aus. Seiner militärischen Tüchtigkeit erlagen Saturnius' Truppen in der Gegend des heutigen Remagen.

Die germanischen Verbündeten des aufständischen Generals konnten diesem nicht zu Hilfe eilen. Im noch kürzlich zugefrorenen Rhein trieb Eis. Das plötzlich einsetzende Tauwetter hatte ein Übersetzen über den Fluss verhindert. Saturnius fiel, und mit seinem Tod brach die Verschwörung zusammen.

Die Erhebung eines seiner führenden Generäle hatte Domitian zum sofortigen Aufbruch veranlasst. Suetonius Tranquillus, der Kaiserbiograf des frühen zweiten Jahrhunderts, sieht es allerdings anders: Domitian habe, da der „Zufall" des Tauwetters seinen Interessen zu Hilfe gekommen wäre, Rom nicht zu verlassen brauchen.[1]

Gerade an dem Tag, an dem sich in Rom das Gerücht von der Niederlage und der Ermordung des abgefallenen Statthalters verbreitete, wurde Saturnius tatsächlich geschlagen. Ironie der Geschichte oder Zufall, der dem puren Wunschdenken vieler Stadtrömer entsprach? Eine zuverlässige Nachrichtenübermittlung kann es schon wegen der weiten Entfernung von der Front bei Mainz nach Rom nicht gegeben haben, immerhin fast 1.000 Kilometer Luftlinie, und es ist nicht recht erklärlich, wie denn die Siegeskunde in nur einem Tag über eine derartige Strecke gelangt sein soll. (Allerdings habe man, so wird berichtet, nur wenige Jahrzehnte später am Hadrianswall im heutigen Schottland durch Rauch- und Leuchtzeichen Nachrichten von einer Küste zur anderen in wenigen Minuten übermitteln können.) Sueton, selten um Erklärungen verlegen, kennt freilich auch dafür die Lösung: Durch Zeichen habe Domitian vom Sieg erfahren. Am Tag der Schlacht habe ein großer Adler in Rom mit seinen Flügeln eine Statue des Kaisers umfasst und laute und freudige Schreie ausgestoßen.[2]

Wieder einmal hatte sich Domitian die Vorsehung huldvoll gezeigt, und er war sich dessen bewusst. Am 12. Januar war er von Rom aufgebrochen. Im Norden angelangt, konnte er jedoch bald wieder die Heimreise antreten. Schon am 24. rüstete der Senat zur Dankesfeier, und Ende Januar beteten schließlich die Arvalbrüder (*fratres arvales*), die sich seit ihrer Erneuerung unter Augustus dem Herrscher besonders verbunden fühlten, für eine gesunde Heimkehr des Kaisers.

Bemerkenswert war übrigens die Rolle, die der tapfere Lappius Maximus spielte. Um einschlägige Beweise der Verschwörung zu vernichten und möglichst viele an ihr Beteiligte zu retten, verbrannte er Saturnius' gesamte Korrespondenz. Er mag gewusst haben, dass er sich damit in Lebensgefahr begab. Als Domitian versuchte, „die Archive des Hauptquartiers sicherzustellen, um zu erfahren, wer von den führenden Männern am Komplott beteiligt gewesen war“[3], griff er ins Leere.

Noch bemerkenswerter als Lappius' mutige Tat war Domitians Reaktion. Der Statthalter ging straffrei aus, sein Sieg war wohl doch zu großartig gewesen, und Domitian wollte sich nicht dem Vorwurf der Undankbarkeit aussetzen. Aber sein Zorn gegen die Verschwörer kannte keine Grenzen. Selbst verhältnismäßig harmlose Mitläufer wurden angeklagt, verurteilt und hingerichtet. Er ersann, um etwa noch verborgene Mitwisser zu entdecken, eine neue Art der Folter: Er ließ, worauf schon früher hingewiesen wurde, Opfern die Schamteile verbrennen, einigen auch die Hände abhauen.[4] Zu Recht galt der Kaiser fortan zumindest in der Senatsaristokratie als bösartiger Tyrann.

Bald nach diesen unheilvollen Ereignissen begann sich auch Domitians Geist zu trüben, und er zeigte Symptome von Verfolgungswahn. Überall sah er sich jetzt von Feinden umgeben. Er, der sich von Jugend an ohnehin immer zurückgesetzt gefühlt hatte und es tatsächlich auch war, wurde nun von Misstrauen geradezu zerfressen, und er vereinsamte noch mehr.

Besonders die Senatsaristokratie, deren Angehörige einen weit legitimeren Anspruch auf eine Führungsrolle im römischen Staate besaßen als ein Flavier aus der Mittelschicht, und die römischen Intellektuellen, allen voran die Philosophen, gingen schweren Zeiten entgegen. Nur Lappius Maximus wurde reich belohnt. Der Kaiser machte ihn 95 n. Chr. zum zweiten Mal zum Konsul, „es ist übrigens das einzige Zweitkonsulat, das Domitian nach 90 n. Chr. noch vergeben hat“[5].

Nicht erst Domitians Reaktion auf die vereitelte Revolution hatte die Senatoren ahnen lassen, dass der Kaiser noch weniger als jeder seiner Vorgänger geneigt war, sie an seinen Entscheidungen zu beteiligen. Schon sein Vater hatte gewisse absolutistische Neigungen gezeigt. Der jüngere Sohn bemühte sich lediglich, den hohen Rang der Senatorenklasse zu wahren. Es entsprach ganz seiner konservativen Politik, „den Status der verschiedenen traditionellen Klassen des hierarchischen römischen Staatswesens zu erhalten“. Die „Hinwendung zum Absolutismus wurde durch den Aufstand des Saturnius noch verstärkt, der seiner (Domitians) natürlichen Neigung zur Härte neuen Auftrieb gab“. Besonders deutlich war seine Absicht ja schon 85 n. Chr. geworden, als er den „bisher noch nie dagewesenen Titel *Censor perpetuus* (immerwährender Censor) annahm, der von da an auf seinen Münzen Vorrang hatte“[6].

Trifft also der Vorwurf zu, Domitian habe bewusst den Senatsadel politisch zurückgedrängt, und erst Trajan habe dafür gesorgt, dass diesem wieder seine angeborene Stellung zuteil wurde? Genaues wird darüber wohl nicht mehr zu erfahren sein. Die antiken Autoren sind sich nahezu einig: Domitian wollte – mehr als jeder seiner Vorgänger – Alleinherrscher sein, und er schaltete deshalb die staatstragende Schicht der römischen Nobilität weitgehend aus. Die Auswertung der Konsullisten der Jahre 82 bis 96 n. Chr. lässt allerdings einen anderen Schluss zu: Nur drei der in diesem Zeitraum amtierenden Konsuln gehörten der kaiserlichen Familie an, vierzehn kamen aus der Senatsaristokratie. Von vier weiteren ist die Zugehörigkeit nicht bekannt.

Doch was bedeutete in der fortgeschrittenen Kaiserzeit noch das Konsulat? War das Amt nicht zu einer bloßen Würde herabgesunken und die Wahl der Amtsträger nur Augenwischerei, um die Noblen Roms ein wenig günstiger zu stimmen?

In der Tat sind die Adoptivkaiser des zweiten Jahrhunderts zu einem weniger absolutistischen Regierungsstil übergegangen, und das kann kaum nur daran gelegen haben, dass sie selbst der Senatsaristokratie entstammten.

Doch tat Domitian zweifellos viel, um sich seine Parteigänger zu verpflichten. Mehrere Prätoren, die als solche bereits ihre Dienstzeit abgeleistet hatten, wurden zum Konsulat zugelassen, obwohl sie sich schon im vorgerückten Alter befanden und mit einer derartigen Beförderung gar nicht mehr gerechnet hatten. Unter diesen Begünstigten finden sich viele erlauchte Namen, und es gab sogar Männer, denen Domitian die Würde des Konsuls zum dritten Mal verlieh, was eine ganz besondere Auszeichnung darstellte. 90 n. Chr. wurde auch Marcus Cocceius Nerva mit seinem zweiten Konsulat bekleidet, der Mann, der sechs Jahre später Domitians Nachfolge antreten und Rom in eine glücklichere Ära, eine Epoche des Wohlstands und Friedens, führen sollte, die erst mit dem Tod Marc Aurels 180 n. Chr. zu Ende ging.

Es ist erstaunlich, dass sich unter diesen Männern auch ein bekannter Philosoph befand, Q. Iunius Arulenus Rusticus (Konsul 92 n. Chr.). Möglicherweise hat Domitian ihn bewusst ausgewählt, um der weit verbreiteten Meinung entgegenzuwirken, dass er die Lehrer der Weisheit allesamt hasse. Tatsächlich hatte er ja bereits im Jahr 89 alle Freigeister aus Rom vertrieben, da er ihnen umstürzlerische Absichten unterstellte. Mag seine Furcht vor Verschwörung und Verrat auch übertrieben erscheinen, dass gerade von Roms Denkern viele mit der Entwicklung der Monarchie unzufrieden waren und dies auch offen zeigten, traf sicherlich zu.

Immer mehr sah sich der Senat im wahrsten Sinne des Wortes gezwungen, sich bei Abstimmungen den kaiserlichen Wünschen zu beugen. Was blieb Roms einst staatstragender, seit Jahrzehnten allerdings jeglicher politischer Mitverantwortung enthobener Schicht anderes übrig, als sich zu fügen und auf die Erfolge des Staatsoberhauptes mit Ehrungen zu reagieren, wie sie Rom in dem Maße noch nicht gesehen hatte? 89 n. Chr. etwa wurde ein glanzvoller Triumph über die Daker und die Chatten gefeiert, und böse Zungen behaupteten, der Kaiser habe mangels einer ausreichenden Menge an Beutestücken dafür viele schöne Dinge aus seinem Privatbesitz zur Verfügung gestellt und zudem Sklaven gekauft, die die Siegesfeier als „Kriegsgefangene“ zu bereichern hatten.[7] Ob dies tatsächlich zutrifft, steht dahin. Doch schon die bloße Behauptung lässt erkennen, was die Geschichtsschreibung diesem Mann alles zutraute und in welch schlechtem Ansehen er bei den zeitgenössischen und den nachgeborenen Historikern stand.

Alle Auszeichnungen für den Kaiser übertraf aber das ihm 89 n. Chr. errichtete Reiterstandbild, das wohl erst zwei Jahre später fertiggestellt wurde. Es befand sich, wie bereits erwähnt, östlich des *Lacus Curtius* auf dem *Forum Romanum*, also unweit des Nabels der Welt im Herzen der Stadt, in durchaus erlauchter Gesellschaft. Nur wenige Spuren haben sich gefunden: Ein Fundament aus Gusswerk, in das drei Travertinblöcke eingelassen sind. Weitere archäologische Zeugnisse sind nicht vorhanden. Man erinnere sich: „Der Kaiser saß auf einem Pferd, von dem drei Füße fest auf dem Boden standen, während der vierte auf einen Kopf gesetzt war, der das unterworfene Rheinland personifiziert, womit die germanischen Siege Domitians gefeiert werden sollten."[8] „Die drei noch heute sichtbaren ausgehöhlten Travertinblöcke", so der berühmte italienische Archäologe Filippo Coarelli, „die in das Gussmauerwerk eingelassen sind, dienten wohl der Befestigung der durch den ganzen Sockel hindurchgeführten Metallstifte, mit denen die Beine des Pferdes verankert waren. Aus dem Fund ist auf eine Statue zu schließen, die insgesamt nicht weniger als 8 Meter hoch (mit Sockel 12–13 Meter) und ebenso lang war."[9]

Nicht nur die Hauptstadt ersann für den eigenwilligen Kaiser immer neue Ehren, auch viele Provinzstädte versuchten, darin einander zu übertreffen, war doch allseits bekannt, welch großen Wert Domitian darauf legte.

Dabei kann ihm nicht entgangen sein, dass er mit seiner Exzentrik und seinen hohen Ansprüchen den Bogen gelegentlich überspannte. Um das Volk bei Laune zu halten, doch auch, um den eigenen Ruhm noch weiter zu mehren, sparte er nicht mit den Ausgaben für glänzende Spiele, die angeblich alles diesbezüglich in Rom bisher Gesehene in den Schatten stellten. Suetonius Tranquillus berichtet davon. „Prächtige und kostspielige Schauspiele gab er häufig, und nicht nur im Amphitheater …"[10] Im Zirkus veranstaltete er Gefechte, das eine zwischen Reitern, das andere zwischen Fußtruppen. Diese Unterhaltungen fanden neben den üblichen Rennen statt. Berühmt wurde auch seine Seeschlacht im Amphitheater. Tierhetzen und Gladiatorenkämpfe gab es von ihm auch bei Fackelschein.

Selbst Frauen wurden jetzt in die Arena geschickt. Wollte er sich besonders großzügig erweisen, erlaubte er den Zuschauern, bei den wieder eingeführten Spielen der Quästoren zum Abschluss zwei Fechterpaare aus der kaiserlichen Garde zu erbitten. Ihre Sieger wurden mit besonderem Prunk geehrt. Ganz besondere Freude bereitete ihm bei diesen Veranstaltungen ein in Scharlach gekleideter Knabe mit einem ungewöhnlich kleinen missgestalteten Kopf. Ihn betrachtete er als adäquaten Gesprächspartner und führte mit ihm lange Unterhaltungen.

Unweit des Tibers entstand ein riesiges Bassin, das die Aufführung von Seegefechten erlaubte. Ganze Flotten nahmen an ihnen teil. Da konnte es geschehen, dass Domitian dem Schauspiel trotz stärksten Regens bis zum Ende folgte – *inter maximos imbres perspectavit* – was er selbstredend auch von seinen Untertanen erwartete.[11] Darauf wurde bereits hingewiesen.

Doch kehren wir zu den Folgen der Verschwörungen zurück! Der letztlich fehlgeschlagene Aufstand des Saturnius hatte, wie wir gesehen haben, Domitians Misstrauen noch weiter geschürt. Seit jeher hatten die Lebenserinnerungen des Kaisers Tiberius zu seiner bevorzugten Lektüre gehört, und ihn nahm er sich nun gänzlich zum Vorbild. Die üble Praxis der Hochverratsprozesse wurde wieder aufgenommen, hatte doch die jüngste Revolte dafür einen willkommenen Anlass geboten. Das Denunziantentum blühte. So froh Domitian über die Anschwärzer gewesen sein mag, musste er doch offiziell gegen sie vorgehen. Wer sie nicht bestrafe, meinte er in einer öffentlichen Bekanntmachung, sei selbst schuld, dass es sie gäbe[12] – ein geringer Trost für jene, die der kaiserlichen Ungnade verfallen waren. Und ihre Zahl nahm ständig zu.

„Eine ganze Reihe von Senatoren“, so wieder Suetonius Tranquillus, „… ließ er umbringen.“[13] Auch Iunius Ructicus, im Jahr 92 noch mit dem Konsulat hoch geehrt, gehörte zu Domitians Opfern. Sein „Verbrechen“ erscheint dabei eher unbedeutend: Er hatte gewagt, eine Lobschrift auf Paetus Thrasea und Helvidius Priscus zu veröffentlichen und hatte sie die rechtschaffensten Männer ihrer Zeit genannt, eine unverhohlene Kritik an der Staatsführung, da ja beide Männer aus fadenscheinigen Gründen hingerichtet worden waren. Diesen Prozess nahm Domitian übrigens als Gelegenheit, die Philosophen wieder aus Rom zu verbannen.

Auch in seinem eigenen Haus wütete er nach Kräften. So ließ er etwa seinen Vetter Flavius Clemens hinrichten, einen Mann, der für seine Interesselosigkeit an staatlichen Belangen bekannt war und für Domitian nicht die geringste Gefahr darstellte. Diese Untat brachte die Römer besonders gegen ihn auf, hatte er doch, selbst kinderlos, die kleinen Söhne des Verwandten öffentlich zu seinen Nachfolgern bestimmt und ihre früheren Namen in Vespasian und Domitian geändert.

Auch sein Sekretär, Epaphroditus, der ihm lange treu gedient hatte, wurde hingerichtet. Er hatte wohl einst Nero bei dessen Selbstmord geholfen. Wer sich aber einmal, so kombinierte Domitian, nicht gescheut hatte, die Hand gegen seinen Kaiser zu erheben, werde dies auch ein zweites Mal tun.

Im Übrigen war Epaphroditus ein interessanter Mann. Offensichtlich war er es, der seinen Zeitgenossen Josephus Flavius, den berühmten jüdischen Geschichtsschreiber, ermunterte, die „Jüdischen Altertümer" zu verfassen, jenes bedeutende Werk der Geschichte des jüdischen Volkes von den Anfängen bis zur endgültigen Niederlage von Masada im Jahr 73, das, ebenso wie Josephus' Streitschrift „Gegen Apion", einem Epaphroditus gewidmet ist und wohl im Jahr 93 veröffentlicht wurde. Ein anderer Mann gleichen Namens aus dem Umfeld des Hofes ist in damaliger Zeit jedenfalls nicht bekannt.

Glauben wir Suetonius Tranquillus, der mit seiner Geschichte über die ersten zwölf Kaiser Roms den interessierten Leser noch heute in seinen Bann schlägt, so hat sich gerade im letzten Flavier ein nahezu unglaublicher Charakterwandel vollzogen. Er demonstriert das an Beispielen. Domitian, so schreibt er, wurde früher kaum der Habsucht oder der Raubgier verdächtigt, nicht einmal in den ersten Jahren als Kaiser. „Er gab im Gegenteil sogar verschiedentlich Beweise nicht nur seiner Uneigennützigkeit, sondern auch seiner Freigebigkeit."[14] So nahm er etwa Erbschaften von Leuten, die ihm damit schmeicheln wollten, aber selbst Kinder hatten, nicht an. War der Name eines Angeklagten nach Ablauf von fünf Jahren noch am Schatzhaus angeschlagen, wurde der Beschuldigte in der Regel von der Anklage befreit. Den Schreibern der Quästoren, die nach alter Gewohnheit Handel trieben, damit aber gegen das Clodische Gesetz verstießen, gewährte er ebenfalls Amnestie. Landparzellen, die bei der Äckerverteilung an die Veteranen übrig geblieben waren, gestand er ihren alten Besitzern zu. „Aber“, so wiederum sein antiker Biograf, „er behielt diese Haltung von Milde und Uneigennützigkeit nicht bei.“[15] Und er wandelte sich womöglich schneller und gründlicher als jeder seiner Vorgänger.

Die Aufwendungen für Bauten und Spiele und die immensen Ausgaben für das Militär, die durch die Kühnheit der Barbaren zur Reichsverteidigung notwendig waren, hatten die Staatskasse bald völlig ruiniert, und Domitian scheute sich jetzt nicht mehr, auf jede Art und Weise auf Raub auszugehen. Er beschlagnahmte ganze Vermögen, wobei es schon genügte, dass der oder jener einer Tat oder eines unbedeutenden Wortes gegen die Majestät bezichtigt worden war. „Man konfiszierte Erbschaften ganz fremder Personen, wenn auch nur einer auftrat, der sagen konnte, er habe gehört, wie der Verstorbene zu seinen Lebzeiten den Kaiser zum Erben bestimmt habe.“[16]

Da wundert es nicht, wenn man morgens auf einem der vom Kaiser so zahlreich errichteten Bauwerke in griechischen Buchstaben lesen konnte: Es ist genug!

Es war genug, und es mehrten sich in der Tat die, die jenen unwürdigen Zustand beenden wollten und selbst vor einem gewaltsamen Umsturz nicht mehr zurückschreckten.

Die stadtrömische Opposition und das *consilium principis*

Es waren diesmal weder Palastwachen, die sich von einem Regierungswechsel einen höheren Sold oder wertvollere Geschenke versprachen, noch ein throngeiler Nachfolger, der der biologischen Uhr vorgreifen wollte. Es waren in erster Linie Roms Intellektuelle, die an den bestehenden Verhältnissen verzweifelten und so schnell wie möglich Abhilfe schaffen wollten. Weniger die Kyniker, jene Bettelphilosophen, die den schnöden Mammon verachteten und beim gemeinen Volk einiges Ansehen genossen, den Herrschenden im Grunde aber nicht gefährlich werden konnten, als die Stoiker, die sich in Literatur, Philosophie und der Redekunst auskannten und fast alle den gehobenen Ständen, Senatoren und Rittern, angehörten, reizten die kaiserlichen Exzesse bis aufs Blut. Zwar hatte sich auch bisher noch keiner der römischen Caesaren für die Lehrer der Weisheit begeistert, aber Domitian traf sie mit seinen gehässigen Verfolgungen mehr als jeder seiner Vorgänger im Principat.

Überall in der Stadt waren sie zugegen, ließen ihren aufrührerischen Gedanken freien Lauf und machten aus ihrer Ablehnung der Monarchie keinen Hehl. Unter ihren Anhängern befanden sich zahlreiche Angehörige der Hocharistokratie, die sich mit dem Wandel der politischen Verhältnisse noch immer nicht abfinden wollten. Sie gaben, nicht ganz zu Unrecht, dem Kaiser die Schuld an der zunehmenden Bedeutungslosigkeit des Senats, doch sie übersahen, dass sie sich gegen eine Entwicklung sträubten, die schon lange vor Domitian eingesetzt hatte, eigentlich schon mit C. Iulius Caesar, der seinen Griff nach dem Diadem freilich mit dem Leben bezahlen musste.

Dabei verkannten sie auch, dass der Senat, das über Jahrhunderte staatstragende Organ, nach Jahrzehnten der Untätigkeit und Entwöhnung von jeglicher Verantwortung überhaupt nicht mehr fähig gewesen wäre, die ihm einst als einzigem zugedachte Rolle zu übernehmen, zumal sich das Reich in mehr als hundert Jahren principaler Alleinherrschaft tatsächlich zu einem nach damaligem Verständnis weltumspannenden Imperium entwickelt hatte. Dass der Senat größerer Verantwortung nicht mehr gewachsen wäre, nachdem er Kaiser Augustus über viele Jahrzehnte die gesamte Regierung überlassen hatte, war schon Tiberius, Augustus'

Nachfolger, bewusst geworden, der sich dennoch, wenn auch vergeblich, bemüht hatte, die Stellung des Gremiums der versammelten Väter zu stärken.

Sein Nachfolger Gaius (Caligula) hatte es gar nicht erst versucht. Ihm diente die verstaubte Versammlung nur noch als Ziel von Hohn und Spott.

Nur Kaiser Claudius bemühte sich, das Ansehen des Senats aufzuwerten. Doch sein Adoptivsohn und Nachfolger Nero ließ sich von den eingeschriebenen Vätern, den *patres conscripti*, wie sie das offizielle Rom nannte, nur seine Schandtaten sanktionieren, um sie dafür noch mehr zu verachten.

Es gab genügend Intellektuelle, die diese Entwicklung mit Sorge, aber ohnmächtig verfolgten und sich schließlich ganz aus dem öffentlichen Leben zurückzogen. Der Philosoph und Nero-Erzieher Seneca gehörte zu ihnen und auch sein Neffe Lucan, die beide, unter Nero in die Pisonische Verschwörung verwickelt, den Freitod wählten, um einem entsprechenden kaiserlichen Befehl zuvorzukommen.

Stoisches und kynisches Gedankengut verschmolz in diesen Regime-Gegnern, und viele sehnten sich nach dem platonischen Idealstaat, in dem die Weisen Könige und die Könige weise Leute wären. Dieses Ideal ließ sich mit der Erbmonarchie nicht verwirklichen. Es sollte Rom erst im zweiten Jahrhundert unter den sogenannten Adoptivkaisern zuteil werden.

Nicht jeder in Rom nahm indes die bekennenden Asketen ernst. Besonders denen, die sich den Verzicht auf irdische Güter ganz oben auf ihre Fahnen geschrieben hatten und auf alle Materialisten mit der Überheblichkeit des Geistes herabsahen, warf allen voran der Dichter Martial Heuchelei vor: „Soll ich vielleicht deine Seelenstärke bewundern, nur weil du den Tod preist?“, fragte er. „… Verfügtest du allerdings über alle Vorteile des Wohlstands, wie sehr würdest du dich danach sehnen, das Dreifache von Nestors Alter zu erreichen. Es ist kein Verdienst, das dürftige Leben gering zu achten. Nur der ist wirklich mutig, der auch das Unglück zufrieden erträgt.“[1]

Mochten sich auch noch so viele enttäuscht zeigen, einen organisierten Widerstand gegen das Principat hat es in domitianischer Zeit nicht gegeben. Ihm fehlte die ordnende Hand und der einigende Kopf und nicht zuletzt auch der Mut, geschlossen an die Öffentlichkeit zu treten. Konnte man doch so gut wie sicher sein, dass offene Kritik den Unmut des Kaisers ausgelöst und den, der sie geäußert, in Lebensgefahr gebracht hätte.

Unter Nero hatte es zuletzt einen mutigen Senator gegeben, der mit seiner Meinung nicht hinter dem Berg gehalten hatte. Sein Name Thrasea Paetus ist als einer der ruhmreichsten in die taciteischen Annalen eingegangen, wenn oder gerade weil Paetus seine Offenheit auch mit dem Leben bezahlte. Ihm hatte sich, völlig zu Recht, der Eindruck aufgedrängt, dass der Senat keine rechte Freiheit mehr besäße und alle wichtigen Entscheidungen im kaiserlichen Palast getroffen würden. Er beteiligte sich nicht an dem Senatsbeschluss, der nachträglich die von Nero angeordnete Ermordung seiner Mutter Agrippina rechtfertigte, er billigte die Entscheidung nicht und tat durch sein Fernbleiben von der Sitzung sein Missfallen kund. Er mied überhaupt alle politischen und sakralen Veranstaltungen, um seiner Unzufriedenheit Ausdruck zu verleihen, und wusste doch, dass der Kaiser sein Verhalten richtig interpretieren würde und er sich damit in Lebensgefahr brachte. Nero ließ den in seinen Augen Unbelehrbaren vor das Senatsgericht stellen, das ihn zum Tode verurteilte. Weniger in vorauseilendem Gehorsam als um der Schmach der Hinrichtung zu entgehen, nahm sich Paetus selbst das Leben.

Unter den Flaviern war es von Roms Noblen zunächst Helvidius Priscus, der Schwiegersohn des Thrasea Paetus, der sich gegen die Alleinherrschaft, gegen das Königtum, erhob. Von ihm ist früher schon die Rede gewesen. Tacitus sieht in ihm einen Vorkämpfer der senatorischen Freiheit. Für Cassius Dio ist er der Aufrührer schlechthin, eine sicherlich übertriebene Einschätzung. Kaiser Marc Aurel, der Philosoph auf dem Caesarenthron, der selbst ein überzeugter Anhänger der stoischen Lehre war, zählte ihn zu den bedeutendsten Vertretern der gegenwärtigen römischen Modephilosophie. Zur Erinnerung: Helvidius hielt im Senat immer wieder aufrührerische Reden und beleidigte Vespasian, bis diesem endlich die Geduld riss. Dem hinreichend intelligenten Mann kann kaum verborgen geblieben sein, dass er von Anfang an auf verlorenem Posten stand. Eine Entwicklung, die mehr als 100 Jahre zuvor eingesetzt hatte, war mit renitenten Reden nicht aufzuhalten.

Hatte schon Vespasian die Philosophen aus Rom vertrieben – eine, wie es scheint, eher halbherzig durchgeführte Maßnahme –, Domitian ging gegen sie schärfer vor. Dass auch er sich dazu veranlasst sah, weist darauf hin, dass die Verordnung seines Vaters nur nachlässig beachtet wurde und die Philosophen zumindest bald wieder nach Rom zurückgekehrt waren. Den weisen Denker Musonius hatte der Zorn des ersten Flaviers zunächst nicht erreicht, Vespasian gestattete ihm zu bleiben und verbannte ihn erst später aus der Hauptstadt. Jedoch kehrte er unter Titus dorthin zurück und verwendete sich, als erster Lehrer überhaupt, dafür, auch Mädchen eine wenigstens bescheidene Bildung zukommen zu lassen, hatte doch bisher der männliche Nachwuchs darauf eine Art Monopol.

Einer von Musonius' Schülern hieß Dion von Prusa, den Domitian bald nach seiner Thronbesteigung nicht nur aus Rom, sondern auch aus seiner phrygischen Heimat verbannte (82 n. Chr.). Die Verbannung, für manchen Römer schrecklicher als der Tod, hat Dion schwer getroffen, doch nutzte er die Zeit, seinen aufgestauten Hassgefühlen Luft zu machen, natürlich anonym. In seinen Schriften, besonders denen über die *tyrannis*, ruft er sogar zum bewaffneten Umsturz der Gewaltherrschaft auf, ohne freilich Domitian beim Namen zu nennen.[2] Doch wusste jedermann, wer gemeint war. Unruhig streifte der unzufriedene Philosoph an den Grenzen des Reiches umher, gelangte auf seinen Reisen bis an die Mündung des Dnjepr und nach Mösien und schürte überall die Ressentiments gegen den römischen Kaiser, wenn er auch das Principat nicht grundsätzlich verdammte. Doch schon wegen der weiten Entfernung waren seine Hasstiraden für Domitian wenig gefährlich. Der Kaiser sah keinen Grund, einzugreifen. Schwerlich wäre er auch dieses Gegners, der ständig seinen Aufenthaltsort wechselte, habhaft geworden.

Dion hat Domitian viele Jahre überlebt, er starb erst unter Trajans vernünftiger Regierung.

So großen Wert Domitian auch auf den Ruf legte, als gerechter Herrscher in die Annalen einzugehen, mit zunehmendem Alter artete seine Gerichtsbarkeit zu reiner Willkür aus. Dies hatte nicht zuletzt mit seinem sich steigernden Verfolgungswahn zu tun. Durch manche tatsächliche oder auch nur eingebildete Verschwörung geängstigt, war er in seinen letzten Lebens- und Regierungsjahren zu einem klaren Urteil über seine Mitmenschen nicht mehr fähig.

Blutig hatte schon seine Herrschaft begonnen. Zu seinen ersten Opfern gehörte Helvidius Priscus, der Sohn des gleichnamigen unter Vespasian hingerichteten Vaters. Nach Ableistung seines Konsulats – er war wahrscheinlich nur nachgewählter Konsul, *consul suffectus*, – hatte sich dieser gänzlich aus der Politik zurückgezogen. Und hätte er nicht ein Drama, das den Mythos von Paris und Oenone behandelte, geschrieben, hätte ihn der kaiserliche Zorn womöglich gar nicht erreicht. Denn dieser hatte Helvidius' Werk, sicherlich nicht ganz unberechtigt, als Anspielung auf das Verhältnis von Domitian zu seiner Gattin Domitia bezogen.

„Insbesondere in Majestätssachen", so weiß ein Altertumsforscher des ausgehenden 19. Jahrhunderts zu berichten, „wird das senatorische Gericht derart beeinflusst, dass seine Erkenntnisse Justizmorden gleichkommen."[3] Dies trifft auch und vor allem im Falle des Helvidius Priscus zu. Vor dem Senat wurde er angeklagt und in seltener Einmütigkeit zum Tode verurteilt. Einige Senatoren legten sogar Hand an ihn, was die Römer in helle Aufregung versetzte. So etwas hatte es am Nabel der Welt schon lange nicht mehr gegeben. Und einige Historiker vermuten, in Wirklichkeit sei es dem Kaiser weniger um Helvidius' Drama gegangen. Er wollte mit der überaus harten Bestrafung wohl vor allem die Opposition treffen, was ihm auch gelang.

Noch im gleichen Jahr, 94 n. Chr., fand ein weiterer „Prozess der beleidigten Majestät" statt, der sich gegen Herennius Senecio richtete. Er hatte die Unvorsichtigkeit besessen, eine Lobschrift auf den unter Vespasian umgebrachten älteren Helvidius zu verfassen. Auch er hatte sich vom politischen Leben zurückgezogen und nach der Quästur kein öffentliches Amt mehr angestrebt. Doch während man anderen zu großes Interesse am Staatsgeschehen vorwarf, sah sich Herennius mit der Anklage der Interesselosigkeit konfrontiert. Auch er büßte seine Verfehlung mit dem Leben.

Bestraft wurde auch Fannia, die leidgeprüfte Gattin des älteren Helvidius, da sie Herennius Senecio Material für seine Lobschrift zur Verfügung gestellt hatte. Als wäre der Tod ihres Gatten und ihres geliebten Sohnes nicht schrecklich genug gewesen, wurde sie aus Rom verbannt. Erst unter Kaiser Nerva (96–98 n. Chr.) kehrte sie in die Hauptstadt zurück. „Durch Herrscherlaune all ihres Glücks beraubt, sah Fannia den einzigen ihr verbliebenen Lebenssinn darin, sich für eine schwindsüchtige Vestalin zu opfern. Sie pflegte die Kranke hingebungsvoll, steckte sich an und starb."[4]

Nicht genug, dass Menschen wegen solcher Kleinigkeiten willkürlich vom Leben zum Tod befördert wurden, auch die Familien hafteten mit. Der Familienbesitz wurde konfisziert, um die kaiserliche Kasse zu bereichern. Im Falle des Herennius Senecio wurde auch die Schrift, die zur Verurteilung geführt hatte, eingezogen und öffentlich verbrannt, ein Präzedenzfall für die kommenden Jahrhunderte, die den Herrschenden missliebige Literatur zu vernichten. Unter Aufsicht der *triumviri capitales* fand die Verbrennung auf dem *Comitium* im nördlichen Teil des *Forum Romanum* statt, nicht weit vom Senatsgebäude entfernt, wo auch die öffentlichen Hinrichtungen „nach der Vorfahren Brauch", das heißt dem mit Ruten zu Tode Peitschen, vollzogen wurden. „Nichts Geringeres meinte man durch jenes Feuer zu vernichten als die Stimme des römischen Volkes (und) die Freiheit des Senats", äußerte sich Tacitus kritisch über diese Art der Strafe.[5]

Auch bei L. Iunius Arulenus Rusticus war, wie wir gesehen haben, der Anlass für das Todesurteil eine Lobschrift, die er Thrasea Paetus gewidmet hatte, und auch diese fiel der auslöschenden Macht des Feuers anheim.

Es verwundert kaum, dass solches Verhalten der Staatsführung Verschwörungen unter dem stadtrömischen Patriziat geradezu provozierte und alle diejenigen auf den Plan rief, die sich noch ein wenig Gespür für Recht und Gesetz bewahrt und sich nicht gänzlich zu Ja-Sagern der kaiserlichen Politik hatten herabwürdigen lassen. Immer wieder versuchten mutige Römer, die dem Geschehen besonders nahe und bedroht waren, diesen Zustand zu verändern. Verschwörungen dürften deshalb in der Tat an der Tagesordnung gewesen sein. Natürlich bildete Domitian sich viele in seinem wachsenden Verfolgungswahn auch nur ein. Ob wahr oder nur befürchtet, spielte ohnehin bald keine Rolle mehr. Mit dem

Segen des Senats, der zusehends korrumpierte, wurden zahlreiche Männer dem Henker übergeben, auch und gerade solche, die selbst der hohen Versammlung angehörten. Und nach jeder Hinrichtung blieb den Stadtvätern nichts, als den Göttern für die Rettung des Kaisers zu danken.

„Während Domitian sich in seinem stark befestigten Palast in Alba Longa verbarrikadierte, nahmen die Hinrichtungen prominenter Persönlichkeiten in der Hauptstadt einen bis dahin nie gekannten Umfang an.“[6] Steigerte etwa Domitians Kinderlosigkeit die Furcht, jemand könnte versuchen, ihn vom Thron zu verdrängen? Seltsamerweise ist nach der Hinrichtung seines Vetters Flavius Clemens auch nicht mehr von dessen kleinen Söhnen die Rede, die der Kaiser doch als Nachfolger vorgesehen hatte. Was mit ihnen geschah, ist nicht bekannt.

Domitians größter Fehler mag die Beseitigung seiner beiden Prätorianerpräfekten gewesen sein. Deren Nachfolger, Petronius Secundus und Norbanus, konnten sich leicht ausrechnen, welchem Schicksal auch sie entgegensahen. So gehörten sie schließlich zu den maßgeblichen Verschwörern, denen Domitian zum Opfer fiel.

Es gab indes auch genügend Nutznießer der kaiserlichen Politik. Zu den schillerndsten Persönlichkeiten jener Tage zählte sicherlich der bereits erwähnte C. Plinius Caecilius Secundus, der nach dem Tod seines Vaters von seinem Oheim, dem Älteren Plinius, an Sohnes statt angenommen worden war. Als Domitian die Regierung antrat, war der Jüngere Plinius, wie er meistens genannt wird, gerade 20 Jahre alt. Er erkannte wohl die Ausartung der domitianischen Politik. Aber er schwieg. Vielleicht hätte er gut daran getan, sich ganz vom Staatsgeschehen fernzuhalten. Er war Besitzer eines immensen Vermögens, das ihm sein Adoptivvater hinterlassen hatte und das ihm ein angenehmes Leben in Zurückgezogenheit erlaubt hätte. Aber das ließ sein Ehrgeiz nicht zu. Noch im Jahr von Domitians Regierungsantritt schlug er die Ämterlaufbahn ein. Von seinem Gönner persönlich gefördert, nahm seine Karriere einen glänzenden Verlauf. Er wurde Quästor, Volkstribun und Prätor, zuletzt sogar *praefectus aerarii militaris*, Schatzmeister also der Kriegskasse (96 n. Chr.), eine besonders hohe Auszeichnung. Eine ähnliche Vertrauensstellung war ihm ja schon mit der Quästur übertragen worden. Denn

Domitian hatte ihn zum *qaestor imperatoris* ernannt, was ihn über seine Kollegen erhob. So hatte er nach Domitians Ermordung eigentlich keinen Grund, sich über die *tyrannis* zu beklagen, von der er doch nur profitiert hatte. Doch wie so oft, wenn sich Diktaturen überlebt haben, will niemand dazugehört und keiner mitgemacht haben. Der Jüngere Plinius stellte da keine Ausnahme dar.

In der Gunst der kaiserlichen Majestät durfte sich viele Jahre lang auch dessen Vetter, Titus Flavius Clemens, sonnen. Seine beiden Söhne galten, wie gesagt, als Nachfolger im Principat und wurden entsprechend erzogen – von keinem Geringeren als dem berühmten Quintilian, dem der überglückliche Vater die konsularischen Ehrenabzeichen verschaffte. Selten zuvor war ein Gelehrter in deren Genuss gekommen.

Flavius Clemens war mit Domitilla verheiratet, einer ebenfalls nahen Verwandten des Kaisers. Sie hatte ihrem Gatten sieben Kinder geschenkt. Die Familie lebte viele Jahre lang am Kaiserhof, bis Domitilla, aus welchen Gründen auch immer, offensichtlich von den römischen Staatsgöttern abfiel und zum Christentum konvertierte.

Auch in den „vaterlandslosen, am Staatsgeschehen desinteressierten" Christen, so der ihnen häufig gemachte Vorwurf, witterte Domitian gefährliche Gegner seiner Herrschaft. Cassius Dio berichtet, Flavius Clemens und Domitilla seien der Gottlosigkeit angeklagt worden.[7] Und Sueton erwähnt Clemens' Interesselosigkeit an allen staatlichen Belangen[8], also genau der Vorwurf, der gemeinhin den Christen gemacht wurde, die sich angeblich nur um ihr eigenes Seelenheil kümmerten. Clemens wurde hingerichtet, Domitilla auf die Insel Pandateria im Golf von Neapel (vielleicht auch auf Pontia) verbannt, eine bewährte Methode, sich in der Umgebung des Kaisers missliebiger Frauen zu entledigen.

Es gab daneben noch viele andere, die ihre Abkehr vom römischen Götterhimmel zu den Bräuchen der Juden – noch immer hielt man ja die Christen für eine besonders aggressive jüdische Sekte – mit dem Leben oder der Verbannung bezahlten. Clemens' und Domitillas Schicksal war also kein Einzelfall. Es fand vielmehr, wie bereits unter Nero, eine regelrechte Christenverfolgung statt. Das für Domitian eigentlich Tragische war nur, dass sich selbst in seinem engsten Umfeld, ja unter seinen eigenen Verwandten, umstürzlerische Ideen verbreitet hatten.

Domitillas weiteres Schicksal ist übrigens unter den Geschichtsforschern umstritten. Cassius Dio spricht, wie gesagt, von Verbannung. Der bekannte französische Historiker Ernest Renan geht davon aus, dass auch sie unmittelbar nach der Ermordung ihres Gatten getötet wurde. Die christliche Überlieferung schließlich hat aus ihr eine Märtyrerin gemacht, die unter Nerva ihres Glaubens wegen ihr Leben verloren habe. Wahr ist wohl nur, dass sie auf ihrem eigenen Besitz an der *Via Appia* begraben wurde, wo von den Christen genutzte Katakomben noch heute ihren Namen tragen und das Andenken an die zweifellos ungewöhnliche Frau bewahren.

Domitian war keineswegs dumm. Was mag in ihm vorgegangen sein, als ihm bewusst wurde, in welch unmittelbarer Nähe sich die Gefahr für seinen Thron und sein Leben befand? Er glaubte sich von seinen nächsten Angehörigen verraten. Und er schlug zurück. Doch je mehr er versuchte, Widerstände durch Todesbefehle und Verbannungsurteile zu brechen, desto größer wurde die Zahl derer, die sich ihm entgegenstellten, eine Tatsache, die ihm kaum verborgen geblieben sein kann.

Zumindest in den Anfangsjahren gab es aber auch Leute in Domitians unmittelbarer Nähe, die für Rom durchaus fruchtbar mit ihm zusammenarbeiteten. Mag er seine Entscheidungen im Wesentlichen auch selbst getroffen haben, sich um jede Kleinigkeit zu kümmern hätte doch die Kraft und die Möglichkeiten eines einzigen Menschen überfordert. Deshalb gab es eine Institution, die die Staatsführung besonders in Rechtsfragen unterstützte, den kaiserlichen Beirat, *consilium principis*, der von den römischen Magistraten gewählt wurde, wobei aber sicherlich dem Kaiser ein umfassendes Mitspracherecht zustand. Denn dieses Gremium setzte sich aus den sogenannten *amici Augusti* zusammen. Man wird den Begriff des *amicus* allerdings weit zu fassen haben, denn Freunde oder das, was wir uns heute darunter vorstellen, hatte, wie sich gezeigt hat, gerade Domitian nicht. Es waren eher Fachleute, bei denen er sich Rat holte. Kaiser Hadrian ging sogar dazu über, sie in Fragen der Rechtsprechung grundsätzlich hinzuzuziehen.

Unter Domitians Ratgebern finden sich die berühmtesten Namen seiner Zeit. Der Jurist Pegasus etwa, dem bereits unter Vater Vespasian die Präfektur der Stadt Rom anvertraut worden war, oder jener schillernde Vibius Crispus, der schon Nero treu gedient hatte und trotz des hohen Alters, das er erreichte, nie in Ungnade fiel. Wie Pegasus kam er aus kleinen Verhältnissen, was möglicherweise die Sympathie, die ihm alle Flavier entgegenbrachten, erklärt. Dem Meister des Wortes, als den ihn sowohl Tacitus als auch Quintilian rühmen, war es gelungen, ein beachtliches Vermögen anzuhäufen, das ihm ein großzügiges Mäzenatentum erlaubte. Ein gnädiges Schicksal bewahrte ihn davor, Domitians Charakterveränderung des Jahres 93 miterleben zu müssen. Tacitus fügte ihn in die Reihe der angesehenen Männer der römischen Geschichte ein. Zu den Gutgesinnten habe er weniger gehört. *„... pecunia, potentia, ingenio inter claros magis quam inter bonos“,* heißt es in seinen Historien.[9] Auch Juvenal schmäht, wie könnte es anders sein, den kaiserlichen Günstling: Er sei nie gegen den Strom geschwommen, das freie Wort sei ihm fremd gewesen, und er habe nie die Wahrheit gesagt. Freilich wurde auch diese Kritik erst nach dem Tod des zweifellos ungewöhnlichen Mannes laut, der nicht weniger als fünf Kaisern gedient und davon immerhin vier unbeschadet überlebt hatte.[10]

Es gab weitere erlauchte Männer, die Domitian in seiner Regierungsarbeit unterstützten, ohne freilich seine mitunter eigenwillige Politik unmittelbar beeinflussen zu können, M. Acilius Aviola etwa und sein Sohn M. Acilius Glabrio. Der Vater war 20 Jahre lang *curator aquarum*, derjenige also, dem die Wasserversorgung der Millionenstadt oblag, eine schwere und besonders verantwortungsvolle Aufgabe, die er bis 97 n. Chr. über Domitians Tod hinaus versah.

Seinem bedauernswerten Sohn wurde zwar 91 noch die Würde des Konsuls zuteil, aber im Jahr darauf schickte ihn sein kaiserlicher Dienstherr in die Verbannung, wo er 95 auf dessen Anordnung eines gewaltsamen Todes starb. Aus welchem Grund Glabrio bei Hofe in Ungnade fiel, ist nicht bekannt. Man vermutet, der Kaiser sei auf seine Tapferkeit eifersüchtig gewesen und habe ihn deshalb aus dem Wege geräumt. In der Tat scheint der jüngere der beiden Acilii ein unerschrockener Mann gewesen zu sein, was er nicht nur im Krieg gegen die Chatten, sondern auch in Rom selbst als Gladiator unter Beweis gestellt habe. Er kämpfte dort angeblich gegen wilde Tiere, was bei Domitian kaum Gefallen fand. Anlässlich eines Festes trug der Kaiser Glabrio einmal auf, einen Löwen zu töten, und dieser bewältigte die Aufgabe mit Bravour. Vielleicht war das der Anlass, ihn aus Rom zu entfernen. Erwiesen ist indes nichts.

Zu den bekanntesten und bedeutendsten Mitgliedern des kaiserlichen Rats gehörte auch Crispinus, dem Juvenal in der vierten Satire mit beißendem Spott ein bleibendes Denkmal setzte, daneben Cornelius Fuscus, ein tapferer Offizier, der im zweiten Dakerkrieg fiel, und L. Valerius Catullus Messalinus.

Crispinus hatte sich aus bescheidensten Verhältnissen empor gearbeitet. Er war Ägypter und Sklave gewesen, aber durch eine Verkettung glücklicher Umstände zusammen mit Cornelius Fuscus bis an die Spitze der Ämterlaufbahn gelangt: „Hier kommt wieder einmal Crispinus", bemerkt Juvenal, „und ich werde ihn noch oft seine Rolle spielen lassen, dieses Ungeheuer, durch keine einzige Tugend vom Laster freigekauft; ein Wüstling, schwach in jeder Hinsicht und stark nur in seinen Lüsten ..."[11]

Eine weitere bedeutende Persönlichkeit, die dem erlauchten Gremium angehörte, war A. Didius Gallus Fabricius Veiento, der bereits unter Nero eine wichtige Stellung innegehabt, sich aber den Unmut des Kaisers eingehandelt hatte. Er hatte wohl nicht nur den Senat und die Priesterkollegien beschimpft, sondern auch Ämter verkauft, was Nero veranlasste, ihn zu verbannen. Aber er hatte Glück im Unglück. Die beleidigte Majestät muss ihn wohl vergessen haben, jedenfalls wurde ihm nicht, wie so vielen seiner Leidensgenossen, der Henker oder der Befehl zur Selbsttötung geschickt. Er kehrte nach Neros Tod nach Rom zurück und gehörte dort zu den engsten Vertrauten Domitians, den er eine ganze Zeit überlebte. Auch Domitians Nachfolger Nerva brachte ihm große Sympathie entgegen, obwohl Veiento wahrscheinlich kein unkomplizierter Mensch war. Schließlich blickte er nicht nur auf ein erfülltes Leben, sondern auch auf ein dreimaliges Konsulat zurück.

Von herausragender Bedeutung dürfte endlich L. Valerius Catullus Messalinus gewesen sein, der alle großen und vornehmen Namen Roms in sich vereinte. Es ist sogar denkbar, dass er ein Nachkomme des berühmten Dichters Catull war, der zur Zeit C. Iulius Caesars in Rom gewirkt hatte. Gleich zweimal teilte er die Würde des Konsuls mit Domitian, was eine ganz besondere Auszeichnung darstellte. Er gehörte zu den gefürchtetsten Anklägern Roms. Juvenal nennt ihn den „Lebensgefährlichen" oder „Tod Bringenden"[12], woraus man schließen kann, dass er sich bei seinen Zeitgenossen sicherlich keiner allzu großen Beliebtheit erfreute. Im Alter soll er blind geworden sein. Wahrscheinlich hat er Domitian nicht oder nur kurz überlebt, weil Juvenal, der, wie mehrfach erwähnt, seine Satiren erst nach Domitians Tod veröffentlichte, auch ihn mit seiner spitzen Feder nicht verschonte.

Was man auch immer von den Mitgliedern des hohen Rats halten mag, und wie weit man dem Satiriker trauen darf, es muss sich bei ihnen doch um hoch gebildete und erfahrene Männer gehandelt haben, die sich über viele Jahre, zum Teil noch unter dem letzten Herrscher der julisch-claudischen Dynastie, in verantwortungsvollen Positionen bewährt hatten und von Domitian vielfach ausgezeichnet worden waren. Dass sich dieser ausgerechnet mit Männern umgab, von denen doch jeder durch Stand und Kompetenz ein potentieller Thronrivale war, spricht für seine staatsmännische Klugheit. Zumindest in den Anfangsjahren seiner Herrschaft dürfte der Kaiser also nicht nur die eigene Stellung, sondern durchaus auch das Wohl des Staates im Auge gehabt haben.

Wusste Domitian, wie es um seine Herrschaft stand? Er muss es zumindest geahnt haben. Längst war er „in einem Zustand gefährlicher Bewusstseinsspaltung angelangt“[1]. Der Glaube an seine Göttlichkeit und Unverletzlichkeit war ins Wanken geraten. „Bin ich überhaupt noch ein Gott?“, mag er sich gefragt haben. Ein Kaiser aber, „der das Schwinden der Göttlichkeit in sich fühlt, wird den Dolchen der Verschwörer nicht entgehen“[2].

Andererseits machten ihm üble Karrieristen und Speichellecker nach wie vor den Hof und verunsicherten ihn zusätzlich. Hoben nicht die Palastschreiber seine Taten noch immer, ja vielleicht mehr denn je, in den Himmel? Die maßlose Übertreibung, zu der sie sich aus naheliegenden Gründen hinreißen ließen, erkannte Domitian nicht.

Es gab indessen auch Beispiele dafür, wie es gelingen konnte, Domitian auch in anderer Beziehung zu täuschen und seinem Zorn zu entgehen.

Während der Kaiser viele Mitglieder des alten Senatsadels mit unnachgiebigem Hass verfolgte, zeigte er sich anderen gegenüber von überraschender Milde. Da war der Jurist Iuventius Celsus, den seine überragende Klugheit vor dem Henker bewahrte. Man hatte auch ihn verdächtigt, an einer Verschwörung mitzuplanen, hatte ihn inhaftiert, aber wieder freigelassen, nachdem er sich bereit erklärt hatte, alles aufzudecken, was er über die Vorbereitungen zu dem Attentat wusste. Meisterhaft verstand es der gewiefte Rechtsexperte, Domitian hinzuhalten. Nur sparsam gab er sein Wissen preis, immer wieder um Aufschub bittend, wollte er doch, wie er Domitian weismachte, alles getreulich aufklären. Durch Schläue war es ihm gelungen, Domitian über lange Zeit hinters Licht zu führen und auf diese Weise sein Leben zu retten. Und als der letzte Flavier eines gewaltsamen Todes starb, erfreute sich Iuventius Celsus bester Gesundheit.

Neugier war es, nicht etwa Mitleid, die den Kaiser bewogen hatte, den prominenten Juristen so lange zu verschonen, glaubte er doch, sich damit selbst am Leben erhalten oder zumindest auf drohende Gefahren angemessen reagieren zu können.

Die Mischung aus Furcht und Selbstüberschätzung machten aus Domitian schließlich jenes Nervenbündel, das an sich selbst zerbrach.

Kaum kann ihm die aufgebrachte Stimmung, in die seine Willkürakte Rom versetzt hatten, verborgen geblieben sein. Er spürte geradezu die Gefahren, die nicht nur seinem Thron, sondern auch seiner körperlichen Existenz lauerten, wobei er ja nur beides gleichzeitig verlieren konnte. (An einen ehrenvollen Rückzug aus dem politischen Leben dachte ein römischer Kaiser damals nicht.) Als elend beklagte er sein Schicksal. Denn wer glaube ihm schon, wenn er sich vor drohenden Verschwörungen fürchte? Man werde ihn erst ernst nehmen, wenn er diesen zum Opfer gefallen sei. So ließ er immer wieder verlauten.

Schon früh hatte sich Domitian Kaiser Tiberius zum Vorbild genommen. Jetzt schien er den alten Menschenverächter sogar zu kopieren, der allerdings 20 Jahre länger gebraucht hatte, um zu einem vernichtenden Urteil über seine Zeitgenossen zu gelangen.

Überall witterte die furchtsame Majestät nun Verrat, war von Argwohn und Misstrauen zerfressen, sah sich allenthalben von imaginären Feinden bedroht, fühlte sich unverstanden und von allen im Stich gelassen. Freunde hatte ein römischer Kaiser als erster Mann im Staate ohnehin nicht und Domitian nicht nur wegen seiner einzigartigen Stellung, die ihn über alle Mitmenschen erhob. Er war einsamer noch durch sein Wesen. Wie mag ihm zu Mute gewesen sein, als sich selbst die wenigen bisherigen Vertrauten, die er in der Hofgesellschaft besaß, enttäuscht und angewidert von ihm abwandten?

Nur in seinen Soldaten hatte er bis zum Schluss treue Gefolgsleute, die sich seiner zweifellos überragenden Führungsqualitäten während der Feldzüge in Dakien und Germanien dankbar erinnerten. Doch der Herr, der über 30 Legionen gebot, kam offenbar nicht einmal auf den Gedanken, auch nur eine von ihnen zu seinem persönlichen Schutz abzukommandieren. Wie ein Ochs ins Schlachthaus stolperte Roms oberster Kriegsherr ins Verderben.

Eher ohnmächtig muten die Vorkehrungen an, die er traf, um sein Ende möglichst lange hinauszuzögern und seine Ermordung zu erschweren. Er zog sich in die Einsamkeit seiner Gemächer zurück und wurde doch von Tag zu Tag unruhiger. Die Wände der Säulenhallen, in denen er spazieren zu gehen pflegte, ließ er mit Spiegeln verkleiden, um auch gegen solche Gefahren gewappnet zu sein, die ihm hinter seinem Rücken drohten. „Gefangene verhörte er nur noch insgeheim unter vier Augen“, weiß sein antiker Biograf zu berichten.[3] Dabei hielt er ihre Ketten fest. Mit der Hinrichtung seines Sekretärs Epaphroditus zeigte er seiner Dienerschaft, was demjenigen blühte, der es wagte, Hand an seinen Herrn zu legen, oder der auch nur in Verdacht geriet.

Doch von keiner dieser Vorsichtsmaßnahmen ließ sich der Tod, der bereits Ausschau nach ihm hielt, überlisten. Die Vorzeichen, die das nahe Ende ankündigten, waren nicht mehr zu übersehen. So gab es acht Monate lang so viele Blitze, dass Domitian verärgert ausrief: „Es soll treffen, wen es will.“[4] Es traf das Capitol, den Tempel des Flavischen Geschlechts, den kaiserlichen Palast auf dem Palatin und zuletzt sogar Domitians Schlafzimmer. Der Sturm riss die Inschrift fort, die auf dem Sockel seiner Triumphstatue angebracht war. Sie wurde auf ein anderes Denkmal geschleudert, für die in abergläubischen Vorstellungen verhafteten Römer ein eindeutiges Zeichen dafür, dass die Zeit seiner Herrschaft vorbei war. Und nicht zuletzt jene bereits früher erwähnte Eiche, die dem Mars geweiht war und bei Domitians Geburt so heftig ausgeschlagen und damit großes Glück verheißen hatte: Sie stürzte plötzlich um. Auch das Orakel von Palestrina, das er während seiner ganzen Regierungszeit befragt und das ihm stets Gutes verkündet hatte, konnte für das letzte Jahr nur Unglück und Blut vorhersagen. Endlich erschien ihm noch seine Schutzgöttin Minerva, die er, wie bereits erwähnt, abergläubisch verehrte, im Traum. Sie verließ ihr Heiligtum und lehnte es ab, ihn weiter zu beschützen, da sie von Iupiter entwaffnet worden sei.

Und doch glaubte er, das Schicksal noch einmal überlisten zu können.

Da war Ascletarion, der Hofastrologe und Seher. Man hatte dem Kaiser berichtet, dieser habe verbreitet, was er Dank seiner Gabe in Domitians Zukunft gelesen hatte, eine Behauptung, der Ascletarion gar nicht entgegentrat. Sogleich bestellte ihn der Kaiser zu sich und fragte ihn, welches Schicksal denn ihm selbst, dem Unheil kündenden Propheten, bevorstünde? Ohne besondere Regung antwortete der Mann, er würde in Kürze von Hunden zerfleischt werden.

Um zu beweisen, wie lächerlich solche Wahrsagersprüche waren und wie wenig ernst sie vor allem Domitian nahm, ließ er Ascletarion sofort hinrichten und befahl, den Toten zu verbrennen und die Reste sorgfältig zu begraben, um aller Welt die Nichtigkeit der Vorhersagen zu beweisen. Da kam, noch während der Scheiterhaufen loderte, ein heftiger Sturm auf und warf diesen um. Streunende Hunde bemächtigten sich des halb verbrannten Leichnams und rissen ihn in Stücke. Der Schauspieler Latinus, der zufällig Zeuge des Geschehens geworden war, berichtete es dem Kaiser, der von da an keine ruhige Minute mehr hatte. Als man ihn am Tag vor seiner Ermordung Früchte anbot, befahl er, sie bis zum nächsten Tag aufzuheben, und traurig fügte er hinzu: „Wenn ich sie dann noch essen kann."[5] Dann wandte er sich an seine Freunde, wie um seine Bemerkung zu kommentieren: „Morgen", sagte er, „morgen wird sich der Mond im Wassermann blutig färben, und es wird etwas geschehen, wovon die Menschen auf der ganzen Welt noch lange sprechen werden." Tatsächlich traten am 18. September Mars und Saturn in den Wassermann, eine Konjunktion, die nach damals herrschender Meinung die Katastrophe sicher ankündigte.

Um Mitternacht schließlich packte Domitian solche Angst, dass er vom Bett aufsprang.

Als der Morgen dämmerte, ließ er einen gefangenen Germanen vorführen, einen erfahrenen Eingeweidebeschauer, der einen Regierungswechsel vorausgesagt hatte, als man ihn über einen Blitzschlag befragte. Auch dieser Mann wurde zum Tode verurteilt.

Domitian kratzte auch eine entzündete Warze auf seiner Stirn auf, die sofort heftig zu bluten begann. Da jammerte er: „Wenn das doch alles wäre!" Dann fragte er nach der Uhrzeit, und man sagte ihm fälschlicherweise, es sei bereits zwölf Uhr. Es hatte sich nämlich herumgesprochen, dass er sich vor den Vormittagsstunden besonders fürchtete. Hoch erfreut, die Gefahr unbeschadet überstanden zu haben, eilte er zu den Baderäumen.

Inzwischen bereiteten die Attentäter ihr blutiges Werk vor. Sie hatten lange beraten, wo und wie sie den Kaiser überfallen und niedermachen sollten, und ob auch Domitia Longina, die Kaiserin, ihrem Gatten in den Tod folgen sollte. In weiser Voraussicht hatte sich diese aber entschlossen, sich den Verschwörern anzuschließen.

Sollte Domitian im Bad oder bei Tisch sein verdammtes Leben aushauchen?

Stephanus, der Gutsverwalter der Christin Domitilla, wusste Rat. Er wollte die Tat selbst ausführen. Schon vor Tagen hatte er sich den linken Arm mit Wollbinden umwickelt, um eine Verletzung vorzutäuschen. Unter dem Verband aber hatte er einen Dolch versteckt. Als sich Domitian auf dem Weg zum Bad befand, wurde er von seinem Kammerdiener Parthenios zurückgerufen. Dieser meldete, es sei jemand mit einer Botschaft eingetroffen, deren Erledigung keinen Aufschub dulde und für den Kaiser von höchster Wichtigkeit sei. Ohne Argwohn kehrte Domitian in den Palast zurück, befahl allen, ihn allein zu lassen, und begab sich in sein Schlafzimmer.

Dort empfing er Stephanus, der behauptete, Beweise für eine neuerliche Verschwörung zu haben. Als der Kaiser mit Schrecken das ihm überreichte Schriftstück las, zückte Stephanus den Dolch und stieß ihn dem überraschten Mann in den Unterleib. Trotz seiner Verwundung setzte sich dieser „noch zur Wehr, als die Ordonnanz Clodianus, ferner Maximus, ein Freigelassener des Parthenios, und einige Gladiatoren über ihn herfielen und ihn mit sieben Hieben niederstreckten“[6]. Der Knabe, der den Dienst am Hausaltar der Laren im kaiserlichen Schlafgemach versah, erzählte später, sein Herr habe ihm gleich nach der ersten Verwundung befohlen, den unter seinem Kopfkissen verborgenen Dolch zu holen und die Diener zu rufen, aber er habe nur einen Griff gefunden und alle Türen seien verschlossen gewesen, sodass dem schließlich aus sieben Wunden blutenden Kaiser niemand zu Hilfe eilen konnte. Domitian habe sich übrigens noch auf Stephanus gestürzt, lange mit ihm gerungen und versucht, ihm bald die Waffe zu entwinden, bald mit blutigen Fingern die Augen auszukratzen.

Etwas ausführlicher als der erwähnte Bericht des Sueton erzählt der Geschichtsschreiber Cassius Dio die makabre Geschichte von den letzten Tagen im Leben des Domitians.

Die Hinrichtung des kaiserlichen Vertrauten Epaphroditus versetzte, so auch er, die gesamte Hofgesellschaft in Angst und Schrecken. Denn was diesem soeben widerfahren war, konnte auch jeden anderen treffen. Und die Unberechenbarkeit des Kaisers nahm von Tag zu Tag zu. In seinem engsten Umfeld tat man sich deshalb zusammen, um über seine Beseitigung nachzudenken.

Den Verschwörern gehörten Parthenios, auch Domitians neuer Sekretär Entellus und der erwähnte Stephanus an, gegen den wegen Unterschlagung ermittelt wurde und der offensichtlich tatsächlich in eine Straftat verwickelt war, mit einer Verurteilung rechnen musste und also nichts zu verlieren hatte. Die wichtigsten Teilnehmer waren aber Norbanus und Petronius Secundus, die in ihrer Eigenschaft als Prätorianerpräfekten in erster Linie für die Sicherheit des Kaisers verantwortlich waren und ohne deren Mithilfe das Attentat vermutlich missglückt wäre.

Cassius Dio schreibt, Domitian hätte gegen die Verschwörer bereits Verdacht geschöpft und beabsichtigt, sie allesamt gleichzeitig zu vernichten.[7] Er habe deshalb ihre Namen auf ein Täfelchen aus Lindenholz geschrieben, das er unter seinem Kopfkissen aufbewahrte. „Aber einer von den Jungen, die angeblich in paradiesischer Nacktheit den Kaiser bedienten und die nicht laut reden durften, um Domitian nicht zu stören, habe ihm die Tafel tagsüber entwendet, ohne zu ahnen, welche Bewandtnis es mit ihr habe.“[8]

Zufällig, so heißt es, begegnete die Kaiserin diesem Jungen bei einem Spaziergang über den Palasthof, las, was ihr Mann schriftlich festgehalten hatte und wandte sich entsetzt an die Verschwörer. Denn sie hatte erbleichend gesehen, dass auch ihr Name ganz oben auf der Liste der Todeskandidaten stand.

Von nun an musste alles sehr schnell, aber dennoch wohl überlegt gehen. Keinesfalls durfte man Domitian umbringen, ohne die Nachfolge geregelt zu haben, denn das hätte Rom vermutlich ins Chaos gestürzt.

Aber auch da zeichnete sich bald eine einvernehmliche Lösung ab. Nerva, ein angesehener Senator, erklärte sich bereit, trotz seines fortgeschrittenen Alters – er war bereits 65 – das schwere Amt anzutreten. Es blieb ihm ja fast nichts Anderes übrig. Denn auch er befand sich in Lebensgefahr, nicht etwa, weil er einen Umsturz ins Auge gefasst hätte, sondern weil ihm die Astrologen, die in damaliger Zeit über großen Einfluss verfügten, das Kaisertum vorausgesagt hatten. Längst aber hatte sich Domitian, dem magischen Aberglauben nicht weniger verfallen als alle Römer, die Horoskope der führenden Aristokraten geben und all diejenigen beseitigen lassen, die ihm gefährlich werden konnten. Auch Nervas Name hatte auf der Todesliste gestanden. Er wurde nur gerettet, weil einer der Sterndeuter, dem der Kaiser besonders vertraute, vorausgesagt hatte, der alte Mann werde ohnehin binnen weniger Tage das Zeitliche segnen.

Domitian, ein stattlicher Mann, dem man Bärenkräfte bescheinigte, musste sich schließlich seinem Schicksal beugen. Vielen Menschen hatte er unsägliches Leid zugefügt, und seine bösen Taten fielen jetzt auf ihn zurück. „Der Gott in ihm war unterlegen, und der Mensch musste bezahlen.“[9]

Domitian war knapp 45 Jahre alt, als er starb, und er hatte davon 15 Jahre regiert.

Mit seiner Erlösungstat hatte auch Stephanus sein Leben verwirkt. Die Wachen, denen es zuletzt doch noch gelungen war, in das kaiserliche Schlafzimmer einzudringen, machten ihn nieder. Man hatte wohl versäumt, sie in die Verschwörung einzuweihen.

Das ganze Reich atmete auf. Angeblich soll ein gewisser Apollonius von Tyana in Ephesus an der Küste Kleinasiens die Ermordung des Tyrannen in einem zweiten Gesicht mitverfolgt und Stephanus durch Zurufe angefeuert haben.

Noch am Tag seines Falls beschloss der Senat erleichtert, das Andenken des letzten Flaviers aus dem Gedächtnis der Menschheit zu tilgen. Nicht die Verherrlichung als Gott, auf die er so großen Wert gelegt hatte und die seinen beiden Vorgängern zuteil geworden war, erwartete ihn am Ende, sondern ewige Verdammnis, die *damnatio memoriae*. Sein Name wurde aus allen Inschriften entfernt. Seine Standbilder stürzten.

Nur ein Mensch erbarmte sich des Toten: Die Amme Phyllis. Sie schaffte den Leichnam heimlich beiseite und verbrannte ihn bei ihrer Villa an der Latinischen Straße. Dann verbrachte sie die Asche ins Grabmal der Flavier, wo sie sie mit den sterblichen Resten Julias vermischte, der Tochter des Titus und der einzigen Frau, der Domitian je wirklich nahe gestanden und die durch seine Schuld ein so schreckliches Ende gefunden hatte.

Ungeliebt, wie er gelebt hatte, wechselte dieser Kaiser ins Reich der unterirdischen Schatten. „Selbst Nero, der schrecklicher gewütet hatte, empfing nach seinem Tod manches Blumenopfer, das dankbare Hände auf sein Grab streuten. Domitians Grab blieb leer.“[10]

Übrigens hatte jeder in Rom gewusst, dass eine Veränderung ins Haus stand. Hatte doch nur wenige Monate vor Domitians Ermordung eine Krähe auf dem Capitol auf Griechisch gekrächzt:

„Es wird alles gut gehen.“

Und es fand sich jemand, der dieses Vorzeichen wie folgt interpretierte:

„Neulich die Krähe, die auf dem Tarpeischen Felsen gesessen, konnte nicht sagen: ‚Gut geht’s!‘
Sprach nur die Worte: ‚Es wird.‘ “

Und es wurde in der Tat. Langsam, aber stetig. Für ein paar Stunden lebte der alte republikanische Ruf nach Freiheit wieder auf. Doch schon tags darauf wählte der Senat Marcus Cocceius Nerva zum neuen Kaiser Roms, einen vornehmen alten Herrn, dessen Regierungsende schon bei seiner Thronbesteigung abzusehen war. Er führte, bewusst oder unbewusst, eine Wende in der römischen Geschichte herbei, indem er Marcus Ulpius Traianus, den spanischen General, an Sohnes statt annahm und zu seinem Nachfolger bestimmte.

Spätestens mit ihm begann eine neue Epoche, das Zeitalter der sogenannten Adoptivkaiser, eine Ära des Friedens, Wohlstands und Glücks, die zumindest die Römer für die schlimmen Jahre unter Domitian entschädigte.

Aber das ist bereits eine andere Geschichte.

Was bleibt

Ist das Urteil der Geschichte Domitian, dem Menschen und dem Herrscher, je gerecht geworden? Wie schwer müssen sich neuzeitliche Historiker mit der Bewertung dieses Mannes tun, wenn schon die alten, zeitgenössisch oder auch nicht, die doch dem Geschehen so viel näher waren, kein gutes Haar an ihm gelassen haben: Tacitus nicht, nicht Sueton oder Cassius Dio, ja nicht einmal der Jüngere Plinius, der doch Zeit seines Lebens von Domitian gefördert wurde und ihn nach seinem Tod dennoch mit den übelsten Schmähungen überzog.

Wie bereits erwähnt, rechnete Tacitus schon in der Biografie seines Schwiegervaters Agricola mit dem Regenten ab. Der Teil seiner Historien, der Domitians Regierungszeit behandelt, ist leider verloren gegangen, doch darf man von Andeutungen bei anderen, vom letzten großen Geschichtsschreiber Roms abhängigen Autoren schließen, dass er auch darin zu keiner objektiven Einschätzung des letzten Flaviers gelangte. In seinem bedeutendsten Werk, den berühmten und bis heute viel beachteten Annalen, zeichnete er ein überaus düsteres Bild des Kaisers Tiberius und wusste doch, dass sich Domitian in den Grundzügen seiner Herrschaft und seiner Lebensweise auf gerade jenes Vorbild berief. Aber hatten sie nicht alle guten Grund, das Andenken des Kaisers in den Schmutz zu ziehen?

Sie griffen es gerade deshalb so heftig an, so der Althistoriker Michael Grant, „weil sie selbst unter Domitians Regierung hohe Ämter innegehabt hatten; wegen ihrer Mitschuld an seinen grausamen Unterdrückungen hatten sie nun ein schlechtes Gewissen. Und Tacitus sah genau, in welch schwieriger Lage er sich befand. Obwohl ihm nämlich die Tyrannei des Kaisers verhasst war und er wohl wusste, wie mutig sich Märtyrer vom Schlage eines Helvidius Priscus verhalten hatten, hielt er dennoch diese Art von unnachgiebigem Widerstand nicht für richtig. Er rühmte vielmehr Männer wie seinen Schwiegervater Agricola, die auch unter dem tyrannischen Domitian fortfuhren, ihre Pflichten zu erfüllen. Schließlich war das genau dasselbe, was auch er getan hatte …“[1]

Wiederholen wir die Frage, die wir uns am Anfang dieses Buches gestellt haben: „Wer war jener Mann, den selbst die strenge Wissenschaft in einem Atemzug mit den größten Despoten der Weltgeschichte nennt und der gemeinhin mit Caligula und Nero in eine Reihe gestellt wird?“

Noch schwieriger als von Nero sei es, so behauptet ein neuzeitlicher Geschichtswissenschaftler, von Domitian ein objektives Bild zu gewinnen. Seinen Feinden aus der Senatorenpartei, die sich an seinem Andenken bitter rächten, „haben wir nur die Dichter Statius und Martial entgegenzusetzen, die Domitians Brot aßen oder erstrebten und ihn buchstäblich in den Himmel priesen“[2] und von denen folglich auch keine verlässliche Aussage zu erwarten ist. „Vielleicht hatten ja alle Recht. Denn der letzte Flavier begann wie so viele Julio-Claudier wie ein Gabriel und endete wie ein Lucifer.“[3]

Nirgendwo ist bei den antiken Autoren vermerkt, wie außerordentlich beliebt Domitian bei seinen Soldaten war, und dass die Verwaltung des Römerreichs selten zuvor besser funktioniert hatte, obwohl dieses noch weit über die Grenzen der augusteischen Zeit hinausgewachsen war.

Eine von Tacitus’ Haupttheorien besagt, dass Macht stets die Tendenz hat zu korrumpieren und die in den römischen Kaisern personifizierte und geballte grundsätzlich entartete. Derjenige, unter dessen Herrschaft er lebte, war ihm dafür der beste Beweis.

Doch machte man es sich wohl zu einfach, Tacitus hier in allem vorbehaltlos zu folgen. Domitians Wesen und Charakter waren sicherlich von komplexer Natur. Unerklärliche Widersprüche kennzeichneten seine Persönlichkeit: Sanftmut mischte sich in ihm mit beispielloser Grausamkeit, launenhaft war er und schüchtern zugleich, doch neigte er auch zu einem maßlos übersteigerten Selbstbewusstsein. Er liebte Gesetz und strenge Zucht und war doch selbst stets bereit, jede moralische Schranke zu durchbrechen. Ernst und finster konnte er sein, unnahbar und auf die Würde des Kaisers peinlich bedacht. Und doch oft auch kindisch, als wäre er über die Pubertät nie hinausgekommen. Von scharfem Verstand geleitet und im nächsten Augenblick emotional beherrscht und unberechenbar.

Die überraschenden Züge, wie sie gegensätzlicher kaum sein könnten, und seine innere Zerrissenheit geben Anlass zu der Vermutung, man habe es bei ihm mit einem geistig gestörten Menschen zu tun, eine Annahme, die durch seine Wesensveränderung noch erhärtet wird.

Als er etwa aus den für Rom verhältnismäßig erfolglos verlaufenen Dakerkriegen nach Hause zurückkehrte, war er nicht der strahlende Sieger, sondern ein enttäuschter Mann, der für Rom nicht mehr als einen faulen Frieden ausgehandelt hatte. „Es kam einen ein Grauen an, wenn man auf ihn traf, ihn sah: Menschenverachtung auf der Stirn, Grimm im Blick, weibische Blässe auf der Haut, im Angesicht Frechheit, mit starker Röte unterlaufen." So schildert ihn der Jüngere Plinius in einem Panegyricus, den er auf Trajan verfasste.[4] So aber sieht kein triumphierender Kriegsheld aus, sondern ein Mensch, der begriffen hat, dass er gescheitert ist.

Auch ein Archäologe kam angesichts der Statue Domitians im Nationalmuseum in Neapel zu einem äußerst negativen Urteil: „Es ist nicht gerade Bosheit und Mordlust", stellte er fest, „was man in seinen Zügen liest, wohl aber ein Mangel aller edlen Gedanken und Gefühle, eine rohe Rücksichtslosigkeit und eine geringe Intelligenz; Verschlossenheit und Kälte liegen in den unschönen Augen, Geringschätzung und Verachtung in dem schiefen Munde. Der Herrscherstab in seiner Hand erscheint nicht wie der eines Völkerfürsten, sondern wie die Geißel, mit der ein roher Treiber eine Herde Schlachtvieh vor sich hertreibt."[5]

Bereits im Jahr 89 wandelte sich nach einigen Jahren besonnener Herrschaft, einer Epoche scheinbarer Zurückhaltung, Domitians Verhältnis zum Senat zum Schlechteren. Der Aufstand des Saturnius, von dessen Rädelsführern nie alle überführt werden konnten, hatte ihm gezeigt, wie verhasst er der aristokratischen Klasse geworden war. Das gegenseitige Misstrauen steigerte sich noch, als er vier Jahre später die Maßnahmen zur Einschüchterung der römischen Nobilität noch verschärfte. Dem aufmerksamen Beobachter konnte freilich nicht entgangen sein, dass er von Anfang an eine absolute Monarchie erstrebt hatte, für die die Zeit allerdings noch nicht reif war. „Domitians überlegener Intellekt, über den er entgegen aller anders lautenden Behauptungen verfügt zu haben scheint, erwies sich merkwürdigerweise insofern als unzulänglich, als er glaubte, so handeln und sich dennoch durchsetzen zu können. Er erkannte nicht, dass seine Politik gegenüber dem Senat eine offene Herausforderung, ja geradezu eine Einladung zu Verschwörungen war, die einen

Teufelskreis von Komplotten, Hinrichtungen und neuerlichen Komplotten auslöste und dass er nicht hoffen konnte, immer wieder heil davon zu kommen.“[6]

Verhaftet im Glauben an den Wandel der Gestirne und ihren Einfluss auf die menschliche Existenz, Lehren von Blitz und Donner und Traumdeutung hörig, Auguren und Haruspices ausgeliefert, wurde Domitian allmählich ein Zerrbild seiner selbst, ein zerrüttetes Nervenbündel, das sich mehr und mehr in Wahnvorstellungen flüchtete und ihnen sein ganzes Leben unterordnete.

Man kann mit Fug und Recht sagen, dass im Jahr 93 die eigentliche Schreckensherrschaft begann. Er misstraute von da an jedem und verfolgte alle, die auch nur die geringste Kritik an seiner Person oder seiner Amtsführung offen auszusprechen wagten, mit unerbittlichem Hass. In jedem prominenten Konsularen sah er einen potentiellen Thronräuber und versuchte, durch Beseitigung der Unglücklichen seiner Angst entgegenzuwirken. Ob jemand sich in die Politik einmischte oder aus dem öffentlichen Leben zurückzog, spielte bald keine Rolle mehr. Beides nahm Domitian zum Anlass, Todesurteile auszusprechen. Nicht einmal im Schlaf fand er jetzt noch Ruhe. Albträume plagten ihn, sein schlechtes Gewissen machte ihm schwer zu schaffen. Nachts erschien ihm Iunius Rusticus – auch ihn hatte er ja unter fadenscheinigem Vorwand ermorden lassen –, das Schwert des Rächers in der Hand. Nur Nero hatte Vergleichbares durchlitten, als ihn, nachdem er die Ermordung seiner Mutter Agrippina befohlen hatte, die Erinnyen unbarmherzig verfolgten.

Doch können wir, die wir fast 2000 Jahre später als Domitian leben, in Anspruch nehmen, die Gedanken jener weit zurückliegenden Zeit zu verstehen? Der Historiker, der nicht Zeuge eines bestimmten Geschehens ist, tut sicherlich gut daran, sich seiner Aufgabe vorsichtig zu nähern, behutsam mit seinem Wissen und seinen Erfahrungen umzugehen und seine Gefühle sparsam zu dosieren.

Es hat sich oft die Frage gestellt, ob Domitians Charakterschwäche angeboren oder erworben war. Man mag Tacitus Recht geben, wenn er behauptet, Macht neige grundsätzlich dazu, zu verderben. Doch muss sicherlich in ihrem Träger eine gewisse genetisch bedingte Bereitschaft zu

Labilität und Schwäche vorhanden sein. Die Kaiser des zweiten Jahrhunderts hatten nicht weniger Macht als Domitian, im Gegenteil. In Trajan, Hadrian, Antoninus Pius und nicht zuletzt in Marc Aurel vereinigte sich eine Machtfülle, wie sie Einzelpersonen in Rom nie zuvor besessen hatten. Und dennoch regierten sie weitgehend weise und moderat. Man wird also annehmen müssen, dass in Domitians Charakter eine erbliche Belastung vorlag, die durch bestimmte, von ihm als negativ empfundene Ereignisse in seinen jungen Jahren und seinem Herrscherleben noch ausgeprägt wurde, exzentrische Züge annahm und sich durch die schier unbegrenzten Möglichkeiten, die sich ihm als Kaiser boten, schließlich zum längst gefürchteten Caesarenwahn steigerte.

Da war jene ständige Zurücksetzung in Kindheit und Jugend, von der wir anfangs gehört haben. Sie löste bei ihm ein Gefühl der Minderwertigkeit aus. Kein Wunder also, dass er später versuchte, diesen negativen Eindruck zu kompensieren und dies nicht nur dadurch, dass er seinen Untertanen zumutete, ihn schon zu Lebzeiten als „Herr und Gott" anzusehen.

Wenig günstig erwiesen sich die Regierungen von Vater und Bruder für die Entfaltung der Persönlichkeit des jungen Mannes. Er war von allen wichtigen Entscheidungen ausgeschlossen, mochte er sich auch noch so sehr bemühen, vor allem dem Vater zu gefallen. Vespasian zog unverhohlen seinen älteren Sohn Titus vor, dem er, etwas kurzsichtig vielleicht, eine so ausgezeichnete und aufwändige Erziehung hatte angedeihen lassen, dass für den Jüngeren nichts übrig geblieben war.

Als Vespasian die Augen geschlossen hatte und Titus auf den Thron gelangt war, war dessen Beteuerung, Domitian sei Teilhaber der Macht, nicht mehr als Redensart, sooft sie auch wiederholt werden mochte. Gewiss, Vater wie Bruder hatten dem jüngsten Flavier einige Ehrentitel verliehen, ein wichtiges Amt, das seiner Sehnsucht nach Verantwortung und seinem schier zügellosen Ehrgeiz Rechnung getragen hätte, besaß er in jenen Tagen nicht. Darf man sich wundern, dass der Tod des Bruders in ihm wenig Trauergefühle auslöste, ja im Gegenteil, ihm als Befreiung vorkam? „Der so lange zurückgedrängte Hunger nach Macht brach sich bei ihm in ganz elementarer Weise Bahn, er ließ die Maske, die er so viele Jahre hatte tragen müssen, fallen und wurde ein anderer Mensch."[7]

Launenhaft wurde er und, wie gesagt, unberechenbar, eine tragische Gestalt, der Hybris und Angst, Selbstüberschätzung und Minderwertigkeitsgefühl das seelische Gleichgewicht geraubt hatten.

Und doch hat dieser im Grunde bedauernswerte, innerlich zerrissene Mensch dem Reich, nicht Rom, eine Epoche der Stabilität und Sicherheit geschenkt, ohne die es womöglich das viel gerühmte friedliche Zeitalter der so genannten Adoptivkaiser gar nicht gegeben hätte. „Wenn man die Periode der Weltgeschichte festlegen sollte", meint der englische Historiker Edward Gibbon, „zu der das Menschengeschlecht am glücklichsten war und den größten Wohlstand genoss, dann müsste man ohne zu zögern diejenige nennen, die nach dem Tode Domitians bis zum Regierungsantritt von Commodus verstrichen ist"[8] (96–180 n. Chr.). Das aber war sicherlich auch Domitians Verdienst.

Denn er hatte, aller an ihm geübten Kritik zum Trotz, durchaus auch Positives vorzuweisen. Wie sonst hätte das Reich seine Herrschaft 15 Jahre lang ertragen und unbeschadet überstehen können? Besonders Sueton hebt auch die Verdienste des Kaisers hervor, ein Lob, das doppelt zählt, ist es doch gerade dieser Geschichtsschreiber, der in erster Linie das negative Bild Domitians für viele Jahrhunderte vorgegeben hat.

Da war nicht nur sein ausgeprägter Sinn für Recht und Gerechtigkeit, dem er freilich nur dann folgte, wenn es ihm genehm erschien. Er trat sogar, vermerkt der Biograf, oft selbst auf dem Forum auf, um Recht zu sprechen. Gegen bestechliche Richter schritt er mit aller gebotenen Strenge ein und zog sie für ihre Vergehen zur Verantwortung. Er scheute sich nicht einmal, Urteile der Richterkollegien aufzuheben, wenn sie seinem Rechtsempfinden zuwider liefen, obwohl er doch in rechtlichen Dingen ein Laie war. Ganz erstaunlich ist ein Zeugnis, das ihm der antike Biograf bei aller sicherlich berechtigten Kritik ausstellt: „Die Behörden in Rom und die Statthalter in den Provinzen hielt er so fest im Zaum, dass es zu keiner Zeit ehrlichere und gerechtere Beamte gab, während wir es erlebten, dass nach Domitian viele Magistraten aller möglichen Verbrechen angeklagt wurden."[9]

In der Tat ist von Erpressungen und Prozessen gegen Beamte oder raffgierige Statthalter in seiner Regierungszeit nichts bekannt. Erst nach seinem Tod hören wir wieder von Anklagen, die vor allem gegen Statthalter erhoben werden mussten. Wie seit Jahrhunderten üblich, unterdrückten sie die Untertanen in den Provinzen und verbündeten sich dort mit der wohlhabenden Schicht, um sich selbst gegen Recht und Gesetz persönliche Vorteile zu verschaffen. Es gab Legaten, die mit völlig zerrütteten Finanzen fern von Rom ihr Amt antraten und nach kurzer Zeit als vermögende Männer nach Hause zurückkehrten. Und nicht wenigen von ihnen wurde dafür der Prozess gemacht.

Mag sich Domitian auch in seiner Rechtsprechung und den von ihm vorgegebenen Direktiven der Verwaltung bei wichtigen Entscheidungen den Vorschlägen des *consilium principis*, des kaiserlichen Rats, angeschlossen haben, so lag die Verantwortung letztlich doch bei ihm.

Besonders sein Eintreten für das Wohlergehen der Reichsbewohner hat ihm außerhalb der Hauptstadt große Sympathien erworben. Dafür gibt es genügend Beweise, vor allem inschriftlicher Art, die ihn als Wohltäter des Menschengeschlechts preisen. Es fand sich auch ein Brief Domitians an den Prokurator von Syrien, ein besonders aufschlussreiches Dokument der Verwaltung des römischen Kaiserreichs. In diesem Schreiben spricht er ganz konkrete Fragen von Missbrauch der Befugnisse der Verantwortlichen an. Sie hätten, so heißt es, von den Bewohnern Syriens nicht nur Lasttiere, sondern auch Quartiere und ortskundige Führer verlangt. Dazu seien sie aber nur berechtigt, wenn sie ein kaiserliches Schreiben ausdrücklich legitimiere. Würden nämlich die Bauern, so gab der Kaiser zu bedenken, übermäßig in Anspruch genommen, blieben die Felder zwangsläufig unbestellt. Dies aber könnte zu erheblichen Steuerausfällen führen und Rom zum Nachteil gereichen.

Es versteht sich fast von selbst, dass sich Domitian mit so viel Fürsorge für die Provinzialen und so wenig Verständnis für die Belange der römischen Aristokratie, die in der Provinzialverwaltung eine der letzten ihr verbliebenen Aufgaben sah, nicht nur Freunde schuf, sondern sich im Gegenteil deren Hass zuzog, war ihr doch im Verbot der Ausbeutung der fremden Untertanen eine der wichtigsten Einnahmequellen versiegt.

Ein anderes Zeugnis ist nicht weniger bemerkenswert. Es fand sich eine Inschrift in Akmonia in Phrygien, die Domitian dafür lobte, dass er die Stiftungen, die wohlhabende Bürger gemacht hatten, vor Missbrauch schützte. Die Akmonier nahmen die Entscheidung des Kaisers dankbar zur Kenntnis. Der Wille des Volkes, so besagt die Inschrift, in der sich Dankbarkeit und Hoffnung gleichermaßen ausdrücken, sollte Gesetz sein „für die Ewigkeit der römischen Herrschaft".

Bei der Vielzahl und Vielfältigkeit der Aufgaben, die er als römischer Kaiser zu bewerkstelligen hatte, erstaunt es umso mehr, dass er sich auch um Kleinigkeiten gern selbst kümmerte und seine persönliche Fürsorge sogar den Untertanen in entfernten Provinzen zukommen ließ. Da war jene sicherlich auf wenige Orte begrenzte Hungersnot, die die Einwohner in arge Bedrängnis brachte. In weiser Umsicht forderte Domitian einen jeden auf zu erklären, wie viel Korn er in seinen Scheuern habe. Nur dasjenige durfte behalten werden, das für das tägliche Brot nötig war oder als Saatgut diente. Alles andere war Kornaufkäufern zu übergeben. Es wurde ein Höchstpreis bis zum Doppelten des normalen Getreidepreises festgesetzt. Dankbar nahmen die Menschen diesen Akt des kaiserlichen Wohlwollens zur Kenntnis, waren sie doch bislang in derartigen Ausnahmesituationen Wucherern schutzlos ausgesetzt gewesen. Domitian wollte verhindern, dass ohnehin reiche Leute aus der Notlage der ärmeren Bevölkerungsschichten auch noch Kapital schlugen. L. Antistius Rusticus hieß der Statthalter, der hier ganz im Sinne seines Dienstherrn handelte. Wäre Domitian tatsächlich jener raubgierige Herrscher gewesen, als den ihn Sueton charakterisierte[10], so hätte er sicherlich ohne Gewissensbisse Roms üppig gefüllte Kornspeicher öffnen und Getreide zu Höchstpreisen auf den Markt werfen lassen. Man tut also gut daran, hier wie anderswo die alten Quellen behutsam auszuwerten und durchaus auch Zweifel an der Überlieferung anzubringen.

Bliebe noch jenes oft diskutierte Edikt Domitians, das den Weinbau einschränkte. Er verordnete, dass „niemand mehr in Italien neue Rebberge anlegen dürfe und in den Provinzen mindestens die Hälfte der Reben vernichtet werden müsse"[11]. Für diesen Erlass bietet der Biograf selbst das verständliche Motiv: Er erging in einem Jahr, in dem es zu viel Wein und zu wenig Getreide gab, und Domitian war der vernünftigen Meinung, durch den übertriebenen Weinbau käme der Ackerbau zu kurz.

Mag er auch nicht streng auf der Ausführung dieser Verordnung bestanden haben, weil einige Orte ihn baten, sie zurückzunehmen, in mancher Gegend, besonders in Teilen Galliens, den Donauprovinzen und der Provincia Africa, so der Althistoriker Michael Rostovtzeff, sei der Weinbau tatsächlich zurückgegangen.[12] Freilich haben manche Geschichtsforscher den kaiserlichen Erlass als rechtswidrigen Eingriff in die ansonsten eher liberale Wirtschaftspolitik des Römischen Reiches gerügt, in Notzeiten mag er aber durchaus seine Berechtigung gehabt haben.

Zu Domitians besonderen Verdiensten gehört es, dass er neben den Senatoren auch die römischen Ritter, die Angehörigen des zweiten Standes, in die Reichsverwaltung einbezog. Sie verfügten teilweise über immense Vermögen, die sich, da die öffentlichen Ämter ehrenhalber und also unbezahlt geführt wurden, für das Gemeinwohl nützlich einsetzen ließen. Die Gesellschaftsschicht, die die erste zwar nicht an Ansehen, meist aber an Wohlstand übertraf und die bisher noch nicht in die Verantwortung genommen worden war, dankte dem Kaiser das Vertrauen mit besonderer Loyalität. Das Einbinden der Ritter in öffentliche Pflichten ist von Domitian initiiert und von seinen Nachfolgern fortentwickelt worden, bis es unter Kaiser Hadrian (117–138 n. Chr.) schließlich einen rühmlichen Höhepunkt erreichte. Dieser „absoluteste der absoluten Herrscher“[13], der als Friedenskaiser antrat, stützte sich in wesentlichen Bereichen seiner Politik gerade auf die Ritter, die ihm im eigenen Interesse als Kaufleute und Händler halfen, seine Friedensideale durchzusetzen. Kaiser und Ritterstand standen sich also in domitianischer Zeit keineswegs feindlich gegenüber.

Anders war Domitians Verhältnis zu den Senatoren, die fast ausschließlich auf den eigenen Vorteil bedacht waren. Davon ist schon ausführlich berichtet worden.

Ahnte der letzte Vertreter des Flavischen Geschlechts, dass mit seinem Tod für Rom bessere Zeiten anbrechen würden? Nach drei Kaisern, die gewissermaßen als *homines novi* aus dem Nichts aufgetaucht und von der

Bühne des Weltgeschehens wieder verschwunden waren, ohne Nachwuchs zu hinterlassen, wählte der Senat einen Mann aus den eigenen Reihen, Marcus Cocceius Nerva, zum neuen Kaiser Roms. Er war für antike Begriffe schon sehr betagt, als ihn der Ruf an die Spitze der Staatsführung erreichte, und es war abzusehen, dass seine Herrschaft nur kurze Zeit währen und nach ihm für Rom bessere Zeiten anbrechen würden.

Domitian mag es vorausgesehen haben. Als er nämlich träumte, ihm sei ein goldener Buckel gewachsen, war er sicher, dass seine Nachfolger Rom in eine glücklichere Zukunft führen würden, „wie es auch bald geschah durch die Uneigennützigkeit und das Maßhalten der folgenden Kaiser“[14].

Anmerkungen

Kindheit und Jugend

1. Raffalt, Reinhard. Große Kaiser Roms. München 1986, S. 132 f.
2. Suetonius Tranquillus. Leben der Caesaren. München 1980, Dom. 1,1
3. Martial, Marcus Valerius. Epigramme. Übers. von Neumeister, Christoff. Das antike Rom. München 1991, S. 38
4. Stützer, Alexander. Das antike Rom. Köln 1979, S. 259
5. Suetonius Tranquillus. A.a.O., Vesp. 1,2
6. Lexikon der alten Welt. Düsseldorf 2001, „Spoletium"
7. Suetonius Tranquillus. A.a.O., Vesp. 2,1
8. Ebd., Vesp. 4,9
9. Ebd., Vesp. 1,1
10. Nack, Emil / Wägner, Wilhelm. Das Römische Weltreich. Wien o.J., S. 361

Die politische Lage bis 68 n. Chr.

1. Suetonius Tranquillus. A.a.O., Claud. 3,2
2. Cassius Dio. Römische Geschichte. LXXI,2
3. Schall, Ute. Am Anfang war die Wölfin. Frauen im Alten Rom. Düsseldorf 1994, S. 367
4. Tacitus, Publius Cornelius. Sämtliche Werke. Stuttgart/Essen o.J., Annalen XII,7
5. Grimal, Pierre. Liebe im alten Rom. Frankfurt 1981, S. 254
6. Tacitus. A.a.O., XIII,21
7. Ebd., XIV,9
8. Ebd., XV,38; Suetonius Tranquillus. A.a.O., Nero 38; Cassius Dio, A.a.O., XII,16
9. Tacitus. A.a.O., XV,44
10. Suetonius Tranquillus. A.a.O., Nero 31
11. Ebd., Nero 28
12. Cassius Dio. A.a.O., LXII,23
13. Suetonius Tranquillus. A.a.O., Nero 49
14. Ebd., Nero 50
15. Ebd., Dom. 1

Gefährliche Jahre

1. Flavius Josephus. Geschichte des Judäischen Krieges. Leipzig 1994, 1,4
2. Grant, Michael. Roms Caesaren. München 1983, S. 258
3. Suetonius Tranquillus. A.a.O., Dom. 1
4. Grant, Michael. A.a.O., S. 293
5. Tacitus. A.a.O., Historien III,74
6. Grant, Michael. A.a.O., S. 293
7. Flavius Josephus. A.a.O., 4,3,7
8. Ebd., 4,5,2
9. Ebd., 4,6,3
10. Smallwood, Mary. The Jews under Roman Rule. Leiden 1976, S. 325
11. Flavius Josephus. A.a.O., 5,10,3
12. Ebd., 6,1,1

Ein jüdischer Seher und der Aufstieg eines neuen Geschlechts

1. Raffalt, Reinhard. A.a.O., S. 130
2. Tacitus. A.a.O., Historien II,68
3. Ebd., II,4
4. Ebd., II,77
5. Ebd., II,6
6. Ebd., II,71,4
7. Ebd., II,80
8. Flavius Josephus. A.a.O., S. 21
9. Ebd., 3,8,1
10. Ebd., 3,8,3
11. Ebd.
12. Ebd., 3,8,9
13. Suetonius Tranquillus. A.a.O., Vesp. 5
14. Graetz, Heinrich. Volkstümliche Geschichte des Judentums, Bd. 2. München 1985, S. 267
15. Cassius Dio. A.a.O., LXV,15,2
16. Tacitus. A.a.O., Historien III,34

Der Übervater

1. Suetonius Tranquillus. A.a.O., Vesp. 7
2. Tacitus. A.a.O., Historien IV,81
3. Ebd.
4. Suetonius Tranquillus. A.a.O., Dom. 13; Raffalt, Reinhard. A.a.O., S. 131
5. Tacitus. A.a.O., Historien IV,40
6. Suetonius Tranquillus. A.a.O., Dom. 1
7. Bengtson, Hermann. Die Flavier. Vespasian, Titus, Domitian. München 1979, S. 64
8. Suetonius Tranquillus. A.a.O., Titus 5
9. Ebd.
10. Ebd., Vesp. 20
11. Flavius Josephus. A.a.O., 7,5,5
12. Ebd., 7,5,6
13. Bengtson, Hermann. A.a.O., S. 80

Bürger Vespasian

1. Flavius Josephus. A.a.O., 7,8,7
2. Yadin, Yigael. Bar Kochba. Archäologen auf der Spuren des letzten Fürsten von Israel. Hamburg 1971, S. 17
3. Grant, Michael. A.a.O., S. 278
4. Suetonius Tranquillus. A.a.O., Vesp. 12
5. Bengtson, Hermann. A.a.O., S. 85
6. Suetonius Tranquillus. A.a.O., Vesp. 13
7. Ebd., Vesp. 15
8. Ebd., Vesp. 17
9. Ebd.
10. Ebd., Vesp. 23
11. Ebd., Vesp. 19
12. Ebd., Vesp. 22
13. Ebd., Titus 1
14. Durant, Will und Ariel. Kulturgeschichte der Menschheit. Der Aufstieg Roms und das Imperium. Frankfurt/M – Berlin – Wien, 1981, S. 315

Das Amphitheatrum Flavium

1. Suetonius Tranquillus. A.a.O., Nero 31
2. Coarelli, Filippo. Rom. Ein archäologischer Führer. Freiburg 1975, S. 166
3. Schall, Ute. Hadrian. Tübingen 1986, S. 31
4. Coarelli, Filippo. A.a.O., S. 167
5. Stützer, Alexander. A.a.O., S. 225
6. Coarelli, Filippo. A.a.O., S. 179
7. Ebd., S. 174

Blut und Spiele

1. Juvenal. Satiren. Übers. v. Harry C. Schnur. Stuttgart 1969, X,81
2. Friedländer, Ludwig. Darstellungen aus der Sittengeschichte Roms. Aalen 1979, S. 159
3. Seneca. Epistulae morales ad Lucilium. Ep. 95,33 i. d. Übers. v. Manfred Rosenbach. Darmstadt 1989
4. Friedländer, Ludwig. A.a.O., S. 51; Valerius Maximus. Facta et dicta memorabilia II,4,7
5. Carcopino, Jerome. Rom. Stuttgart 1986
6. Suetonius Tranquillus. A.a.O., Caligula 59
7. Ebd., Tiberius 7
8. Balsdon, Dacre. Die Frau in der römischen Antike. München 1989, S. 163; Iulius Capitolinus. Historia Augusta. Vita Marci 26,8
9. Lucian. Toxaris. 58
10. Seneca. A.a.O., Ep. 37,1
11. Ebd., 37,20
12. Iulius Capitolinus. A.a.O., Vita Marci 11,4
13. Martial. Liber de Spectaculis. 20
14. Carcopino, Jerome. A.a.O., S. 332
15. Plinius d. J. Panegyricus. 33
16. Carcopino, Jerome. A.a.O., S. 333
17. Tertullian. Ad martyras. 5, Ad nationes. I,18
18. Ders., Apologeticum. 15
19. Martial. Spec. 7
20. Suetonius Tranquillus. A.a.O., Titus 7
21. Ebd.
22. Cassius Dio. A.a.O., LVII,8,3
23. Augustinus. Confessiones. VI,8,13

Neue Männer braucht das Land

1. Aurelius Victor. Liber de Caesaribus. IX,9
2. Bengtson, Hermann. A.a.O., S. 90
3. Tacitus. A.a.O., Annalen XII,27
4. Plutarch. Otho 14

Reformen

1. Tacitus. A.a.O. Germania 37
2. Bengtson, Hermann. A.a.O., S. 98 m.w.N.
3. Noethlichs, Karl. Das Judentum und der römische Staat. Darmstadt 1996, S. 20
4. Suetonius Tranquillus. A.a.O., Vesp. 25
5. Ebd., Titus 6 und 7

„... keinen Besseren als Titus"

1. Suetonius Tranquillus. A.a.O., Titus 1
2. Ebd.
3. Ebd., Titus 2
4. Cassius Dio. A.a.O., LXVI,17
5. Graetz, Heinrich. A.a.O., S. 238
6. Tacitus. A.a.O., Historien II, 81
7. Cassius Dio. A.a.O., LXVI,15
8. Suetonius Tranquillus. A.a.O., Titus 7
9. Ebd., Titus 1
10. Ebd., Titus 7
11. Cassius Dio. A.a.O., LXVI,17,1
12. Mejer, Fik. Kaiser sterben nicht im Bett. Darmstadt 2003, S. 52
13. Suetonius Tranquillus. A.a.O., Titus 9
14. Bengtson, Hermann. A.a.O., S. 163
15. Suetonius Tranquillus. A.a.O., Titus 9
16. Ebd., Titus 8
17. Ebd., Titus 10
18. Grant, Michael. A.a.O., S. 288
19. Cassius Dio. A.a.O., LXVI,18
20. Grant, Michael. A.a.O., S. 289 f. mit Hinweis auf Cassius Dio
21. Bengtson, Hermann. A.a.O., S. 178

Der Unglücksrabe

1. Lissner, Ivar. So lebten die römischen Kaiser. Olten 1969, S. 189
2. Grant, Michael. Pompeji. München 1982, S. 11 m.w.N.
3. Ebd.
4. Lissner, Ivar. A.a.O., S. 195
5. Grant, Michael. Pompeji. A.a.O., S. 11 f.
6. Goethe. Italienische Reise. Aus: Grant, Michael. A.a.O., S. 12
7. Grant, Michael. Pompeji. A.a.O., S. 12
8. Ebd., S. 16
9. Suetonius Tranquillus. A.a.O., Titus 8
10. Stützer, Alexander. A.a.O., S. 279
11. Suetonius Tranquillus. A.a.O., Titus 8
12. Cassius Dio. A.a.O., LXVI,24,4
13. Coarelli, Filippo. A.a.O., S. 204

Domitian – Frühe Herrscherjahre

1. Cassius Dio. A.a.O., LXVII,1
2. Suetonius Tranquillus. A.a.O., Dom. 3
3. Ebd., Dom. 8
4. Cassius Dio. A.a.O., LXV,9
5. Kraus, Johann Evangelistos. Zur Charakteristik des Kaisers Domitianus. Landshut 1875/76, S. 20
6. Vergil. Georgica II,557; Suetonius Tranquillus. A.a.O., Dom. 9
7. Suetonius Tranquillus. A.a.O., Dom. 9
8. Ebd.
9. Tacitus. A.a.O., Historien IV,2
10. Bengtson, Hermann. A.a.O., S. 184
11. Suetonius Tranquillus. A.a.O., Dom. 13
12. Ebd.

Herr und Gott – Domitian und seine Mitmenschen

1. Cassius Dio. A.a.O., LXVII,12
2. Bengtson, Hermann. A.a.O., S. 188
3. Suetonius Tranquillus. A.a.O., Dom. 10
4. Ebd.; Cassius Dio. A.a.O., LXVII,12
5. Rostovtzeff, Michael. Geschichte der alten Welt. Rom. Darmstadt o.J., S. 320

6. Suetonius Tranquillus. A.a.O., Dom. 11
7. Ebd.
8. Ebd.
9. Ebd.
10. Ebd., Dom. 6
11. Ebd., Dom. 10
12. Ebd., Dom. 12
13. Cassius Dio. A.a.O., LXVII,9,1
14. Suetonius Tranquillus. A.a.O., Dom. 8
15. Ebd., Vesp. 3
16. Cassius Dio. A.a.O., LXVI,14
17. Suetonius Tranquillus. A.a.O., Dom. 13

Domitian und die Frauen

1. Suetonius Tranquillus. A.a.O., Dom. 22
2. Ebd.
3. Cassius Dio. A.a.O., LXVII,4,2
4. Morton, H. V. Rom. Wanderungen durch Vergangenheit und Gegenwart. München/Zürich 1979, S. 89
5. Plutarch. Numa 10 in: Stützer, Alexander. A.a.O., S. 55 f.
6. Bengtson, Hermann. A.a.O., S. 190
7. Plinius d. J. Ep. IV,11
8. Balsdon, Dacre. Die Frau in der römischen Antike. München 1989, S. 267 m.w.N.

Der Bauherr und Selbstdarsteller Domitian

1. Suetonius Tranquillus. A.a.O., Dom. 12
2. Hibbert, Christopher. Rom. Biographie einer Stadt. München 1987, S. 349
3. Ebd.
4. Stützer, Alexander. A.a.O., S. 165
5. Coarelli, Filippo. A.a.O., S. 148
6. Martial. Epigrammaton Libri VII,56
7. Coarelli, Filippo. A.a.O., S. 150
8. Stützer, Alexander. A.a.O., S. 165
9. Suetonius Tranquillus. A.a.O., Dom. 14
10. Ebd., Dom. 20
11. Stützer, Alexander. A.a.O., S. 168

12. Coarelli, Filippo. A.a.O., S. 155
13. Ebd., S. 97
14. Ebd., S. 266
15. Statius. Silvae. I,1
16. Suetonius Tranquillus. Dom. 5
17. Juvenal. Satiren. X,81

Schriftsteller und Geschichtsschreiber – Das geistige Leben in flavischer Zeit

1. Durant, Will und Ariel. A.a.O., S. 337
2. Plinius d. J. Ep. III,5
3. Durant, Will und Ariel. A.a.O., S. 339
4. Ebd.
5. Quintilian. Rednerische Unterweisungen. Buch X,4, übers. in: Durant, Will und Ariel. A.a.O., S. 343
6. Quintilian. A.a.O., II,12
7. Martial. Epigr. X,4
8. Durant, Will und Ariel. A.a.O., S. 346
9. Ebd.
10. Martial. Epigr. II,69
11. Ebd., XI,16
12. Plinius d. J. Ep. III,21
13. Durant, Will und Ariel. A.a.O., S. 466
14. Tacitus. A.a.O., Annalen III,65
15. Durant, Will und Ariel. A.a.O., S. 466
16. Tacitus. A.a.O., Historien III,12,64
17. Durant, Will und Ariel. A.a.O., S. 470
18. Lexikon der alten Welt. Düsseldorf 2001. „Juvenal“
19. Juvenal. Satiren. A.a.O., I,147
20. Ebd., IV,31
21. Tacitus. A.a.O., Historien II,80

Der Herrscherkult Domitians

1. Suetonius Tranquillus. A.a.O., Dom. 18
2. Ebd., Dom. 20
3. Ebd.
4. Ebd., Dom. 18
5. Bengtson, Hermann. A.a.O., S. 218

6. Statius. A.a.O., I,1,94–98
7. Martial. Epigr. IV,3
8. Suetonius Tranquillus. A.a.O., Dom. 13
9. Statius. A.a.O., IV,2,22
10. Coarelli, Filippo. A.a.O., S. 111
11. Suetonius Tranquillus. A.a.O., Dom. 15
12. Cassius Dio. A.a.O., LXVII,16,1
13. Lissner, Ivar. A.a.O., S. 205

Die Provinzen

1. Bengtson, Hermann. A.a.O., S. 129
2. Kreiler, Bernd. Die Statthalter Kleinasiens unter den Flaviern. Diss. München 1975, S. 148 f.
3. Nack / Wägner. A.a.O., S. 360 f.

Kriegsherr Domitian – Die Erschließung Britanniens

1. Bengtson, Hermann. A.a.O., S. 134 f.
2. Tacitus. A.a.O., Agricola 21
3. Ebd., 37
4. Ebd.
5. Horaz. Oden. III,1f.
6. Ovid. Metamorphosen. XV,878 f.
7. Tacitus. A.a.O., Agricola 46
8. Bengtson, Hermann. A.a.O., S. 195
9. Durant, Will und Ariel. A.a.O., S. 466

Eingliederung der Chatten, Unruhen an der Donau und in Ägypten

1. Tacitus. A.a.O., Historien IV,67
2. Cassius Dio. A.a.O., LXVI,2
3. Baatz, Dietwulf. Die Römer in Hessen. Hamburg 2002, S. 69
4. Bengtson, Hermann. A.a.O., S. 68
5. Statius. A.a.O., I,4,89
6. Tacitus. A.a.O., Germania 8
7. Baatz, Dietwulf. A.a.O., S. 69
8. Ebd., S. 71
9. Tacitus. A.a.O., Germania 30

10. Bengtson, Hermann. A.a.O., S. 138
11. Mommsen, Theodor. Römische Geschichte. Berlin 1903, S. 198 f.
12. Flavius Josephus. A.a.O., VII,10,1
13. Ebd., VII,11,4

Der Limes und die neuen Provinzen

1. Tacitus. A.a.O., Germania 37
2. Schmid, Armin und Renate. Die Römer zwischen Main und Rhein. Frankfurt 1972, S. 234
3. Frontinus. Strategemata. 2,11,7
4. Tacitus. A.a.O., Germania 29
5. Schmid, Armin und Renate. A.a.O., S. 257

Die Donaukriege

1. Durant, Will und Ariel. A.a.O., S. 441
2. Cassius Dio. A.a.O., LXVII,6,3
3. Bengtson, Hermann. A.a.O., S. 201
4. Cassius Dio. A.a.O., LXVII,10,1
5. Ebd., LXVII,6,1
6. Bengtson, Hermann. A.a.O., S. 203
7. Cassius Dio. A.a.O., LXVII,10; LXVII,7,2
8. Ebd., LXVII 7,1
9. Baatz, Dietwulf. A.a.O., S. 83

Verschwörungen

1. Suetonius Tranquillus. A.a.O., Dom. 6
2. Ebd.
3. Grant, Michael. Roms Caesaren. A.a.O., S. 303
4. Suetonius Tranquillus. A.a.O., Dom. 10
5. Bengtson, Hermann. A.a.O., S. 212
6. Grant, Michael. A.a.O., S. 304 f.
7. Cassius Dio. A.a. O., LXVII,7
8. Stützer, Alexander. A.a.O., S. 96
9. Coarelli, Filippo. A.a.O., S. 81
10. Suetonius Tranquillus. A.a.O., Dom. 4
11. Ebd.; Cassius Dio. A.a.O., LVII,8,3

12. Cassius Dio. A.a.O., LXVII,1,3; Suetonius Tranquillus. A.a.O., Dom. 9
13. Suetonius Tranquillus. A.a.O., Dom. 10
14. Ebd., Dom. 9
15. Ebd., Dom. 10
16. Ebd., Dom. 12

Die stadtrömische Opposition und das *consilium prncipis*

1. Martial. Epigr. II,56
2. Dion von Prusa. Oratio 6
3. Pichlmayr, F. T. Flavius Domitianus. Ein Beitrag zur römischen Kaisergeschichte. Amberg 1889, S. 47
4. Schall, Ute. Am Anfang war die Wölfin. A.a.O., S. 151
5. Tacitus. A.a.O., Agricola 2
6. Grant, Michael. A.a.O., S. 306
7. Cassius Dio. A.a.O., LXVII,14,2
8. Suetonius Tranquillus. A.a.O., Dom. 15
9. Tacitus. A.a.O., Historien II,10
10. Juvenal. Satiren. IV,89 ff.
11. Ebd., IV,1 ff.
12. Ebd., IV,115

„Es ist genug!“

1. Raffalt, Reinhard. A.a.O., S. 144
2. Ebd.
3. Suetonius Tranquillus. A.a.O., Dom. 14
4. Ebd., Dom. 15
5. Ebd., Dom. 16
6. Ebd., Dom. 17
7. Cassius Dio. A.a.O., LXVII,15 ff.
8. Raffalt, Reinhard. A.a.O., S. 148
9. Ebd., S. 149
10. Ebd.

Was bleibt

1. Grant, Michael. A.a.O., S. 307
2. Durant, Will und Ariel. A.a.O., S. 318
3. Ebd.
4. Bengtson, Hermann. A.a.O., S. 248 m.w.N.
5. Bengtson, Hermann. A.a.O., S. 248 mit Hinweis auf Schöner
6. Grant, Michael. A.a.O., S. 308
7. Bengtson, Hermann. A.a.O., S. 251
8. Gibbon, Edward. The Decline and Fall of the Roman Empire. Nördlingen 1987, S. 76
9. Suetonius Tranquillus. A.a.O., Dom. 8
10. Ebd., Dom. 9
11. Ebd., Dom. 7
12. Rostovtzeff, Michael. Gesellschaft und Wirtschaft in der römischen Kaiserzeit. Bremen 1929, S. 166
13. Birt, Theodor. Römische Charakterköpfe. Leipzig 1922, S. 306
14. Suetonius Tranquillus. A.a.O., Dom. 23

Bibliographie

Antike Autoren

Augustinus. Confessiones
Augustus. Tatenbericht (Res Gestae)
Aurelius Victor. Liber de Caesaribus
Cassius Dio. Römische Geschichte
Dion von Prusa. Oratio
Flavius Josephus. Geschichte des Jüdischen Krieges
Flavius Josephus. Jüdische Altertümer
Frontinus. Strategemata
Iulius Capitolinus. Historia Augusta
Horaz. Oden
Juvenal. Satiren (Saturae)
Lucian. Toxaris
Martial. Epigrammaton Libri
Martial. Liber de Spectaculis
Ovid. Metamorphosen (Metamorphoses)
Plinius d. J. Panegyricus
Plinius d. J. Epistulae
Plutarch. Otho
Plutarch. Numa
Quintilian. Rednerische Unterweisungen (Institutio Oratoria)
Seneca. Epistulae Morales ad Lucilium
Statius. Silvae
Suetonius Tranquillus. De Vita Caesarum
Tertullian. Ad Martyras
Tertullian. Ad Nationes
Tertullian. Apologeticum
Tacitus. Agricola
Tacitus. Annalen (Annales)
Tacitus. Germania
Tacitus. Historien (Historiae)
Tacitus. Dialog über die Redner (Dialogus de oratoribus)
Valerius Maximus. Facta et dicta memorabilia.
Vergil. Georgica
Vergil. Ekloga

Neuzeitliche Autoren

Baatz, Dietwulf. Die Römer in Hessen. Hamburg 2002
Balsdon, Dacre. Die Frau in der römischen Antike. München 1989
Bengtson, Hermann. Die Flavier. München 1979
Birt, Theodor. Römische Charakterköpfe. Leipzig 1922
Carcopino, Jerome. Rom. Stuttgart 1986
Coarelli, Filippo. Rom. Freiburg 1979
Durant, Will und Ariel. Kulturgeschichte der Menschheit, Bd. 4. Frankfurt, Berlin, Wien 1981
Friedländer, Ludwig. Darstellungen aus der Sittengeschichte Roms. Essen o.J.
Gibbon, Edward. The Decline and Fall of the Roman Empire. Nördlingen 1987
Goethe, Johann Wolfgang von. Italienische Reise.
Graetz, Heinrich. Volkstümliche Geschichte des Judentums. München 1985
Grant, Michael. Pompeji. München 1982
Grant, Michael. Roms Caesaren. München 1983
Grimal, Pierre. Liebe im alten Rom. Frankfurt 1981
Hibbert, Christopher. Rom. München 1987
Kraus, Johann Evangelistos. Zur Charakteristik des Kaisers Domitian. Landshut 1875/76
Kreiler, Bernd. Die Statthalter Kleinasiens. Diss. München 1975
Lexikon der alten Welt. Düsseldorf 2001
Levick, Barbara. Vespasina. London 1999
Lissner, Ivar. So lebten die römischen Kaiser. Olten 1969
Mejer, Fik. Kaiser sterben nicht im Bett. Darmstadt 2003
Mommsen, Theodor. Römische Geschichte. Berlin 1903
Morton, H. V. Rom. München – Zürich 1979
Nack, Emil / Wägner, Wilhelm. Das Römische Weltreich. Wien o. J.
Neumeister, Christoff. Das antike Rom. München 1991
Noethlichs, Karl. Das Judentum und der römische Staat. Darmstadt 1996
Pichlmayr, F. T. Flavius Domitianus. Amberg 1889
Raffalt, Reinhard. Große Kaiser Roms. München 1986
Rosenbach, Manfred. Seneca. Darmstadt 1989
Rostovtzeff, Michael. Gesellschaft und Wirtschaft in der römischen Kaiserzeit. 1929
Rostovtzeff, Michael. Geschichte der alten Welt. Rom. Darmstadt o. J.
Schall, Ute. Am Anfang war die Wölfin. Frauen im Alten Rom. Düsseldorf 1994
Schall, Ute. Hadrian. Tübingen 1986

Schmid, Armin und Renate. Die Römer zwischen Main und Rhein. Frankfurt 1972
Smallwood, Mary. The Jews under Roman Rule. Leiden 1976
Stützer, Alexander. Das antike Rom. Köln 1979
Yadin, Yigael. Bar Kochba. Hamburg 1971

Die Autorin

Ute Schall wurde 1947 in Buchen/Odenwald geboren. Nach dem Studium der Rechtspflege veröffentlicht sie seit 1980 zahlreiche Essays über althistorische, vornehmlich altrömische Themen. Seit jungen Jahren hat Ute Schall großes Interesse an Geschichte, vor allem an der Antike. Seit dem Beginn der 80er Jahre ist sie Sammlungsleiterin der vor- und frühgeschichtlichen Abteilung des Bezirksmuseums Buchen.

Ab 1979 unternahm sie ausgedehnte Reisen in die klassischen Mittelmeerländer und leitete Führungen zu antiken Stätten. Als Gastdozentin der Volkshochschule hält sie zahlreiche Vorträge und gibt Seminare über antike und frühchristliche Geschichte. Sie hat bereits mehrere Bücher über römische Geschichte veröffentlicht, u.a. „Marc Aurel", „Die Frauen im alten Rom", „Die Juden im Römischen Reich", „Agrippina" und „Herodes".

Danksagung

Ich danke allen, die zum Gelingen meines Buches beigetragen haben. Meinem Sohn Alexander Constantin für die ermunternde Begleitung, Herrn Dr. Günther Ebersold für sein Interesse an meiner Arbeit und manch wertvolle Hinweise.

Mein besonderer Dank gilt Frau Marlene Schmidt und Frau Claudia Müllerchen für die sachkundige Lektorierung und Frau Daniela Sechtig vom ACABUS Verlag für die Realisierung des Buchprojekts.

Buchen, Sommer 2011

Ute Schall